대안교육의 뿌리를 찾아서

새로운 학교교육문화운동

오인탁 · 양은주 · 황성원 · 최재정 · 박용석 · 윤재흥 공저

학지사

이 저서는 2002년도 한국학술진흥재단의 지원에 의하여 연구되었음

(KRF-2002-072-BS2099)

머리말

고대로부터 시작하여 현대에 이르기까지 교육실천의 장으로서의 교육과 학교교육, 그리고 그 학문적 체계화의 산물로서의 교육학은 세대와 세대를 이어가는 역사의 부침 속에서 시시히 형성되어 가는 역동적인 프로세스다. 이 과정에서 학교교육은 일차적으로 교육과 생활문화를 포괄한 사회 전체 속에서 이루어지는 세대 간의 전승을 위한 중요한 통로의 역할을 하기도 하지만, 때로 세대 간의 단절과 그로 인한 갈등을 해소하기 위한 '개혁'과 '혁신'을 위한 장으로 탈바꿈하기도 한다. 바로 이러한 맥락에서 우리는 1990년대 이후 우리나라에서 활발하게 모색되고 있는, 여러 차원에서 우리의 교육문제를 적극적으로 개선해 보고자 하는 교육개혁의 시도들에 주목하게 된다. 일반적으로 '참교육운동', '새교육운동', 또는 최근 들어 '대안학교운동' 내지는 '대안교육운동' 등으로 불리는 일련의 교육운동들은 현재 우리나라의 교육현실 속에서 실로 다양한 양상을 띠고 나타나는 문제들에 직면하여, 그러한 우려할 만한 현상의 원인이 과연 어디에 있는 것인지 비판적인 안목에서 진단하고 더 나아가 그 문제들에 대한 '대응'으로서 근본적인 해결책을 제시해 보고자 하는 시도들이라고 할 수 있을 것이다.

1990년대 이후 우리나라의 교육현장 속에서 이루어진 교육개혁의 시도들이 미친 영향의 측면들을 살펴보면 한편으로는 상당히 긍정적으로 평가될 수 있을 것이다. 물론 아직까지 그러한 교육개혁의 시도들이 우리의 교육현실을 실제로 우리가 뚜렷하게 체감할 수 있을 만큼 변화시킨 측면들을 찾아보기 힘들다고 할 수 있다. 그럼에도 불구하고 특히 민간차원에서 이루어진 제반의 교육현실에 대한 신랄한 비판과 그것을 바탕으로 하여 이루어진 교육운동들을 통하여 우리는 우리의 교육현실에 노정되어 있는 문제들을 비로소 우리의 의식 수준으로 끌어들여 심각한 문제로서 자각하기 시작했다고 할 수 있을 것이다. 그런 의미에서 1990년대 이후 전국의 여러 곳에서 시도되고 있는 다양한 형태와 내용의 대안학교들은 기존의 제도 교육을 자극하고 개혁하는 매우 긍정적인 의미를 갖고 있다.

그러나 한편으로 일련의 교육개혁의 시도들이 과연 우리의 교육현실을 실제로 개선하는 방향으로 작용했는가 하는 의문은 계속 남는다. 당초 의도대로라면 우리의 교육현실을 개선하고자 하는 시도들이었으나 실제 이루어진 '교육적 실험'들을 볼 때 혹시 개악된 측면은 없는가 하는 점, 특히 대안학교 내지는 대안교육의 차원에서 제안되고 있는 대안들이 과연 현재 우리가 운영하고 있는 교육제도 전체를 대체할 수 있는 현실적인 제안, 즉 진정한 의미에서의 대안(Alternative)인가 하는 점들은 심각하게 문제 삼아야 할 부분들이다. 무엇보다 1990년대 이후 우리나라에서 일고 있는 일련의 교육개혁의 시도들이 부정적인 차원에서 미치고 있는 영향의 측면들을 살펴볼 때 일련의 새롭고도 다채로운 교육개혁 모델들을 우리의 교육현실에 실제로 적용하는 과정에서 과연 그러한 시도들이 얼마나 우리의 역사적, 국가적 특수성들을 고려한 가운데 이루어졌는가 하는 점이 문제로 떠오른다. 정부 차원에서든 민간 차원에서든 1990년대 이후 이루어진 교육개혁의 시도들은 상당 부분 구미 지역의 주요 국가들에 그 기원을 두고 있는 교육개혁의 사상 내지는 이론들로부터 핵심적인 논점들을 끌어내어 현실에 적용한 결과들이다. 이때 서구의 이론들을 도입하는 과정에서 과연 그 이론들이 발생하게 된 시대적, 국가적 특수성과 함께 그 이론들이 당시 각각의 국가들에서 해당 교육현실에 적용되는 과정에서 구체적으로 어떠한 양상을 띠고 나타났었는가, 그리고 그러한 경우 어떠한 점들이 현실적인 문제들로 부각되어 나타났는가 하는 점들이 함께 고려되었는지는 매우 의문이다.

이 책은 이와 같은 문제제기에서 출발하여 서구, 즉 유럽과 북미 지역에서 지난 19세기 말에서 20세기 초에 진행된 전반적인 교육개혁운동인 '신교육운동'에 주목하여 바로 위에서 제기한 문제점들에 대한 대답을 얻고자 시도한 학문적 연구의 결과물이다.

서구의 역사를 돌이켜 보면 19세기 말부터 학교교육의 새로운 문화에 눈뜬 서구 유럽의 여러 국가는 우리가 현재 가지고 있는 교육의 문제들과 유사한 문제들을 안고 씨름하고 있었으며, 현재의 우리가 그러하듯이 그러한 문제들을 진단, 해결, 극복하고자 하는 일련의 교육개혁을 시도하고 있었다. 이와 같은 시도들은 당시 동시대인들에게 커다란 반향을 일으키며 거대한 규모의 '신교육운동'으로 표출되었다. '신교육운동'은 당시 사실상 유럽 전역에 걸쳐 매우 광범위하게 확산되었던 교육운동이었다. 신교육운동이 일어난 구미 지역의 주요 국가들을 꼽는다면 영국, 독일, 프랑스, 미국을 들 수 있다. '신교육운동'은 그 운동의 본질에 있어서 어느 나라에서 발생했던 간에 서로 매우 유사한 특징들을 공유하고 있다. 그러나 '신교육운동'은 열거한 각 구미 국가들에서 조금씩 다른 명칭으로 부른다. 독일에서는 '개혁교육학'(Reformpädagogik), 미국, 영국과 프랑스에서는 '새로운 교육'(New Education, Education Nouvelle)이라고 부른다.

당시 '신교육운동'의 기치 아래 매우 다채로운 양상을 띠며 광범위하게 이루어진 교육개혁적 시도들은 한편으로 성공적인 결과들을 낳기도 했으나, 때로 심각한 문제점들을 드러내며 해당 국가의 교육현실과 유리된 가운데 좌절하거나 혹은 수정, 보완되었다. 그러한 과정에서 당시 활발하게 일던 '신교육운동'의 다양한 조류들 중 많은 흐름들은 20세기 중엽의 세계사적 역동기를 거치면서 이제 거의 자취를 감춘 상태이지만, 그중 일부 교육운동들은 현재까지도 처음 그 운동들이 발생하던 지난 20세기 초의 개혁의지와 신념을 계속 유지하는 가운데 일종의 대안교육 내지는 대안학교운동의 형태로 남아 있다. 물론 이 운동들은 발생 당시로부터 이미 100년에 가까운 시간이 흐른 만큼 역사적 차원에서 그 때와는 뚜렷이 구별되는 현재성을 띠는 가운데 새로운 문제의식과 교육개혁의 과제를 중심으로 하여 진행되고 있다.

바로 그러한 서구의 '신교육운동'이 현재에 이르기까지 교육의 이론과 실천, 양 측면에서 보여 주고 있는 다채로운 양상들은 현재 우리가 가지고 있는 교육의 문제들과 관련하여 상당히 의미 있는 연관성을 보여 주고 있다는 것을 확인하게 된다. '신교육운동'은 물론 역사적 · 문화적인 맥락에 있어서 우리나라와는 엄연히 구분되는 서구의 국가들에서 이루어진 교육운동이지만, 그럼에도 불구하고 이와 같은 연구들을 통해 우리는 현재 우리가 가지고 있는 교육 문제들을 반성적인 시각에서 바라볼 수 있게 하는 계기를 가지게 된다.

이 책은 모두 7장으로 구성되어 있다. 제1장에서 오인탁은 위에 서술한 바와 같은 문제제기하에 20세기 초 구미의 여러 국가들과 한국에서 형성, 발전된 '신교육운동'을 '국제적 차원'에서 비교하는 연구가 내포하고 있는 학문적 차원의 의미와 과제를 밝히고, 서구에서 고대 이래 현재에 이르기까지 전개되어 온 '학교교육문화'의 발전양상을 교육사상사적인 차원에서 서술하고 있다. 제2장에서 제6장까지는 지난 20세기 초 '신교육운동'이 활발하게 일어났던 대표적인 국가들, 다시 말하면 이른바 '교육선진국'이라 불리는 미국, 프랑스, 독일 그리고 영국에서 이루어진 '신교육운동'의 다양한 양상들의 성격과 의미를 밝히고 우리나라의 개화기에 전개되었던 근대교육의 수용과 전개의 의미를 오늘에 비추어 천착하고 있다. 박용석은 영국의 '신교육운동'이 가지고 있는 국제주의적 성격을 보다 포괄적인 차원에서 구명하기 위해 당시 설립, 운영되었던 '신교육협회'의 활동에 대해 다루고 있으며, '신교육운동'이 미국이라고 하는 국가의 특수한 조건 아래서 독창성 있게 전개된 '진보주의 교육운동'에 대해서는 양은주가 다루고 있다. 프랑스에서의 '신교육운동'의 기수라 할 수 있는 C. 프레네의 교육사상의 형성 배경과 그것이 현재 프랑스의 공교육에 미친 영향에 대해서는 황성원, 독일에서 일어나고 전개된, 오늘의 독일 학교교육문화의 바탕을 이룬 독일적 차원의 '신교육운동'인 '개혁교육학운동'의 성립과 발전에 대해서는 최재정이 각각 다루었다. 마지막으로 윤재흥은 구미 지역에서 '신교육운동'이 활발하게 이루어지던 19세기 말에서 20세기 초에 이르는 시기, 즉 '개화기'를 맞이한 한국에서 이루어졌던 '신교육'의 수용과 전개 과정을 그 배경을 이루는 이념과 사상의 측면에서 다루고 있다.

이상의 연구들은 2002년 한국학술진흥재단에서 주관한 '기초학문지원사업'의 '국내외지역연구' 부문에 "20세기 초 서구의 '신교육운동'이 현재 구미 지역과 한국의 교육현실에 미친 영향에 대한 국가 간 비교연구–한국, 영국, 독일, 프랑스, 미국"(KRF-2002-072-BS2099)이라는 주제로 선정된 연구 프로젝트의 결과물이다. 이 연구 프로젝트가 '국내외지역연구'의 영역에 속해 있는 만큼, 연구를 수행하는 과정에서 연구 참여자들은 구미의 해당 국가들을 직접 탐방하는 기회를 가질 수 있었다. 이러한 학문적 성과의 면면들은 각 장의 구체적인 내용 속에서 뚜렷하게 확인된다.

'교육'과 '교육학'의 모든 시도들에 있어서 '이론'의 측면은 늘 철저하게 '실천'과의 연관성 속에서 이루어져야 할 것이라는 점을 상기할 때 이 책에 수록된 글들은 연구주제를 이처럼 '이론'과 '실천'의 양 측면 모두에서 균형 있게 다루고 있다는 점에서 특별한 의미를 가진다고 하겠다. 학교교육이 끊임없이 파괴되고 있는 우리나라의 교육현실에서 이 책은 새로운 학교교육문화를 소개하고 우리의 학교교육문화를 새롭게 만들어 가는 일에 좋은 참고서가 될 수 있을 것이다.

2006년 8월

오 인 탁

차 례

1장

새 학교교육문화운동의 국제적 비교연구

1. 연구의 목적
2. 국제적 비교연구의 의미
3. 서구의 학교교육문화의 유산
4. 신교육문화운동의 의미와 학교교육문화 개혁의 방향

1. 연구의 목적

우리가 인류의 역사를 돌아보면 어느 민족이나 국가나 모두 흥망성쇠의 곡선을 그리고 있다. 민족과 국가의 기성세대가 성장세대를 잘 교육하였을 때에 그 민족과 국가는 흥성하였으며 잘못 교육하였을 때에 쇠망하였다. 우리나라는 일제의 식민통치로부터 해방되고 독립한 후에 남과 북으로 나누어져서 참으로 혹독한 전쟁을 치렀다. 그 후에 월남전에서 현재의 이라크전에 이르기까지 여러 전쟁터에 참전하거나 참여하여 왔으며, 남북의 대결구조 아래서 국내외의 정치적, 경제적 긴장과 대립상황을 한시도 벗어난 적이 없다. 이렇게 글자 그대로 아무것도 없고 혼란과 불안만 가득 차 있는 상황 아래서 우리의 아버지와 할아버지 세대들은 온몸을 던져 잘살기 위한 노력을 끊임없이 기울여 왔다. 그 결과로 오늘날 우리나라는 세계 10대 경제대국의 반열에 들어섰다. 이러한 놀라운 경제성장의 바탕에는 교육이 있다.

우리는 이렇게 말할 수 있다. 비록 교육의 위기로 인지되는 문제들이 끊임없이 야기되었으며, 이를 극복하기 위한 새로운 교육정책과 교육개혁이 간단없이 시도되었지만, 오늘의 이만한 발전과 안정을 통해서 전체적으로 보면, 우리의 기성세대는 성장세대를 잘 교육하여 왔다. 잘 교육하였다는 것이 참으로 잘 교육하였다는 말은 아니다. 상대적으로 잘 교육하였다는 말이다. 절대적 의미에서는 교육의 원리를 무시하고 벗어나며 파괴하기까지 하는 파행과 패리의 교육이 간단없이 일어나고 있다. 지금도 우리의 교육은 사교육의 한계를 모르는 비대화와 공교육의 한계에 다다른 빈곤화 사이에서 갈피를 못 찾고 있다.

그러나 지금 우리의 교육상황은 1970년대와 1980년대의 교육상황과는 전혀 다르다. 여전히 평준화교육정책이 이데올로기적 힘을 발휘하고 있으나, 경제력의 성장과 더불어 시민들의 건강한 교육관도 함께 성장하고 있다. 글로벌한 정치경제적 구조는 우리 정부로 하여금 개방적 학교교육정책의 불가피성을 인식하지 않을 수 없도록 만들고 있다. 그리고 무엇보다도 경제능력이 새로운 학교교육문화의 도입과 수용을 가능하게 만들어 주고 있다. 그리하여 대안학교 운동과 홈스쿨링 활동이 꾸준히 일어나고 있다. 이러한 현실에 직면하여 보다 근본적으로 학교교육문화를 돌아보고 21세기의 학교를 위한 새로운 학교교육문화를 내다볼 필요가 있다.

이상과 같은 생각으로부터 새로운 학교교육문화운동에 관한 국제적 비교연구의 필요성이 절감되었다. 그리하여 19세기 말과 20세기 초에 한국을 비롯하여 미국, 독일, 영국, 프랑스에서 전개된 새로운 학교교육문화운동의 간문화적-국제적 비교연구를 하게 되었다. 비교연구를 통하여 다음과 같은 사실을 알아보려고 한다: 학교의 구조와 교육의 형식과 내용이 시대적, 사회경제적 조건들과 요청들에 부응하여 어떻게 작용하였는가? 19세기 말과 20세기 초에 전개된 학교교육문화의 새로운 시도들이 세계적으로 20세기의 학교교육문화의 전개에 어떤 영향을 주었으며 어떻게 침전되었는가? 이러한 학교교육문화운동에 관한 국제적 비교연구가 한국의 학교교육문화에 주는 의미가 무엇인가?

학교는 예나 지금이나 사회적 · 경제적 성취능력을 배양하는 가장 중요하고 본질적인 기관이다. 학교의 구조와 교육형식과 내용에 따라서 기성세대는 성장세대를 그렇게 교육하기 때문에, 학교의 교육문화는 시민 개개인의 삶의 질뿐만 아니라 국가의 보존과 발전에 요청되는 국력을 개발하는 결정요인이다. 그래서 오늘날 세계의 모든 국가들은 학교의 개혁에 초미의 관심을 기울이고 있다. 학교교육문화의 성숙한 전통을 자랑하여 온 서구의 독일, 프랑스, 영국 같은 나라들도 유럽공동체[Europäische Gemeinschaft]라는 경제적 단일국가체제를 이룩한 후에 오히려 그 이전보다 더 국가 간의 경쟁에 민감해졌다. 그리하여 학교교육문화의 개혁을 통하여 성장세대를 보다 효율적이고 성취지향적인 학습으로 내몰고 있다. 이러한 상황은 범세계적이다. 그리하여 국가 안에서는 자치단체 간의 경쟁이, 세계적으로는 국가 간의 경쟁이 점점 더 치열해지고 있다. 이러한 때에 새로운 학교교육문화에 대한 간국가적 연구를 통하여 우리 사회의 학교교육문화가 어떻게 변화되어야 할까를 전망하려고 한다.

학교의 교육문화는 사회구조의 형성과 변화에 직접적으로 작용하고 있다. 학부모, 학생, 교사는 의식하고 있든지 없든지 관계없이 학교교육에 직접적으로 또는 간접적으로 참여하고 있으면서 학교의 교육문화를 창조하고 있으며 동시에 학교의 교육문화에 의하여 피조되고 있다. 이와 함께 우리 사회의 정치경제적, 사회문화적 생활구조가 학교의 교육문화를 일정하게 방향지어 주고 그렇게 형성되도록 작용하고 있는 것도 사실이다. 이러한 상호작용은 포스트모던, 디지털, 사이버, 테크노미디어 등으로 표현되는 오늘날의 후기산업사회에서 더욱더 밀도 있게 되었다. 그렇기 때문에 경제적, 생태학적, 사회적 쇄신과 개선의 중심기관인 학교의 교육문화를 연구하는 의미는 대단히 크다. 우리는 학교의 교육문화를 세계의 교육선진국들인 미국, 영국, 독일, 프랑스의 사례를 통하여, 그리고 조선조 말기의 개화시대와 일제하의 식민시대를 거쳐 오늘에 이른 우리나라의 사례를 통하여 간문화적-국제적으로 비교하는 연구를 하려고 한다. 이를 통하여, 경제적으로 일만 불의 시대에서 이만 불의 시대로 발돋움하고 있으며, 정치적으로 자유민주주의 지방자치시대로 접어들었고, 시대적으로 북한과의 평화적 교류와 협력을 통한 통일한민족의 시대를 열어가고 있는 시기에 우리의 국가와 사회가 요구하는 능력으로 무장한 인력을 양성, 개발, 공급할 수 있는 학교의 모델을 '새로운 학교교육문화'의 형식으로 제시하려고 한다.

우리나라는 현재 급속한 변화와 발전의 와중에 있다. 이러한 변화와 발전은 크게 사회적, 경제적 차원에서 이루어지고 있으며, 사회는 학교에 이에 따른 역할을 충실히 수행하길 요구하고 있다. 그리하여 학교는 구조를 개혁하지 않으면 안 되는 필연성에 직면하였다. 그러나 정치적 관심은 정권의 창출과 유지라는 절대적 이데올로기에 사로잡혀서 교육개혁의 발목을 잡고 있다.

우리 사회가 학교에 요구하는 역할은 크게 셋으로 정리된다. 첫째로, 학교는 질적으로 우수한 인력을 충분히 배양하여 시회 각계각층에 공급하여야 한다. 둘째로, 현대사회의 생태학적 관심은 학교에 지식의 넓은 바탕 위에서 질 높은 교육을 베풀 것을 요구하고 있다. 그리고 셋째로, 현대의 포스트모던한 산업사회의 취업기회와 사회적 삶의 조건은 학교에 교육 자체의 질을 제고할 것을 요구하고 있다.

교육과 교육학은 세대를 이어가면서 형성되어 가는 프로세스다. 학교교육은 이러한 큰 테두리 안에서 이루어지고 있다. 교육의 문제가 안에서부터 터지고 밖으로부터 제기될 때에 문제 극복을 위한 노력이 이론과 실천의 두 차원에서 다각적으로 일어나게 된다. 이때에 쇄신의 노력은 교육학의 학문적 지속성이라는 모양으로 제시되거나 패러다임의 전환이라는 특징으로 전개되는 것이 아니라, 젊은 세대가 늙은 세대에 의하여 보수되어 온 교육과 교육학을 일정하게 구별하고 해체해서 재구성하는, 긴장이 동반된 통합적 프로세스로 전개되는 것이다.

그러나 모든 사회에서 이러한 모양으로 교육이 이루어지고 있는 것은 아니다. 학교교육이 세대 간의 단절이라는 모양으로 전개되고 있는 사회도 있다. 단절의 모양이 대단히 크고 강하게 전개될 때에 그러한 사회에서 학교교육은 엄청난 문제의 발생, 문제해결을 위한 강한 처방, 처방의 부작용으로 인한 또 다른 문제의 야기, 전승되어 온 문제와 새로운 문제가 혼융되어 야기되는 문제의 복잡성, '개혁' 또는 '혁신'이라는 표현으로 시도되는 문제해결을 위한 더욱더 강한 처방, 처방의 부작용으로 인한 새로운 문제의 야기 등으로 학교교육문제의 악순환이 계속되면서 심각한 괴리와 패리 현상이 나타난다. 우리 사회의 학교교육이 현재 그러한 지경에 와 있다. 그래서 학교교육은 지극히 비정상적으로 이루어지고 있으며, 학교교육의 패리가 일상이 되어 버린 현실 속에서 학교가 교육의 권위를 상실하고 무력해져 있는 동안에 한편으로는 on-line과 off-line으로 무장한 학원산업이, 다른 한편으로는 조기 유학의 물결이 한계를 모르고 번창하고 있다. 그리하여 교육경쟁력은 공교육이 아닌 사교육 시장에서 활발하게 이루어지고 있다.

세대 간의 단절과 이로 인하여 필연적으로 전개되는 단절된 상태에서의 세대교체는 옛것과 새것 사이에서 그리고 상실과 진보 사이에서 벌어지는 갈등과 긴장의 모양으로 전개된다. 이러한 와중에서 교육을 경험적 사회과학의 논리와 방법에 따라서 평가하려고 하는 경향이 대단히 강하게 나타나고 있는 것을 보는데, 이는 일종의 자아거세(Selbstkastration)다. 왜냐하면 경험적으로 처리 가능한 것으로 교육을 이해하고 평가함을 통하여 경험을 초월하여 있는 것, 교육의 본질과 본래성에 속하는 것, 그것으로부터 교육의 모든 힘과 생명이, 단순한 지식의 전달, 기술의 숙련, 행동의 훈련에서 그치는 교육이 아니라 전인적 인간교육이, 우리의 연구와 관련하여 교육문화의 창조력과 구성력이 샘솟아 나는 것들이 필연적으로 배제되기 때문이다.

현대는 인류의 역사상 그 어느 때보다도 더 심각하게 경제적 가치척도에 의하여 지배받고 있다. 교육도 예외가 아니어서, 학교는—비단 대학교뿐만 아니라 초 · 중 · 고등학교와 유치원까지 모두— 학습한 결과로 획득하고 지배하게 되는 지식이 높은 경제적 가치로 기능할 수 있는 것들만이 인기 있고 비싸게 팔리고 있다. 그래서 공교육에서 영어교육의 시기가 점점 더 앞당겨지고 있으며, 공립과 사립을 막론하고 원어민 교사의 채용이 정책적으로 추진되고 있다. 학령 전 아동교육에서부터 확인되는 이러한 경제적 가치척도의 지배는 시장경제적 척도에 따른 교육과정의 전환과 교육기능의 변질을 초래하면서 대입제도와 맞물려 중등교육을 다중적 파행으로 몰아가고 있다. 고등교육도 전공이 경쟁력 있는 직장과 직결되어 있는 학과에 학생이 몰리고 있다. 이러한 흐름은 그대로 국가의 정책으로 표현되어,

정부도 세계화의 시대에 간국가적 경쟁력을 높일 수 있는 첨단지식과 기술영역의 발전에 집중적 투자를 하고 있다. 이는 국가, 산업, 대학, 중 · 고등학교 등에서 '선택과 집중'으로 강조되고 있다.

높은 생산성은 개방적이고 융통성 있으며 쇄신적이며 질 좋은, 다시 말해 유연하고 창조적이어서 적응과 재구성의 대처능력이 뛰어난 생산체제와 조직을 추구하게 된다. 이러한 흐름은 지식의 개념에도 영향을 주어 과학적 인식관심은 경제적 인식관심에 의하여 대체되고 앎이 곧 삶 속에서의 이익으로 드러나야만 앎으로 인정되는, 소위 '신지식'이라는 새로운 개념을 탄생시켰다. 그리고 신지식 개념 중심의 정책개발은 학교교육의 전반적 재구성을 강요하였다. 이러한 상황 아래서 이 연구는 한 세기 전에 일어난 새로운 학교교육문화를 형성하기 위한 시도들의 탐구에서 발견하게 되는 원리들이 오늘날 우리의 학교교육문화의 재구성에 주는 의미가 무엇인지 탐구하려고 한다.

오늘날 우리는 우리가 지금까지 살아온 시간과 공간과는 구조적으로 본질적으로 다른 시간과 공간 속에서 살고 있다. 현대의 시간과 공간은 테크노미디어로 표현되는 새로운 문화기술, 다문화주의와 비합리주의와 근본주의가 지배하는 세계, 사유하는 인간으로부터 지식과 정보로 몰입하는 인간으로 확인되는 생활구조를 이루고 있다. 새로운 학교교육문화운동은 이미 한 세기 전에 이와 유사한 환경의 변화와 더불어 요청되는 학교교육문화의 다음과 같은 새로운 원리들을 강조하였으며, 새로운 원리들에 의하여 학교교육문화를 새롭게 형성하였다: 상이한 학교유형과 형식들로 나누어져 있던 학교구조에서 하나의 단순하고 통합적인 학교구조로, 학교의 개방성과 포용성의 강조와 자율성의 확대, 학교 간의 상호협력적 연결망 구축을 통한 학교의 통합과 개방과 전문화, 일반교양교육과 전문직업교육의 연결, 과목포괄적이고 문제중심적이며 프로젝트 형식을 갖춘 수업의 형태 개발, 집중화에서 분산화로 전개되는 학교행정, 규제조항의 최소화, 교실에서의 교육결정권과 교육형태개발권 부여의 최대화, 교사와 학생의 수업참여의 최대화, 교사양성에서 초등학교 교사를 위한 교육대학과 중 · 고등학교 교사를 위한 사범대학 같은 학교유형중심적 교사양성의 전문화와 과목중심적 교사양성체제를 최대한으로 축소하고 교사양성과 교사계속교육의 개방성과 지속성과 체계성을 최대한으로 확대하는 방향 등등.

이상과 같은 학교교육문화의 쇄신은 학교를 학생에겐 자발적 학습능력과 성취능력을 최대한으로 발휘하게 하는 융통성 있고 개방적인 놀이터로 만들어 주며, 교사에겐 자율과 권위가 보장되는 대단히 매력 있는 일터로 만들어 줄 뿐만 아니라, 교사와 학생과 학부모 모두에게 창조적이고 역동적인 삶의 공간이 되게 한다. 뿐만 아니라 학교교육문화의 쇄신은 교사의 적극적 참여 없이는 불가능하기 때문에, 학교는 교사에게 매력 있는 일터로서 교사의 경제적 대우를 새로운 학교교육문화의 결코 배제할 수 없는 조건으로 삼고 있다.

2. 국제적 비교연구의 의미

비교연구는 학제, 교사양성, 교육과정, 측정평가, 교육목적과 가치관 등 교육의 중요한 현안과 문제에 대한 경험적 연구를 다차원적으로 수행하는 곳에서 주로 사용되어 온 현대교육학의 주도적 연구방법이다. 지금까지 비교연구는 비교의 척도인 '비교의 제3점'(Tertium Comparationis)을 일반적으로 비교하는 연구자가 속해 있고 성장해 온 국가와 문화권에서 정립된 가치와 규범에서 가져왔다(오인탁, 2006: 490f). 비교연구는 '비교의 제3점'의 논리적 타당성을 논의하지 않고 이를 자명한 것으로 전제한 후에 일반적으로 다음과 같은 세 가지 관점을 설정하고 연구를 진행하여 왔다: '비교의 제3점'에 따라 일정하게 정립된 비교 관점에 따른 가치체계; 동일성, 유사성, 상이성에 따른 비교; 고유한 것과 낯선 것의 구별 및 고유한 것을 중심으로 한 구심적[1] 가치부여. 그러므로 국제적 비교를 종래의 비교연구의 방법과 논리에 따라 수행할 경우에는 필연적으로 '비교의 제3점'을 일정한 국가와 문화 안에서 정립된 가치체계와 평가체제에 두게 되며, 학교교육은 자국의 문화를 구성하고 있는 가치체계에 따라서 이해하게 되고, 상호교호적 학습을 통한 교육 지평의 확대와 심화의 연구는 불가능하게 되어 버리고 만다.

인간은 문화의 창조자이다. 문화는 객관화된 고정적 삶의 형식들이다. 문화는 인간을 다시 창조한다. 문화에 의하여 인간은 사회화하며 일정한 인간으로 유형화된다. 이러한 인간이 문화를 다시 창조한다. 인간과 문화의 이와 같은 상호 순환적 창조와 피조의 관계는 교육에서 가장 분명하게 드러난다. 학교교육의 국제적 비교는 바로 이러한 문화의 창조자요 피조물로서의 인간의 본질이 분명하게 드러나는 현장인 학교교육을 좁은 한 문화권 안에서 명료하게 들여다보고, 인간에게 자명한 것으로 주어져 있는 현실과 그러한 현실 안에서 성장하는 인간의 한계를 문화의 다양성 안으로 가져와 다시 들여다봄으로써 교육의 상대성에 대한 이해를 심화하고 교육의 새로운 지평을 확대하려고 한다.

비교연구는 개혁을 지향한다. 전통이 어떻게 현재를 구속하고 있으며 새로운 시도가 어떻게 전통과 매개될 수 있는지, 그러한 매개를 통하여 현재가 어떻게 재구성되는지, 그리고 재구성된 새로운 교육문화가 어떻게 교육을 새롭게 성취하게 하는지를 밝히려고 한다. 그래서 비교는 사실들이 나란히 서술되는 곳에서가 아니라, 개혁들이 서술되고 논의되는 곳에서 흥미있고 의미 있다.

따라서 국제적 비교는 개혁의 노력에 의미를 부여하는 기능을 갖고 있다. 비교는 개혁들을 국가 안에서 통제하고 검증하는 기능을 담당할 뿐만 아니라, 국제적-간문화적으로 개혁들을 해석하고 의미를 부여한다. 국제적 비교를 통하여 새로운 교육문화운동이 하나의 쇄신운동인지, 다시 말하면 인간의 새로운 가능성을 여는 교육인지, 동시에 하나의 개혁운동인지, 다시 말하면 간단없이 반복하는 개혁의 악순환에 머물러 있지 않고 교육의 본질에 있어서 고유한 문화권을 초월하여 교육을 새롭게 하는 운동인지, 그리하여 전통의 단순한 재생산에 그치는 교육을 창조적 재생산의 차원으로 고양시키는 운동인지가 해석되고 전망되는 것이다.

전통적으로 교육학이 수용하여 왔던 비교연구의 삼중적 틀: Tertium Comparationis 안에서의 비교; 동일성, 유사성, 상이성의 정리와 평가로 방향 잡힌 비교; 그리고 고유와 외부의 비교는 앞에서 살펴본 바와 같이 국제적-간문화적 비교가 아니고 일정한 국가와 사회문화적 전통에 체포된 비교이다(오인탁, 2006). 이러한 비교는 교육문화를 단일 문화권의 이해 지평을 초월하여 해석하고 밝히는 방법이 아니기 때문에 새로운 교육문화를 그 '새로운' 내용 자체에 있어서 이해하고 지양하여(aufheben), 현재를 미래를 향하여 새롭게 만들되 전통의 기초 위에서 의미 있게 만드는 것이 되어서, 글자 그대로 새로운 학교교육문화로 표현되고 종합될 수 있게 하지 못한다. 이를 우리는 우리의 학교교육문화에서 범례적으로 본다. 공교육이 사교육의 시녀로 전락하고 입시중심과 상대평가의 공고한 틀 아래서 전인적 인간교육이 방기되고 있는 현실을—수없이 새롭게 시도되어 온 개혁들이 극복하지 못하고 있는 본질적 원인—우리는 전통적 비교연구의 좁은 틀 안에 체포되어 있는 현실에서 확인하게 된다. 그래서 우리는 새로운 교육문화에 대한 국제적 비교연구를 간문화적-인간학적으로 수행함으로써 패리되고 난공불락의 요새로 굳어져 버린 우리의 학교교육문화의 울타리를 파괴하여 개방하고, 고유와 외부의 가름과 이해의 일차원적 구조를 극복하며, 세계개방적 다양성 안에서 우리나라가 지향하여야 할 학교교육의 새로운 문화를 그려보고자 한다.

3. 서구의 학교교육문화의 유산

서구의 교육문화는 그리스적-로마적 교육문화와 히브리적-기독교적 교육문화의 혼융이다(오인탁, 2001). 중세와 근세를 흘러오면서 서구의 교육은 성경을 중심으로 한 기독교적 종교교육과 7자유교과를 중심으로 한, 특히 문법과 수사학이 그 정점을 이룬 세속적 인문교육의 구조로 정리되었다. 기독교적 교육과 인문주의적 교육은 서로 상이하다. 그러나 18세기까지 이 두 교육은 서구에서 기독교적 정경(正經 Kanon)을 중심으로 인문주의적 정경이 포진하고 있으면서 인문주의가 기독교를 섬기는 형식으로 서로 잘 어울려 왔다. 그러나 계몽시대로 접어들면서 신학은 학문의 왕관자리를 철학에 내어 주게 되었으며, 숨겨져 있던 상호 간의 모순과 대립이 표면으로 부상하게 되었다. 그리하여 결과적으로 인문주의적 교육이 기독교적 교육을 변두리로 몰아냈다.

서구의 학교교육은 크게 세 단계를 거쳐서 오늘에 이르렀다: 카알 대제에 의하여 주도된 카롤링거 시대의 쇄신, 멜랑히톤과 루터 시대 독일의 인문주의와 종교개혁의 새로운 학교문화의 전개, 그리고 괴테 시대의 바이마르 고전주의와 신인문주의에 의한 현대적 학교교육문화의 정착.

서구 문화권은 좁은 의미에서 6세기에서 8세기에 걸쳐서 전개된 민족의 대이동으로 인하여 오늘의 모습을 갖추게 되었다. 이 시기에 지중해 중심으로 형성되어 있던 정치적 사회문화적 공간이 알프스와 라인 강 유역으로 옮겨졌다. 이 시기에 교회의 서기(Klerus) 계층이 비교적 정확한 라틴어를 사용하고 있었으며, 일반 민중들은 그들의 생활언어 또는 라틴어에서 파생한 로만어를 생활언어로 사용하고 있었다. 그리하여 교회언어요 학문언어로 기능하고 있었던 라틴어와 생활언어로 기능하고 있었던 로만어를 비롯한 지역언어들로 언어문화가 나누어져 있었다. 이러한 언어문화를 카알 대제는 중세와 근세의 초기적 이중언어문화로 가꾸었다. 그리하여 숱한 민족들의 다양한 생활언어들과 나란히 라틴어라는 하나의 언어로 서구의 이중언어문화권이 형성되었다. 라틴어는 법률과 정치, 학문과 문학의 언어로 중세에서 근세에 이르는 서구의 문자문화 전체를 만들어 낸 언어였다. 카알 대제는 하나의 통일된 원리로 학교의 제도를 만들고 이에 따라 학교를 설립하였으며 엄격하게 감독하였다. 그는 법을 만들고 그의 궁전에 모델학교를 세웠다. 그는 법으로 수도원과 감독의 교구에 학교를 설립하도록 하였다. 이렇게 하여 설립된 수도원학교, 감독학교, 그리고 성당학교들이 종교개혁시대에 이르기까지 서구 학제의 토대가 되었다.

인문주의와 종교개혁이 서구에서 학교교육의 두 번째 전성기를 불러왔다. 이러한 전성기는 중세 중기에 탄생한 대학과 더불어 중등교육기관의 쇄락과 고등교육기관의 눈부신 발달이란 모양으로 전개된 역사에 의하여 동반되었다. 잘 알다시피 대학은 신학과 법학과 의학이라는 국가유지를 위한 세 가지 유형의 전문직의 인력을 양성하는 과제를 주로 수행하였으며, 이 과제의 성공적 수행을 위하여 철학이라는 기초학문의 눈부신 천착이 동시에 이루어졌다. 그래서 처음에는 신학, 법학, 또는 의학 어느 한 학문을 교육하는 집단을 강조한 '교사들의 공동체'(universitas docentium), 그리고 학문 전체의 교육을 과제로 삼은 '학문의 공동체'(universitas litterarum) 또는 연구의 공동체로 발전하였다. 그 후에 신학부, 법학부, 의학부라는 전통적 대학의 세 학부들과 나란히 네 번째 학부인 '인문학부'(facultas artium) 또는 자유교양학부가 형성되었다. 이렇게 하여 대학의 모든 영역에서 학문을 전공하기 위하여 필수로 요청되는 일반교양교육 또는 보편적 지식의 연학(硏學, artes)과 인문학의 기초 위에 신학, 법학, 의학이라는 전문적 지식의 전공이라는 대학의 이중구조가 탄생하였다.

인문주의는 학문의 연구가 정체되었던 시기에 중세 이전의 시대인 고대의 옛 학문을 전적으로 새로운 학문으로 재창조하였다. 이러한 고대의 발견은 예술 분야의 문예부흥과 더불어 인문주의라는 역사의 시기를 칭하는 명칭으로 자리 잡았다. 고대 → 중세 → 근세라는 시대의 명칭 부여와 흐름에서 볼 수 있듯이, 세계의 역사는 정신사적으로 이미 한 때에 흥성했던 학문의 위대성 → 몰락 → 위대성의 부흥으로 읽혀졌다. 여기에는 다음과 같은 정신사 이해의 눈이 전제되어 있다: 학문은 고대에 위대한 부흥을 이루었으나 중세에 교회에 의한 타율적 세계지배 아래서 몰락하였다. 그러나 근세에 인간은 자율적 세계실현의 능력을 회복하였으며, 고대의 위대성을 본받아서 다시금 새롭게 학문을 부흥시킬 수 있었다. 그리하여 고대 자체가 학문과 예술의 고전(古典)이 되었다.

교육문화는 시대가 가져다주는 큰 사건들에 의하여 결정적으로 영향을 받는다. 인문주의자들에게 엄청난 크기로 영향을 준 두 사건이 있다: 1450년의 구텐베르크에 의한 인쇄술의 발명과 1453년의 콘스탄티노플 멸망, 이 두 사건이 없었더라면 그 이후의 역사는 다르게 흘렀을 것이다. 그리고 한 세기 후에 루터는 "기독교 학교를 설립하고 운영하여야 할 독일의 모든 시의 시장들과 의원들에게"(1524)라는 공개서한을 띄워 학교교육을 강조하였다. 루터는 이 글로 인류의 역사에서 결코 역행할 수 없는 학교교육의 세계화의 첫 걸음을 내디뎠다. 루터에 영향을 받아서 숱한 학교들이 다시 세워졌다. 대표적인 학교를 예로 들면, 헤세의 전기로 유명해진 마울브론(Maulbronn) 수도원 학교, 멜랑히톤(Philipp Melanchthon)이 교사, 교장, 교과서 저자로 활동한 Wittenberg, 인문주의자요 종교개혁가인 츠빙글리(Ulrich Zwingli)가 활동한 Zürich, 그리고 위대한 교사 스투름(Johann Sturm)이 설립한 Strassburg. 이러한 학교들은 모두 지혜(sapientia), 웅변(eloquentia), 경건(pietas)의 세 가지 가치를 교육목표로 삼았다. 이들 학교들이 중세의 수도원 학교들과 다른 점은 키케로를 정점으로 한 고전고대의 라틴어와 Demosthenes와 Homer를 중심으로 한 고전고대의 그리스어를 교육하였다는 점이다.

서구의 교육사에서 확인하게 되는 세 번째 교육문화의 정점은 19세기의 김나지움과 신인문주의다. 신인문주의는 영국의 로크(John Locke)의 『교육론(Some thoughts concerning education)』(1693)과 프랑스의 루소의 『에밀』(1762)로부터 영양분을 받았으나, 독일의 바이마르와 프로이센에서 활짝 꽃피어 났다. 신인문주의적 김나지움은 계몽의 산물이다. 그 때까지 종교적으로 해명되었던 세계상이 물리학과 수학의 척도와 이론으로 해명되기 시작하였으며, 지금까지 성경의 이름으로 강조되었던 윤리가 철학적 이론으로 재구성되어 추구되었다.

그러나 기독교 시대의 종언을 의미하는 이러한 학문적 노력들은 학교와 대학에서 이루어지지 아니하고 오히려 학교 밖에서 이루어졌다. 그리하여 학교와 대학의 개혁이 강조되지 아니할 수 없었다. 학교의 개혁은 서로 대립적인 두 교육학자들의 무리에서 시도되었다: 박애학교주의자(Philanthropinist)와 신인문주의자(Neuhumanist). 이 두 교육학자들은 낙후된 학교의 교육문화를 시대에 맞는 새로운 교육문화로 개혁하는 작업을 펼쳤다. 박애주의자들은 시민생활의 실천교육을 학교교육의 주도적 원리로 삼았으며, 인문주의자는 공리적 생각을 초월한, 고대 그리스의 연학(研學)을 이상적 목표로 삼았다. 새로운 교육문화의 창달을 둘러싼 싸움은 신인문주의자의 승리로 끝났으며, 그 결과로 20세기로 접어들 때까지 백년이 넘도록 신인문주의가 김나지움의 교육과정을 지배하였다. 신인문주의는 모든 교육의 절반 이상을 엄격하게 라틴어와 그리스어의 고전어 교육으로 채웠으며, 기독교적 문학이 아니라 세속적 문학을 텍스트로 사용하였다. 그리고 신학을 전공한 목사가 가르쳐 왔던 고전어를 인문학을 전공한 어학 전임교사가 가르치게 했다. 그들은 인간의 자아실현을, 그들의 표현으로 인간의 완전한 현존의 이상인 최고의 인본성(Humanität)을 고전고대의 그리스에서 발견하였다. 훔볼트(Wilhelm von Humboldt)를 중심으로 신인문주의자들은 오늘날까지 변치 않고 학제의 규범적 구조모델로 작용하고 있는 기초학교, 김나지움, 대학교라는 세 단계의 교육제도를 확립하였다. 특히 인문주의적 김나지움에서 그들은 학교교육의 중심을 찾았으며, 일반적 인간도야의 과목들인 고전어, 수학, 역사를 교과의 중심으로 삼았다.

인문주의적 교육도 20세기로 접어들면서 쇠퇴하기 시작하였다. 인문주의 교육의 쇠퇴는 한편으론 민족주의의 대두와 더불어, 다른 한편으로는 18세기와 19세기에 인문주의에 의하여 성공적으로 논파되었던 공리주의(Utilitarismus)에 의하여 촉진되었다. 게다가 산업혁명이 가져다 준 삶의 변화로 라틴어와 그리스의 불규칙 동사를 외우고, 오디세이의 모험과 투쟁을 읽으며, 아테네의 해변에서 철학적 담론을 하는 것이, 공장에서 생산작업에 종사하며 살아가는 시민들에겐 전혀 의미 있게 와 닿지 않았다. 그들에게는 숱한 세월 동안 현실과 동떨어진 지식이 현실을 옭아매고 있었다는 것이 불가사의한 것으로 비쳐졌다. 그리하여 김나지움은 이제 고도로 산업화되고 전문화된 사회의 거울로 작용하게 되었다. 사회의 모든 계층이 공유하였던 인본주의적 도야는 이제는 소수의 특별한 정신들의 관심과 애완물이 되어 버렸다.

19세기의 김나지움은 라틴어학교의 토대 위에 세워졌으며, 라틴어학교는 중세기의 수도원 학교의 기초 위에 서 있었다. 교회가 설립하고 운영하여 왔던 학교는 18세기에 교회로부터 국가로 이양되었다. 그리고 국가가 주도하였던 교육의 과정과 방법은 20세기에 가르치는 교사와 배우는 학생들 개개인의 선택에 맡겨졌다. 오늘날의 학교교육은 서구에서 중세로부터 근세를 지나서 20세기로 접어드는 긴 여행을 하면서 교회와 국가로부터의 자유와 기독교와 인문주의로부터의 자유로 확인되는 최고의 자유를 향유하고 있다. 그러나 자유는 대가를 치르는 법이어서, 오늘날 서구의 학교교육문화는 숱한 지식을 전체적으로 개관하면서 의미 있게 종합해 주는 힘을 배양해 주지 못하고 있으며, 현실을 조망하고 미래를 전망할 수 있는 오리

엔테이션의 능력을 배양해 주지 못하고 있다.

4. 신교육문화운동의 의미와 학교교육문화 개혁의 방향

오늘날 학교의 교육문화는 특징적으로 조직적(systematisch), 장기적(langfristig), 축적적(kumulativ) 구조로 구성되어 있으며 가꾸어지고 있다. 그런데 교수학습의 조건이 조직성, 장기성, 축적성의 구조 위에 서 있기 때문에, 학교는 이로 인하여 구조적으로 엄청난 그늘을 갖고 있는 교육문화를 만들어 낼 수밖에 없다. 이 그늘을 극복하고 그늘로부터 자유로운 교육문화를 창조하지 않는 한, 학교교육은 끊임없이 전인교육을 그르치게 된다. 그리하여 학교교육은 개혁을 시도하나, 간단없이 반복되는 비인본성의 구조적 강화를 언제나 다시 경험하게 된다. 따라서 새로운 교육문화운동은 이 그늘을 비판하고 분석하며, 대안을 제시하여 극복하는 시도로 확인된다. 이 그늘에 관하여 독일의 개혁교육학을 비롯하여 여러 국가에서 새로운 대안적 학교교육문화가 비교적 관심을 기울이고 있으나, 충분한 관심을 기울이고 있지는 않다.

학교에서 참으로 삶(생활 Leben)은 불가능한가? 학생들이 어린이, 소년, 청소년으로 학교에서 그들의 삶을 살고, 산다는 것을 즐기고, 이를 느끼며, 미래의 삶을 준비하게 할 수는 없는 것인가?(J. H. Campe, 2.Th., 279). 학교는 다만 학습을 학습하기(Lernen zu lernen, Learning about learning)를 일반적이고 보편타당한 목표로 삼아야 하는가? 새로운 교육문화가 추구하여야 할 개념(Konzept)은 '전체적 기관'(eine totale Institution)으로서의 학교, 교육과 생활이 함께 일어나는 삶의 공동체로서의 학교다. 전통적 학교 교육의 체제와 기능을 담지하고 있는 서술과 평가의 코드는 잘함-잘못함(besser-schlechter), 높음-낮음(höher-niedriger), 빠름-느림(schnellerlangsamer)의 구조로 되어 있는 등급화, 석차화, 점수화다. 새로운 코드를 개발하여 이러한 전통적 코드를 대체하고 변환하는 일이 없이는 학교의 교육문화가 학생과 교사의 생활문화로 체험될 수 있는 가능성은 결코 없을 것이다.

거의 230년 전에 박애주의 교육학이 던지고 Schleiermacher가 해석학적으로 작업한 "학교는 어린이의 미래를 위하여 현재를 어느 정도로 희생하여야 하는가?" 또는 "교육에 있어서 개인의 완전한 자아실현이 개인의 유용성에 어느 정도로 희생되어야 하는가?"라는 문제제시는(Allgemeine Revision, 1785~1795, Bd. III) 오늘날 여전히 우리의 학교교육이 한계를 보여주고 있는 곳에서 현실적 의미로 우리에게 다가온다.

오늘날 사회를 지배하고 있는 학교의 교육적 과제는 미래를, 막연한 미래가 아니라 구체적 위기로 다가온 미래를 성공적으로 헤쳐 나갈 수 있는 학습능력을 배양하는 교육이다. 이러한 교육을 교화(Kultivierung)라고 하자. 그러면 고대로부터 현대까지 흐르고 있는, 대안적 학교교육문화운동에서 학교의 본래적 교육의 과제로 끊임없이 강조하고 있는 것은 학교에서 현재의 삶을 체험하고, 표현하며, 의미 있게 처리하는 활동을 가능하게 하며 그러한 능력을 배양하는 교육이다. 이러한 교육을 문화화(Kulturbefähigung)라고 하자. 그러면 교화와 문화화 사이에서 균형을 취하기엔 학교는 너무나 무력하다.

보호공간의 기능을 가진 생활세계로서 학교의 논리와 시민교육의 제도화 기능을 가진 교육과정의 논리는 서로 동일한 것이 아니다. 그럼에도 이를 동일한 것으로 간주하고 논리의 합리성과 치밀성을 강조해온 결과 오늘날 학교는 보호공간이요 생활세계로서의 성격과 기능을 거의 상실하고 말았다. 이로 인하여 야기되는 학교의 구조적 한계는: 학습성취가 정서적 동기에 근거하고 있음에도 학교는 지적 능력의 우위(Primat des Kognitiven)를 최고의 규범으로 삼고 있으며, 이러한 규범은 상급학년으로 올라갈수록 더욱더 절대적 규범과 척도로 작용하고 있다. 최근에 교육인적자원부가 미술, 음악, 체육 같은 예체능 영역의 교과를 학교의 규범화되어 버린 평가의 구조적 비평화로부터 해방시키는 일련의 정책을 발표하였다가 엄청난 저항에 부딪혔다. 학교에서 참으로 교육이 일어나기 위해선 아름답고 건강한 생활, 도덕적 생활, 경제적으로 바른 생활, 공동체 중심의 생활 등에 관한 교육이 모두 평가이론과 평가방법의 구조적 비평화와 비인간화에서 해방되어야 한다. 이를 가능하게 하기 위하여 학교는 비평화적 학습구조의 사회적 전제조건들을 먼저 평화적 학습구조의 정착이 가능한 사회적 전제조건으로 변화시켜야 한다. 이를 위하여 학부모의 기대와 교사의 기대가 상호교호적 신뢰의 바탕 위에 있어야 한다. 학칙을 비롯하여 행정의 투명성, 법규에 기초한 행정의 신뢰성, 그리고 공유적 가치 토대의 안정성 등이 전제되어야 한다.

학교교육 프로그램의 본질은 문화를 보존하고 발전시킬 수 있는 능력의 배양이다. 다시 말하면, 문화의 대상들과 만나고 대결할 수 있는 능력이다. 그래서 모든 학교교육의 기본형식과 내용에서 우리는 이러한 문화대결능력과 문화창조능력을 포스트모던적 해체능력의 배양으로 확인하게 된다. 지금까지 전통적으로 수용하여 왔던 정경화되어 버린 품목만으로는 이제는 더 이상 문화능력의 배양이라는 보편적 교육목표를 실현할 수 없다.

학교는 현대사회에서 보편적 의사소통의 조건들을 일반화하고 세계화의 만남의 상이한 형태들(Modi)을 체계적으로 섭렵하게 하여 성장 세대에게 포괄적 문화능력을 배양하여 주는 유일한 기관이다. 바로 이 세계 이해의 지평이 오늘날 새로운 학교교육문화운동을 전망하는 개방적 얼개다.

오늘날 세계와의 만남의 형태들은 합리성의 다양한 형식들로 구성되어 있다: 수학, 자연과학, 기술공학 등으로 정리되어 있는 인지적-도구적(kognitiv-instrumental) 합리성이 있다. 예술, 문학, 음악, 체육, 문학 등으로 정리되어 있는 심미적-표현적(ästhetisch-expressiv) 합리성이 있다. 종교, 윤리, 도덕 등으로 정리되어 있는 종교적–참여적(religös-emanzipatorisch) 합리성이 있다. 그리고 삶의 근원, 목적, 원인 등에 관한 물음을 다루는 평가적–규범적(evaluativ-normativ) 합리성이 있다. 이상과 같은 합리성의 다양하고 상이한 형식들은 각각 세계 이해의 고유한 지평들을 이루고 있으며, 상호교환과 대체가 불가능한 교육의 기초로 기능하고 있다. 현대사회에서 학교의 교육문화는 학생들이 이와 같은 세계 이해의 합리적 형식들 하나하나와 만나도록 하되, 폐쇄적이 아닌 개방적으로 상호관련적인 이해의 구조 위에서 만나며, 철학적 반성이 있는 만남이 되도록 개혁하여야 한다.

훔볼트는 리타우의 학교개혁 프로그램(1809)에서 인간의 도야에는 언어, 역사, 수학(자연과학), 미학, 그리고 체육이 필요하다고 강조한 바 있다. 문화는 우리에게 그대로 열려 있는 것이 아니다. 문화는 교육을 통하여 비로소 열려지는 것이다. 문화의 표현형식과 상징세계로 들어가는 문은 문화적 기초능력들이다.[2] 그래서 학교교육의 본질적 과제영역은 문화적 기초능력들로 구성되어 있다. 문화적 기초능력들에는 의사소통언어의 지배능력, 수학적 사유능력과 처리능력, 외국어 능력, 정보기술 능력, 지식획득의 자아통제능력 등이 있다.

이상과 같은 문화의 기초능력들의 배양은 곧 국가경쟁력으로 이어지기 때문에 오늘날 국가들은 외적으로는 하나의 보다 더 큰 단위의 정치경제공동체를 지향하면서도 내적으로는 '국제학생측정 프로그램'(Programme for International Student Assessment, PISA)같은 프로젝트를 통하여 국가경쟁력을 측정 · 평가하고 학교교육문화를 보다 더 성취 중심으로 강하게 가꾸어 가려는 시도를 하고 있다. 오늘날 세계는 국가 간의 경쟁력 강화를 위하여 학교를 새롭게 도구화하기 시작하였다. 이렇게 국가 중심적 학교교육이 중요해진 오늘날 우리는 이 연구에서 대안교육의 뿌리를 찾아서 새로운 학교교육문화운동을 간국가적 비교연구를 통해서 깊이 이해하고, 이 바탕 위에서 우리의 학교교육문화의 쇄신과 개혁을 전망하려고 한다.

미 주

1) '구심적'은 '원심적'에 대한 대립적 개념으로 사용하였으며, 비변증법적, 주관적, 자아중심적, 종족중심적, 자문화 중심적 사고를 의미하는 표현이다.
2) 문화적 기초능력들을 간단히 설명하면 다음과 같다.
   ① 언어능력. 의사소통언어의 지배는 읽기 능력을 말한다. 학교는 언어적 도야의 기관이다. 모든 교과들이 언어의 도야기관이요 동시에 언어라는 통로를 통하여 학습된다. 학교의 중심과제는 학습능력의 도야다. 문화는 언어의 옷을 입고 있으며 의사소통의 능력을 통하여 반성적으로(reflexive) 매개됨으로써 개인은 일정한 문화대상들과 만난다. 이러한 만남을 통하여 그는 비로소 일정한 문화의 인간으로 탄생한다. 따라서 읽기능력은 과목포괄적 자질부여의 모범적 범례이다.
   ② 수학적 사유와 처리능력. 수학은 오랜 역사적 과정을 통하여 개발되고 상이한 형식으로 다양한 직업과 과학들에서 자명적 의사소통의 수단이 되어 버린 형식화된 언어이다. 이러한 의미에서 수학은 읽기와 마찬가지로 오랜 역사적 과정을 통하여 개발되고 정립된, 삶의 영역과 학문에 따라서 자명적 의사소통의 수단들로 상이한 형식으로 처리된 형식화된 언어이다. 수학도 읽기 능력과 마찬가지로 과목포괄적 이해능력의 기초적 기술이다. 오늘날 디지털화되어 가고 있는 정보기술의 세계에서 모든 현대적 정보사회와 의사소통사회의 중심에 수학적 상징들과 모델들이 자리 잡고 있다. 수학적 능력은 현대를 지배하는 최우선적 능력이다.
   ③ 외국어 능력. 의사소통의 세계화. 영어는 세계화된 교육사회와 지식사회의 열린 세계언어(lingua franca)이다. 많은 직종과 생활영역에서 영어의 충분한 실력은 이제 문화적 기초능력이 되어 버렸다.
   ④ 정보기술능력. 기초적 문화도구. 충분한 IT능력은 지식사회의 중요한 열쇠요 간단없이 확장되어 가고 있는 의사소통 형식들에 참여하기 위한 전제조건이다.
   ⑤ 지식획득의 자율조정능력. 현대는 평생학습의 시대다. 학습자가 자신의 고유한 학습을 조정하고 스스로 학습목표를 세우며, 학습의 내용과 목적에 적절한 기술과 전략을 선택하고, 사용하는 능력은 오늘날 역시 기초적 능력이 되었다. 자신의 학습동기를 살펴보고, 학습목표의 달성 여부와 관련하여 학습과정과 범위를 조정하는 학습의 전략도 여기에 속한다. 학습의 자아조절은 따라서 지식의 수용과 처리에 동원할 수 있는 전략들의 목록과 학습과정을 감독하는 방법들의 목록에 근거하고 있다. 이러한 자율조정능력은 특별한 대상들과 반성적 대결을 함으로써 획득되는 것이다.

2장

영국 신교육운동의 성립과 전개

1. 서론
2. 시대적 · 사상적 배경
3. 영국 신교육운동의 전개
4. 신교육운동과 현대 영국교육
5. 결론

1. 서론

영국은 19세기 중반부터 초등학교 교육에 대한 수요가 크게 증가함에 따라 교육의 새로운 진보가 필수 불가결한 것으로 인식되기 시작했다. 특히 유럽과 미국을 상대로 한 농업과 공업의 경제적 경쟁력이 이것의 필요성을 분명하게 만들었고, 정치적 · 사회적인 집단 간의 이해 추구가 이것의 저변에 깔려 있었으며, 노동계급과의 정치적 연대가 이것을 피할 수 없게 만들었다. 의무교육의 요구는 1870년 포스터(Forster) 법령에 의해 해결되기 시작하여 전국적으로 학교이사회(School Board) 조직의 설치를 통해 학교증설과 재정지원을 강력하게 추진함으로써 1876년의 10세에서 1893년 11세, 1899년 12세, 1918년에는 14세까지 이르게 되었다(W. Stewart, 1968: 7).

그러나 학교의 커리큘럼은 여전히 전통적인 고전 중심의 교육이거나 기계적인 학습을 요구하는 내용들과 교수법이 지배하고 있었다. 학교에 조건부로 재정을 지원하는 1862년의 개정된 법규인 '성과별 지원제도(system of payment by results)'[1]는 교육부의 규범에 의해 각각의 '기준'에 따라 국가가 지원금을 지불하는 기본적 조건들과 연령별로 그룹을 나누는 계획안들이 세분화되면서 20세기로 접어들 무렵까지 지속되었고, 국가로부터 지원금을 받는 학교들의 경우에는, 1862년부터 어떠한 실험적인 생각들이 자리 잡을 수 없게 되었다.

이러한 시대적인 상황 속에서 19세기 말부터 일부 선구적인 학교들에 의해 시작된 신교육운동은 그 개념이 갖는 포괄성에도 불구하고 특정의 가정들을 공유하고 있는 교육운동이었다. 신교육운동의 각 주체들은 서로 관점은 달라도 도구적 교육(instrumental education)과 성과별 지원제도(system of payment by results)에 대해 공히 거부하였다(R. Selleck, 1968: 336). 즉, 문자 중심의 학습에 대해 실용적인 관점에서의 비판이 이루어졌으며, 또 자연주의적 관점에서 아동의 자연적인 본성과 힘을 억압하고 질식시키는 수업 방식에 대한 비판이 행해졌고, 헤르바르트적 관점에 선 사람들은 교육이 아동의 다면적 흥미를 계발시키는 데 실패하고 있다고 비판했다. 이러한 비판을 바탕으로 신교육운동에서 지시하는 '새로운(new)' 교육이란 최소한 '기술적(technical) 교육'이나 '고전 중심의(classical) 교육', '자유교양(liberal) 교육'은 아니라는 점이다.

신교육운동의 성립과 전개과정에서 선구적인 역할을 한 새학교인 비데일즈(Bedales)의 창시자, 배들리(J. Badley)는 20세기 초 여러 나라에서 전개되고 있는 새로운 학교운동이 공유하고 있는 특징들을 다음과 같이 정리하였다(J. Badley, 1923: 14). 첫째, 거의 모든 나라의 새로운 학교운동이 직업교육을 중요한 한 부분으로 인식하고 있다는 것이다. 그리고 둘째, 새로운 학교들이 기숙학교 체제로 운영되어야 한다는 데 입장을 같이 하고 있다. 기숙학교 체제는 학생들의 몸과 정신과 영혼을 골고루 살찌워 삶의 다양한 측면을 준비하게 할 수 있다. 또 다른 공통된 움직임들로는 미술이나 공작 활동을 통해 이루어지는 창조적인 작업, 각기 다른 방향으로 모색되는 학생 개개인의 발달, 이와 더불어 각각의 학교상황 속에서 운영되는 자치(self-government)를 바탕으로 서로 협력하는 노력 등이 있다. 이처럼 새로운 학교운동은 각 나라에서 독자적으로 전개되는 가운데 개인의 발전과 그 사회에서 필요로 하는 유용한 구성원의 육성이라는 공통 목표를 표방하고 있었다.

영국의 신교육운동은 전통적인 영국식 교육체제의 틀을 유지하면서 현 시대의 요구에 부응하는 변화된 교육을 제시하고자 하는 데 목적이 있었다. 일반적으로 볼 때 그 방향들은 페스탈로치, 프뢰벨과 다른 학자들에 의해 창안되고 몬테소리에 의해 재발견, 재적용된 자율적 활동(self-activity), 흥미, 자유의 원칙이라는 발달심리학적 지식으로부터 얻어진 새로운 교육적 아이디어를 실행에 옮기고자 한 일련의 시도이기도 하였다. 이러한 새로운 교육적 시도는 몇몇 선각자적인 인물들에 의해서 시작되었으나 시간이 흐르면서, 특히 제1차세계대전 이후부터 조직적이고 국제적인 거대한 교육운동으로 발전하였다.

이 연구에서는 20세기 초 유럽의 신교육운동에 도화선 역할을 한 영국의 새로운 교육운동의 시대적 · 사상적인 배경을 우선 고찰하고, 이어서 신교육운동의 선구적인 학교들을 통해 신교육운동이 추구했던 교육의 실제를 살펴보려 한다. 그리고 제1차세계대전 이후에 영국의 신교육운동이 어떻게 전개되었는지를 그 정점에 해당하는 시기인 1920년대를 중심으로 고찰하면서 대표적인 학교 사례를 함께 살펴볼 것이다. 끝으로 이러한 20세기 초반의 영국 신교육운동이 현대 영국 교육에 미친 영향을 여러 측면에서 정리하고 논의하고자 한다.

2. 시대적 · 사상적 배경

1) 사회적 배경

19세기 중엽은 산업혁명이 일어난 후 거의 백 년이 되는 때이다. 영국은 산업의 기계화를 선도하였으며 수십 년간 공업 수출국으로서 사실상 독점적 지위를 누리고 있었다. 이 상승의 기운을 타고 영국은 1851년에 런던의 하이드 파크(Hyde Park)에 있는 크리스탈궁에서 런던 대박람회를 개최하였다.

대박람회는 세계시장에서의 영국의 지배권을 축하해 주는 듯했으며, 영국이 경제적 진보에 따라 자유주의에 진력하고 있음을 보여 주었다. 대박람회가 드러낸 당시의 영국사회는 그 해의 인구조사에 대한 통계적 분석에서 두 가지 특징을 나타냈다. 하나는 도시의 인구가 농촌을 추월했다는 점이다. 이는 영국이 자유무역운동으로 도시적 기반을 가진 제조업, 운수업, 서비스업에 치중하여 크게 발전하면서 경제구조의 변화를 나타내 주는 것이었다. 또 다른 하나는 영국인의 종교활동 혹은 그것의 결여를 평가하고자 한 종교 현황에 관한 인구조사로서, 그 결과는 전체 1800만 성인 인구 중 525만 명 이상이 교회에 나가지 않는다는 사실을 보여 주었다(H. Matthew, 1999: 531-532). 따라서 19세기 중반의 영국은 그 기풍에서 더욱더 도시적이며 세속적이 되었고 한편으로는 더욱 비국교적이 되었다. 중기 빅토리아 시대의 정치는 이러한 경향들을 반영하면서 자유주의 쪽으로 향했다.

다른 나라와 비교해 볼 때 1850~1870년 시기의 영국 경제는 그 복잡성에서 생산물과 활동의 범위까지 놀라운 것이었다. 영국 경제는 공업경제의 기초적인 원료인 석탄과 철이 풍부했으며, 대륙의 국가들이 영국의 석탄과 철을 자국의 산업화를 위해 수입하게 되자 영국의 시장 지배력은 더욱 확대되었나. 발선 일로에 있는 공업은 선박과 증기기관에서부터 직물, 빅토리아시대의 다양한 소품들을 수출함으로써 세계무역 전체를 '빅토리아화' 했다(H. Matthew, 1999: 540).

1850년대와 1890년대 사이의 영국은 산업상의 변화와 사회적인 변화에서 비롯된 긴장들을 저변에 깔고 있었음에도 대단히 질서 있고 균형 잡힌 사회였다. 1890년 이전까지의 영국은 사회 내부의 긴장과 불확실성 상황하에도 외면적으로는 여전히 바다를 지배하고 그 제국은 확장되고 있었으며 세계 산업의 선봉에 있었다. 또한 그 지리적 특성으로 인해 유럽대륙 국가들을 흔들고 있었던 정치적 소요에도 상대적으로 별 영향을 받지 않았다. 영국의 노동자 계급은 당시까지 합리적으로 행동하고 있었고, 중산층은 복음주의에 입각한 종교적이고 도덕적인 규범을 확실히 가지고 있었으며, 여성들은 전통적인 규범의 틀을 고수하였다. 그리고 그 중심에 여왕이 있었다.

그러나 19세기 후반부터 이러한 외적인 안정과 확신이 흔들리면서 사회 전반에 걸쳐 불확실성이 만연되기 시작하였으며 이는 종교의 영역에서 두

드러졌다. 기존의 정통교리에 대한 불신과 거부로 요약되는 종교상의 불확실성은 1859년 발간된 다윈(C. Darwin)의 『종의 기원(On the Origin of Species)』이 촉발한 종교논쟁에서 비롯되었다. 성서에 대한 문자적 해석에 매여 있던 사람들의 신념에 도전하여 종교와 과학 사이의 싸움이 치열하게 진행되었다. 더욱이 헉슬리(A. Huxley)와 같이 정통교리를 떠나 불가지론의 세계로 이행한 사람들이 있는 반면에, 일부는 무신론의 세계로 들어갔다. 이와 같은 종교상의 불확실성은 현실적으로 교회 출석률의 뚜렷한 저조로 나타났으며, 성직자들은 신자를 확보하는 데 곤란을 겪었다(R. Selleck, 1968: 80-81). 다윈의 이론은 전통적으로 인문학에 비해 '지체가 낮은' 학문인 과학에 대한 주의를 환기시켰고, 영국 사회의 소외된 계층이나 영국 이외의 미개국들도 특별히 유리한 환경에 놓이게 되면 더 빨리 진화할 가능성이 있다는 사실을 일깨워 주었으며, 원시적인 정서표현이나 예술에서 새로운 가치를 발견하도록 하는 방향으로 나아갔다. 종래의 인간관계와 행위의 규범이나 방법이 영구불변의 가치를 가진다는 식의 정태적인 사고방식은 폐기되고, 모든 종류의 근본적인 독단주의는 이때부터 계속 비판을 받게 되었다(W. Boyd, 1996: 582-583).

종교적 신념에 있어서의 변화는 도덕적 신념상의 변화로 이어졌다. 종교가 도덕적 의무의 근거이면서 도덕적 명령에 권위를 부여하는 위치에 있기 때문이다. 특히 여성의 도덕적 위치는 큰 변화를 가져오게 되었는데, 베산트(A. Besant)와 같은 인물은 피임을 옹호하기 시작하여 이를 사회적 여론으로 몰고 갔으며, 입센(Ibsen)의 희곡들은 여성의 자유를 강조하는 결과를 가져왔다. 이 시기부터 언론은 책임 있는 저널리즘의 전통을 깨고 선정적인 보도의 행태를 길러 가기 시작했다. 아울러 여왕의 지위도 1870년을 고비로 서서히 하락의 조짐을 보이기 시작하여 1900년에는 그 하락이 명백해졌다.

대영제국의 쇠퇴는 인구 통계학적인 측면에서도 나타났다. 즉, 1870년대 초에는 영국의 인구가 3,180만, 독일의 인구가 4,100만, 미국의 인구가 3,850만이었던 것이 20세기가 시작될 무렵에는 미국의 인구가 7,590만, 독일의 인구가 5,630만인 것에 비해 영국의 인구는 4,190만 정도에 머물렀다(R. Selleck, 1968: 84). 이는 인력 조달에 있어서 불리한 위치에 놓이게 됨을 의미했다.

쇠퇴의 징후는 산업에서도 나타났다. 세계의 산업을 주도해 나가던 영국이었지만 1889년에는 독일의 무역 증가량은 영국의 거의 2배가 되었고 미국은 영국의 무역 증가량과 맞먹었다. 철강산업의 경우에도 내내 수위를 지키던 영국이었지만 1895년에는 독일의 철강산업이 영국을 능가하게 되었으며, 1900년에 이르러 미국은 영국 철강생산량의 2배의 철강을 생산하고 있었다. 더욱이 독일과 미국은 훨씬 현대적이고 효율적인 장비를 가지고 생산된 엄청난 물량의 양질의 철강을 영국으로 수출하고 있었다. 그 밖에 영국이 우위를 지키던 석탄과 선철 분야도 각각 미국과 독일에 자리를 내주었다.

농업 분야도 예외는 아니었다. 1870년대부터 미국산의 저렴한 밀이 유럽 시장에 밀려 들어오기 시작하면서 영국의 농민들은 일거리를 잃어 갔으며, 노동자들은 도시를 떠돌기 시작했고, 1894년에 이르러서는 농산물 가격이 1세기만에 최저치로 떨어졌다(R. Selleck: 84-85).

이러한 모든 사실들이 영국이 몰락한 국가라는 것을 뜻하는 것은 물론 아니다. 영국은 여전히 세계에서 가장 부유한 나라들 중의 하나이며 여러 분야에서 선두를 유지하고 있었다. 그럼에도 그 이전에 누렸던 번영과 그에 기반한 확신과 자신감을 더 이상 가지기 어렵게 되었다는 것이다. 또한 이 시기에 산업화가 가장 먼저 시작된 나라인 영국이 그 산업화를 급속하게 추진하는 과정에서 배태한 빈부격차와 빈자들의 비참한 생활문제가 커다란 사회문제로 부각되었다. 이러한 사회문제를 폭로하는 일련의 서적들이 이 시기 동안에 대거 출판되었다. 1889년에 구세군의 창설자인 윌리엄 부스(William Booth)는 『영국의 암흑과 그 출구(The Darkest England and the Way Out)』를, 1901년에 로웬트리(B. S. Rowntree)는 『빈곤, 도시생활에 대한 연구(Poverty, A Study of Town Life)』를, 1911년에는 라스커(B. Lasker)가 로웬트리(Rowentree)와 함께 『실업(Unemployment)』을, 1915년에는 보울리(A. L. Bowley)와 버넷 허스트(A. R. Burnett-Hurst)가 『생계와 빈곤(Livelihood and Poverty)』을 각각 출간했다. 이 시기에 가장 주목할 책은 찰스 부스(Charles Booth)가 저술한 『런던시민의 삶과 노동(Life and Labour of the People in London)』으로서, 이 책은 1889년에 1권이 나온 이후 1903년에 17권이 출판되면서 완결되었는데, 빈민 계층의 비참한 생활상과 열악한 노동조건의 실태를 세심한 필치로 묘사하였다(R. Selleck, 1968: 90-91). 이러한 서적들에 의해 명백해진 사회상을 개선하기 위한 시도들이 한층 강화되었으며, 사회개혁에 대한 관심은 이 시기의 한 특징이 되었다.

사회개혁을 위한 단체들의 성립과 활동은 1880년대부터 본격화되었다. 1881년에 힌드만(H. M. Hyndman)은 민주연합(Democratic Federation)을 설립했으며, 이 단체는 1883년에 막시스트(Marxist) 프로그램을 채택했고, 1884년에는 사회민주연합(Social Democratic Federation)으로 개명했다. 1884년에 윌리엄 모리스(William Morris)가 주도하여 사회주의연맹(Socialist League)이 창설되었으며, 같은 해 사회주의 단체인 파비안협회(Fabian Society)가 결성되었다.

사회주의 단체가 형성되고 있던 1880년대에는 노동자 계층에서 비롯된 운동, 즉 노동운동이 전개되기 시작한 시기이기도 하다. 비숙련 노동자들이 그들의 열악한 노동조건에 대한 자각과 불만이 고조되면서 발발한 노동운동은 1887년 트라팔가 광장에서의 '피의 일요일(Bloody Sunday)' 폭동과 폴몰(Pall Mall)가에서의 '검은 월요일(Black Monday)' 유리창 파괴사건, 그리고 1888년의 성냥팔이 소녀들의 파업에 이어서 1889년에는 런던 부두노동자들의 대규모 파업사태로 런던 항구가 모두 폐쇄되었다. 특히 부두노동자들의 파업은 그 이후 노조의 성격과 그 구성에 있어서 현저한 변화를 가져왔다. 즉 노조의 성격은 더욱 공격적이고 호전적이 되었으며 그 구성원들도 비숙련 노동자들이 대거 유입되었다. 이제 노조의 정치세력화는 자연스러운 수순이라고 할 수 있는데, 1893년에 케어 하디(Keir Hardie)에 의해 창당된 '독립노동당(Independent Labour Party)'은 1906년의 선거에서 29명을 의회에 진출시킴으로써 노조는 제도권 안으로 들어오게 되었다(R. Selleck, 1968: 93).

이상의 모든 징후들은 구질서를 뒤흔드는 불확실성의 구체적인 조짐들인 동시에 새로운 질서를 만들고자 하는 희망과 확신을 내포하고 있었다. 즉 전통적 신념들에 대한 도전, 노조와 사회주의의 대두 등등은 구질서의 점진적인 붕괴로 인한 불확실성으로부터 벗어나기 위한 투쟁들로서 새로운 세계가 오고 있음을 뒷받침하는 증거들이었다. 그리고 이러한 새로운 세계는 기존 인식의 전환과 사회제도의 개혁, 또한 전통적인 교육의 한계를 명확히 인식하고, 근본적으로 시대의 요구에 맞게 새로운 교육을 추구하고 실현할 때만 가능하다는 사고들이 싹트기 시작했다. 따라서 이 시기의 영국 사회에 거대한 변화를 가져온 신교육운동을 비롯한 다양한 사회개혁운동들이 시작되었다.

2) 사상적 배경

영국 신교육운동의 사상적 배경은 단일의 또는 두세 개의 이론들로 설명한다는 것은 사실 불가능하다고 할 수 있다. 셀렉(R. Selleck)의 지적처럼 신교육의 영역은 워낙 넓기 때문에 다수의 연구자들이 탐색하더라도 그 전체의 세밀한 지도를 완성한다는 것이 지극히 곤란한 작업이며, 신교육운동에는 일련의 확정된 이론들도 없고 모두가 합의한 약속도, 신조도, 선언서도 없기 때문에 다양한 맥락과 특징을 가지고 있는 지극히 다면적인 운동이라고 할 수 있다(Selleck, 1972: 329-331).

대부분의 영국 신교육운동이 영향을 받은 사상적 원천은 대부분 영국 밖에서 온 것이었다. 그 운동이 갖는 자연주의적 경향은 일차적으로 독일의 페스탈로치(H. Pestalozzi)와 프뢰벨(F. Fröbel)로부터 온 것이며, 그 이후에는 몬테소리(M. Montessori)와 듀이(J. Dewey)의 영향도 받았다. 헤르바르트(J. Herbart)의 사상도 미국을 경유해서 영향을 주었으며 실제적인 수공교육의 강조는 스웨덴의 슬로이드(Sloyd)운동으로부터 비롯된 것이었다. 또한 교육에서의 예술교육의 중요성을 강조하고 이를 적극적으로 적용한 시도들도 독일의 함부르크(Hamburg) 예술교육운동과 무관하지 않다.[2)]

이처럼 영국의 초창기 신교육운동의 사상적 기반은 상당 부분이 영국 국외의 사상가들로부터 온 것이었다. 즉, 독일로부터는 페스탈로치와 프뢰벨, 헤르바르트의 사상을, 이탈리아로부터는 몬테소리의 사상을, 미국으로부터는 듀이의 사상을 받아들였다. 실용주의적인 교육의 단서도 스웨덴의 슬로이드(Sloyd)교육으로부터 왔다. 심지어 도덕교육도 미국의 도덕사회운동(Ehical Society Movement)과의 관련성 속에서 이루어졌다(Selleck, 1968: 332-333). 따라서 영국의 신교육운동은 특별히 창의적인 결과가 아니라고도 할 수 있다. 그러나 그것이 오로지 모방적인 것만은 아니었다. 비록 많은 사상들이 국외에서 도입된 것이라 하더라도 그 사상들은 영국인들에 의해서, 또 영국인들을 위해 해석되었다. 우선 권위를 가진 특정 사상가를 적극적으로 소개하더라도 그 사상에만 집착하지 않았다. 예를 들어, 헤르바르트 사상의 권위자로 불린 핀들리(Findley)의 경우도 듀이 사상과 손을 잡으면서 그의 학교인 필덴(Fielden)학교에서는 몬테소리의 방법으로 실험을 하였다(Selleck, 1972: 333). 즉 이들 사상의 소개자요, 연구자들은 자신들을 특정 사상에만 국한시키지 않고 자유롭게 해석하고 수용하였다. 그러므로 영국인들은 사상의 창안자들은 아니었지만 다른 사람들이 창안한 이론들과 방법들을 그들 자신의 요구에 맞추어 조정하고 수정하였다. 예를 들어, 페스탈로치의 '언어보다도 사물'이라는 실물수업은 축소된 해석을 거쳤으며, 프뢰벨의 '은물과 활동'은 기술적인(technical) 수용에 그침으로써 그 활동이 담고 있는 형이상학적인 배경은 무시되었다. 이러한 해석과 수용은 부분적으로는 영국 교육의 성과별 지원제도(payment by rcsults system)에 기인하며, 또 교사들의 경우 교실수업에의 즉각적인 적용을 중시하는 경향성에 기인한다고 할 수 있다(Selleck: 334). 요컨대 영국 밖에 그 기원을 가지고 있는 신교육의 사상들은 영국 교육자들에 의해 해석되고 영국의 교육환경에서 수정되었으며, 그 결과 수용의 양식이 다양화되었다고 할 수 있다.

또한 영국의 신교육은 영국 내부에 기원을 둔 사상들로부터도 적지 않게 영향을 받았다. 19세기 영국의 낭만주의, 밀(J. Mill)과 벤덤(J. Bentham)의 공리주의(Utilitarianism)사상, 스펜서(H. Spencer)의 교육사상, 그리고 헉슬리(A. Huxley)와 다윈(C. Darwin)이 그 중심이 되는 신학적이고 과학적인 논쟁들도 적지 않은 영향을 주었다. 아울러 20세기 초반에는 영국인들의 교육적 사고에 큰 영향을 준 영국의 교육자들로서 에드먼드 홈즈(Edmond Holmes), 노먼 맥먼(Norman MacMunn), 니일(A. S. Neill)을 언급할 수 있다(R. Selleck, 1972: 138). 이들은 자신들의 저서들을 통해서, 즉 홈즈의 『교육의 현재와 미래(What is and What might be)』(1911), 맥먼의 『자유에 이르는 아동의 길(The Child's Path to Freedom)』(1914), 그리고 니일의 『교사의 수기(Dominie's Log)』(1918)를 통해 영국의 지식인들에게 큰 반향을 불러일으켰다.

이상의 여러 사상적 원천들이 직접적으로, 또는 간접적으로 영국의 신교육 형성에 영향을 주었다고 할 수 있다. 이와 함께 영국 내에서의 교육개혁뿐만 아니라 신교육을 국제적으로 조직된 하나의 운동으로서 발전시켜 나가는 데 중요한 공헌을 한 사상으로서 신지학(theosophy)과 이를 추구했던 신지학자들이 있었다. 또한 20세기 초반에 발전되기 시작한 새로운 심리학의 흐름들이 신교육운동에 있어서 아동과 인간에 대한 통찰과 이에 따른 적절한 교육의 방법과 원리를 제시하였다. 따라서 본 절에서는 20세기 초반 영국의 신교육운동의 형성 과정에 영향을 준 새로운 심리학의 흐름과 그 교육적 연관을 고찰하고, 영국에서의 신지학의 형성 과정과 신지학자들의 교육활동을 중심으로 신지학의 교육적 영향을 살펴본다.

(1) 새로운 심리학운동

새로운 교육운동은 참신한 시각과 방법상의 기초를 제공한 전문가들로 인해 교육과정과 교수방법상에서의 개혁이 이루어지게 되었는데, 그 대표적인 두 인물이 몬테소리(M. Montesorri)와 데크롤리(O. Decroly)인 의사 교육자들이다. 아이들의 결점과 그로 인한 발달상의 퇴보는 보통 학교들이 제공할 수 없는 교육적 처방을 요구한다는 것을 깨달은 의사들은 장애아동들의 특별한 요구에 맞는 방법을 개발해야만 했다. 이 방법들이 장애아동들에게 성공적으로 증명되었을 때, 보통 아이들에게 더 좋은 결과를 낳을지에 대한 질문이 필연적으로 제기된다. 이것은 사실 두 천재 의사인 로마의 몬테소리와 브뤼셀의 데크롤리가 세기의 첫 십 년 동안 연구했던 주제이다. 몬테소리의 경우, 그녀가 고안한 교구와 방법들을 정상적인 아동들에게 적용하면서 그 교구와 방법들이 기초하고 있는 원칙과 설득력 있는 아이디어를 가지고 저술한 세계적으로 유명한 책을 통해 몬테소리 방법(The Montessori Method)을 출범시킴으로써 교육자로서의 위치를 확고히 했다.

그 방법—초기 단계와 고급 몬테소리 방법(The Advanced Montesorri Method)의 교구적인 지원—의 중요한 전제는 부모와 교사로부터 탈출하고 싶은 아이들의 욕구였다. 몬테소리에 따르면 어른과 아이 사이에는 영구적인 저항이 있다. 현대사회에서 아이들은 불만족스러운 인격을 가진 하위의 존재이며, 성인들의 강제에 맞서 그의 것을 지키는 투쟁 속에서 그의 진짜 본성에 적합하지 않게 방어기제를 사용하도록 강요된 불행한 희생양이다.

교육개혁의 첫 번째 움직임은 어른 교육자들을 대상으로 하는 것이어야 한다. 즉, 그의 의식을 깨우는 것, 그의 우월성에 대한 선입견을 제거하는 것, 그를 겸손하고 어린이를 대할 때 조력적이게 만드는 것, 그리고 아이가 좌절로부터 자유롭게 자신의 삶을 살 수 있는 기회를 가진 새로운 환경을 조성하는 것이다. 그것은 과학적 실험의 토대 위에 아이들이 자기 교육 과정에 의해 점진적으로 발달되어 가는 것을 가능하게 하는 계획된 교수적인 재료를 가지고 있다. 몬테소리 학교에는 어떤 것이 주요 계획에 따라 적절하게 잘되어 가는지 관찰하는 것을 자신의 주요 역할로 여기는 친절한 안내자만 있을 뿐 지시하는 선생님은 아무도 없다. 그 결과는 몬테소리와 그 제자들에 의해 새로운 인간성을 약속하는 탁월한 존재로서, 의심할 수 없는 마음의 힘과 영혼을 가진 '새로운 아동(New Child)'의 개념 정립으로 드러났다.

1912년에 몬테소리의 대표적 저서인 『몬테소리 방법(The Montessori Method)』 영역본이 영국에 소개되었으며, 이어서 여러 학교들이 몬테소리 방법을 교육에 적용하기 시작하였다. 제1차세계대전 기간 중에도 몬테소리 교육에 대한 관심은 지속적으로 증가하였으며, 1919년 몬테소리가 처음으로 영국을 방문하였을 때 대대적인 환영을 받았다. 그녀는 영국에 머물면서 몬테소리 연수과정에 대해 수천 번의 요청을 받았으며 당초 3회를 계획했던 연수는 그 횟수를 초과하여 진행하여야 했다. 이 첫 방문 이후 몬테소리는 제2차세계대전이 발발하기 전까지 격년으로 영국을 방문하여 자신의 독창적인 교수원리와 실제에 대한 연수를 실시함으로써 수많은 영국의 교육자들을 새로운 교수의 세계로 인도하였다. 이러한 과정을 통해서 당시로서는 급진적인 색채를 가진 개념인 아동의 '자유(freedom)', '개성(individuality)', '독립심(independence)' 등을 그녀는 제시하였으며, 많은 교육자들이 이를 수용하게 되었다(R. Selleck, 1972: 28-29).[3]

데크롤리는 정신적 질병과 이와 관련된 심리적 · 철학적 문제들에 대해 특별한 흥미를 가지고 그의 일생에 걸친 작업을 하였다. 장애아이들과 살면서, 그들의 반응과 흥미를 관찰하고, 일반학교에서 결과가 좋지 않았던 훈련의 결과를 비교하면서 모든 아이들을 위한 교육의 새로운 아이디어와 방법을 창안했다. 그는 흥미 중심에 기초한 프로그램과 교육적 게임을 이용한 배움의 개인화를 교육의 본질적인 것들로 보았다. 1907년 그는 후에 에르미타주(Hermitage)라 알려진 정상적인 아이들을 위한 작은 학교를 열었다. 그 학교의 기본적 모습은 워크숍 교실로서, 공부, 박물관, 동물원, 도서실이 한 교실에서 수행되고 아이들이 자신의 작업과 관련해서 자유롭게 계획하고, 이야기하고, 관찰하고, 협력하는 것을 가능하게 하는 워크숍 교실이었다. 개인 활동들의 다양성 뒤에는 아이들의 기본적인 욕구 분석에 기초하여 주의 깊게 조직된 계획이 있었다. 이와 관련 네 가지 중요한 흥미—식욕, 보금자리의 욕구, 방어의 욕구, 일의 욕구에 기인하는—가 세심하게 고려되었다. 아이들을 안내하는 데 있어서 교사들은 조직적인 방법을 따를 것이 요구되었다. 관찰, 교제, 표현과 관련하여 부분들보다 오히려 전체에 우선권을 부여하는 것이 중요하다는 포괄적인 원칙이 아이들을 가르치는 데 있어서 강조되었다(W. Boyd & W. Rawson, 1965: 23-24).

새로운 심리학의 연구는 영국 밖에서뿐만이 아니라 영국 내에서도 진행되었으며, 그 대표적인 인물이 수잔 아이삭스(Susan Isaacs)였다. 아이삭스는 1924년 제프리 파이크(Geoffrey Pyke)의 재정지원하에 케임브리지의 몰팅하우스 가든학교(Malting House Garden School)에서 2세에서 7세 아동을 대상으로 일련의 실험연구를 4년에 걸쳐 진행하였으며, 그 연구결과로 나온 책이 『어린 아동들의 지적 성장(Intellectual Growth in Young Children)』(1930)과 『어린 아동들의 사회적 발달(Social Development of Young Children)』(1933)로서, 그 이후 아동 이해에 커다란 기여를 한 저작들이었다. 새로운 학교들은 아이삭스의 실험 연구에 의해 그 교육실천과 원리를 더욱 새롭게 발전시킬 수 있었다. 즉 '자기 표현(self expression)', 예술, 수공과 음악이 중시되는 교육으로서, 창조적인 상상력의 강조, 가르치기보다는 발견하게 하고, 아동의 흥미와 필요를 충족시켜 주며, 지나치다고 생각될 정도의 자유를 허용하는 것이 아이삭스의 몰팅하우스(Malting House)가 실험하고 실천한 것이었다(R. Selleck, 1972: 38). 1933년 아이삭스는 런던대학의 교육학부에 신설된 아동발달학과의 책임자가 되었으며, 이를 계기로 몰팅하우스에서 발전된 그녀의 사상은 세계적으로 널리 전파될 수 있었다.

1920년대와 1930년대의 급진적인 학교들에서의 교육적인 이론은 매우 신중하게 채택되었고, 유아기의 억제라기보다는 자유의 중요성을 세 측면에서 강조하였다. 즉, 1) 아동의 자발성 2) 특히 예술분야에서, 놀이와 탐구를 통해 아이의 독창성으로부터 나온 결과물의 표현성 강조 3) 교육에서 지적인 영역보다도 감성과 긍정적인 자세의 중요성 강조가 바로 그것이다. 이와 관련하여 프로이트(S. Freud)와 성(性), 아들러(A. Adler)와 힘에 대한 의지, 융(C. Jung)의 개별화는 모두 그 당시의 진보적인 교육의 이론과 실행에 있어서 중요한 위치를 차지하고 있었다(W. A. Stewart, 1972: 468). 일례로 1920년대 영국의 비권위주의 교육운동에 지대한 영향을 준 레인(H. Lane)의 '리틀 카먼웰스(Little Commonwells)', 니일(A. S. Neill)의 '서머힐학교(Summerhill School)'는 그 사상적 기반이 정신분석에 토대를 두고 있었다. 이는 무의식의 세계와 그것이 갖는 교육적 의미가 널리 전파되고 수용된 대표적인 결과라고 할 수 있다.

(2) 신지학의 형성과 교육적 연관

신지학자들은 영국의 신교육운동 전개과정에서 주요한 공헌을 했다. 그들은 새로운 학교운동의 사상적 토대의 일부를 형성했으며 직접 새로운 학교를 설립하였고, 무엇보다도 신교육운동의 국제적 연대를 가능하게 한 신교육협회(New Education Fellowship)의 창설에 결정적 기여를 하였다. 따라서 영국에서 신지학이 어떻게 시작되었고, 또 단체로 발전되어 어떻게 교육에 커다란 영향을 주게 되었는지를 고찰할 필요가 있다.

신지학운동의 초창기 개척자의 한 사람은 막스 뮐러(F. Max Muller)로서, 그는 옥스퍼드 비교문헌학 분야의 중심인물들로 구성된 특별한 단체(All Souls and Professor of Comparative Philology)의 정회원이었다. 1900년에 죽기 전까지 그는 50여 년 동안 인도에서조차 출판되지 않은 힌두교의 성가 『리그베다(Rig Veda)』를 편찬했으며, 50여 권에 이르는 『동방의 성전(The Sacred Books of the East)』이라 이름 붙인 세계의 종교들에 관한 방대한 성전 시리즈 번역을 감수하였다. 이 기념비적인 학술적 집필로 인해 19세기 말경 많은 영국인들은 동방의 종교에 대해 알 수 있게 되었으며, 이는 마담 블라바스키(Madame Blavasky), 애니 베산트(Annie Besant) 등의 신지학자들이 주체가 된 운동에 많은 부분 학문적 배경을 제공했다(Stewart, 1968: 50-51).

신지학협회를 창설한 인물은 마담 페트로브나 블라바스키(Madame H. Petrovna Blavasky)로서 그녀는 1831년 오데사 근방에서 태어나 60세가 되는 해 런던에서 타계하기까지 일생의 3분의 1을 먼 동방의 티베트와 그 근경국들에서 발견된 신비스럽고 영적인 동양의 영지주의적(靈知主義的, gnostic) 종교들에 대해 탐구하였다. 그 탐구의 결과로서 많은 책을 집필했으며 올코트 대령(Colonel H. S. Olcott)과 함께 뉴욕에 1875년 신지학협회를 창설했다.

신지학운동의 또 다른 중요 인물인 베산트(A. Besant)는 시네트(A. P. Sinnett)와 블라바스키(H. Blavasky)의 신지학 논평들을 두루 읽고, 특히 블라바스키의 말년의 저작인 『비밀교의(The Secret Doctrine)』를 통해 1890년 완전히 신지학자가 되었다. 1877년에는 놀튼(Knowlton)이 『철학의 결실(Fruits of Philosophy)』을 출판하면서 산아제한을 주장하였다. 같은 해 그녀는 자신의 『무신론의 복음(Gospel of Atheism)』을 출간하였으며, 1885년에는 파비안 협회(Fabian Society)에 합류하였다.

블라바스키가 1891년 사망했을 때 베산트는 영국의 신지학회 지도자 중

하나가 되었으며 1907년에는 세계적 신지학운동의 회장이 되었다. 1893년 그녀는 인도를 방문했고, 그 후 1933년 미국에서 죽기 전까지 대부분의 여생을 인도에서 보냈다. 인도는 그녀에게 있어 신지학의 모든 의미를 이해할 수 있게 했으며, 마드라스(Madras)의 아디야르(Adyar)에 이 운동의 본부가 현존하고 있기도 하다(Stewart, 1968: 51-52). 미국의 경우 미국 신지학회 리더인 윌리엄 쿠안(William Quan)이 1895년 많은 미국인들과 신지학운동을 성공적으로 이끌었고, 이들은 보편적 형제애와 신지학회(Universal Brotherhood and Theosophical Society)라는 새로운 조직을 만들기도 하였다.

여기서 신지학의 기본철학을 간략히 개관해 보면 다음과 같다. 즉, 신지학은 윤회와 전생의 원리로부터 우주는 정신과 물질, 성장과 소멸이 모두 함께 흘러간다는 믿음에 기반을 두고 있으며, 생명과 인간의 마음은 신에 의해 영혼이 부여된 것으로 믿는다. 이에 대해 물질계의 진화는 원소와 미네랄 그리고 식물과 동물, 나아가 자의식을 갖고 있는 인간의 단계에 이르기까지 스스로 활동하는 신성한 잠재력의 일부라는 것이다. 사람들이 아는 과학 법칙에 의한 물리적 세계는 가장 조밀하고 명시적이지만, 개개인은 비상한 투시력과 텔레파시를 통해서 우주의 두 번째 단계와 소통할 수 있는 아스트랄체(astral body)를 소유하고 있다. 우주의 세 번째 단계는 인간의 정신체(mental body)에 의해 탐구되는 것으로써 이 정신체로부터 영적인 단계라는 완전히 다른 영역을 이해하는 데 적합한 지각능력이 발달한다. 이상의 세 가지, 즉 물질적 몸, 아스트랄체 그리고 정신체는 인간의 일상적 생활에서 작용하는 도구들로서, 일반적인 신지학자들의 과제는 이들 도구를 통해 영적인 삶을 넓히고 심화시키는 것이다.

또한 죽음은 단지 모든 것의 종말을 의미하는 것이 아니라 환생의 계기로 이해한다. 즉, 환생을 통해서 인간의 모든 경험이 융화될 수 있으며 물질체, 아스트랄체, 정신체가 완전히 성장하여 다른 것으로 대체될 수 있는 것이다. 여기서 카르마라는 원리가 작용하는데, 이것은 오직 불변하는 원리로써 연속적인 삶을 통해 영혼의 성장을 주재하는 신을 가리키는 원리이다. '뿌린 대로 거두리라'는 것은 환생과 윤회의 관점을 완벽하게 보여 주는 진리라고 할 수 있다. 한편으로는 이러한 두 원리가 이 세계의 명백한 불의와 현존하는 정신적, 도덕적, 사회적 불평등을 설명하는 데 유용한 단서를 제공하기도 한다(Stewart, 1968: 52).

이러한 절충적 영성으로 인해 신지학회는 교리도 없고 강령도 없으며, 신앙인이던 비신앙인이던 모든 추종자들을 포용하고, 신비롭거나 초자연적인 체험 혹은 비밀스러운 전통이나 책을 통해 신의 본질에 대한 통찰력을 추구하는 종교사상들을 포괄하면서 교리, 교의, 신학체계들이 다만 신비와 큰 의미의 한 부분일 뿐이라고 주장할 수 있게 되었다. 하지만 추론적이고 모호한 일반적 합의는 훗날 저지(W. Judge)와 루돌프 슈타이너(Rudolf Steiner), 에드워즈 메이트랜드(Edward Maitland), 애나 킹포드(Anna Kingford)의 경우에서 확인되듯이 여러 견해의 차이들을 보이면서 신지학회를 떠나는 결과를 낳기도 하였다. 그렇지만 진보주의 교육에 있어 중요한 발전을 가능하게 한 이들은 역시 신지학자들이다(Stewart, 1968: 53).

1907년 무렵에는 신지학회 분파가 전 세계에 걸쳐 확산되었으며 영국에만 그 지부가 650여 개가 있었다. 다수의 신지학자들은 '새생명 협회(Fellowship of the New Life)'와 20세기 전환기에 있었던 '전원도시(Garden City)'운동과 연결되어 있었다. 베산트(Mrs. A. Besant), 아룬데일(G. Arundale), 시네트(A. P. Sinnett)와 그 밖의 사람들은 1910년부터 1915년 무렵 신지학을 거의 유행으로 만들었다.

1875년 최초로 설립된 뉴욕의 신지학회는 하나의 일반적인 목적을 가지고 있었는데, 그것은 민족, 성별, 종교, 인종 혹은 신분(카스트)에 대해 일체의 차별이 없는 인류에 대한 세계동포주의의 구심점이 되는 협회를 형성하는 것이었다. 그 외에 실험적인 두 개의 목표가 있었다. 첫째는 비교 종교, 철학, 과학의 연구에 대한 장려이고, 둘째는 밝혀지지 않은 자연의 법칙과 인간의 능력에 대한 연구다(Stewart, 1968: 53-54). 1915년에는 '신지학 교육단체(Theosophical Fraternity in Education)'가 구성됨으로써 같은 정신을 교육에서 추구하였다. 신지학의 이념은 전문 직업인들 사이에 크게 확산되었으며, 1914년경 신지학자들은 자신들의 학교를 설립하고 또 국가행정과 지방행정에 참여하여 교육을 통한 공공 서비스에 기여하고자 하는 요구가 더욱 절실해져 갔다.

레니(Bell Rennie), 로슨(W. Rawson), 베아트리체 드 노만(Beatrice de Norman; 훗날 Mrs. Ensor), 심프슨(J. H. Simpson), 앨리스 우즈(Miss Alice Woods), 그리고 후일의 브라이언스톤(Bryanstone) 학교의 대표인 코드(T. F. Coade)들은 '교육의 새 이상(New Ideals in Education)'이라 명명한 신지학 이념에 기초한 교육단체의 강력한 후원자들이었고, 1914년 노르포크(Norfolk)의 이스트 런튼(East Runton)에서 첫 번째 회의가 개최되었을 때 주요 주제는 몬테소리(M. Montessori)의 이론과 실습에 관해서였다. 제2차세계대전이 시작되기 바로 직전까지 거기에서 회의가 매년 연속적으로 개최되었다. 이 그룹의 회원들은 모두 종교계와 교육계의 지도자들로서 1923년 옥스퍼드 회의 보고서의 서두 부분에 이들이 공유하는 태도가 다음과 같이 나타나 있다(Stewart, 1968: 55).

"이것은 어떤 특정한 교수이론이나 분파의 선전을 지원하기 위해 존재하는 것이 아니다. 회원들의 활동은 새로운 정신과 세계에 대한 희망이 교육계에 충만하다는 일반적 신념 위에서 수행되며… 새로운 정신들의 필수 요건들이란 학생들 한 사람, 한 사람의 개성이 존중되는 것과 진정한 개성은 자유로운 환경에서 최대로 성장한다는 신념이다."

'신지학 교육단체'는 '교육의 새 이상(New Ideals of Education)'의 조직을 벗어나지 않는 범위 내에서 출발했으며 베아트리체 엔소어(Mrs. Beatrice Ensor)가 중추적 역할을 담당하였다. 베아트리체 엔소어는 장학관의 한 명으로써 에드몬드 홈즈(Edmond Holmes)의 저서인 『교육의 현재와 미래』로부터 깊이 영향을 받았으며, 호머 레인(Homer Lane)의 '리틀 카먼웰스(Little Commonwealth)'의 회원으로서 교육계에서 요구되는 변화들을 공부하면서 신지학협회(Theosophical Society) 내부에 교사들을 중심으로 하는 모임을 결성할 아이디어를 갖게 되었고, 이것이 바탕이 되어 '신지학 교육단체'가 출범하게 되었다. 이 모임의 핵심은 인간 본성에 대한 신뢰와 모든 아이들에게 잠재해 있는 영적 능력에 대한 신뢰였다. 이 단체는 프랑스, 미국, 인도, 호주 그리고 뉴질랜드에 지부를 설립하였다.

1920년에 회원들이 500명 이상 되면서 신지학회는 자신들만의 커다란 회의를 개최할 만큼 규모가 커졌다. 이 독자적인 회의는 우리가 알고 있는 신교육협회(New Education Fellowship)라는 조직으로 성장했다. 신교육협회가 성장하면서 상대적으로 '신지학 교육단체'는 쇠퇴했다.

또한 신지학자들은 신지학 모임이 자신들의 사상을 펼칠 수 있는 학교들을 실제로 설립, 운영하였다. 신지학자들이 설립한 학교들로는 켄트에 소재한 브랙큰힐 신지학 학교(Brackenhill Theosophical Home School in Kent), 에든버러 더비셔의 킹 아더 학교(King Arthur School in Edinburgh and Derbyshire), 글래스고의 모레이 학교(Moray School in Glasgow), 노스 잉글랜드의 베산트 학교(Beasant School in the North of England), 런던의 린스터 하우스(Linster House in London) 등이 있다. 이들 학교들은 신지학 교육 재단(Theosophical Educational Trust)의 후원하에 있었으며, 1918년에 이 재단은 엔소어 여사의 요청으로 레치워스(Letchworth)의 아룬데일 학교(Arundale School)를 100여 명의 남녀학생을 수용할 수 있는 현대식 학교로 확장시키면서 그 이름을 성 크리스토퍼 학교(St. Christopher School)로 명명했다. 신지학자들이 설립한 학교들에서는 학생들의 특별한 재능들을 발달시키고 각자 존재의 법칙에 따라 성장할 수 있는 자유가 신체적, 정서적, 정신적인 자기통제에 기초하여 각 어린이들에게 부여되었다. 이런 맥락에서 처벌은 실제로 마지막 수단이었으며 체벌은 완전히 부정되었다. 신지학자들은 '자연'에 대해 깊이 깨닫고 있었으며 그들의 학교들은 가능한 한 야외에서 작업하고 생활하였기 때문에 정원학교들(garden schools)이라고 자주 불리었다. 신지학자들은 절제된 식사의 중요성을 인식하고 있었는데 이는 건강의 측면에서만이 아니라 자연에 대한 이해와 모든 생명의 신성함과 일체성에 대한 신념의 측면에서 이루어진 것이었다.[4)]

이들 학교들, 특히 성 크리스토퍼 학교의 교육내용에서 신지학자들이 추구했던 것을 확인할 수 있다. 즉, 과학을 가르치면서 물질주의적인 경향성은 배제했으며, 살아 있는 생물에 대한 해부는 금지되었다. 음악과 미술과 드라마의 미학적인 조화를 도모하는 오이리드믹스(Eurythmics)는 권장되었으며, 정해진 시험 대신에 자발적인 시험이, 집단 교수보다는 개별화된 교수가, 경쟁보다는 협동이 각각 강조되고 격려되었다. 종교교육은 기독교에 기초하되 초종파적으로 행해졌다. 종교의식에의 참여도 강제적이 아니라 권장사항이었다(Stewart, 1968: 59-60).

이상의 서술을 통해서 신교육운동의 전개과정에서 지대한 역할을 한 신교육협회(NEF)의 초기 회원들이 주요한 신지학자들이었으며, 이들이 협회에 정신적 자극을 주어 창조적이고 강력한 영향력을 가진 조직이 되게 했고, 또 여러 새로운 학교설립을 주도했다는 사실을 알 수 있다. 따라서 신지학자들이 신교육운동의 전개과정에서 교육의 이론과 실천에 커다란 기여를 했음을 확인할 수 있다.

3. 영국 신교육운동의 전개

1) 선구적인 학교

신교육운동은 제1차세계대전 이전의 4반세기에 그 기원을 가지고 있다.

루소와 페스탈로치에 의하여 고무된 교육의 현대적 부활은 이 시기에 그 이론이 내재하고 있는 거의 모든 가능성을 구현하는 듯했다. 루소 이래로 좋은 교육은 개인의 흥미와 배우는 이의 관점을 고려하는 것에 기반을 두어야만 한다는 신념이 영구적 유산으로서 계승되었고 이 시기에 영국을 비롯한 유럽 전역에 개화되었다.

영국의 경우 교육적 개혁의 필요를 확신한 선구자들에 의해 주도되었고, 개혁에의 길이란 그들이 비판한 기존의 사립중등학교들인 퍼블릭스쿨(public school) 시스템에서 벗어나는 것이었다. 즉, 영국 퍼블릭스쿨 교육은 여러 장점들이 존재함에도 거기에는 적지 않은 단점들이 지적되었다(J. Badley, 1923: 4-5). 우선 퍼블릭스쿨이 중시하여 온 운동 경기들은 지나치게 흥미 위주가 되거나 그 자체가 목적인 것처럼 과장되어 스스로 그 교육적 효과를 감소시켰다. 또한 학문, 법, 종교, 정치 등에 국한된 직업 교육 커리큘럼은 산업과 우리의 사고를 혁신시켜 온 과학 분야를 경시하는 경향이 있어서, 퍼블릭스쿨 시스템은 일, 기업, 기술, 상업과 같은 실질적인 경제 활동에 대한 대비는 거의 찾아볼 수 없었다. 인성 교육 영역에서도 퍼블릭스쿨 시스템은 학생들로 하여금 귀족주의적 통치 이념을 추종하게 만들며 그들의 일상생활을 통해 끊임없이 특정 계층의 제한된 전통을 하나의 관습으로 받아들이게 하고 있었다. 무엇보다도 퍼블릭스쿨 커리큘럼이 고전 중심으로 구성되어 있어 시대에 부응하는 교육이 되지 못하고 있다는 사실이다.

이들 신교육운동의 선구자들은 학교가 변화할 필요가 있다는 것은 동의하는 반면에, 이 새로운 학교들이 어떻게 운영되어야 하는가에 대해서는 그 학교들의 초대 설립자들의 확고한 원칙들을 따름으로써 각각의 학교들은 개별적인 특징을 지니게 되었다. 그럼에도 그들은 민주적 교육, 그리고 좋은 학교와 사회생활의 근본적인 조건으로서의 자유에 대한 신념을 공유하였다.

이 학교들 중 가장 크고 근접하게 연결된 그룹은 전원기숙학교(Country

Boarding Schools)이다.[5)] 이들 중 첫 번째는 1889년 세실 레디(Cecil Reddie)에 의해 설립된 애보츠홈(Abbotsholme) 학교였다. 또한 그의 젊은 제자들 중의 하나였던 배들리(J. H. Badley)가 1893년에 비슷한 학교인 비데일즈(Bedales) 학교를 설립하였다.

애보츠홈과 비데일즈 같은 학교를 비롯하여 신교육운동의 여러 선구적 학교들을 탄생시킨 영국적인 조건에 대해서 보이드(W. Boyd)는 영국의 기숙학교 전통을 지적한다. 즉, "영국 기숙학교보다 실제적 실험을 위한 더 나은 조건을 제공할 수 있는 학교들은 어디에도 없다. 영국은 기숙학교들의 나라다. 말 그대로 그들은 무수하다. —20세기의 시작 무렵에 약 10,000개였을 것으로 추정된다. —그리고 그들은 전례 없는 자유를 즐긴다. 그 기숙학교들은 학생들과 직원들이 흥미를 나누고 모두가 수행할 자신의 역할을 가진 커뮤니티이다. 다른 학교들보다 더 넓은 범위까지 선생님들은 전체 학교 환경을 통제하면서 제한된 범위 내에서 그들 스스로에게 가장 적절하도록 교육을 조절할 수 있다. 만약 그들이 학생들과 책임을 나누고 합리적인 자유를 허락한다면 그들은 매일의 학교생활을 자치의 훈련 과정으로 만들 수 있다."(W. Boyd & W. Rawson, 1965: 4)

그러나 애보츠홈과 비데일즈 같은 새로운 학교(New School)는 전통적인 기숙학교인 퍼블릭스쿨의 한계를 보완한 새로운 전원기숙학교인바, 그 특징은 비데일즈의 설립자인 배들리에 의해서 다음과 같이 정리되었다(J. Badley, 1923: 6-12).

> '새로운 학교'는 고전적인 학교가 아니다. 우리가 원하는 것은 건전한 현대 교육이다. 다시 말하면, 우리는 고전적 교육의 가장 뛰어난 장점이었던 철저함과 정신적 수양을 바탕으로 한 건전한 교육과 시대의 요구를 중시하는 현대적 교육을 접목한 통합적인 교육을 지향한다.
>
> 새로운 학교운동의 중요한 목표 가운데 하나인 '창조적인 본성'을 유지시

> 켜 줄 자기 만족감을 빼놓을 수 없다. 기존의 교육이 고사시켜 온 창조적인 충동, 활동에 대한 열정, 자기 표현 욕구를 발산시키고 계발할 수 있는 여건을 조성해 주어야 한다.
>
> 또한 전원 속의 기숙학교는 교육적 의도를 가지고 도시 아이들에게 농촌 생활을 경험하게 한다. 만약 학교가 시골에 있다면 이러한 교육 의도는 더 충실히 실행되어 다수의 학생들이 잃어버렸던 생활 여건을 제공할 수 있을 것이다. 학생들은 정원과 과수원, 농장에서 일하면서 농촌 생활에 대한 직접적인 지식을 갖게 되고, 지리학, 지질학 등 지구와 관련된 지식을 단지 몇 권의 책을 통해서가 아니라 자연을 통해 공부하며, 일상적인 작업을 통해 기술을 익히고, 시적인 상상력을 샘솟게 하고, 우리의 내면세계를 만들어 가는 데 너무나도 큰 역할을 하는 시골의 풍경과 소리를 사랑하게 된다.
>
> 학교는 다양한 공예품이나 미술 작품을 스스로 제작하는 교육 과정을 두어야 한다. 그것은 그 자체로서 교육적 가치가 높을 뿐만 아니라 기존 학교에서 이루어지고 있는 구태의연한 작업 활동에 새로운 활력을 불어넣어 줄 수 있을 것이다. 또한 학교는 운동경기만이 아니라 다른 많은 흥미와 일들 역시 나름의 즐거움과 가치를 지니고 있음을 학생들이 깨닫도록 유도함으로써 보다 다양한 교외활동을 즐기며 체력을 단련시킬 수 있는 습관을 지니도록 교육해야 한다.
>
> 학교는 지금까지의 막사 생활 같은 분위기에서 보다 가정적인 분위기로, 군대식의 계급적 관계에서 공유된 목표를 위해 함께 일하는 우정 어린 관계, 그리고 성별에 제한을 두지 않는 관계로 전환되어야 한다.

이를 요약하면 새로운 학교교육은 전원기숙학교 안에서 전원생활 자체가 학습의 장이 되게 하여 자연을 대상으로, 또 자연으로부터 나온 여러 교과 영역을 다양한 노작활동을 포함한 체험중심으로 학습하면서, 구성원들 간의 우정과 협력에 기초한 자유롭고 평등한 인간관계를 경험하게 하여 현대가 요구하는 지식과 시민의식, 창의성과 균형 잡힌 인성의 함양을 추구하는 교육이라고 할 수 있다.

위에서 언급하였듯이 이러한 새로운 전원기숙학교운동의 선구적인 학교는 레디에 의해 설립된 애보츠홈 학교이었으며, 배들리가 세운 비데일즈 학교가 그 뒤를 이었고, 이어서 디바인(A. Devine)이 세운 클레이스모어(Claysmore), 그리고 런던 북동부 햄프스테드(Hampstead) 학부모들이 설립한 킹 알프레드 학교(King Alfred School) 등의 새로운 전원학교들이 세워졌다. 이 가운데 레디의 애보츠홈과 배들리의 비데일즈가 대표적인 선구적 학교들로서 독일, 스위스, 프랑스, 네덜란드, 벨기에의 전원기숙학교운동을 촉발하는 데 직접적인 영향을 주었다(W. A. Stewart, 1972: 212). 따라서 이들 두 학교들에 대해서 고찰해 보는 것은 초기 신교육운동의 교육내용과 성격을 이해하는 데 대단히 유용하다고 할 수 있다.

(1) 애보츠홈(Abbotsholme)

① 설립자 : 세실 레디(Cecil Reddie)

영국의 저명한 교육개혁가 세실 레디는 1858년 런던에서 태어났다. 그는 12세 때에 부모를 여의고 스코틀랜드에서 그의 학창시절을 보냈다. 그는 퍼블릭스쿨의 성격을 가진 에든버러의 페테스 칼리지(Fettes College)에서 7년 동안 수학한 후 에든버러대학교로 진학한다. 에든버러대학교에서 학사학위를 받은 후에 독일로 건너가 괴팅엔대학에서 2년 만에 화학박사학위를 취득하였다. 1884년 스코틀랜드로 돌아온 후 일 년 동안 대학 조교로 근

▲애보츠홈의 설립자 세실 레디

무하였으며, 그의 모교인 페테스 칼리지(Fettes College)에서 화학교사로 재직하기도 하였다. 그는 브리스톨(Bristol) 근처에 위치한 퍼블릭스쿨인 클리프톤(Clifton)으로 자리를 옮겨 거의 2년간 과학교사로 재직하였다. 1862년에 설립된 클리프톤은 전통적으로 체계적이면서도 과학적인 교육으로 특성화된 학교였다. 하지만 레디는 기존의 학교틀 내에서의 전면적인 교육개혁의 어려움을 곧 깨닫고, 그가 29세가 되던 해에 클리프톤의 교장인 윌슨 박사가 후원하는 런던의 한 신식학교의 교장에 지원하기도 하였다.

1880년대의 레디는 칼라일(Carlyle)과 러스킨(J. Ruskin), 힌드만(H. Hyndman)과 모리스(W. Morris), 카펜터(E. Carpenter)와 휘트만(W. Whitman) 등의 저서에 영향을 받은 적극적인 사회주의자였다. 1883년에서 1884년까지 독일 괴팅엔에서 수학하면서 수많은 마르크스주의 강의를 수강하였으며, 에든버러로 돌아와서는 '새생명 협회(Fellowship of the New Life)'라는 모임에 참여하게 되었다. 이 단체는 한 단계 진보한 노동을 통해 사회의 탐욕을 정화하는 데 헌신하고, 사회 내에서의 육체노동을 근본으로 한 자활을 통해서, 또 교육과 종교적인 친교와 사회의 재건설을 가져오는 사회적 변화에 대한 확고한 신념을 통해 각 개인들을 거듭나게 하려는 목적의 모임이었다. 이 모임은 이상적인 사회를 추구하는 동시에, 여러 개로 분열된 교회를 하나로 통합하고자 하였다(W. Stewart, 1968: 9-10). 이런 모임과의 관계 속에서 레디는 자신의 종교관을 확립하는 계기가 되었고 이는 후일 애보츠홈에서의 종교교육에도 그대로 영향을 주었다.

② 학교의 설립

애보츠홈은 그 당시 기존의 퍼블릭스쿨이 가지고 있던 여러 교육적 한계에 대한 문제의식으로부터 출발하였다. 즉, 퍼블릭스쿨은 그 당시의 시대적 요구와는 동떨어져 있었는데, 소년들은 과거의 전통적인 것들에 너무 많은 시간을 소비하고 있었고, 대부분의 소년들에게 있어 그것은 그들 각자의 소질과 진로를 무시한 적절치 못한 교육이었다. 역사, 언어 그리고 과학에 있어서의 현대적 커리큘럼은 무시되고 균형 있는 정신 · 육체발달과 학교 밖의 사회에 대한 연구에 관하여 그 어떠한 시간도 주어지지 않았다.

따라서 그의 새로운 학교의 교육목적은 '지배계층(directing classes)'에 속할 진정한 미래의 멤버들을 의식적으로 준비시키는 것이었다. 전통적인 퍼블릭스쿨이 영국 전역에서 학생들에게 리더십을 교육시키면서 강조해온 몸, 정신, 성품 등 모든 부분의 발달은 '지배계층'의 구성원들에게 필수적인 것이라고 받아들였다. 이를 위해 레디는 적당한 규모의 반을 구성하고 학생들에게 많은 책임을 위임함으로써 학교 커뮤니티를 운영하였다. 그가 구상하고 설립한 애보츠홈은 전통적인 퍼블릭스쿨의 장점을 계승하고 그 한계를 대대적으로 보완하여 현대에 맞게 새로이 창조한 학교였다.

레디는 자신의 사상적 동지라고 여겨지는 카펜터(E. Carpenter)의 고향에서 그의 새로운 학교에 대한 청사진을 완성했으며, 이어서 스코틀랜드의 수학강사인 뮤어헤드(R. Muirhead)가 합류하였다. 그리고 재원조달에 큰 일익을 담당하게 된 스코틀랜드의 사업가인 카셀스(W. Cassels)가 동참하였다.

1889년에 레디는 더비셔(Derbishire)의 애보츠 클라운홈(Abbots

▲애보츠홈 학교건물 전경

Clownholme)을 방문하여 다른 세 명의 동지들과 함께 그 장소를 애보츠홈 학교의 설립터로 확정하였다. 그 후 수개월의 작업 속에는 교육과정을 정교화하는 것을 비롯하여 학생들의 교복 디자인, 교직원 선발과 학교안내서 작성 등등이 포함되었다(Abbotsholme, 1989: 1-2). 이러한 일련의 준비과정을 마치고 그해 1889년 10월 1일에 애보츠홈 학교가 개교하였다.[6]

③ 교육의 과정

학교의 목적은 10세에서 19세 사이의 남학생들을 대상으로 현대적이고 실용적인 성격의 교육을 제공하는 것으로서, 학생들에게 건강 및 운동의 법칙과 예의바름과 정의로움의 습관을 가르치고, 그가 일생 수행할 직업에 대한 준비를 시키는 것이다.

학교의 전반적인 생활은 육체적이고 심미적인, 지적이고 도덕적인 모든 능력을 조화롭게 발달시키도록 계획되었다. 이를 위해서 하루의 일과는 오전에는 지적인 공부에 할애하고 오후에는 운동과 수공작업에, 그리고 저녁시간은 예술과 사회성 계발을 위한 레크리에이션에 사용되었다.

학교의 교육과정은 2단계로 나누어져 있었다(Abbotsholme, 1989: 4-6).

1단계의 교육과정은 일반교육과정(general training)으로서 9세부터 15세까지 지속되는 보편적인 성격의 교육이었다. 교육은 건전한 정신과 육체의 발달에 필요한 신체적이고 정신적인, 그리고 도덕적인 습관 형성에 일차적인 초점을 맞추어 진행되었다. 교육의 영역은 언어영역부터 자연과학, 인문학, 예술과 수공영역에 이르기까지 넓은 영역을 포함하고 있었다.

언어영역의 경우 언어 기초훈련으로서 영어가 먼저 가르쳐지고, 이어서 불어, 그리고 독일어가 가르쳐졌다. 언어학습에 있어서 문법, 작문, 분석이 함께 학습되었고 언어학습은 정신 도야의 일부로서 간주되었다. 불어학습이 일정 수준 진전되면 라틴어학습이 시작됨으로써 영어와 불어 속에 있는 라틴어 요소를 파악하게 하였다. 1단계 교육의 끝 무렵에 일부 학생들에게는 희랍어학습이 추가되기도 하였다.

인문학의 경우 문학과 역사, 특히 영문학과 역사가 교수되었는데, 이는 정신을 확장시키고 풍부하게 하는 학과목들로서 중시되었다. 예술과 수공 영역은 학생들에게 폭넓은 선택의 기회를 허용하여 교육이 진행되었다.

자연과학의 경우 학생들은 자연과학의 기초과정을 이수하도록 하였으며 이를 통해 일상의 주변세계에 대한 이해뿐만 아니라 다음 단계인 보다 전문화된 교육을 위한 토대가 형성될 수 있도록 구성하고 교수하였다.

이와 같은 폭넓은 범위에 걸쳐 다양한 학습이 진행되었을 때 기대되는 교육적 효과는 모든 소년들 한 사람, 한 사람의 개별적인 적성과 능력을 발견하는 것이 용이하다는 점이며, 이로 인해 부모와 교사는 학생의 후속 진로 결정을 보다 적절하게 행할 수 있게 된다.

2단계의 교육과정은 15세부터 시작되는 보다 전문화된 교육(special training)으로 구성되어 있다. 이 시기부터 학생들의 소질과 능력이 특화되기 시작하며 그가 삶에서 지속할 일이 어떤 것인지의 윤곽이 드러나기 때문에 교육은 학생의 선택적인 과정으로 운영되었다.

개교 초기에 학생들에게 열려져 있는 과정은 3과정이었다. 즉, 영국과 독일의 종합대학교나 기술대학에 진학하기 위한 준비과정, 일반 대학시험(public examinations)을 준비하는 과정, 상업적 활동(commercial life)을 준비하는 과정이었다. 이후에 공학(engineering)과정, 예술과정, 농업과정의 3과정이 추가되었다. 이들 6계열의 과정은 여러 분야를 지칭하는 동시에 학생들의 개별적인 필요에 따라 학생 각자의 커리큘럼이 구성될 수 있도록 했다.

소년들이 영국과 독일의 대학에 입학하기 위하여, 그리고 모든 종류의 직업을 얻기 위하여 준비하도록 했지만, 애보츠홈 학교는 학생들에게 상(賞)과 장학금 등에 얽매이지 않게 했으며, 다만 아침시간을 학과목 준비를 위해 활용하도록 시간을 편성하였다.

애보츠홈의 하루 일과표는 다음과 같다. 이는 한편 애보츠홈에서 실시된 교육의 내용을 보여 준다(Abbotsholme, 1989: 6).

＊하루 일과표＊

6:15 A.M.	기상(동계 7시) ※모든 소년들은 기상 즉시 가벼운 식사를 하였다
6:30	음악 연습
6:45	1교시
7:30	채플
7:45	아침식사, 산책
8:30	2교시
10:45	휴식 및 간식시간
11:15	3교시
12:45 P.M.	노래부르기
1:00	오찬
1:30	오르간, 피아노 연주회
1:45	게임
4:00	수공 작업
6:00	휴식(tea time)
6:30	노래부르기, 암송하기, 음악
8:30	가벼운 저녁식사와 채플
9:00	취침

활동별 하루 배정시간의 경우, 정신적 작업(5시간), 운동 및 수공작업(4시간 30분), 예술 및 친교 활동(2시간 30분), 수면(9시간), 식사 및 자유시간(3시간)으로 구성되었다.

이상의 서술에서 확인할 수 있듯이 레디는 스스로 강조했던 '현대과학과 예술'이 제시하는 틀 안에서 학교교육의 내용을 구성하고자 하였다. 육체 · 수공기술, 예술 · 상상력의 발달, 문학 · 지적인 성장, 그리고 도덕적 · 종교적인 훈련 등에 관심을 두는 일반적인 교육의 프로그램이 신중하게 작업되었다.

레디는 시골 공동체의 가치와 작업들의 중요성을 믿었으며 손으로 직접 하는 작업들은 커리큘럼의 필수적인 부분이었다. 전원기숙학교는 바로 이러한 것들을 제공했다. 집안, 정원, 그리고 들판에서의 노동은 운동과 같은 육체적 활동만큼이나 중요하며, 일반적으로 하인들에 의해서 노동이 수행되는 부잣집 소년들도 그것에 익숙하게 될 것이라고 보았다. 애보츠홈에서는 소년들은 보트 하우스와 닭집을 지어볼 수 있었다. 건초 만들기는 그것이 교육적이라는 것을 확실히 하기 위해 세부적으로 조직화되었다. 그들은 땅의 안식처인 '자연으로 돌아가는 것'을 명확히 알고 다른 수공작업들을 하도록 되었다. 오후에는 캠핑, 하이킹, 스카우트와 같은 놀이와 활동들을 할 수 있게 하였다. 실과적인 활동은 청소년의 모든 전반적인 발전에 중심이 되는 것이었다(B. Holmes, 1995: 55-56).

레디의 교육계획에서 이러한 모든 실용적인 야외활동은 그 자체가 목적직인 의미를 가지는 것이 아니라 목적에 이르는 수단이었다. 애보츠홈은 결코 학생들을 농부가 되도록 훈련시키는 실업학교가 아닌 하나의 교육실험실(educational laboratory)이었으며, 이 새로운 교육의 장에서 미래 영국을 이끌어 갈 차세대 리더가 될 학생들로 하여금 이론과 실천이 어떻게 맞물려 있는가를 학생들 스스로 깨닫게 하는 다양한 기회를 주기 위해 교육과정은 조직되었다. 즉, 정원가꾸기, 농장일, 수영, 보트타기, 스케이팅, 크리켓, 공장이나 광산에 견학하기 등의 야외학습과 활동은 애보츠홈 소년들이 배우는 지식을 살아 있는 것으로 만들고, 현상 뒤에 있는 원리들을 스스로 탐구하고 발견하도록 훈련시키는 것이 그 추구하고자 하는 바였다(Ward, 1934: 155).

영어는 교과과정의 기본이며 불어 또는 독어는 우선적으로 배워야 할 외국어에 해당되었다. 라틴어 또한 어떠한 특별한 두드러짐 없이 모두에게 가르쳐졌다. 시골과 근처 도시 내의 산업은 단거리여행, 원정여행, 그리고 견학 등을 통해 직접 체험하게 하였고, 과학수업도 참석할 의무가 부과되었으며, 음악은 매우 중요시되었음을 알 수 있다.

애보츠홈의 자연환경은 매우 훌륭한 것으로 주변에는 도시가 없었으며 상쾌한 공기와 맑은 물이 풍부했고, 넓은 정원과 온실, 작업장, 양호실, 여러 운동경기를 할 수 있는 운동장 등을 갖추고 있었다.

레디는 학교생활의 모든 사항을 개혁하고자 애를 썼다. 애보츠홈—4년 후에 설립된 비데일즈(Bedales) 학교의 경우도 마찬가지였다—소년들의 교복은 이튼(Eton), 해로우(Harrow), 윈체스터(Winchester)나 웨스트민스터(Westminster)의 교복보다 훨씬 더 편안하고 실용적이었다.[7] 혁신적인 학교에서의 예배 또한 역사적인 전례와 같은 미리 정해진 예배의 형식을 갖추고 있지 않았다. 종교는 교리에 얽매이지 않고 어느 종파에도 속하지 않으면서 아름답고 단순하게 섬기는 것을 원칙으로 하였다. 레디의 의도는 교리적이지 않은 설교로 어린 소년들에게 기독교를 의미 있게 만드는 것이었다. 예배는 단지 성경으로부터, 그리고 신성한 글, 시에서 산문에 이르기까지의 기도와 기원, 찬송으로 이루어졌다. 신성한 노래와 비종교적 노래 모두가 예배와 일상생활의 일부였기에, 그 당시로서는 다른 학교들과는 구별되는 아주 독특한 경우에 해당되었다(W. A. Stewart, 1972: 466).

▲노작활동의 하나인 건초 만들기를 하는 애보츠홈 학교 학생들의 어제와 오늘

이러한 모든 교육을 위해 레디는 애보츠홈의 학교생활에 대한 세세한 계획을 짰다. 그는 다른 학교들이 애보츠홈 학교의 교육방식을 적용할 것을 바라는 마음에서 개혁주의 학교의 원조격인 학교를 기획하고 설립했다.

그러나 그는 남녀공학(co-education)에 대하여 강하게 반대하였고, 그의 의도는 바로 11세에서 18세 사이의 일백 명의 소년들로 그의 학교가 가득 차는 것이었다. 학교가 개교한 지 10년간은 번창하였으나,[8] 1900년 이후 학교의 발전은 기복이 심했고, 제1차세계대전의 발발 후에는 상황이 더욱 악화되어 1927년에 이르러서는 학생은 단 2명에 그쳤다. 이러한 실패의 주요 원인은 레디 그 자신에게 있었다. 그는 모든 것들을 명령하고자 하였으며, 거의 모든 이들—동료들, 부모들, 학생들, 나이든 교직원들, 다른 교육자들, 상인들, 여성들, 재벌들, 귀족들, 노동자들—과 논쟁을 벌였다(W. Stewart, 1968: 12). 또한 그는 엄격한 교사로서 구식인 사람이었다. 그는 적절하다고 판단되면 신체적인 처벌을 감행하는 데에 주저함이 없었다.

일반적으로 '새 학교들(New Schools)'의 특징은 그 설립자들이 자치(self-government)에 많은 관심을 가지고 있다는 점이었다. 그러나 민주주의에 대한 레디의 견해와 행동은 오히려 반(反)민주적인 것으로까지 평가되었다(B. Holmes, 1995: 56). 그 자신인 학교의 주인들과 소년들 사이의 토의는 장려되었으나 그의 완전한 동의가 없는 원칙들은 결코 받아들여지지 않았다. 일단 방침들이 공식화되면 레디는 그것들을 따르고 복종해야만 하는 조직적인 규율들로 바꾸었고, 이러한 규율들은 학교에 공포되었다. 즉, 레디는 언제, 어떻게 학생들이 자신들의 의무를 수행해야 하는지를 정확히 숙지할 수 있도록 학교 곳곳에 제정된 다음의 규칙들을 게시하여 놓았다(Ward, 1934: 226-227).

1. 학기 시작은 어떻게 계획되어 있는가
2. 학기 시작 시 짐정리하기와 관련된 규칙은 무엇인가
3. 학기말은 어떻게 계획되어 있는가
4. 학기말에 짐을 싸서 부치는 것과 관련된 규칙은 무엇인가
5. 수납함의 용도는 무엇인가

6. 기숙사 생활의 교육적 가치는 무엇인가
7. 기숙사 생활은 어떻게 조직되어 있는가
8. 의복과 관련된 일반적인 목적은 무엇인가
9. 의복과 관련해서 소년들이 따라야 하는 규칙은 무엇인가
10. 구두손질과 관련된 규칙은 무엇인가
11. 구두와 신발과 구두장과 화장실에 관한 규칙은 무엇인가
12. 양호실은 어떻게 조직되어 있는가
13. 의상실과 관련된 규칙은 무엇인가
14. 의상실 책임자의 의무는 무엇인가
15. 시험과 관련하여 소년들이 따라야 하는 지침은 무엇인가
16. 애보츠홈의 모든 교사와 학생들이 작문에서 실수 등을 지적하고 교정하는 방법들은 무엇인가
17. 목욕의 교육적 가치는 무엇인가
18. 건초만들기의 교육적 효과는 무엇인가

이상의 규칙들은 모두 일상생활을 규율하고자 제정된 규칙들이었다. 물론 애보츠홈의 학생들에게는 일주일에 세 번의 오후 시간에 다양한 야외활동을 자유롭게 할 수 있는 '자유시간(free time)'이 주어졌으며 이는 대부분의 다른 학교들에 비해서는 많은 시간이었다. 그럼에도 그의 학생들을 규율하는 과정과 방식은 민주적이거나 비권위주의적인 것은 아니었다.

요약하자면, 그가 봤을 때 어떤 특정한 상황은 그를 종종 매우 권위자적인 태도로 행동하도록 만들었다.

여성에 대한 그의 견해도 매우 구식이었다. 평생 동안 내내 독신이었던 레디의 여성에 대한 관점은 많은 진보적인 교육자들의 견해와 매우 상반된다. 그는 자신이 볼 때 소녀들과는 달리 구별되는 소년들의 양극적인 많은 특성들 때문에 소년들과 소녀들이 함께 교육받는 것을 반대했다. 이런 중

요한 측면에서 레디의 애보츠홈은 애보츠홈에서 일했던 배들리(J. H. Badley)에 의해 세워진 두 번째 선구적인 새 학교인 비데일즈(Bedales)와 다르다.

레디는 애보츠홈 학교의 운영에서 거의 실패하였음에도 불구하고, 그가 더비셔에서 시작한 새로운 학교개혁의 사상과 실천은 영국과 보다 넓게는 독일, 스위스, 프랑스 그 외 여러 나라의 교육개혁운동을 자극하고 발전시켰다.[9] 1927년에 애보츠홈 학교는 레디의 은퇴 후에 재설립 과정을 밟게 되었는데, 그때 발행된 학교 소책자에는 전 세계 여러 곳의 거의 100여 개에 육박하는 학교들이 직 · 간접적으로 'the New School'(애보츠홈)에서 유래되었음을 밝히고 있다(W. Stewart, 1968: 13). 애보츠홈 학교는 의심할 바 없이 개혁적인 학교의 시초이며 레디는 중등교육 개혁운동의 선구자이다.

(2) 비데일즈(Bedales)

비데일즈는 애보츠홈에 이어서 새로운 선구적인 학교이면서 영국 내에서 처음으로 기숙학교 체제하에 학교생활 전반에 걸쳐 남학생과 여학생이 함께 하는 교육을 시도한 대표적 남녀공학 학교이다.

① 설립자 : 배들리(J. H. Badley)

비데일즈의 설립자 존 하덴 배들리(John Haden Badley)는 버밍햄(Birmingham) 근처의 더들리(Dudley)에서 1865년 막내인 넷째로 태어났다. 배들리의 아버지는 할아버지로부터 성공한 경험을 이어받아 아주 훌륭하고, 편안하게 성공한 의사다. 아버지 배들리가 죽었을 때, 그는 4명의 자식들에게 똑같이 재산을 나누어 주었으며 이는 비데일즈 학교 설립의 재원이 되었다. 그래서 배들리는 오랜 후에 "아버지의 사업 능력과 재산의 가치가 결국 비데일즈의 건설이 가능하도록 만들었다."라고 고백하였다(Stewart, 1968: 268-70).

▲ 비데일즈의 설립자 존 하덴 배들리

배들리는 그가 15세 때 럭비(Rugby)학교에 들어갔는데 뛰어나게 잘해서 럭비 선수로 대학을 들어갔다. 케임브리지 대학교에서 그는 고전을 공부했으며 1888년에 첫 학위를 받았다. 그 무렵에 그는 사회적 사건들에 대하여 독단에 치우치지 않는 사회학적 견해를 가지고 있었다.

배들리는 사상적으로 카알라일(Carlyle), 러스킨(Ruskin), 모리스(Morris), 카펜터(E. Carpenter)의 저서를 통해 큰 영향을 받았음에도 불구하고, 새생명 협회(Fellowship of the New Life), 파비안협회(Fabian Society), 독립 노동당(the Independent Labour Party)과 같은 단체에는 참여하지 않았다. 그 대신 그는 여러 책과 팸플릿을 읽고 그 단체들의 지도자들과 대화를 나누며 다른 이들을 자신에게로 이끌었다. 예를 들면, 카펜터는 애보츠홈(Abbotshelm)에서 그를 처음 만난 이후로 그가 하는 바가 레디보다 더 설득력 있다고 판단하여 배들리와 계속적인 친교 관계를 맺어 갔으며, 맥도널드(R. Macdonald)는 제1차세계대전 이후에 그의 두 아이들을 그에게 보내었다. 배들리는 웹스(Webbs), 쇼(Shaw), 웰스(Wells)를 만나면서 노동운동에 적극적으로 참여는 하지 않았지만 깊은 동감을 느끼고 있음을 기록으로 남겼다(W. Stewart, 1968: 272). 그는 세기의 말 무렵에 사회주의를 버렸지만 정치적인 권리에 대해 급진적인 면모를 가지고 있던 레디와 달리, 배들리는 1888년 케임브리지 시절 이후 국가 통제를 신뢰하지 않은 스펜서와 같이 모호한 사회주의자로 계속 남아 있었다.

1889년 10월에 그는 더비셔(Derbyshire)에 소재하고 있는 레디의 새 학교, 애보츠홈에서 교사 생활을 하기 시작했다. 레디는 열정적인 에너지와 학문적 탁월함, 그리고 교육적 이론과 실제와 관련하여 신선하고도 비판적인 마음가짐을 지닌 배들리와 같은 사람을 원했다. 더욱이 배들리는 럭비(Rugby), 케임브리지(Cambridge)에서 고전적 학문의 정통을 이은 경력과 극단에 치우치지 않는 온건한 성격의 소유자였다.

애보츠홈에서 교사생활을 했던 3년 동안 배들리는 그 학교에서 가장 중요한 인물이었으며, 그가 레디로부터 굉장히 많이 배웠다는 것은 틀림없다. 배들리는 음악교사인 그의 부인 애미 가레트(Amy Garrett)가 이 학교에서 활동을 하고자 했지만 레디가 학교에서 여성의 영향에 반대한다는 것을 알았다. 배들리는 결국 그의 부인과 함께 학교를 운영해 나가기로 마음먹고 비데일스 학교를 설립하기로 결정하였다.

배들리에 의하면, 레디는 배들리 부부가 레디가 주장하는 방향으로 예비학교를 애보츠홈에서 시작해야 한다고 제안하였으나, 배들리는 좀 더 나이가 많은 아동들과도 함께 공부할 수 있는 자유를 원했기 때문에 그 제안을 거절하였다. 그래서 그는 레디가 비데일즈의 설립에 대해 레디의 영향이 실제로 확장된 것으로 이해해 주기를 희망했다.[10)]

② 비데일즈(Bedales)의 설립과 교육내용

배들리는 서섹스(Sussex)의 헤이와즈 히드(Haywards Heath) 근처에 비데일즈(Bedales)로 명명된 학교를 건설했다. 그리고 여기에서 그와 그의 부인은 1893년 1월에 9세에서 15세의 소년들을 위해 가르치기 시작하였다. 1898년에 비데일즈에 4명의 소녀들이 입학함으로써 애보츠홈과 뚜렷이 구분되는 남녀공학 학교로서의 비데일즈의 정체성이 확립되기 시작하였다.

그는 특정한 정치적·종교적 계층에 치우침 없이 학생들이 자기 자신에 대해서 깊은 성찰을 할 수 있도록 격려해 주는 것을 학교의 목표로 삼았으며, 그것을 시종일관 유지했다. 배들리는 새로운 학교의 건설을 통해 그의 도덕적 신념을 실천하고, 사람들 사이의 이상적인 삶의 양식을 보여 주려 하였다. “모든 학교는 의식하건, 의식하지 못하건 간에 사회 목적의 체현이다. 나는 나의 이상을 실현시키기 위하여 비데일즈를 '공동체'의 정체성에 대한 역동적 모델로서 제시할 것이다."(W. Stewart, 1968: 273)

배들리가 비데일즈 학교를 설립하면서 세운 교육의 원칙을 정리해 보면 다음과 같다.

우선 교육의 목적과 관련하여 "교육의 목적은 배움이 아니라 삶에 있는 것이다. 교육은 삶을 위해 배우는 것이며 전 인류의 선생은 경험이다."(J. Badley, 1923: 16)

또한 학교는 앞 세대가 남긴 지식과 경험의 정수를 제공해야 할 뿐만 아니라 실제 경험, 즉 그가 지닌 현재의 요구에 부응하고 그의 마음을 사로잡고 있는 충동을 표현할 수 있는 수단을 제공함으로써 발달을 촉진시킬 수 있는 살아 있는 경험을 제공해야 한다.

교육의 단계에 따라 교육내용의 성격은 "교양인으로서 삶을 위해 갖추어야 할 최소한의 지식과 기술을 제공하는 초등교육, 기술적인 직업을 위해 필요한 도구를 제공하는 중등교육, 이들 교육과 함께 이루어지면서 내면의 삶을 발전시키고 공동체 의식을 키우는 사회적 훈련들과 정신적 성장, 이 세 가지가 바로 학교가 제공해야 할 바이다. 여기서 우리가 해야 할 것, 그

▲비데일즈 학교 건물

리고 우리가 하고자 하는 것은 많은 양의 지식을 제공하는 것이 아니라 그 지식을 얻는 방법, 즉 필요한 도구들과 그것을 사용하는 방법을 제공하는 것이다."(J. Badley, 1923: 25)

이상의 원칙에 입각해서 배들리가 1893년에 설립한 비데일즈는 그 기본 틀을 애보츠홈을 따랐지만 소녀들을 받아들였다. 또한 자기실현을 강조하였고 삶의 성장 단계들에서 저마다 다르게 나타나는 학생들의 관점을 보다 잘 파악하였다는 점에서 달랐다. 비데일즈는 이러한 다른 기호와 기질에 적합하도록 광범위하게 다양한 활동을 제공하였다. 보통의 소년들은 그들의 선배들에게 통제되어야 하는 피지배자로 간주되지 않았으며, 시민으로서 학교 회의에 참석할 자격을 부여받았다. 첫 4년 동안, 11~18세 범위의 소년들만이 학생이 되었다. 그러고 나서 실험적인 수준에서 소녀들이 받아들여졌고 그 수는 제1차세계대전 후까지 점차 증가하여 소년들만큼 많은 수가 되었다. 소녀들은 소년들과 분리된 기숙사에서 살았다. 그러나 다른 면에서 소년들과 소녀들은 모든 것을 공유하였다.

이러한 비데일즈의 선구적인 남녀공학 교육은 기숙학교생활을 인간화하는 통합적인 부분이었다. 비데일즈의 남녀공학이 보여 준 교육적 효과는 첫째, 단지 책을 통해서가 아니라 나날의 일상생활 속에서 남녀학생이 이성에 대한 실제적인 지식과 이해를 갖게 된다는 점, 둘째, 학습에 있어서 서로의 차이가 정서적이고 지적인 자극을 주게 된다는 점, 그리고 소년과 소녀들이 서로를 단지 성적 대상이 아니라 인간으로서 이해하고 상호작용하게 된다는 점이었다(J. Henderson, 1978: 143-144).

비데일즈의 교육내용을 보면, 배들리는 과학적이고 민주적인 시대의 요구에 밀접히 관련된 커리큘럼을 제공하고자 했다. 현대 언어와 자연과학들은 현대 자유주의 교육에서 필수적인 요소로서 과학적인 시야와 방법들에 대한 훈련을 제공하기 위한 교과들로서 가르쳤다. 특히 비데일즈와 같은 전원기숙학교는 도시의 청소년들에게 자연과 시골생활이 제공하는 다양하고 건강한 체험 속에서 생활의 대부분을 보내도록 하였다. 즉, 전원에서의 교육적인 공동체가 가능하게 되었다. 그에게 자연의 교육은 책에서의 학습보다 더 중요한 것이었다. 수공기술과 섬세한 기예는 활기차고 즐거운 공동체 속에서 적절히 가르쳐야 하는 중요한 교육내용이었다(B. Holmes, 1995: 57-8).

종교교육의 경우 배들리와 레디가 비록 같은 방식은 아니었지만 그들의 종교적인 관점은 인습적이지 않았다. 레디는 특별한 채플이 있었고, 지금도 있는 애보츠홈에서의 예배의식을 발달시켰다. 이와 달리 비데일즈는 1901년에 비록 찬송가와 찬송집을 가지게 되었지만, 예배를 위해 강당을 사용했다. 배들리는 종교적인 상징물에 대해서는 그다지 관심을 가지고 있지 않았으며 그의 종교관은 교리적이기보다는 유일신교에 기초한 다소 도덕주의자적 위치에 있었다. 배들리가 레디보다 덜 지시적이었기 때문에 학교생활에 있어서 비데일즈가 애보츠홈보다 더 많은 자유가 있었다고 할 수 있다.

배들리가 비데일즈에서 확립한 교육의 원칙은 자기 활동, 개성의 균형 있는 발달, 폭넓은 자유, 전원에서의 생활들이다. 이러한 목표를 성취하기 위해 학생들이 수업에 필연적으로 종속되기만 하는 전통적인 기계적인 수업은 폐지되었다. 비록 개인들이 사회 공동체적인 생활의 훈육을 받아야 했지만 그와 함께, 광범위한 경험과 기회가 개개인들의 개성을 발달시키도록 제공되었다. 남녀공학과 자치(Self-government)는 이러한 목적들을 증진시켰다. 과학과 수학을 통한 인간성의 통합과 16세까지의 일반적인 커리큘럼에 춤, 음악, 드라마의 포함은 비데일즈에 도입된 개혁성이었다. 만약 애보츠홈이 '새 학교(New School)'운동을 개척했다면 비데일즈는 영국의 진보적인 교육자들에게 더 많이 수용되는 모델이었다(B. Holmes, 1995: 58).

비데일즈의 커리큘럼과 조직은 애보츠홈의 것과 유사하다. 심지어는 레디와 배들리 둘 다 신뢰했던 자연적인 순환에 기초한 노천 화장실 위생설비를 포함한다. 신체적이고 손을 이용하는 기술, 예술적 상상력의 발달, 문학적 · 지적인 성장 그리고 도덕적 · 종교적인 훈육은 애보츠홈에서와 같은 방식의 교육체제를 가지고 있었다. 이로 인해 초기에 비데일즈는 애보츠홈에서 단지 파생된 학교로 알려졌다. 이것은 배들리가 레디의 영향을 크게 받았음을 뜻하며, 배들리 자신도 이를 인정한다. "내가 교육 분야에서 새로운 시기를 열고, 널리 확산시킬 수 있는 이상적인 조건하에서 창조적인 활동의 즐거운 느낌을 나누고, 그것의 처음 시작을 알고 있는 사람들 가운데 한 사람으로 회고해 보건대…… 그것은 레디의 이상이었고 진짜 천재적인 뛰어난 부분을 가지고 있는 한 사람에 의해서 이루어진 것이다. …… 애보츠홈으로부터 그 이후의 새 학교 설립자들의 영감과 새 학교의 일반적인 양식이 비롯되었다는 점에서 애보츠홈은 상이한 형식의 매우 많은 '새로운 학교들'가운데 한 본보기이다."(W. Stewart, 1968: 279)

▲노작실에서 음악연주를 하는 비데일즈 학생들

그러나 배들리가 레디의 교육적 목적과 적용의 많은 측면들이 옳다고 수용했지만, 그의 공동체에 대한 이해에 대해서는 비판을 가했다. 배들리에게 있어서 하나의 지역사회나 국가 안에서의 독재뿐만 아니라 학교 안에서의 독재도 단기간의 결과에 상관없이 장기간 비난을 면하기 어렵다고 판단했다. 그리고 그는 레디의 사고하는 법과 학교를 세우는 법은 수용하고 배웠지만, 그것을 교실 현장에서 실현하고 실천하는 방법론에 있어서는 거의 수용하지 않았다(W. Stewart, 1968: 275).

배들리는 애보츠홈에서 그 기원을 빌렸지만, 그의 학교는 세운 지 10년 안에 그곳은 아주 다른, 여러 가지 면에서 애보츠홈보다 인습적이지 않은, 덜 교조적인, 그리고 더 민주적인 학교가 되었다. 즉, 비데일즈는 그 자신만의 색깔로 발달했고 애보츠홈과는 아주 다른 정체성을 확립하였다. 확실히 배들리의 급진주의는 레디의 것보다 덜 교조적이었으며 학교운영에서 더욱 성공적이었다.[11] 또한 비데일즈 학교는 자립형 사립학교 교육(independent school)의 맥락에서 학생들에게 불합리한 두려움과 경쟁을 유발하지 않으면서도 인간적인 남녀공학 기숙학교가 크게 발전할 수 있음을 증명했다(J. Henderson, 1978: 147). 이런 연유로 인해 몇몇 논평가들은 영국에서 진보적인 운동의 어버이로서 비데일즈를 간주한다. 특히 맥(E. C. Mack)과 같은 학자는 배들리를 영국에서의 진보적인 움직임의 아버지로 임명하고 애보츠홈에 대해서는 언급하지 않았다(B. Holmes, 1995: 57).

2) 비권위주의 교육운동

(1) 전개

제1차세계대전(1914~1918)은 관련 국가의 교육에 심오한 영향을 초래했다. 짧은 전쟁 기간 동안 세 가지 국면이 확연했다(W. Boyd & W. Rawson, 1965: 36). 첫째는 1916년까지 혼란의 시간에 교육과 관련된 모든 것이 중지되었다. 새 학교도 없었고, 실험은 드물었으며 계획은 제한되었다.[12] 두 번째 국면은, 1917년 전쟁 시기에 서부 유럽 국가 사람들은 전쟁 후에 올 그들이 희망하는 새 나라에 대해 생각하기 시작했고 교육 재구성을 강조하면서 새로운 교육을 위한 계획을 중시하기 시작했다. 분위기는 낙관적이었다. 그러나 이어지는 국면이란, 국가는 전쟁에 쏟은 거대한 노력으로 인해 재건의 여지가 없었다는 점이다. 경제 · 정치적 어려움은 교육과 그 밖의 개혁들의 발목을 잡았다.

이러한 상황에서 의식 있는 개인들이 설립한 새 학교는 중요한 역할을 했다. 그들은 더 좋은 교육을 이룰 수 있는 방법에 대한 생각을 가진 흥미 있는 사람들의 협력을 모으는 장을 형성하였다. 미국에서 듀이와 파커의 제자들이 이를 성공적으로 수행하여, 1919년에 '미국 진보주의 교육협회(the Progressive Education Association of America)'를 창설하였다. 스위스에서는 전쟁 기간 동안에도 '국제 새학교 사무국(Int'l Bureau of New Schools)'과 '루소 연구소(Rousseau Institute)'가 새로운 교육운동과 관련된 활동을 지속하였다. 이들 기구들이 갖는 주요 관심사 중의 하나는 자유의 이상과 민주적 생활을 일반학교에서 실천할 수업과 조직의 방법들을 고안해내는 것이었다. 이러한 움직임들은 1921년에 새로운 교육운동의 조직적이고 국제적인 협력단체인 '신교육협회(New Education Fellowship)'를 창설하기에 이른다.

새로운 교육에 관심을 가진 이들 개혁가들은 여러 측면에서 기존 학교에 대해 만족할 수 없었고 그 대신 더 나은 무엇인가를 찾고자 했다. 불만족의 이유들도 달랐다. 비판의 주요 근거는 구태의연한 행위를 하는 일반 전통적인 학교의 예상된 실패였다. 즉, 그것의 생명력의 결핍, 수동성, 어리석은 순종, 불만족스러운 결과, 개인차를 무시한 미래를 위한 희생, 어른들에 의한 아이들의 지배였다. 더 나은 학교와 사회를 강조하는 사람들도 있었고 더 나은 아이들(the better child)을 강조하는 사람들도 있었다. 그들이 품고 있는 이상은 개인적 가치에 기초한 민주적 개념이었다(W. Boyd & W. Rawson: 34). 새 학교들은 아이들 생활에 이러한 것을 실현시킬 다른 방법을 찾고 있었다. 그들의 공통된 목표는 자연 상태의 아이들에게 가능한 한 최대로 개인적인 성장의 기회를 주는 것이었다. 그들의 신념은 학교와 집의 제약이 부재한 가운데 잘 조절된 자유가 허용된 아동들은 훌륭하고 유능한 사람들이 될 기회를 가질 것이란 점이다.

이처럼 제1차세계대전 이후에 활발하게 전개된 신교육운동은 그 이전의 선구적인 학교들에 비해서 학생들에게 보다 많은 자율성과 그에 기초한 창의성을 발달시키는 것을 교육의 주안점으로 삼았다. 즉, 비권위주의적 교육의 성향이 더욱 뚜렷해졌는데, 이러한 교육개혁운동의 시작에 커다란 기여를 한 인물이 에드몬드 홈즈(Edmond Holmes)다. 장학관으로서의 현장경험을 바탕으로 새로운 교육의 비전을 제시한 그의 대표적 저서, 『교육의 현재와 미래(What Is and What Might Be)』는 1911년에 발간되어 1917년까지

8쇄를 거듭할 정도로 많은 교육자들에게 읽히면서 지대한 영향을 주었다. 그의 저서를 통해 그는 맹목적이고 수동적이며 비지성적인 복종이 서구교육체계의 기초였음을 비판하였는데, 전통적인 교육이 아동의 자발성과 창의성을 말살시키고 있으며, 특히 성과별 보상제도에 의한 편협한 교육과정과 경직된 교수법이 학교교육을 3Rs와 기계적인 학습으로 축소시켰다고 지적했다. 이를 개혁하기 위해서 그가 강조한 것은 자유의 중요성이었으며, 이는 아동을 선천적으로 '벌 받아야 할 아동(child of wrath)'이 아니라 스스로 자아실현의 길을 가는 '신의 아동(child of God)'으로 인식해야 한다는 아동에 대한 이해의 전환을 요청하였다(R. Selleck, 1972: 23-25).

홈즈가 교육개혁가로서 끼친 영향은 적지 않았다. 즉, 그 이후의 다수의 교육개혁가들이 홈즈에게서 강한 영감을 받았다고 할 수 있는데, 새들러(M. Sadler)는 그를 '교육혁명에 앞서 등장한 루소'라고 평했으며, 심프슨(J. Simpson)은 홈즈의 책이 자신의 교육의 일대 전환점이었다고 진술했다. 또 스미스(E. S. Smith)는 홈즈의 책이 '신세계의 발견'이었다고 고백하였으며, 오닐(E. O'Neill)은 충격과 영감으로 다가온 책이었다고 평했다. 또한 신교육운동의 국제적 연대를 가능케 한 신교육협회(New Education Fellowship)의 창립멤버인 베아트릭 엔소어(Beatric Ensor) 여사도 홈즈의 책에서 영감을 받았으며, 그 밖에 교육개혁가들인 니일(A. S. Neill), 캘드웰 쿡(Caldwell Cook), 노먼 맥먼(Norman MacMunn), 린치(A. Linch), 레니(B. Rennie)가 홈즈의 책에 찬사를 표했다(R. Selleck, 1972: 25).

홈즈에 이어서 비권위주의 교육운동의 씨를 뿌린 사람은 호머 레인(Homer Lane)이었다. 레인은 미국 뉴햄프셔(New Hampshire)주 허드슨(Hudson)에서 출생하고 성장하였으며, 철도 노동자, 우체부, 가구상, 슬로이드(sloyd) 교사 등 다양한 직업 경력을 가지고 있었다. 특히 포드 리퍼블릭(Ford Republic)이라고 하는 비행 청소년 감화시설의 책임자로 일하면서, 프로이트(S. Freud) 정신분석학의 독자적인 해석에 기초한 레인 특유의 직관과 독특한 방식을 활용하여 비행청소년들을 모두 정상적인 소년들로 변화시켰다. 이때 레인이 사용한 방법이 자율의 원리에 기초한 자치였으며, 레인은 비행청소년들에게 최대한의 인정과 자유를 부여함으로써 그들 마음 안에 내재해 있는 증오로부터 벗어나게 하여 스스로 정상적인 소년들이 되게 하였다. 이러한 교육적 성과로 인해 1913년, 레인은 영국의 샌드위치 백작에게 초청되어 포드 리퍼블릭과 유사한 교육시설인 도어셋(Dorset)에 소재한 리틀 카먼웰스(the Little Commonwells)의 책임자가 된다. 여기서 레인은 문제아동들에게 최대한의 자유와 신뢰가 주어졌을 때 그들이 긍정적으로 변화되어가는 것을 실증하였으며, 이러한 교육의 원리와 실천 과정은 동시대의 많은 교육가들에게 커다란 경탄을 불러일으켰다. "레인의 실천은 우리의 확신이 실현되는 것을 직접 보게 함으로써 용기와 희망을 갖게 했다."(E. Bazeley, 1928: 27) 리틀 카먼웰스에서 레인이 행한 실천은 대단히 급진적인 것으로서, 그가 아동들에게 부여한 자유와 아동들에게 보여준 신뢰는 일찍이 유례가 없었던 수준이었으며, 이는 적지 않은 반향을 일으킴으로써 비권위주의 교육운동의 불씨를 지피는 역할을 했다.

레인의 뒤를 이어서 신교육운동의 전성기인 1920년대 초 가장 급진적인 비권위주의 학교인 서머힐 학교(Summerhill School)를 레이스턴(Leiston)에 설립하여 커다란 영향을 준 인물은 니일(A. S. Neill)이었다. 그에게서 새로운 교육의 본질은 곧 불안과 죄의식—이 병든 사회가 유아와 아동에게 주입한—으로부터의 자유를 의미했다. 이를 위해서 요구되는 것은 아동에 대한 전적인 신뢰였으며, 이 신뢰 위에서 그는 아동의 자율적인 성장을 가로막는 일체의 도덕적이고 종교적인 억압을 학교교육에서 제거하였다. 그 대신 각자가 자신의 자발적인 자기선택의 원리에 의해 학습을 포함한 일체의 생활을 자율적으로 주도하게 하였으며, 공동체적 생활에 필요한 규칙과 질서도 자치에 의해서 만들어가게 함으로써 그 어느 학교보다도 학생들에게 포괄적인 자유를 부여하는 비권위주의 학교의 전형이 되었다.[13] 이러한 니일의 사상과 실천은 많은 영국 사람들에게 영향을 주었으며 그의 서머힐 학교는 신교육 자체였다고 할 수 있다(W. Boyd & W. Rawson: 64-65).

제1차세계대전을 전후한 비권위주의 교육운동의 본격적인 확산에 심리학적인 방법론의 기초를 제공한 인물은 몬테소리(M. Montessori)였다. 앞서 2장에서 서술했듯이 1912년에 그녀의 대표적 저서인 『몬테소리 방법(The Montessori Method)』이 영국에 소개되었고,[14] 여러 학교들이 그녀의 방법을 적용하기 시작하였으며, 1919년 그녀가 영국을 방문하였을 때 대대적인 환영을 받았다. 영국에서 몬테소리교육은 더욱 넓게 확산되었고, 그녀의 교육적 영향력은 크게 평가되었으며, 그녀의 이상과 방법의 확산을 위한 국가적이고 국제적인 몬테소리 협회가 형성되었다. 몬테소리의 아동교육 철학과 방법은 새로운 교육에 대한 이상을 확산시키는 데 기여하였다.

이상 서술한 여러 인물들이 널리 전파하기 시작한 교육개혁 사상들은 제1차세계대전 기간, 그리고 전후 4, 5년 동안에 많은 적극적인 동조자들을 형성하였다. 즉, 새로운 학교들이 출현하였고, 새로운 교수법과 학교조직이 도입되었으며, 새로운 교육단체들이 결성되었다. 이 시기는 새로운 교육을 위한 열정적인 활동의 시기였다. 새들러(M. Sadler)는 "우리는 새로운 시대(new era)의 문턱에 있다. 우리의 사고의 많은 부분이 근본적으로 변하고 있다."라고 이 시기를 압축적으로 표현했다(R. Selleck, 1972: 30). 거대한 교육적인 힘들이 하나의 초점으로 모아지고 있었으며, 다양한 사람들이 나라의 여러 곳에서 갑자기 출현하여 힘을 모아 국가가 필요로 하는 것에 교육적으로 부응하고 있었다.

볼르노(O. F. Bollnow)는 이러한 새로운 교육적 운동이 국제적으로 활발하게 전개된 사상적 배경으로 인간에 대한 긍정적이고 낙관적인 이해의 확산을 지적하였다. 즉, 1920년대의 교육학적 열정은 전적으로 특정한 인간이해에 바탕을 둔 것으로서, 그것은 인간이 지닌 창조적인 능력에 대한 믿음이었다. 이러한 능력들은 아동기를 거치는 동안 부서지거나 오염되지 않도록 보호되어야 하며, 성인들은 그러한 능력들을 일깨우고 무엇보다도 손상되지 않도록 보호해야 한다는 것이다. 세기의 전환기의 감격 속에서 사람들이—미래에 대한 확신에 차서—어린이의 세기에 대해서 이야기하였을 때, 그것은 어린이에게 관심의 초점을 맞추는 것과 동시에 마찬가지로 인간 자신의 본질에 대한 성찰을 의미하는 것이었다. 이러한 인간의 본질은 한편으로는 변질된 문화 안에서 타락해 버렸고, 따라서 이제 새로운 교육을 통해서 다시금 활성화되어야만 하는 것이다. 이미 루소에게서 그 뿌리를 찾을 수 있는 이와 같은 믿음은 곧바로 새로운 사회 인식에 연결되어 있고, 이러한 사회 인식에로의 연결은 1920년대의 교육학적 운동의 결정적인 요소였다(O. F. Bollnow, 2001: 16). 이와 같은 믿음은 인간의 근본적으로 선한 핵심에 대한 신뢰에 뿌리내리고 있으며, 또한 완전히 근절되어 버리지 않는 한 그 자신의 고유한 방법과 법칙에 따라 피어날 수 있는 인간의 내적인 능력에 대한 믿음에 근거하고 있다. 이러한 이해에 따르면 모든 악은 단지 우연의 소산이며, 근본적으로 외적인 영향에 의해서 야기된 것이다. 따라서 보다 나은 교육을 통해 배제할 수 있는 것으로서, 당시 운동의 본질적인 요소를 이루었던 아동에 대한 정향은 이와 같이 근본적으로 인간의 선한 본성에 대한 믿음에 바탕을 둔 것이다. 이러한 아동과 인간에 대한 신뢰는 아동 저마다가 스스로 꽃피울 수 있도록 폭넓은 자유를 허용하는 비권위주의적인 교육의 활발한 전개를 가져왔다.

이 시기, 즉 제1차세계대전 직후부터 1920년대 후반까지의 기간 동안에 설립된 대표적인 새 학교들을 일별해 보는 것은 신교육운동의 흐름을 이해하게 해 준다는 점에서 가치가 있다.

포터 형제(P. M. Potter & L. M. Potter)가 노동자 계층(working class)의 자녀들을 위한 새로운 기숙학교로 설립한 켈데코트 커뮤니티(Caldecott Community) 학교(1917), 맥먼(N. MacMunn)이 전쟁고아들을 위해 설립한 팁트리 홀(Tiptree Hall) 학교(1919), 심프슨(J. H. Simpson)의 렌드콤(Rendcom)

학교(1919), 신지학자들이 설립한 아룬데일(Arundale) 학교(1918), 공립초등학교로서 진보적인 새로운 학교가 된 오닐(E. O'Neill)의 프레스톨레(Prestolee) 학교(1918), 가장 급진적인 진보적 학교인 니일(A. S. Neill)의 서머힐(Summerhill) 학교(1921), 아동들에 대한 심리학적 연구 수행을 목적으로 설립된 파이크(G. Pyke)의 몰팅하우스(Malting House) 학교(1924), 그리고 런던의 스트리트햄(Streatham)에 설립된 영국 최초의 슈타이너 학교(1925)가 있었다. 이밖에 학부모들이 자기 자녀들을 위해 직접 설립한 학교들로서, 엠허스트(L. Elmhirst) 부부가 세운 다팅톤 홀(Dartington Hall) 학교(1926)와 러셀(B. Russell) 부부가 설립한 비콘힐(Beacon Hill) 학교(1927) 등이 있었다(R. Selleck, 1972: 31-39; W. Boyd & W. Rawson, 1965: 61-62).

이들 새 학교들은 전원 속에서의 작업활동이 교육과정의 일부분이 되면서 교육과정은 보다 비형식적이 되었고, 훈육은 크게 완화되었으며 아동을 위한 자유가 학교의 특징이 되었다. 아동의 흥미를 충족시키는 다양한 교육적 노력이 이루어졌고, 학교는 자치의 원리를 따랐으며 남녀공학이었다. 이들 특징들은 대부분의 새 학교들이 공유하고 있는 특징이기도 했다.

이 시기의 새 학교들 가운데 비권위주의 교육의 대표적인 예로 니일의 서머힐 학교를 들 수 있다. 서머힐 학교에 대해서 보다 상세히 살펴보는 것은 1920년대 대표적인 비권위주의 교육의 형식과 내용을 이해하는 구체적인 통로가 된다.

(2) 비권위주의 학교: 서머힐

① 설립자 : 니일(A. S. Neill)

니일은 1883년 스코틀랜드의 에든버러(Edinburgh)시 북방 동해안 지방인 포오파(Forfar)에서 태어나서 1973년 잉글랜드의 서포크(Suffolk)에서 세상을 떠난 20세기 급진적 자유주의 교육사상가이면서 교육실천가이다.

8남매 중 3남이었던 니일의 소년시절은 그 당시 대부분의 스코틀랜드 소년들이 겪는 경험들과 별로 다를 바 없는 평범한 생활이었다. 다만 후일 그의 종교적 태도에 영향을 준 것은 소년시절 경험했던 수정된 켈비니즘이었다. 천국과 지옥은 각자 자유의지에 따른 선택의 결과로써 계율에의 철저한 복종이 구원으로의 길이라면 성과 절도, 거짓말, 욕하기, 주일을 경건히 지내지 않기 등은 명백히 파멸에 이르는 길로 여겨졌다. 그리고 그 자신을 포함한 그의 형제들은 너무 잘 길들여졌기 때문에 계율에의 불복종은 상상할 수 없었다고 한다.

니일은 소년시절 독서를 많이 하지 않았지만 얼마 안 되는 독서를 통해서 훗날 그의 사고에 영향을 주게 되는 웰스(H. G. Wells), 제이콥스(W. W. Jacobs), 호프(A. Hope) 등을 접할 수 있었다. 소년 니일은 학구적이지 않았으며 따라서 그의 형들처럼 대학 진학은 생각할 수조차 없었다. 그리고 학력이 곧 삶의 지위상승을 의미한다고 믿는 부모 밑에서 니일은 열등한 존재였으며 그 수준에 맞는 진로를 택할 수밖에 없다고 여겨졌다. 그래서 니일은 14세에 에든버러에 있는 가스측정기 제조회사의 소년 서기로 7개월간 일하게 되는데, 이 경험은 열악한 환경에서의 단조로운 노동세계의 비천함을 경험케 한 시간들이었으며 니일은 이를 계기로 공부에 눈을 돌려 자신의 적성을 찾는 적극적 행보를 시도하게 된다. 결국 우여곡절 끝에 아버지가 교사로 재직하는 킹스뮤어(Kingsmuir) 학교의 견습교사를 하게 된다. 니일은 어린 소년 소녀들에게 읽기 등을 가르치면서 교육적인 사실 하나를 깨닫는데, 그것은 그 무엇인가를 배우는 최선의 길은 그것을 가르치는 것이라는 점이다.

4년간의 견습교사 생활을 마친 후 니일은 에든버러 근처의 비니릭스(Binnyrigs)에서 교직을 얻게 된다. 이어 2개월 후에는 파이프(Fife)의 킹스케틀(Kingskettle) 학교로 옮기는데, 이들 학교들의 공통점은 학생들을 철저한 체벌을 통해 엄격한 훈육에 의해 길들이고 있다는 점이었으며, 이는 그 당시의 일반적인 학교교육의 현상이기도 했다. 니일은 이 당시 학교교사 경험이 주는 지배적인 느낌을 두려움이라고 묘사하고 있다(Neill, 1992a: 168). 즉 지각에 대한 두려움, 교장이 실시하는 니일의 학급에 대한 시험에 대한 두려움, 교장 자신에 대한 두려움 등등으로서 킹스케틀에서의 학교생활은 부정적이고 불행한 경험의 시절이었다.

한편 이 시절에 니일은 문학에 흥미를 갖기 시작했다. 캐나다 사람 고든(G. Gordon)과의 사숙을 통해 희랍어를 배우고 오디세이, 헤로도투스를 읽게 된다. 이 사숙은 니일의 문학적 관심과 재능을 일깨우는 계기가 되었다.

니일은 뉴 포트(New Port) 학교의 교사재직 중 대학진학을 결심하고 에든버러대학에 진학한다. 니일의 에든버러에서의 대학생활은 전반적으로 행복하지는 않았다. 그는 이 대학시절 수학의 경험이 시간이 지나면 거의 쓸모없는 것이 되거나 혹은 자기 자신의 지식이 되지 못하는 '~에 관한(about)' 사실, 지식들을 배우는 데 그쳤음을 회고했다(Neill, 1992a: 175). 이것은 니일로 하여금 일방적인 주지교육의 한계를 실감케 하고 반주지주의적 성향을 갖는 한 계기가 되었다.

니일은 에든버러대학 4학년 때 학보, 'The Student'의 편집장 일을 하면서 본격적으로 글쓰기를 시작한 듯하다. 이후 니일은 거의 죽기 전까지 기고문, 책의 형태로 많은 글을 써서 남긴다.

니일이 에든버러대학을 졸업하면서 선택한 진로는 가르치는 일이 아니라 저널리즘 분야였다. 그러나 제1차세계대전의 발발로 런던에서의 저널리즘적인 일들을 중지하고 킹스뮤어(Kingsmuir)로 돌아와 그레트나 그린(Gretna Green) 학교의 임시교장직을 맡게 된다. 이 시기의 경험과 생각을 정리한 책이 니일의 최초의 저서인 『교사의 수기(A Dominie's Log)』이며 그 이후에 나온 『해고된 교사(A Dominie Dismissed)』는 니일이 나중에 군대복무시 쓴 픽션이다.

니일의 사상 형성에 결정적 영향을 미친 인물 중에 하나인 레인(H. Lane)과의 만남은 운명처럼 이루어졌다. 니일의 초기교사 경험을 정리한 『교사

▲서머힐의 설립자 니일

의 수기』를 읽은 어느 여성의 소개로 니일은 레인을 알게 되고, 1917년 사관학교 복무시 도어셋(Dorset)에 소재한 레인의 비행 청소년 치유 캠프인 '리틀 카먼웰스(Little Commonwellth)'를 방문하여 레인과 직접적인 대면을 하게 된다. 니일은 레인을 그가 그때까지 만났던 사람들 중 가장 인상적인 인물이었다고 회고했다(Neill, 1992a: 194). 이 만남을 통해 니일은 정신분석학에 인문하게 되고 그의 사상의 기초를 형성하게 된다.

이 시기에 잠시 니일은 그 당시 진보적 학교로 평판이 나 있는 킹 알프레드 학교(King Alfred School)의 교사로 재직한다. 그 학교는 상과 시험점수, 체벌을 없애 버린 매우 진보된 학교였지만 외부에서 강제로 부과되는 도덕적 기준에 의해 학생들을 교육시키는 학교였으며 이는 니일이 원하는 자유로운 학교와는 거리가 먼 학교였다.

니일은 킹 알프레드 학교를 떠난 후 엔소어(Ensor) 여사와의 만남을 통해 신교육운동에 직접적으로 관계하게 된다. 우선 급진적 성향을 띤 『새시대(The New Era)』라는 잡지의 편집을 맡아 당시의 학교교육을 자유롭게 비판하는 글을 쓰고 또 편집하는 일을 하면서 1921년에는 칼레(Calais)에서 열린 신교육협회 총회(New Education Fellowship Conference)에 참가하기도 한다. 그리고 이 시기에 니일은 독일 드레스덴(Dresden) 근교의 헬리라우(Hellerau)에서 노이슈타터(Neustatter) 박사 부녀와 건축가 칼 배어(Karl Baer) 등과 서머힐 학교의 효시인 국제학교(International School)를 설립한다. 이 국제학교는 오이리드믹스, 외국인 학생부, 독일 학교의 세 부분으로 구성되었으며, 니일은 그중 외국인 학생부를 맡아 독일 학생 이외의 외국학생들을 맡아 가르쳤다. 니일은 자신의 학생들을 자신의 방식대로 교육하였으며 이 시기가 자신의 생애에서 가장 신명나는 시기였다고 술회했다(Neill, 1992a: 197).

1924년 니일은 국제학교의 외국인 학생부에 있던 학생들을 데리고 영국으로 돌아와 도어셋(Dorset)의 라임 레지스(Lyme Regis)에서 학교를 시작했다. 이 학교의 명칭이 서머힐(Summer Hill)이며, 이 명칭은 1927년 현재의 위치인 라이스턴(Leiston)의 서포크(Suffolk)로 학교가 이전할 때도 그대로 유지되어 우리 모두가 알고 있는 대표적인 비권위주의 학교의 이름이 되었다.

또한 니일은 프로이트 좌파 이론가인 빌헬름 라이히(Wilhelm Reich)의 영향을 받기도 하였다. 즉, 1937년 니일은 라이히와의 교제를 통해 서머힐에서의 실천, 특히 성교육과 관련하여 그것이 갖는 정신분석학적 의미를 명확히 인식하였다. 따라서 니일의 비권위주의 교육사상의 이론적 기초는 일차적으로는 정신분석학이라고 할 수 있으며, 성장 과정의 아동들에게 최대한의 자유를 허용함으로써 일체의 불필요하고 불합리한 권위가 아동의 무의식에 형성할 심리적 억압으로부터 아동들을 해방시켰다.

② 교육내용

니일이 설립한 남녀공학인 서머힐 학교에서 학생들은 이성과 자유로이 교제할 수 있었으며, 동시에 알고 느끼고 경험하고자 하는 것을 교과로 표명된 삶의 다양한 내용들에 대한 철저히 자발적인 선택을 통해 각자의 관심을 충족시키고 창조적인 에너지를 발산시킬 수 있었다. 성인들의 일방적이고 강제적인 개입을 거부하고 철저히 아동의 자율적 선택에 의한 자기주도적 삶을 통해 균형 있는 인성과 '자기 자신이 되는 삶'을 지향하는 서머힐 교육은 아동들에게 자유로운 학습환경과 놀이중심의 생활, 자치에 의한 공동생활과 남녀 공학의 경험을 제공하였다.

서머힐에서의 교육내용을 학습의 측면, 놀이활동, 자치, 남녀공학을 통한 성교육의 측면에서 살펴보면 다음과 같다.

자유로운 학습환경 서머힐의 아동들은 학습과 관련하여 최대한의 자유가 허용되었다. 학습하고자 하는 학과목의 선택, 학습동기 및 목표의 선택 등에 관해 학생들로 하여금 철저히 자율적인 결정을 하도록 했으며 수업출석의 자유[15]를 허용함으로써 수업출석 자체를 선택의 대상으로 설정했다. 나아가서 학습시간을 특정 교과수업 시긴에 국한시키지 않고 아동들이 학습하고자 하는 것은 언제나 학습할 수 있도록 학습의 기회와 선택을 최대한 개방시켰다. 이와 같이 니일이 서머힐의 학생들에게 부여한 자유로운 학습환경은 학습자가 학습시점을 결정할 자유와 학습내용 선택의 자유를 포괄한다.

이러한 자유로운 학습환경의 제공은 정서적 자유가 지력발달의 선행조건이라는 니일의 통찰에 근거한다. "정서(emotions)가 자유롭다면 지력(intellect)의 문제는 저절로 해결이 되며 정서적으로 자유로운 아동은 무엇을 선택해서 학습해야 할지를 알고 있다."(Neill, 1945: 48) 정서적 자유는 정서가 억압, 왜곡됨이 없이 자유롭게 표현됨을 뜻하며, 니일은 이러한 정서적 자유 속에서만 정서의 발달이 가능하다고 보았다. 따라서 서머힐과 같이 포괄적인 자유를 허용하는 환경 속에서만 정서는 억압됨이 없이 자유로운 표현을 통해 발달 가능하게 된다. 니일은 정서의 문제를 학습을 포함한 교육과 삶의 문제의 핵심으로 파악했으며, 주지주의 일변도의 학교교육 체제가 초래하는 정서의 부자유는 지력의 발달과 정서의 성숙한 표출 모두를 저지한다고 이해했다.

니일은 학습자의 흥미에 의거해서 학습이 진행될 때 학습자의 정서와 학습행위는 일체가 된다고 보았다. 이러한 흥미에 기초한 자발적인 학습은 서머힐 학생들에 대한 관찰 결과 학습의 지속성과 효율성, 그리고 창의성의 발달 등의 특성을 나타내는 것으로 파악되었다(박용석, 1998: 95-96).

이와 같이 학습자의 흥미와 관심에 의해 학습이 주도될 때 학습자는 강제적 학습으로 인한 정서적 억압을 경험하지 않고 학습과 하나가 될 수 있으며, 이러한 자유로운 학습환경은 건강하고 창의적인 사고의 바탕이 되는 인성 형성의 중요한 조건이었다.

놀이중심의 생활환경 서머힐은 그 어느 학교보다도 놀이의 자유가 허용된 학교였다. 수업출석의 자유로 대표되는 학습의 자유는 동시에 놀이의 자유를 전제로 하기 때문이다. 즉 놀고 싶을 때 놀 수 있는 놀이의 자유에서만 공부하고 싶을 때 공부하는 수업출석의 자유가 존재할 수 있게 된다.

여기서 니일이 강조하는 놀이는 무구속성을 특성으로 한다. "내가 놀이라고 하는 것은 각종 운동경기나 규칙이 있는 조직된 유희를 말하는 것이 아니라 공상의 날개를 맘껏 펴 볼 수 있는 일체의 구속이 없는 놀이를 의미한다."(Neill, 1987: 76) 또 이러한 놀이는 아동의 근본적인 성향이기도 하다. 따라서 니일은 어린 시절은 놀이시절(playhood)이며, 이 사실에 대한 인식이 선행되어야 함을 강조했다. 그 결과 서머힐의 아동들은 놀이 욕구를 자유롭게 발산시킬 수 있었으며 정서적으로도 억압됨이 없었고, 이는 스스로 선택한 수업에 열중하게 하는 조건이 되기도 하였다.

결국 서머힐에서의 놀이는 일체의 구속성이 없는 비규정적 행위로서 아동의 고유한 행위 특성으로 이해되었으며, 최대한 장려되었다. 그것은 프로이트의 지적처럼 놀이가 금지된 욕구충동을 발산시키는 출구역할을 함으로써 심리적 카타르시스(catharsis)를 제공하기 때문이기도 하였다(Vandenberg, 1986: 17-18; Hughes, 1995: 18). 이러한 정서적 바탕 위에서 아동은 성에 대한 지나친 욕구와 흥미에 고착되지 않으면서 균형 잡힌 인성을 형성해 나갈 수 있으며, 아울러 학습내재적 흥미에 기초한 자율적이고 창의적인 학습도 가능하다. 따라서 니일의 서머힐에서 놀이는 학습의 차원에 국한되지 않고 건강한 인성의 차원, 곧 삶의 차원의 의미를 가지고 있다.

자치 공동생활의 경험 서머힐은 기숙학교로서 다양한 연령층의 남녀 학생들이 자율적인 공동체 자치(community self-government)를 통해 공동생활의 질서를 형성함으로써 반사회적 태도형성을 근본적으로 저지해 왔다.

서머힐의 자치는 사회적 규칙위반에 대한 처벌까지 포함해서 공동체 생활에 관련된 모든 일을 토론 및 투표 방식으로 처리하는 매주 토요일 밤의 전교회의를 통해 행해진다. 연령에 관계없이 교직원이나 학생 누구나가 동등하게 한 표씩의 투표권을 가지며 회의 때마다 전의장이 지명한 다른 사람이 새 의장이 되고 서기는 자원하는 사람이 맡는다. 이러한 자치의 과정을 지배하는 원리가 자율이라는 점에서 자치는 자율이 사회적 차원에서 실현된 형태라고 할 수 있다. 니일은 서머힐의 자치에 지대한 의미를 부여해 왔다. "이러한 공동체 생활이 아동의 교육에 있어서는 세상의 모든 교재들보다 지극히 중요한 것이다."(Neill, 1992a: 23)

여기서 전교회의를 통한 서머힐 자치의 내용을 살펴보는 것은 신교육운동 속에서 설립된 여러 새 학교들이 학교공동체 생활에 도입한 자치의 가장 적극적인 형태를 서머힐 학교의 자치가 보여 준다는 점에서 의의가 있다.

자치회의를 통한 서머힐의 자치정부의 기능은 공동체의 질서유지에 필요한 규칙을 구성원들 스스로 만들 뿐 아니라, 동시에 공동체의 사회적인 여러 중요한 일들에 대해 서로 의견을 교환하는 일이다. 공동체 생활에 필요한 여러 가지 규칙은 투표로써 정해지며, 매우 세부적이고 구체적으로 기술되어 있고, 규칙을 위반했을 경우의 제재 방식까지도 정해 놓고 있다. 모든 규칙들이 정해지는 원칙은 개개인의 권리보호와 함께 신체의 안전과 배려이다. 일례로 취침시간에 관한 규칙은 연령층에 따라 취침시간을 상이하게 정함으로써 어린 아동의 건강을 배려함과 동시에 연장자들의 보다 자유로운 생활을 보장해 주고 있다.

이상 전교회의를 통한 서머힐의 자치는 그 다루는 문제들이 실제적이고, 아동들의 직접적인 관심의 대상이 되는 문제 위주로 토의가 진행되며, 또 권위적인 성인들의 간섭을 일체 받지 않은 채 아동들 스스로 공동생활의 질서를 형성해 간다는 특징이 있다.

니일은 민주적 태도와 성향의 발달은 기존의 훈육중심의 도덕교육이나 사회교육을 통해서는 제한적일 수밖에 없다고 보며 서머힐의 자치에서와 같이 사회생활의 질서가 그 구성방식을 잘 알고 있다는 소수에 의해서가 아니라 사회생활을 하고 있는 당사자들에 의해 조절되고 구성되는 생활 경험을 통해서 비로소 가능하다고 이해한다. 즉, "어린이는 그의 본분을 지켜야 하며 타인의 권리를 존중하도록 배워야 한다. 그러나 이를 도덕적 설교나 체벌로가 아니라 경험으로 배워야 한다."(Neill, 1992b: 123) 따라서 서머힐의 자치의 궁극적 의도는 아동들로 하여금 생활 속에서 민주적 태도와 성향을 자연스럽게 내면화시킴으로써 진정한 민주시민이 되게 하는 것이다.

남녀공학 서머힐은 개교이래 80년 이상을 남녀공학 학교로 이어져왔다. 니일은 기존의 남녀분리학교(segregated school)는 남학생과 여학생들을 부자연스럽게 분리시킴으로써 명백한 오류를 범하고 있다고 이해한다. 즉, 남녀분리학교는 근본적으로 성을 두려워 하고 심지어는 성을 증오하는 부모와 교사들에 의해 만들어진 일종의 보호소이며, 이러한 남녀분리학교가 의도하는 유일한 목적이란 바로 성의 위험들을 제거하려는 것이다(Neill, 1945: 78-9).

니일은 성에 대한 사실적이고 자연스러운 태도 형성을 위해 요구되는 교육적 환경으로서 남녀공학 기숙학교(coeducational boarding school)를 필수 조건으로 강조한다. 학교가 남녀공학이 되어야 하는 이유는 세 가지 측면에서 제시되었다. 첫째는 학교가 생활의 장이라면 남녀가 함께 사는 생활세계를 학교에 그대로 반영해야 한다는 것이다. "학교는 남녀공학이 되어야 하는데 남녀가 공존하는 것이 삶이기 때문이다."(Neill, 1992a: 86) 둘째는 성에 대한 일체의 두려움도 이성들과의 자연스러운 생활 속에서 해소된다는 점이다. "서머힐의 남녀공학은 성에 대한 두려움과 죄의식을 확실히 제거시키거나 최소한도로 축소시킨다."(Neill, 1945: 85) 셋째는 정상적인 성적 발달을 위해서다. "성은 출구를 찾아야 하는데 공학을 하지 않는 학교에서는 유일한 출구가 자애적인 것이거나 동성애적인 것이 될 수밖에 없다. … 남녀공학이 가장 좋은 학교 형태다."(Neill, 1992c: 195) 여기서 니일이 제안하는 남녀공학 학교는 형식적인 차원이 아니라 실제 생활적인 성격을 가지며, 이러한 남녀공학 학교는 성교육의 소기 목적이 성취될 수 있는 일차적 조건이 된다고 할 수 있다.

남녀공학 기숙학교인 서머힐에서 어려서부터 성장한 아동들은 성인이 되어서도 성적 방종에 빠지지 않았으며, 니일에 의하면 이것은 성적인 억압으로 인한 부자연스러운 흥미를 서머힐의 아동들은 갖지 않기 때문이었다.

이상의 서술에서 확인되듯이 니일의 서머힐 학교는 학습과 성의 자유를 포함하여 생활습관을 스스로 결정할 자유에 이르기까지 포괄적인 자유를 아동들에게 허용하여, 아동들이 자율적으로 자신의 삶을 창조하고 스스로 발전할 수 있을 만큼 저마다 발전하게 하는 교육을 추구하고 실천함으로써, 1924년 개교이래 지금까지 현존하는 비권위주의 교육의 급진적이고 대표적인 실례가 되었다.

4. 신교육운동과 현대 영국교육

20세기 전체에 걸쳐서 영국의 교육제도는 완전히 변화되어 왔고 진보주의 교육의 철학이 폭넓게 퍼져 왔음은 의심할 여지가 없으며, 특히 초등교육에서 그러한 경향이 두드러졌다.

교수방법들, 커리큘럼, 학교 조직에서의 새로운 발전과 실험은 처음에 한두 지역의 사례로 여겨져 왔다. 많은 선구적인 사립학교들, 예를 들어 애보츠홈(Abbotsholme), 비데일즈(Bedales), 서머힐(Summerhill), 고던스토운(Gordonstoun), 그리고 이 밖의 다른 학교들은 20세기를 시작하면서 새로운 교육을 여러 방면에서 탐색하고 그에 따른 방법을 제공하였다. 그러한 모범적인 학교들은 시간이 지나면서 더욱 늘어나고 다양해졌다. 그리고 이러한 새로운 교육운동은 영국 교육법령의 개정과 발전에 영향을 주면서 서서히 공교육에도 변화를 가져오기 시작했다.

신교육협회(The New Education Fellowship)와 그 정기간행물인 『새시대』는 하나의 중요한 네트워크를 형성하는 데 기여하였다. 부분적으로 1944년 이후 새로운 교육을 지지하면서 교과별 교사단체, 부모들의 모임 그리고 교육혁신을 지지하는 특정 압력단체들의 성장이 있었다. 비록 그들 단체들이 '진보'가 되기 위한 자신들의 뚜렷한 목소리가 약했고, 그러한 활동 안에서 구성원들이 진보적 교육철학의 역사적 기원에 대한 인식의 부재라는 한계를 가지고 있었음에도 불구하고 1960년과 1970년대에 이르러 진보적인 교육철학은 급속도로 멀리 퍼져나갔다.

1) 신교육협회(NEF)의 영향

이미 전술하였듯이 영국의 신교육운동의 핵심적인 구성원들은 신교육협회의 설립을 주도하였고 신교육협회의 활동에 깊이 관여하였다. 따라서 진보적 교육사상의 발전과 성취와 관련된 다양한 계층의 사람들은 신교육협회를 중심으로 결합하였다. 협회 총회에는 세계 곳곳에서 교육학 이론가들과 신교육에 관심을 가지고 있는 교사들과 교장들, 그리고 학교와 지역 교육 공무원들의 참여가 있었다. 이러한 신교육협회의 활동은 교육사상의 패러다임적 전환의 근거를 마련하였다. 이 협회는 런던대학교의 교육학부와 밀접한 유대관계를 맺고 있었다. 퍼시 넌(Percy Nunn)은 1922년부터 1932년까지 영국 주간 기술 대학의 학장으로 근무했다. 1932년 이 대학은 런던대학교 교육학부가 되었고, 1936년 그가 은퇴할 때까지 소장직을 역임했다. 또한 그는 1926년 해도우(Hadow) 보고서에서 비롯된 소위원회의 구성원이기도 하였다. 그는 신교육협회에서 활발히 활동하였으며 협회 총회에 기여한 바가 컸다.

신교육협회, 교육연구소 그리고 자문위원회 사이의 관계는 수잔 아이삭스(Susan Isaacs)의 경우에서 명확해진다. 1930년대 중반부터 1948년 그녀가 죽기까지 아이삭스는 신교육협회에서 적극적으로 활동하였고 협회의 진보적 교육사상을 형성하고 퍼뜨리는 데 큰 역할을 하였다. 또한 수잔 아이삭스와 더불어 해롤드 러그(Harold Rugg), 아이삭 칸델(Isaac Kandal), 베아트리체 엔소어(Beatrice Ensor)와 윌리엄 보이드(William Boyd)가 협회의 탁월한 구성원들이었다(D. Turner, 1995: 336).

로이어스(J. Lauwerys)는 신교육협회와 런던대학교 교육학부 사이에서 또 다른 유대관계를 형성하였다. 그는 전쟁이 진행 중인 여러 해 동안 협회의 의장을 지내면서 교육학부에서 강연을 하면서 신교육사상을 심화시키고 전파하는 데 기여하였다(D. Turner, 1995: 337).

이와 같이 1920년대부터 런던대학교의 교육학부는 신교육협회와 폭넓게 교류하였다. 직접적으로는 교사의 양성을 통해서, 간접적으로는 교사를 지휘하는 행정가들에게 영향력을 행사하고 교육함으로써 교육학부는 학교교육에 대해 상당한 영향력을 행사할 수 있었다. 이러한 진보주의 교육철학의 전파는 교육부와 후에 교육부 장관에 의해 설립된 자문위원회가 편찬하는 보고서에 의해 더욱 촉진되었다. 해도우(Hadow), 스펜스(Spens), 노르우드(Norwood) 그리고 플라우덴(Plowden)의 보고서들은 진보적 교육철학의 영역을 명확히 보여 준다.

신교육운동의 국제적 연대는 교육을 공식적 정책의 영역으로 확장시켜 나갔다. 확실히 그 영향력은 공식 교육문서의 내용에서 유추해 볼 수 있으나 많은 공식적인 활동들은 지역 수준에서 개개인의 노력의 결과라고 보는 것이 타당하다. 교사들, 교장들 그리고 교육청 책임자들이 진보주의 교육의 적용에 필요한 지역적 기초(local base)를 발전시켜 나갔다.

2) 신교육운동과 공교육

영국에서 신교육운동이 교육법령의 발달에 상당한 영향을 끼쳤다는 것은 부인할 수 없는 사실이다. 물론 그 영향이 명백하게 드러나는 특정지역을 지적하기는 어렵다. 영국에서 교육의 실제는 결정적으로 국가적 법률제정 행위에 의해 성립되지는 않았기 때문이다. 의회의 활동은 교육의 기본구조를 준비하는 것이지만, 실제로 학교에서 일어나는 많은 일들은 지역수준이나, 심지어 개별적인 학교단위의 수준에서 결정되어 왔다. 이것은 신교육의 영향에 따라 다양한 메커니즘의 영역을 열 수 있는 길을 열어 주었으며 부분적으로 20세기를 거치면서 소수의 주요 교육활동들의 진보주의적 실체를 보여 준다. 여기서 보다 더 중요한 것은 여론의 동의를 바탕으로 학교가 무엇을 해야 하는가를 결정하는 문제라고 할 수 있다.

많은 정부기관들은 그런 여론을 만드는 데 관계를 맺어 왔다. 교육제도의 개혁은 진보주의 교육에 편입하여 1920년대에 발전되기 시작했다. 1920년대부터 확대일로에 있던 신교육협회(New Education Fellowship)는 진보주의 교육자들, 지방정부의 공무원들 그리고 중앙 정부의 정책 기획자들과 연계하는 네트워크의 핵심부를 형성하였다. 진보주의 사상의 두드러진 영향력은 정부 보고서에서 교육의 여러 변화된 측면들을 보여 준다. 그 영향력은 아마도 1967년 플라우덴(Plowden)보고서에서 가장 강력하게 드러나지만, 오늘날에도 여전히 남아 있다(D. Turner, 1995: 333).

또한 신교육이 공교육제도 안으로 전파되려면 교육개혁 사상은 지방교육관청에 속해 있는 교육행정가들과 교장의 지지를 필요로 해 왔다. 이러한 개인들의 영향으로 인해 공교육 제도 안에 신교육 철학의 장이 확보되었다. 이들 실험적 학교들은 부분적으로 그들의 모범사례와, 때때로 부분적으로 야기되는 논쟁을 통해서 진보주의적 교육사상이 더 멀리 보급되도록 했다. 일례로 스테드(H. G. Stead)는 진보주의 추세를 따라 지역 교육의 변화에 영향력을 행사할 수 있었던 더비셔(Derbyshire)의 초기 교육 공무원이었다. 그는 더 많은 융통성과 개방성, 그리고 시험에 얽매이지 않는 교육제도를 지지했다(D. Turner, 1995: 338).

주요 인물들을 통해 진보주의적 교육은 공교육 제도에 영향력을 끼칠 수 있었다. 이와 비슷한 영향력의 본보기는 후에 수십 년 동안에도 찾아볼 수 있다. 1960년 3월 영국 국가 의회는 이스링턴(Islington)에 종합학교를 열었다. 마이클 듀안(Michael Duane)을 학교장으로 한 그 학교가 바로 라이징힐(Risinghill) 학교였다. 듀안(Duane)의 업적 중 그가 신체적 체벌에 대해 동조하지 않았다는 것은 크게 논쟁거리가 되었다. 1965년 런던 국가 의회에 의해서 라이징힐학교는 폐교되었으나, 공립제도 안에서의 진보주의 교육의 윤곽을 드러내었고 민감한 논쟁을 불러일으켰다. 라이체스터셔(Leicestershire)에서 스튜어트 메이슨(Stewart Mason)은 교육 지도자였다. 그는 '라이체스터셔 실험과 계획'의 설립자이자 기획자로서 종합학교를 라이체스터셔에 소개하였다. 메이슨의 주된 관심사는 공간 활용을 어떻게 효과적으로 할 수 있는가 하는 데 있었다. 그는 학교의 공간형태를 개방적으로 변형하고자 했으나, 이것이 교과를 중심으로 시간 분배를 한 학교시간표와 맞물리는 문제가 발생하였고 이는 보다 융통성 있는 시간표 작성으로 이어졌다. 그의 교육적 관점은 자율학습에 대한 긍정적 태도, 융통성 그리고 학습자 중심을 아우르는 진보성을 띠고 있었다(D. Turner, 1995: 338-339).

이러한 인물들의 예에서 유추할 수 있듯이 새로운 학교들은 두 가지 측면에서 공교육에 영향을 주어왔다고 지적되었다(J. Henderson, 1978: 147). 우선, 공교육 내에서 다양한 견해를 가진 교육자들에게 하나의 살아 있는 교육모델이 됨으로써 그들 교육자들이 자신들의 목적에 적합한 요소들을 새 학교들로부터 취하여 공교육에 적용하도록 했다는 점이다. 이와 함께 젊은 교사들에게 새로운 학교에서 자신들의 아이디어를 실천해 볼 수 있는 기회를 제공함으로써 이후에 그들이 행정가로서, 혹은 다른 학교의 교사로서 보다 책임 있는 자리에 있을 때 학교교육에 변화를 가져오는 데 기여하도록 했다는 점이다.

3) 교육과정과 교수방법에 미친 영향

무엇보다 진보주의 교육은 그 교육의 틀을 만들어감에 있어서 심리학의 성과를 진지하게 수용했다. 수잔 아이삭스와 같은 교육 심리학자들은 어떻게 아이들이 학습하는가의 이해를 돕는 일을 시작했다. 아이들은 연령과 발달의 과정에 따라 발전하는데, 그것은 교육이 효과적이든 아니든 무시할 수 없는 부분이다. 교육은 아이의 필요와 발달 단계에 맞게 조절 되어야만 한다.

중등교육과 관련된 1926년의 해도우 보고서는 교육의 재조정을 장려하면서 중등교육이 모든 아이들에게 가능해야 함을 제안했다. 그것은 1944년 교육법령을 통해 소개된 교육의 삼원화체제(tripartite system)[16]가 형성될 수 있는 초석을 놓았다. 이는 세 가지 측면에서 진보주의적인 것으로 간주된다. 즉, 모두를 위해 개선된 교육을 주장했고, 적절한 교육에 필요한 심리학의 연구결과에 주의를 기울였다. 나아가서 발달 단계에 대한 주의와 필요성만이 아니라 각 개인의 발달에 따른 교육을 연결시켜야 한다는 것이다. 아울러 지지되어 온 교육의 내용은 대체로 진보적인 것이었다(D. Turner, 1995: 341).

자문위원회는 계속해서 윌리엄 해도우(William Hadow)를 의장으로 1931년 초등교육에 관한 보고서를 발표했다. 커리큘럼에 관한 진보주의의 관점—통합적이면서 흥미를 유발하는 것, 그리고 학습자 일상과의 관련성과 학습자 자신이 배움의 적극적 주체자가 되게 하는 것—은 위원회에 의해 전적으로 채택되었다.

학습자의 활동과 흥미와 학습자의 교육과정에의 참여, 그리고 학교의 경험과 '인류의 일반적 삶' 사이의 경계를 제거할 것을 강조하는 것은 듀이(J. Dewey)로부터 직접적으로 전해져 왔다. 교육이 미래를 위해서는 각 학년별로 정해진 커리큘럼 대신에 개인에게 맞는 교육과정을 제시하고 도울 수 있어야 하며, 우리가 꿈꾸는 교육은 교육이 수반하는 단계마다 일방적 지시로부터 커리큘럼을 해방하고 학습자가 학교에서 가지게 되는 경험을 강조하는 것이다. 이러한 특징들은 점점 영국 초등교육의 발전에서, 그리고 초등교사가 그들의 역할을 자각하는 방식과 관련하여 중요하게 여겨졌다.

그리고 '교육법령들'이 자체적으로 공포되었는데, 특히 1944년 교육법령, 1986년 교육법령, 그리고 1988년 교육개혁 법령이 대표적인 예들이 된다. 이들 법령에서 진보적인 교육철학의 요소들을 발견하기란 어렵지 않다. 일례로 1944년의 교육법은 우리가 오늘날 알고 있는 것처럼 영국과 웨일즈의 교육제도의 주요 특징을 기술했다. 그들은 5세부터 15세까지의 모든 아이들이 무상교육을 받을 수 있도록 하는 것을 의무로 하는 법조항을 만들었다. 그것은 개개인의 아이들 또는 그들의 부모를 위해 그들 각자의 필요에 따른 맞춤식 교육을 받을 수 있는 상당한 여지를 허용했는데, 일례로 종교적 신념으로 학교를 빠져야 할 경우를 교육법 조항에서 인정하고 있다. 학교 갈 나이가 되면 부모는 아이를 교육시킬 의무를 갖게 되고 그 부모들은 자녀의 나이, 능력과 적성에 따른 효율적인 교육을 정기적인 학교 출석이나 그 밖의 다른 방법을 통해 실천해야 한다(D. Turner, 1995: 344).

1950년대와 1960년대는 교육부 장관이 동의한 커리큘럼 프로젝트를 통해서 진보주의 교육사상이 공식적으로 승인되는 시기였다. 이 프로젝트들은 너피일드(Nuffield) 재단에서 지원하는 과학교육, 수학교과 과정의 개혁, 그리고 학교 이사회가 주도하는 교과과정과 같은 주요한 개혁을 포함하였다. 모든 과정에서 이러한 커리큘럼의 발전은 선구적인 학교들에 의한 개선과 새로이 시도해 온 교과과정 혁신이 담고 있는 합리성을 포함했다.

초등교육의 계속적인 발전은 영국 초등교육의 진보성의 높은 수위를 보여 주는 플라우덴 보고서를 통해 공식적으로 확인되었다. 1967년의 플라우덴의 보고서는 지나간 추세들에 대한 비평에서, 그리고 미래를 위한 제안이라는 관점에서 진보주의 선상에 섰고, 또 공교육 제도 안에서 진보주의의 물결을 보여 주었다. 특히 초등교육에서의 커리큘럼은 전통적인 학문적 교과뿐만 아니라 보다 넓은 영역의 과목들에 가치를 두고 학습자 중심으로 전환되었다. 이 확대된 커리큘럼, 즉 지식뿐만 아니라 학습자의 예술적이고 도덕적인 그리고 감성적인 측면의 발전은 교과목 사이의 인위적 경계를 무너뜨리면서 가능한 한 멀리 전파되었다. 교수방법들은 활동에 기초하여 모듬별 학습활동과 학습의 흥미를 이끌어 내는 것이 중요했다(D. Turner, 1995: 340).

실제로 1988년 교육개혁법에 의해 국가수준의 커리큘럼이 도입될 때까지 이러한 진보적 교육은 계속되었다. 교육개혁법을 이끌어 온 논쟁과 토론 안에서 확실하게 초등교육의 목표가 최소기준의 지식을 전달하는 커리큘럼의 계획에 대한 문제가 일차적인 것이 아니라는 가정은 확실시되었다. 플라우덴 보고서를 통해서 진보주의 교육은 커리큘럼 개혁과 관련하여 그 영향력이 미칠 수 있는 한 아주 멀리까지 퍼져 나갔다.

5. 결론

1920년부터 1990년까지의 기간 동안 많은 진보주의적 교육철학은 영국 학교에서 받아들여진 실제 그들의 사례에서 찾아볼 수 있다. 이러한 생각들이 유입되어 온 정확한 길을 추적해 보는 것은 용이하지는 않지만, 교육철학의 자취는 마치 소설의 주제가 바닥에서부터 비롯되는 것과 같이 학교나 지역기관 수준에서 서서히 국가 수준으로까지 퍼져 왔다.

진보주의적 교육철학은 교육관련 공식적 문서와 다양한 교육법령의 제정, 그리고 확인 가능한 진보적 교육운동에 내재하고 있었다. 비록 직접적으로 지식인들 간의 교류가 있었을지라도 영국에서의 신교육은 미국의 진보주의 교육과 일치하지 않았다. 곧 영국에서는 국제적인 이해와 평화에 대한 교육이 더욱 강조되었다. 이러한 차이는 진보주의 교육철학이 단일의 공통된 개념 체계를 가지고 있지 않으며, 하나의 뿌리에서 파생된 여러 교육철학적 견해를 아우르는 이론의 성격을 가지고 있음을 보여 주는 측면이기도 하다. 즉, 거기에는 무엇이 중요한 것인가에 대한 여러 다른 관점들이 있었고, 어떤 의미에서 분열과 불일치가 있었으며, 이로 인해 '진보적 철학'에 대한 명백한 개념규정은 사실상 어려운 일이다. 또 영국에 듀이와 같은 저명하고 뛰어난 신교육의 전문가가 없다는 사실은 이러한 철학적 이론화의 작업상황을 더욱 어렵게 했다고도 할 수 있다(D. Turner, 1995: 335). 그럼에도 새로운 교육적 사고의 선상에서 폭넓게 연관된 철학적 집합의 결과라고 할 수 있는 여러 과목들의 영역 통합에 기초한 학습자중심 교육과 경험중심 교육, 그리고 지역사회의 경제적 · 사회적 환경과 연동하는 학교들에 대한 강조가 있었다는 점에서, 영국 신교육운동의 실천의 폭과 깊이를 확인할 수 있다.

또한 영국에서의 진보적 교육사상의 발전은 앞서 살펴보았듯이 일률적이고 보편적으로 이루어지지 않았다. 시기에 따라서 어떤 영역이 먼저 발달하기도 하고 상대적으로 다른 영역은 뒤처져서 발달하기도 했다. 1920년대부터 1967년까지 진보적 사상은 커리큘럼에서, 특히 초등학교의 교수법과 커리큘럼에서 가장 뚜렷하게 확인되었으며, 1975년부터는 정부의 반진보적인 발언에도 불구하고 학교 운영과 학부모의 선택과 관련하여 진보적 사상의 실천을 확인할 수 있다(D. Turner, 1995: 347).

결국 20세기 영국의 교육시스템 안에서 신교육운동이 표방하고 있는 진보적 교육사상은 영국의 교육발전에 지대한 영향을 주면서 커다란 기여를 해 온 것은 부인할 수 없는 사실이다. 또한 이러한 영국의 신교육운동은 교육개혁운동과 관련하여 우리에게 다음과 같은 시사점을 준다.

첫째, 선구적인 학교들인 애보츠홈이나 비데일즈 학교의 예에서 보았듯이 교육개혁은 전통과의 단절을 통해서 성취되는 것이 아니라 전통의 창조적 계승 속에서 획득되는 것이라는 점이다. 애보츠홈이나 비데일즈 학교는 이미 오랜 기간 존속해 온 전통적인 사립 기숙학교들인 퍼블릭 스쿨(public school)의 장점을 수용하면서 그 한계를 크게 보완함으로써, 어떤 의미에서는 퍼블릭 스쿨이 명목상으로만 추구해 온 다면적으로 발달된 인격형성 교육을 실제적으로 완성했다고도 할 수 있다. 이는 과거와의 단절만이 개혁의 전제로 경도되기도 하는 우리의 일부 교육개혁 움직임에 대해 재고하게 한다.

둘째, 교육개혁운동은 교육 자체에 대한 순수한 열의와 신념, 인간에 대한 신뢰 속에서만 장기간에 걸쳐 온전히 진행될 수 있으며, 그 결과 국가교육 전체의 변화로까지 이어질 수 있다는 점이다. 이미 살펴보았듯이 신교육운동의 절정기는 제1차세계대전 이후인 1920년대였다. 이 시기에 국가단위의 교육은 전쟁으로 인해 위축되었음에도 불구하고 오히려 민간부문에서 인간에 대한 신뢰와 교육에의 순수한 열정과 신념을 가진 신교육운동가들에 의해서 미래 교육과 사회의 희망이 가능하게 되었고, 이때 뿌려진 씨앗들이 교육법령의 발전적 변화와 공교육의 교육과정 개선 내지는 개혁의 결과들을 가져왔다고 할 수 있다. 이는 교육개혁에 대한 관심이 교육 외적인 요인에 의해서 오히려 비교육학적으로 이끌어질 때 개혁운동으로서의 생명성을 상실할 수 있음을 되새기게 한다.

셋째, 교육개혁운동은 민간 부문과 공교육 부문의 대화적 관계에서만 거시적이고 종합적인 성과를 거둘 수 있다는 점이다. 영국 신교육운동과 공교육과의 관계에서 유추할 수 있듯이 민간 사립 부문과 공교육 부문은 상호 대립적인 관계가 아니라 상호 우호적이고 대화적인 관계였다. 비록 공교육은 그 구조적인 한계로 인해 변화가 더딜 수밖에 없음에도 민간 부문의 신교육 움직임에 관심을 갖고 그들의 소리에 귀를 기울였으며, 주어진 상황 속에서 개선의 노력을 하려고 했다. 또 민간 신교육운동측에서도 정부측과 계속 대화하면서 제도적 여건의 성숙을 위해 노력하고 인내했다. 이러한 상호적인 대화의 결과가 오늘날 영국교육을 이루어냈다고 할 수 있으며, 이는 민간 부문의 교육개혁집단과 공교육 주체 사이에 아직 대화적인 관계에 도달하지 못하고 일방적인 측면을 보여 주고 있는 우리의 현실에 대해 시사하는 바가 크다고 할 수 있다.

끝으로 신교육운동에 대한 비판의 시각에 관한 논의도 필요하다. 일례로서, 신교육운동이 사회개혁과 갖는 관련성에 대해서 논할 때 그 결과는 그리 만족스럽지 않다는 지적이 있어 왔다. 특히 대부분의 영국의 교육개혁가들이 교육의 사회적 차원을 거의 무시했으며 아동들을 전원 속의 기숙학교에 집어넣고 억압적인 사회로부터 아동들을 격리시켜서 모든 성인들의 왜곡된 지도를 가능한 한 최대로 제거하는 데 주력했다는 것이다. 그리고 아동의 유치한 충동을 억제할 때 문화적으로 성장한다는 명제도 이들 개혁가들이 내세운 명제인 아동이 충분히 놀 수 있을 때 문화적으로 성장할 수 있다는 것만큼이나 타당한 것이므로 공학적이고 행동과학적인 접근이 필요하다는 것이다(R. Skidelski, 1969: 250-251). 따라서 아동의 삶을 올바로 이끌어갈 성인의 권위도 필요하며, 적절한 주지교육도 아동들에게 제공되어야 한다. 또한 더욱 개선된 교육환경의 제공을 위해서는 재정 확대가 불가피한바, 이를 위해서는 규모의 경제를 실현하기 위해 학교의 규모가 커져야 한다고까지 지적한다(R. Skidelski, 1969: 254-255). 이러한 지적들은 대부분 학교교육에 대한 기능론적 관점에서 행해지는 비판들이며, 신교육운동이 기초하고 있고 또 지향하는 목적과 이를 위해 실천된 교육의 과정과 그 결과를 면밀히 검토한다면 재고되어야 할 비판이라고 할 수 있다. 오히려 신교육운동이 교육과 사회에 미친 영향은 앞서 서술했듯이 단기간에 가시적인 결과로서 확인되는 것이 아니라 서서히 오랜 시간에 걸쳐 여타의 사립학교들과 나아가서 공교육에까지 점진적인 변화를 유도했다는 긴 역사적인 과정에서 다시 평가해야 할 것이다. 또한 설립 초기에는 실험적인 성격을 가지고 출발했던 많은 진보적인 새 학교들이 시간이 지나면서 실험의 단계가 아니라 아동관에 있어서, 또 개인과 사회와의 관계에 대해서, 또 좋은 사회에 대해서 명확한 관점을 가진 특성화된 학교로서 한 사회에 자리매김 되었다면, 그 숫자들이 비록 공교육의 학교들에 비해 상대적으로 매우 적다고 하더라도, 이는 한계로서 간주될 것이 아니라 기존의 교육체제 안에서 학생과 학부모에게 보다 넓은 교육선택의 폭을 허용한다는 점에서 지극히 고무적인 것이며, 이는 이러한 새로운 학교들이 앞으로도 계속 설립되어야 한다는 것을 보여 준다.

미 주

1) 개정된 법령은 학교에 대한 정부의 재정지원조건을 다음과 같이 규정했다. 첫째는 일 년에 일정한 출석 일수를 채운 학생들을 대상으로 기본적 지원이 이루어지며, 두 번째는 출석 일수를 채운 학생들이 3R's시험에 통과할 경우 추가지원금을 주도록 했다(D. Wardle, 1976: 68).

2) 이러한 사실은 영국의 신교육이 독창적인 것이 아니라는 사실을 보여 주지만 그러함에도 철저히 모방적이지도 않았다. 영국인들은 자신들의 필요에 맞추어 외래의 이론들과 방법들을 응용하고 적용시켰다는 점이다. 일례로 Fröbel의 사상을 수용하면서 그 이론의 형이상학적인 측면은 배제하고 실제적인 면만을 수용한 경우를 들 수 있다(R. Selleck, 1968: 334).

3) 그러나 몬테소리의 사상이 영국 내에서 언제나 지지된 것은 아니었다. 4가지 종류의 반대가 있었는데, ① 교사나 부모들의 권위행사를 포기하라는 메시지가 담긴 몬테소리사상 체계에 대한 철저한 거부, ② 교수체계의 정밀성을 위해 아동의 개별적인 상상력이 억제되고, 교구에 의해 짜인 수업의 옹호는 교실수업을 불신하고 있다는 비판, ③ 아동의 환경이라는 것은 사물과 사람 모두를 포함하며 아동은 그의 적절한 환경 속에서 자유롭게 성장할 수 있어야 한다는 비판, ④ 몬테소리는 아동을 진정으로 자유롭게 놓아두는 것이 아니라 교묘하게 통제하고 주조하고 있다는 비판이 그 요지다(W. A. Stewart, 1972: 218-20; W. McCallister, 1931: 430).

4) 이런 맥락에서 St. Christopher School에서는 고기가 들어 있지 않은 식사가 제공되었다고 이 학교의 교직원이었던 L. Pekin은 보고하고 있다(W. Stewart, 1972: 197).

5) 영국에서 '새로운 학교(New School)'의 설립자는 몇몇의 중요한 전통들을 파괴했다기 보다는, 그것을 토대로 했다. 예를 들어, 퀘이커 단체인 Society of Friends에 의해 설립된 학교들은 '새로운 학교(New School)'로서 영국에 알려질 수 있었던 학교들의 선구자라고도 할 수 있다. Cecil Reddie가 1889년에 그의 새로운 학교(New School), Abbotsholme을 열기 전에 퀘이커 교도들은 Sidcot(1808), Saffron Walden (1811), Wigton(1815), bootham(1823), The Mount(1831), Great Ayton(1841)과 Sidford(1841)를 세웠다. 퀘이커 학교들은 또한 고전 언어들을 받아들였지만 그들의 언어적이고 문학적인 가치를 위해서가 아니라 아이들의 필요에 관련된 점에서 고전 언어들을 다루고 많은 다른 것들 사이에서 하나의 주제로서 간주했다. 영어는 커리큘럼과 상당한 주목을 받았던 현대 외국어들의 핵심에 있었다. 자연과학은 일반적으로 조심스럽게 받아들여졌다.

19세기 말 무렵 여러 Friends학교들은 남녀공학의 형태로 나아가고 있었다. 실제로 남녀공학은 진보적인 교육운동 내에서 그것들이 위치한 퀘이커 학교들의 특징이었다. 19세기에 세워진 퀘이커 학교들 중, 1910년까지 다섯 개의 학교가 남녀공학이 되었다. 비록 교육의 보수적인 우파에 속해 있을지라도 교육에 있어서 급진적인 전통의 한 부분으로서 이해될 수 있다(H. Brian, 1972: 53-54).

6) 개교하기 전 발표된 애보츠홈의 구상은 'The New School'로 불렸고, New Life에서 발간한 잡지 'The Sower'의 1889년 7월호에서 'A Fellowship School'로 지칭되었다(W. Stewart, 1972: 145).

7) 레디는 새로운 교육을 위해서는 신중하게 설계된 건물과 니커보커 옷과 일반모자도 베레모도 아닌 독특하게 디자인 된 모자로 세팅된 특별히 만들어진 소년교복을 고안해 냈다. 이것은 그 시대에 진행된 교복 개혁운동의 한 단면이라 할 수 있다(Abbotsholme, 1989: 19; W. Stewart, 1968: 11).

8) 1900년 7월 새로운 학교건물들이 신축되었을 때 학생 수는 61명에 이르렀으며 이 숫자는 레디가 교장으로 재직 시 가장 많은 학생 수였다(Abbotsholme, 1989: 14).

9) 영국의 경우, 배들리가 대표적인 인물로서, 그는 애보츠홈에서 3년간 교사로서 재직한 후 애보츠홈보다 더욱 널리 수용된 새학교의 모델인 비데일즈(Bedales) 학교를 설립하였으며, 프랑스의 경우, 드몰랭(E. Demolins)도 애보츠홈의 영향을 받은 Ecole de Roches를 설립하였다. 또한 독일의 경우에는 리이츠(H. Lietz)가 애보츠홈에서 1년간 교사로 재직한 후 독일로 돌아가 독일 개혁교육운동의 선구적 학교인 '전원기숙사학교(Landerziungsheime Schools)'를 설립하였으며, 이후 애보츠홈의 영향을 직 · 간접적으로 받은 여러 새학교들이 설립됨으로써 독일은 다른 나라보다도 레디의 사상과 실천의 씨앗이 가장 많이 뿌려지고 개화된 나라라고 할 수 있다.

10) 배들리가 래디와 애보츠홈을 인정했음에도 불구하고 래디는 1893년 비데일즈의 창립을 배신적 행위로 여겼다. 이 두 사람은 그 후 거의 30년이 지난 다음 딱 한 번, 두 사람이 모두 연설하는 회의에서 만났다. 배들리는 그때 레디가 인격이 원만하고 친절하며 예의

바르다 하였다. 1939년 애보츠홈의 창립 50주년을 맞아 배들리는 애보츠홈에 돌아와 Jubilee volume을 집필한다(W. Stewart, 1968: 278).

11) 배들리와 레디는 각각 법률상으로 그들 학교의 소유주였고, 레디는 37년 동안, 배들리는 아내와 두 누나들과의 결합 이후에 40년을 학교에서 생활하게 된다. 애보츠홈은 1927년에 문을 닫게 되는 위협을 겪게 되는데(68세의 래디와 두 명의 제자만이 남게 됨), 그는 동창회에 학교 운영권을 넘겨줌으로써 학교를 구할 수 있었다. 배들리는 1935년(그의 나이 70세)에 은퇴를 결정했다. 그 당시 학교의 학생들이 150명에 다다랐다.

12) W. Stewart는 이와 관련, 세 가지 이유를 제시하고 있다. 첫째는 신교육운동의 선구적 학교들인 애보츠홈, 킹알프레드 학교들이 새로운 학교의 확대에 적극적으로 지원하지 않았다는 점이다. 선구적인 학교들은 그 학교들 설립에 한정되었다. 둘째, 1890년경부터 1910년경 사이에 국가교육체제가 계획되고 또 실행되기 시작하고 있었다는 점이다. 이는 교육적인 의지를 가진 많은 사람들의 힘을 국가단위 교육에 집중하게 하였으며, 결과적으로 민간 차원에서 활발한 신교육운동은 전개되지 못했다. 셋째, 1900년경부터 활발해지기 시작한 노동운동은 중산층 자녀들이 다니는 새로운 학교의 확산을 더욱 어렵게 했다. 즉, 새로운 학교들은 재정적으로나 지성적인 측면 모두에서 노동계층 자녀들이 입학하기에는 부적절했으며, 1902년 밸포어 법령(Balfour Act) 이후 공립 초등학교들은 선구적인 새학교들의 교육원리와 실천을 수용할 경험도, 의욕도, 확신도 가지고 있지 않았다(W. A. Stewart, 1972: 173-174).

13) 니일의 서머힐 학교에 대해서는 다음 절에서 보다 상세히 소개할 것이다.

14) 1911년에 에드몬드 홈즈는 이탈리아로 가서 직접 몬테소리를 방문했으며, 그녀의 저서 『몬테소리 방법』 영역판의 서두 부분에 그녀의 업적에 대한 열정적인 소개를 쓰기도 했다(R. Selleck, 1972: 28).

15) 수업출석의 자유는 니일이 전통적 학교들뿐만 아니라 진보적 학교들과도 구별되게 하는 요점이다. 니일은 전통적인 교육이 견지하는 수업출석의 의무 근거, 즉 '학생들이 그들의 사회에서 생존하기 위해 필수적으로 알아야만 하는 것들이 있으며 그들은 사회공동체의 일원이 되고 나아가서 올바른 개별적인 선택을 학습할 필요가 있다.'(R. Chamberlin, 1989: 106-107)는 강제적인 수업출석의 합리화 근거를 거부하며, 동시에 진보적 교육가들이 발견학습 및 탐구학습 등의 교수법을 통해 지식을 교묘히 주입시키고 있다고 비판했다(Hemmings, 1972: 92). 달링(J. Darling)은 수업출석의무에 대한 니일의 이러한 비판적 태도로 인해 니일을 급진적 교육가의 대표로 분류하고 있다(Darling, 1978: 159).

16) 중등학교를 11+(eleven plus)라고 불리는 시험(초등교육을 마치는 11세에 치르는 시험)을 통해 선발된 학생들이 입학하는 인문중등학교(Grammar school), 일반 교양교육을 실시하는 보통 중등학교(Secondary modern school), 일반교육을 실시하되 기술과목에 보다 큰 비중을 두는 기술학교(Technical school)의 세 가지 학교체제를 통해 서로 다른

능력의 학생들에게 서로 다른 성격의 교육을 실시하는 영국식 중등교육체제이다. 그러나 이러한 능력에 따른 조기분리제도가 갖는 한계에 대한 비판으로 인해 1965년부터 종합중등학교(Comprehensive school)를 본격적으로 확대하여 오늘날에는 영국 전체 중등학생의 거의 90%가 종합중등학교에서 교육을 받고 있다(구자억 외, 2003: 208-9).

3장

미국의 진보주의 교육운동

1. 서론

19세기 말 20세기 초 서구사회에서 전개된 교육개혁 움직임은 교육적 대안을 모색하는 이들을 위한 귀중한 지혜의 보고이다. 영미권과 유럽대륙 거의 전 지역에 걸쳐 나타난 이른바 신교육운동은 당대의 학교교육 문제를 비판적으로 반성하고 대안을 모색함으로써 이론적으로나 실천적으로 상당한 의미를 갖는 선례를 남겨 주었다. 그 가운데 이 장에서 살펴보려는 것은 미국의 진보주의 교육운동이다. 미국의 교육개혁운동의 흐름을 개괄하면서, 베루브(Maurice. R. Berube)는 "진보주의 교육은 19세기 말 20세기 초에 형성된 것이지만 그 태동 이래 20세기 전체에 걸쳐 미국의 교육과 사회의 틀을 변형시켜 온 가장 영향력 있는 철학"이라고 단언한다(Berube, 1994: 13). 그 이후 1960년대에 나타난 평등성의 이념에 입각한 교육개혁운동이나 수월성의 가치를 추구한 1980년대의 교육개혁운동과 비교해 보더라도, 진보주의 교육운동은 미국에서 최초이자 가장 광범위하게 전개된 교육개혁운동으로 평가되고 있다.

먼저 '진보'라는 말은 다양한 의미를 포괄하는데, 일차적으로 '보수'의 반대 의미로서 기존의 틀 지어진 고정된 형식을 넘어서 가려는 변화지향성을 뜻한다. '진보적'이라 함은 보다 완전한 상태로의 변화 가능성을 신뢰하며 사회의 모순을 점진적으로 해결해 가려는 사고방식을 일컫는다. 따라서 진보주의는 과거로부터 유증된 전통적 규범과 제도를 유지하려는 입장에 비해 개혁적인 반면, 급진적 · 혁명적 수준의 변화를 추구하는 입장에 비해서는 온건한 성격을 갖는다. 이러한 진보적인 사회 개혁 시도는 어느 시대 어느 사회에나 있지만, 미국에서는 급속하게 산업화가 진행된 후인 1890년대부터 약 50년간 활발하게 나타났다. 역사가들은 이 시기를 '진보주의 시대(The Progressive Era)'로 구분한다.

미국의 산업혁명은 19세기 초에 시작되었고, 19세기 중엽 이후 본격적으로 전기를 이용한 대규모 공장 체제가 자리 잡으면서 도시화가 진행되었다. 이때부터 기계화 · 도시화로 인한 열악한 환경, 빈곤, 계층적 대립, 이민 증가에 따른 문화적 갈등 등 사회 문제가 심화되었으며, 다양한 부문에서 개혁적 시도들이 전개되었다. 즉, 정치적 부패 척결과 사회 불평등 해소를 통한 복지국가건설운동, 산업 부문에서 기업가와 노동자 모두에 의한 직업 훈련 요구, 도시의 지역사회 정화와 이주민 적응을 위한 사회교육 실천, 급진적 농업주의에 대비되는 온건한 자유주의적 대안 모색, 대학의 철학, 심리학, 사회과학 영역에서 형식주의를 혁신하려는 시도 등이 이 시기 진보적 개혁운동의 일부를 구성한다. 또한 사회 변혁적 운동과 사회적 효율성 추구와 같이 그 이념적 지향에서 볼 때 서로 대립되는 시도들이 공존하였다. 예컨대, 교육에서 듀이 사상을 중심으로 한 진보적 실천에서부터 테일러(Frederick W. Taylor)에 의한 공장 경영의 과학적 운영 체제까지도 모두 진보주의운동에 포함되었다. 한마디로 미국에서 '진보주의운동'이란 산업화이래 급속하게 진행된 사회 변동으로 심화된 문제 해결을 위해 교육뿐 아니라 정치, 산업, 사회복지, 언론, 교회, 대학 등에서 다양하게 전개된 개혁적 시도들을 포괄적으로 일컫는 말이다(De Witt, 1968; Cremin, 1961). 미국의 진보주의 교육운동은 이러한 사회 전반적인 개혁 움직임의 큰 틀 속에서 형성되었다.

교육사가들은 대체로 남북전쟁이 끝나고 10년 후 정도를 진보주의 교육운동의 태동기로 본다. 전통교육의 대안을 모색하는 실천적 시도들이 이 시기부터 본격화되었고, 세기적 전환기에 듀이(J. Dewey)의 교육철학에서 사상적 토대를 확보하면서 교육 부문을 넘어 지성계의 폭넓은 지지를 얻으며 이념적 · 실천적 성숙기에 접어든다. 그 이후 1914년 제1차세계대전이 일어나기 이전까지 10여 년간 정치적으로도 추진 동력을 얻게 되고, 1919년 진보주의 교육협회가 결성되면서 교육전문가들의 조직적인 체제가 형성되었다. 그러나 1920년대 · 1930년대 동안 계속적인 확산의 과정을 거치면서 매우 다양한 유형과 이념적 성향으로 분산되어 내적인 정체성의 갈등을 겪는다. 특히 진보주의 교육운동 생성 초기의 민주적 교육 이념은 퇴색되고 역설적이게도 사립학교 중심으로 중산층의 이해에 부응하는 교육 형식으로 변형되는 사례들이 늘었고, 그런 가운데 경제공황과 제2차세계대전이라는 교육 외적인 영향에 의해 서서히 그 세력을 잃어갔다. 결국 소련의 스푸트니크 발사로 미국 내에 보수 진영이 패권을 장악하게 되면서 1955년 진보주의 교육협회의 해체와 1957년 『진보교육(Progressive Education)』 학술지 폐간으로 이어지며 역사의 뒤안길로 사라져 갔다.

이상에서 개괄하여 본 바와 같이 미국의 진보주의 교육운동은 19세기 말부터 20세기 전반기에 걸쳐 다원적이고 복합적인 성격을 띠며 여러 가지 형태로 전개되었다. 따라서 진보주의 교육의 의미와 특성은 한 가지로 규정하기 쉽지 않으며, 그에 대한 다양한 해석과 엇갈리는 비판과 지지를 낳으면서 미국 교육사에서 지속적인 탐구 주제가 되고 있다.[1)] 미국의 진보주의 교육운동은 어떤 대안적 혁신을 시도한 것이고, 동시대적으로 전개된 서구 신교육운동의 큰 흐름에 비추어 미국적인 현실을 반영한 특징적 면모는 무엇일까? 또한 20세기 전반기에 걸쳐 지속적으로 확대되었고 현재까지도 많은 교육의 이론가와 실천가들에게 영감을 줄 수 있었던 진정한 진보적 교육의 이상(理想)은 무엇일까? 여기서는 이러한 물음들을 염두에 두고, 먼저 미국의 진보주의 교육운동이 형성되었던 시대 · 사회적 배경을 고찰한 후에, 그 구체적인 전개 양상을 이해하기 위하여 듀이의 철학과 교육론을 중심으로 그 이론적 토대와 듀이가 설립한 시카고대학 실험학교 등 선구적인 진보적 학교 사례를 중심으로 그 실천적 특징을 살펴보겠다. 마지막으로 그 확산과 쇠퇴의 과정을 개괄하면서 진보주의 교육운동의 현재적 의미와 가능성을 논의할 것이다.

2. 시대적 · 사회적 배경

진보주의 교육운동이 태동하게 되는 19세기 말 미국의 거의 전 지역의 학교교육 현실은 학생, 교사, 교실 환경, 재정적 측면에서 극심한 문제상황에 처해 있었다. 수업에서는 학생들의 삶의 필요와 무관하게 추상적인 내용을 단순 암기식으로 가르치는 방식이 지배적이었다. 지방의 학교들은 학년 구분도 없고 잘 훈련된 교사도 없이 쇠락의 길을 걷고 있었고, 도시에서는 인구가 급증하면서 교사 1인당 60명 학생 수준의 교실도 거의 요원한 목표로 보일 만큼 학교 환경이 열악해져 갔다. 교육 재정적 어려움이 가중되면서 지역 정치가들은 소득원 찾기에 급급하여 교사직분이나 행정직을 사고팔았고, 교과서 채택이나 학교 운영과 관련된 모든 부문에서 정치적 입김이 작용하는 식으로 부패가 심화되었다. 일찍 학교를 떠나는 학생 비율이 급격히 증가하였고, 청소년들은 비숙련 노동 인력으로 값싼 노동력을 팔며 불안정한 단순생산직 일터를 떠돌았다(Troen, 1976).

당시 교육현실 문제가 공론화된 데에는 독일 예나 대학에서 유학하고 돌아와 교육의 과학화를 향한 신념에 가득 찼던 라이스(Joseph M. Rice)가 포럼(The Forum)지에 기고한 연재기사의 영향이 컸다(Cremin, 1961). 라이스는 1892년 1월부터 6개월간 36개 도시 학교를 두루 다니며 조사하였다. 그 결과를 바탕으로 정치적 개입과 부패로 황폐화한 학교, 지식과 자질이 갖추어지지 않은 교사들, 학교 운영에 있어 경직되고 권위적인 교장, 교육청 장학 체제의 비효율성 등 거의 대부분 지역에서 나타나는 교육현실 문제에 대해 선동적 언어로 발표한다. 또한 이와는 대조적으로 당시 전 세계적으로 유명해진 파커(Francis Parker)의 학교처럼 매우 드물게 나타나는 좋은 사례들을 제시하였다. 빈곤층을 배려하는 열정 어린 진보적 교사들, 기초 기능과 지식과 예술적 활동 등의 통합적 구성, 학교 공동체의 협동적 운용에 의한 전인적 교육 등이 소개되었다. 이로써 학교교육 개혁의 절실한 필요뿐 아니라 진보적인 교육개혁을 시도하는 선구적인 학교에 대한 관심과 긍정적 여론을 형성하는 계기가 되었다. 이와 같은 교육 내적인 문제 상황뿐 아니라 실제로 당시 미국에서 진보주의 교육운동이 생성되고 확산된 데에는 다양한 시대사회적 영향 요인들이 작용하였다. 여기서는 기존의 전통적 학교교육을 비판하며 진보적 개혁을 추동한 다양한 힘들 가운데 경제-산업적, 과학-학문적, 사회-문화적 요인들을 중심으로 살펴볼 것이다.

1) 경제-산업적 변동

현재 우리는 지식정보사회로의 산업적 변동에 직면하여 학교교육이 지식을 생성할 수 있는 창의적인 인력을 키울 수 있도록 변화되어야 한다는 요구를 빈번히 접한다. 이와 유사하게 산업화가 본격화된 19세기 말 미국에서는 형식화된 교양교과 중심의 전통적인 교육이 실제 삶에 필요한 기술인력 양성에 실패하고 있다는 비판의 소리가 높았다. 특히 중등학교 입학비율이 갈수록 낮아지면서 소수를 위한 대학준비 위주의 교육과 산업사회의 실제적 요구와의 괴리를 심각한 문제로 인식하게 되었다.

당시 노동 시장에서는 급속하게 진행된 산업화로 인해 고도로 기계화된 공장 체제에서 일할 숙련된 노동 인력 요구가 증가하였다. 반면에 전통적인 도제식 훈련 체제는 쇠퇴해 감으로써 기술교육의 요구가 학교로 옮아가게 된다. 이러한 변화는 1876년 필라델피아에서 개최된 엑스포를 통해 과학기술의 힘과 그를 위한 학교교육의 중요성을 실감하게 되면서부터 본격화되었다. 전시된 사례 가운데 특히 작업장(construction shop)과 교육장(instruction shop)을 통하여 이루어낸 러시아 기술교육 체제는 정신적 훈련과 수공기능 훈련의 분리를 해소할 수 있는 새로운 가능성을 보여 주었고, 산업적 요구를 대변하는 사람들의 관심을 모았다. 한편 농촌 지역에서는 사람들이 점차 도시로 이주해 감에 따라 농업 기반이 부실해지는 현실 문제에 직면한다. 따라서 농업 기반 지역에서는 대학에서뿐 아니라 초중등학교 수준에서도 농업교육을 실시하여 '보다 지성적이고 진보적인 농부들'을 기르기 위한 교육을 요구하게 되었다. 농업교육을 통해 농업이 합리적 · 과학적 토대를 얻으며 진보되고 학생들은 농촌의 일과 삶에 대한 흥미가 일깨워져 그들의 미래 삶에 대한 전망을 가질 수 있게 되기를 기대하였던 것이다. 이와 같이 도시와 농촌에서의 산업적 관심을 반영하는 교육적 요구는 각기 달랐지만, 학교에서 실업교육이 확대되어야 한다는 입장에서는 한가지였다.

반면에 해리스(W. Harris)와 같이 인류의 축적된 지혜를 전승하는 학교의 고유한 기능을 강조하는 입장에서는 수공훈련 등의 기술교육을 공교육체제 전반에 걸쳐 도입하는 것에 반대하였다. 이렇게 교양교육의 강조와 실업교육의 확대를 주장하는 양 입장 사이의 격렬한 논쟁은 1880년대에 걸쳐 지속되었다. 그러나 대세는 이미 실업교육을 확대 도입하는 방향이었고 학교교육이 산업적 요구에 종속되어서는 안 된다는 주장은 점차 진부한 것이 되어, 1910년경에는 실업교육을 학교가 제공해야 하느냐의 여부는 더 이상 쟁점이 되지 않았고 어떻게 할 것인가가 문제였다. 마침내 산업교육 증진 국립협회(National Society for the Promotion of Industrial Education)와 같은 조직을 통해 교육자, 기업인, 노조 등이 공조하여 공립학교 교육과정에 실업교과과정을 포함시키게 되었다. 1917년에는 처음으로 상업, 공업, 농업, 가정기술 등의 교과를 가르치는 교사와 감독의 임금과 그러한 교사훈련을 위해 연방정부의 재원을 할당하는 법안(Smith-Hughes Act)이 통과되기에 이른다.

이와 같이 미국에서 진보주의 교육운동의 등장과 확산의 배경에는 산업화 이래 경제적 관심을 반영한 학교교육 개혁 요구가 강력하게 작용하고 있었다. 따라서 형식화된 전통적 교과교육을 비판하며 전개된 진보주의 교육운동은 직업 훈련과 같이 실제적 삶의 필요에 부응하는 프로그램을 도입하는 교육과정 개혁과 동일시되기도 했다. 트뢴(Troen, 1976)과 같이 경제 결정론적 시각에서는 실업교육의 확대로 나타난 진보주의 교육운동의 추진력이 당시 기술사회를 위한 노동인력 양성의 요구였다고 해석한다. 반면에 진보주의 교육운동의 이념적 기초를 제공하는 듀이 철학의 입장에서는 단지 교육 외적인 산업적 필요를 위한 수단으로 실업교육이 도입되는 것을 비판하며 진정으로 총체적인 인간적 삶의 필요에 의거한 진보적 교육개혁을 제안하였다.

2) 과학-학문의 발달

자연과 인간과 사회에 대한 새로운 과학적 · 학문적 성취는 구체적인 교육의 과정에서 내용과 방법에 실질적인 변화를 낳는 이론적 토대로서 작용한다. 19세기 서구 지성계에서는 과학혁명 이래 자연과학 영역에서의 눈부신 발전을 확장 · 적용하여 인간과 사회 제도에 대한 과학적 탐구와 학문적 분화가 활발히 진행되었다. 이러한 영향하에서 진보주의 교육운동은 새로운 과학적 이해에 기초하여 기존의 교육과정과 교수-학습 방법을 실험적으로 혁신하려는 시도로 나타났다. 진보주의 교육운동의 성격에 크게 영향을 미친 대표적인 학문적 성과로는 다음 세 가지를 들 수 있다.

첫째는 전통적인 고전 중심 교육과정 개혁의 계기를 마련한 스펜서(H. Spencer, 1820~1903)의 사상이다. 스펜서의 사회진화론에 따르면, 역사는 적자생존의 원칙을 통해 진보하며 인류는 사회 환경의 끊임없는 변화에 재적응하면서 발전되어 왔다. 교육이란 인간을 진보적으로 발달하는 완전한 삶을 위해 준비시키는 일이며, 학교에서 가르치는 지식은 인간의 완전한 삶을 위해 실제적으로 유익이 있어야 한다고 보았다. 스펜서는 훈육과 암송 방법에 의한 전통적 고전 중심 교육이 그저 허세와 장식에 불과하다고 비판하였다. 반면에 가장 가치 있는 지식이란 완전한 삶에 필요한 것, 즉 기본적인 자기 보존, 생계유지, 자녀 양육, 시민으로서 사회정치적 참여, 심미적 만족을 주는 지적 예술적 향유를 위한 과학이라고 보았다.[2] 이러한 스펜서의 사상은 고전어 교육 대신 근대 과학적 교과 중심의 교육과정 변화에 기여했으며, 실제적 영향력은 1918년에 발표된 중등학교 7대 목표(Cardinal Principles of Secondary Education) 수립으로 나타났다.[3]

둘째로 진보주의 교육운동의 아동중심적 성격 형성에 영향을 준 홀(S. Hall)의 심리학적 연구 성과를 꼽을 수 있다. 홀은 독일의 심리학자 분트(W. Wundt)에게 배우고 돌아와 미국적 실험심리학의 뿌리를 내린 사람이다. 그는 아동의 발달 단계에 대한 이해를 바탕으로 학교교육과정이 결정되어야 한다고 보았으며, 진보적 교육 실천가들의 아동관 형성에 크게 영향을 미쳤다. 그는 전통적 방식에서처럼 학교 체제에 아동이 적응케 하는(scholiocentric) 학교로부터 아동의 필요에 학교교육이 적응적으로 맞추는(pedocentric) 학교로의 전환을 주창하였다. 홀은 경험적 연구를 토대로 각 단계의 아동과 청소년기에 갖는 다양한 필요와 관심을 과학적으로 이론화하면서, 교육이 자연적 발달 과정에 개입하지 않아야 한다는 자연주의적 결정론적 관점을 제시하였다. 한편, 제임스(W. James)는 결정론적 사고에 반대하며 아동의 적극적 · 능동적 · 자발적 · 창조적 변형 가능성에 주목하는 기능주의 심리학을 정립한다. 제임스에 따르면, 아동은 '민감하고, 충동적이고, 교제하고, 반응하는 유기체'이며 인간 특유의 활동은 유목적적 적응 과정이므로, 새로운 습관 형성을 통해 더 나은 삶을 실현해 갈 수 있도록 교사가 적극적으로 안내하는 것이 중요하다. 유목적적 활동 안에 발휘되는 인간의 능동적 사고 과정을 강조하는 제임스의 심리학이 듀이에게서 계승 · 발전된다.

셋째는 과학적 효율성에 입각한 교수-학습 과정 혁신에 영향을 미친 손다이크(E. L. Thorndike)의 학습심리학이다. 그는 실증주의 과학관과 동물과 인간의 연속성을 상정하는 진화론을 바탕으로 자극-반응 연결주의라 불리는 행동주의 학습이론을 정립하였다. 그 이전의 학습이론들이 단순한 반복을 강조한 반면, 손다이크는 결과적으로 주어지는 보상이 자극과 반응 행동 사이의 연결 형성에 중요하다는 새로운 통찰을 제시한다. 그는 모든 인간의 학습과정이 외적으로 드러나는 행동으로 설명 가능하며 양적으로 측정 · 통제될 수 있다고 믿었다. 또한 인간 본성은 주어진 환경에서 갖는 경험에 의해 변화될 수 있으며, 그러한 인간개조의 과정인 교육의 목적과 방법은 과학적으로 결정되어야 한다고 보았다. 손다이크의 심리학은 교육에서의 경제적 효율성과 효과 개선을 위해 실제적으로 기여함으로써 아동중심주의와 구별되는 진보주의 교육운동의 또 다른 갈래를 형성하였다(Semel & Sadovnik, 1999). 경영 분야에서의 테일러와 더불어 진보주의자들 가운데 사회적 효율성과 기술공학적 처방을 강조하며 교수-학습 과정의 과학적 합리적 혁신을 주장하는 사람들에게 큰 영향을 미쳤다.[4)]

3) 사회-문화적 갈등

진보주의 교육운동에 영향을 미친 또 다른 배경요인은 사회 · 문화적 갈등 문제이다. 19세기 말 미국 사회는 이주민 유입, 서부로의 인구 이동, 도시로의 인구 밀집화, 인종적 · 민족적 · 계층적 다원화가 가속화되고 있었다. 빈곤, 불결, 질병, 도시 슬럼가의 황폐화 등은 1890년대 미국 대도시의 익숙한 풍경이었다. 농촌에서는 사람들이 도시로 이주해 감에 따라 지역사회의 삶이 피폐해져 가는 문제가 심화되었다. 이러한 사회-문화적 갈등 문제들이 모든 계층을 위한 민주적 교육 요구를 낳으며 당시 사회개혁가들의 의식을 일깨우게 되었고, 진보주의 교육운동에서 사회복지적 성격을 갖는 또 하나의 흐름을 형성하였다.

미국의 특수한 사회-문화적 갈등은 무엇보다 이주민의 급격한 증가로 초래되었다. 19세기 초에 미국으로 이주해 간 사람들은 유럽의 서북부 국가로부터였는데, 19세기 말에는 남동부 지역에서 이주민들이 대거 유입되면서 언어적으로나 문화적으로 갈등과 대립이 심화되었다. 당시 37개 대도시의 60% 정도 아동이 외국 태생이며, 뉴욕, 시카고 등은 70%에 육박하였고, 한 교실에서 5~6개의 다른 언어가 쓰이는 것이 흔했다고 한다. 이렇게 문화적 배경이 다른 사람들이 미국 사회를 구성하게 되었고, 이들의 미국화(Americanization)가 교육을 통해 이루어야 하는 사회적 과제로 떠올랐다.

이러한 현실 속에서 대도시를 중심으로 빈민층과 이주민을 위한 지역사회의 자선사업이 다양한 양상으로 전개되었고, 자선 협회, 교회 연대, 사회개혁 모임 등이 제도적인 체제를 갖추게 된다. 아담스(Jane Adams)의 인보관(Hull House)과 같이 이주민들의 정착을 지원하고자 하는 젊은 개혁가들은 산업화의 진정한 문제가 인간적인 연대감의 파괴에 있다고 보았다. 그들은 진정한 공동체의 상실을 문제의식의 출발점으로 삼았으며, 산업사회 문명의 인간화에 관심을 가졌고 이를 위한 일차적 수단으로 교육사업에 주목하였다. 교육사업을 처음부터 시도하였던 아담스의 인보관에서는 유치원과 청소년과 성인 남녀를 위한 클럽을 운영하였다. 여기서 연극, 음악 활동, 이주민을 위한 영어 교실, 문학, 철학 교실, 요리, 봉제 등의 다양한 프로그램이 운영되었다. 이러한 사회교육 실천의 바탕에는 부유층 중심 엘리트의식에 반대하고 소외 계층의 문화적 기여 가능성을 신뢰하는 민주적 이상이 자리해 있다. 아담스가 주장하듯이, 진보주의 이념의 진수(眞髓)는 '저속화 없는 민주화 가능성'에 대한 신념이며, 여기에 편협한 실용적 가치 추구로 폄하될 수 없는 급진적 이상이 담겨 있다(Cremin, 1961).

여기서 우리는 19세기 말 20세기 초 서구 전역에서 전개된 신교육운동과 맥을 같이 하는 보편적 성격에 더하여 미국의 특수한 현실을 반영하는 측면을 읽어낼 수 있다. 서구 유럽 국가들의 경우와 달리, 미국은 신생국가로서 사회의 발전적 전망에 대해 보다 의식적이었고, 사회공동체적 연대의식에 대한 요구가 각별하였다. 따라서 학교교육에서 자유로운 인간 형성이라는 개인적 목적과 더불어, 공동체의 발전과 통합이라는 사회적 목적을 추구해야 하는 요구가 다른 서구 사회에 비해 상대적으로 높았다. 이러한 미국 교육 현실의 특수성은 19세기 중엽 공교육체제의 당위성을 설득력 있게 전개한 호레이스 만의 공립 보편교육 이념에도 잘 나타나 있다. 이렇듯 미국의 진보주의 교육운동은 서구 유럽의 경우와 비교할 때 공적으로 지원되고 공적인 가치를 추구하는 보편교육의 이념과 민주적인 사회공동체라는 범주가 보다 적극적으로 고려되는 특성을 갖게 되었다.

이상에서 우리는 미국의 진보주의 교육개혁운동이 태동된 배경을 살펴보았다. 그것은 당시 학교교육 현실에 대한 교육계 내부의 비판적 문제의식에서 비롯된 것만이 아니며, 경제-산업적 요구, 과학과 학문의 발달, 사회-문화적 갈등 등과 같이 다양한 교육 외적인 조건에 의해 추동된 것임을 확인하였다. 따라서 미국 진보주의 시대의 교육개혁운동이란 추구하는 이념면에서 서로 엇갈리는 다양한 흐름을 모두 포괄하는 것으로서 손쉬운 비판과 지지의 대상이 되어 왔다. 그러나 그 가운데 듀이 철학을 중심으로 한 진보주의 교육운동의 뿌리는 현실 삶과 유리된 전통적 학교교육의 한계를 극복하기 위한 다양한 실험적 시도들에 개방된 것이면서도, 학교교육을 실제적 수단으로 환원하는 식의 직업교육, 개인주의적 가치 추구로 환원되는 낭만적 아동중심교육, 사회적 효율성과 기술공학적 합리성에 입각한 교육방법적 처방 등과는 분명히 구분되는 지점에서 찾아야 한다. 한마디로, 진보주의 교육운동의 이상은 급변하는 사회현실의 교육 외적인 힘들에 종속되지 않고 인간과 사회에 관한 최신의 과학적 성취를 반영하면서 동시에 인간적이고 민주적인 교육이념을 실현하려는 부단한 실험적 모색으로 나타난 것이었다.

3. 진보주의 교육운동의 전개

미국의 진보적 교육개혁가들은 루소, 페스탈로치, 프뢰벨, 몬테소리 등 다양한 서구 사상가들에게서 영향을 받았지만, 그 일관된 사상적 토대를 제공한 것은 프래그머티즘 철학자 존 듀이(John Dewey, 1859~1952)라는 데에 이견이 없다. 사상 형성 초기부터 듀이 철학에서 교육은 중요한 자리를 차지하고 있었으나, 진보적인 교육개혁에 대한 관심이 본격화되고 그 실제적 표현을 찾게 된 것은 그가 1894년 시카고대학에 부임하면서부터이다. 그곳에서 듀이는 뜻을 같이하는 교사와 학부모들의 지원을 얻어 시카고대학 실험학교를 열고 7년간 이끌면서 미국 교육사상 가장 흥미로운 실험적 시도로 평가받는 좋은 선례를 남긴다(Cremin, 1961: 136). 또한 실험학교의 구체적인 실천과 그 가능성의 경험을 반영하면서, 1897년에 『나의 교육신조』, 1899년에 『학교와 사회』, 1902년에 『아동과 교육과정』 등 그의 대표적인 교육적 저술들을 포함하여 진보적인 교육의 이념과 원리를 밝히는 많은 글들을 발표한다. 당시 새로운 교육개혁의 길을 모색하던 많은 실천가들이 듀이의 실험학교를 방문하였고 낙관적인 신념과 기대에 찬 그의 글에서 깊이 영향 받으면서, 진보적인 학교 확산의 발판이 마련되었다.

1904년 컬럼비아 대학으로 옮겨간 후에도 교육에 대한 듀이의 관심은 이어졌고, 1910년 『사고하는 법』, 1913년 『교육에서 흥미와 노력』 등 그의 성숙된 프래그머티즘 철학을 반영한 교육론을 발표하였다. 특히 1915년에 그의 딸 에블린 듀이와 함께 쓴 『내일의 학교들』은 당시 선구적인 사례로 평가되는 진보적 학교들을 직접 탐방하여 그 실천적 특징을 자세히 그려낸 것으로서, 초기 진보주의 교육운동의 실제에 대한 가장 풍부하고도 사실적인 기록으로 평가된다. 곧이어 1916년 『민주주의와 교육』이 발표되었을 때, 듀이는 이미 진보주의 교육운동의 지도적 인물이었고 진보적 실천을 모색하는 많은 사람들이 그에게 귀를 기울였다(Westbrook, 1991). 이 책에서 듀이는 당시 진보주의 교육운동의 다양한 가닥들을 단일한 이론 속에 조화시키고 통일성과 방향성을 부여함으로써 개혁운동에 새로운 활력을 불어넣었다. 이로써 이론적 · 실천적으로 성숙기에 접어든 진보주의 교육운동은 폭넓은 지지 기반을 얻으며 조직화되고, 미국의 공사립 초 · 중등학교와 대학에 두루 영향력을 행사하게 되면서, 마침내 미국 교육의 특징을 보여 주는 대명사로 되기에 이른다.

그러나 1920년대와 1930년대에 걸쳐 진보주의 교육을 표방하는 다양한 실천들에 대해 듀이는 글과 연설 등을 통해 실망과 우려를 나타냈으며, 그러한 문제의식을 가장 직접적으로 표명한 것이 1938년에 발표된 『경험과 교육』이다. 소위 진보적인 학교들이 전통적인 학교 교육에서의 문제점을 드러내 해체하는 데에 얼마간 성공적이었으나, 그에 대한 대안으로 새로운 교육 이념, 내용, 방법적 원리를 정립하는 데에는 실패하였음을 통렬하게 꼬집고 있다.

이와 같이 듀이의 교육적 저작들이 낙관적인 신념, 이론적 정교화, 비판적 반성의 흐름으로 변화한 것을 통해서도 알 수 있듯이, 미국에서 진보주의 교육운동은 반세기가 넘는 기간에 걸쳐 복잡한 양상으로 전개되었다. 여기서는 듀이의 교육사상과 시카고대학 실험학교 실제를 진보주의 교육운동의 이론적 · 실천적 원형으로 고찰하고, 대표적인 진보적 학교 사례들과 조직적 확산기의 특징적 면모를 살펴볼 것이다. 이를 통해서 현재까지도 개혁적 실천가들에게 영감을 불러일으키는 진보적 교육의 참된 의미와 가치를 규명할 수 있을 것이다.

1) 듀이의 진보주의 교육사상

(1) 교육 이념: 지성적 인간과 민주적 사회

미국의 진보주의 교육운동의 이념적 성격은 인간주의와 민주주의로 함축된다. 진보적 교육개혁가들은 학교교육 개혁의 구체적인 실천적 형식에서 다양한 견해의 차이를 보이면서도, 지성적인 인간 성장을 통한 민주적인 사회 변혁을 추구한 점에서는 한가지다. 그들은 전통적인 학교의 근본적인 문제는 개성적 존재로서의 아동의 내적인 필요를 권위적이고 획일화된 교육과정에 종속시킴으로써 학생들에게 수동적이고 순응적인 마음을 기르는 데 있다고 보았다. 따라서 진보적인 학교교육 개혁을 통해 모든 아동의 자유, 개성, 다양성을 존중하고 비판적 지성을 일깨움으로써, 사회의 정치 · 경제적 의사결정 과정에 모든 구성원이 평등하게 참여하는 민주사회를 꿈꾸었다.

▲존 듀이 시카고대학 시절

진보주의 교육운동을 특징짓는 인간적이고 민주적인 가치는 근원적으로 호레이스 만(Horace Mann, 1796~1859)이 정립한 미국 공교육 이념에 그 뿌리를 두고 있다. 만은 19세기 중엽에 미국 사회의 인종적, 종교적, 계층적 다양성에 대해 깊이 고민하였고, 가치의 갈등으로 인해 사회적 연대가 깨어지고 무기력해지는 파괴적 가능성을 염려했다. 따라서 각기 다른 배경의 모든 미국인들이 다원성 가운데 공동의 가치와 공동체 의식을 꽃피울 수 있는 길을 모색하였고, 이를 실현하는 도구로서 Common School이라는 공립 보편교육 이념을 고안하였다. 만은 지성적, 도덕적으로 잘 발달된 자유인을 기르는 보편교육이야말로 국가 발전의 초석이 된다고 보았다. 만의 Common School 아이디어는 사회적 조화를 일차적 목표로 삼으며 모든 사람들에게 공통이 되는 대중교육체제로서 추구된 것이었다(Cremin, 1961). 이러한 미국 공교육 이념이 듀이의 프래그머티즘 철학에서 계승 · 발전되어 진보주의 교육운동의 철학적 기초를 제공하는 형식으로 체계화되었다.

동시대를 살았던 현대 철학자들과 마찬가지로 듀이는 무엇보다 당시 산업 자본주의와 기계문명의 영향하에서 인간 경험이 생명성을 상실하며 황폐해지고 사회공동체적 삶이 소외와 대립으로 치닫는 현실을 고민하였다. 기계적이고 무감각하게 굳어진 현대인은 이 세계 안에서 제대로 교감하고 소통하지 못한다. 보고 들어도 그 깊은 의미를 실감하지 못하며, 일상 삶에서 생각과 느낌과 행위가 서로 엇갈리고 분열되어 있다. 특히 생산의 효율성을 위하여 분업화가 가속화되고 계층적 대립이 심화되면서 노동자 계층은 자신이 하는 일의 기술적, 지적, 사회적 의미를 깨닫지 못한 채 단순 반복적이고 기계적인 행위를 습관화해 가는 반면, 물질적 풍요를 누리는 여가 계층에서의 일은 변덕스럽고 목적 없이 산만하게 흐트러진다. 그런데 이와 같이 기계적이고 충동적인 행위 습관은 산업사회 구조 안에 물들기 이전부터 이미 고정된 교과를 기계적으로 주입하는 전통적인 학교교육을 통해 형성된다고 보았다. 이러한 문제의식으로부터, 듀이는 『경험과 교육』에서 명시적으로 밝히고 있듯이, 전통적인 교육에 반대하며 진보주의 교육운동을 정당화할 수 있는 가장 핵심적인 이념으로서 인간주의와 민주주의의 가치를 제안한다(박봉목, 2000; Dewey, 1938: 17-18).

듀이에게 민주주의는 특정한 정치 형태의 의미를 넘어서 경험을 공유하며 살아가는 사회적 삶의 방식을 뜻한다. 교육이란 사회 공동체의 필요를 위하여 사회적 삶에의 참여를 통하여 이루어지며, 따라서 "교육은 그 집단에서의 삶의 질에 따라 달라진다."(Dewey, 1916: 87) 안정된 질서를 지향하는 사회와 진보적 혁신을 추구하는 사회에서 이루어지는 교육은 현저히 다르다. 민주적 공동체일수록 보다 다양한 개인적 관심의 발달과 다른 집단과의 자유로운 상호작용을 지원함으로써, 개인과 사회의 계속적인 성장과 진보를 위한 교육을 한다. 반면에 전체주의적 사회일수록 특정한 소수의 이해 관심이 전체 사회의 모든 활동을 지배할 뿐 아니라 집단들 간에 서로 단절되어 있기에, 한정된 가치와 기존 질서의 유지를 위한 교육을 한다는 것이다.

이러한 맥락에서 사회적 삶의 질을 판단하는 준거로서 듀이는 모든 구성원들의 다양한 개성의 발달과 집단들 간의 자유로운 상호작용을 제시한다(Dewey, 1916: 92-94). 자유로운 상호작용이 이루어지려면 각 개인이 고유한 관심과 능력을 발달시키고 어느 한 쪽이 다른 쪽을 지배해서는 안 되며 각각의 다른 경험이 모두 존중받는 평등한 관계로 맺어져야 한다. 여기서 특히 듀이에게 다양한 관심의 자유롭고 균등한 소통이 중요한 이유는 서로 간의 차이와 이견이 지성을 자극하여 개인적 사회적 성장의 조건이 되기 때문이다. 듀이에 따르면, "관심이 다양한 가운데 자유롭고 평등한 상호교류가 이루어지지 못하게 되면 지적 자극이 균형을 잃게 된다. 자극이 다양하다는 것은 낯설고 새로운 것이 있음을 의미하며 그런 새로운 것들이 지적인 탐구를 자극한다."(Dewey, 1916: 90)

이와 같이 다양한 관심과 능력을 갖는 개인의 차이가 존중되고 경험을 공유하는 과정에서 비판적 지성과 사회적 관심이 성장한다는 점에서, 듀이에게 진정한 인간성과 민주적인 사회를 실현하는 교육은 상호 필연적으로 연계되어 있다. 즉, 학교가 다양한 개성의 발달과 자유로운 상호작용의 장이 되어 지성적 습관과 협동적 교섭의 힘을 기르는 정도로 인간적이고 민주적인 사회를 실현할 수 있다고 본다. 따라서 진보적 학교들이 민주적인 탐구공동체를 이룰 때, 학생들은 자신의 삶에서 지성적으로 깨어 있고 경험의 지평을 계속 확장시켜 가는 습관을 형성할 것이며, 궁극적으로 잘 교육된 지성적 개인들이 산업사회의 구조적인 모순과 갈등을 점진적으로 개선함으로써 민주사회로의 진보적 변혁이 실현될 것으로 기대하였다.

(2) 교육과정의 실험적 재구성

민주적 공동체를 위해 다양한 개성, 창조적 자기표현, 비판적 사고능력, 지성적 습관 등을 갖춘 인간을 기르려면 무엇을 어떻게 가르치고 배워야 할까? 진보주의 교육운동은 기존의 전통적 학교에서 가르치고 배우는 내용과 방법에 대한 근본적인 도전에서 출발하며, 그 특징적 차이는 교육과정 개발을 위한 다양한 실험적 실천으로 구체화된다. 듀이는 학교에서 고정된 교과내용을 그것이 처음에 교과로 성립된 방식이나 미래에 일어날 변화에 대한 고려 없이 완성된 것으로 보고 모든 학생들의 정신적인 발달에 본질적 가치를 갖는 것으로 간주하며 획일적으로 가르치는 것을 문제로 본다(Dewey, 1938: 7). 듀이에 의하면, 교육이란 생명체의 성장에 뿌리를 두는 경험의 계속적인 재구성이며, 성장에 이르는 상호작용적 과정은 개인 내면의 활동적 필요와 관심에서 나오는 것이다. 또한 경험의 성장이란 저절로 뒤따르는 것이 아니라 지성을 발휘하여 극복해야 할 난관이 있느냐, 그리고 보다 많은 지식의 체계화된 이해와 깊은 사회적 통찰력에로 귀결되느냐에 달려 있다(Dewey, 1938: 53). 따라서 교육자의 과제는 현재 학생의 활동적 관심에서 출발하여 새롭고 보다 확장된 경험으로의 연속적인 발달을 보장하는 교육과정을 실험적으로 구성 · 재구성해 가는 일이다.

듀이 실험학교에서 예시되듯이, 진보적 학교의 교육과정 조직에서 준거로 삼는 두 가지 핵심 원리(two cardinal principles)는 개별 아동의 진정한 흥미에서 출발하는 것과 경험의 연속적 상호작용의 조건을 구성하는 것으로 요약된다(Mayhew & Edwards, 1936: 23). 첫째, 흥미의 교육원리란 아동의 자연적인 충동 가운데 '대화하고 탐구하고 구성하고 표현하려는 흥미'에서 출발하여 교육적 성장에 이르도록 이끌어야 한다는 것이다. 아동의 본래적 흥미와 관심에서 출발하여 그것이 적절한 매개 과정을 통과하면서 의미 있는 지식과 기능의 습득과 더불어 전 인격적 성장으로 귀결되어야 한다. 이를 위해 교사는 교육에 적합한 내용과 방법이 이미 확립되어 있다는 전통적 전제에서 벗어나, 현재 학생의 직접적 흥미의 대상을 발견하려는 탐구가 필요하다.

둘째, 연속적 상호작용의 교육원리란 학생의 진정한 흥미에 기초한 교과 학습 경험이 현재 경험에 의미를 더해 주는 동시에 보다 확장된 경험을 향해 연속적 통합적으로 발달해야 한다는 것이다. 교과내용들이 구획지어지고 연결성을 상실하는 기존의 학교교육과정은 학생들의 교육적 경험 안에서 교과내용의 진보적 조직화와 체계적인 내면화에 이르기 어렵다. 따라서 추상적 교과중심에서 탈피하여 실제 삶의 통합적 경험과 연결성을 갖는 활동중심 교육과정이 필요하다. 예컨대 듀이 실험학교에서는 다양한 교과활동을 하나로 연결시켜 주는 중심축으로서 사회적인 공동 삶이 이루어지는 '집과 같은 학교(school-house)' 개념을 구안하였다. 이를 통해 아동이 일상 경험에서 자연스럽게 형성하는 집과 자신에 대한 흥미와 관심을 활용하여, 집에서 접하는 사람들, 식물과 동물, 그것의 상호의존성, 모든 에너지원으로서의 태양, 집에서 사용되는 에너지의 한 형태로서의 열, 저장된 에너지로서의 음식 등의 기능에 대해 사회적이고 과학적으로 합당한 견해를 연속적 · 통합적으로 발전시켜 나가게 된다(Mayhew & Edwards, 1936: 43).

요컨대, 특정한 교과 지식이 교육적 가치를 내재하는 것으로 보았던 전통적 교육과정 관점과 달리, 진보적인 교육에서는 인간을 자유롭게 하고 보다 이상적인 가치를 향해 묶어주는 교육적 힘이 특정한 교과에 있는 것은 아니라고 본다(Dewey, 1938: 26-27). 즉, 인간 마음의 계속적 성장이라는 목적을 위해 전통적 교양교과의 범위를 넘어서 보다 확장된 내용 영역이 교육적 가치를 실현할 수 있다. 따라서 어떤 교과든지, 과학이나 실업 교과의 경우에도, 단지 기능적 실용성을 위해서가 아니라 지성적 습관과 사회적인 마음 형성의 준거에 비추어 그 교육적 가치가 판단되어야 한다. 특히 강조되는 점은 전통적 교과를 그대로 따르거나 학생의 일시적 흥미에 내어 놓이거나 하는 방식이 아니라, 학생에게 미래의 보다 확장된 관심으로 이끄는 교육과정 소재(subject-matter)를 발견해내는 일이다. 따라서 현재 아동의 지적, 정서적 성장의 요구와 그 발달에 기여할 수 있는 객관적인 환경조건을 알아내기 위해 교육과정 구성에 있어서 계속적인 창의적 실험이 요청된다.

(3) 삶의 공동체로서의 학교

듀이에 의하면, 이상적인 학교란 추상화된 기호와 책에 의존한 학습 공간이기 이전에 우선 무엇보다 진정한 삶의 공간이어야 한다. 교육이란 생명체의 필연적 과정이자 사회적 삶의 기능이므로, 학교는 집, 이웃, 놀이터에서와 같이 아동의 생생한 일상 현실과의 연속성을 확보하여야 한다(Dewey, 1897: 87). 그런데 근대화와 함께 학교는 형식적인 제도화된 기관으로 변하면서 교육의 본래적 모습, 즉 사회적 삶에의 참여와 진정한 의미소통을 통한 교육 환경으로서의 의미를 상실해 가고 있다. 학교가 생명 기운을 상실하고 삶과 유리된 죽은 지식의 교수-학습만을 위한 형식적 기관으로 남아 있는 한, 상징화된 정보의 학습에 있어서만 빈틈없는 이기적인 전문가를 양산할 뿐 진정한 삶의 교육이 이루어질 수 없다. 결국 학교교육에서 정보나 문해능력의 습득 수준을 넘어 지적 · 정서적 기질의 근본적인 변화를 이루기 위해서는, 진정으로 교육적인 환경 구성이 관건이다.

생명활동에 비추어, "사람이 그에 따라서 변화하게 되는 것들, 그것이 그에게 진정한 환경"이라고 듀이는 말한다(Dewey, 1916: 15). 물리적으로 그 사람을 둘러싸고 있는 것이 아니라 그의 몸과 마음과 생각을 움직이는 것이 곧 그의 환경이다. 인간생명체에게 진정한 사회적 환경은 공동 활동에의 관심을 불러일으키고 다른 사람들과 생각과 정서를 공유하면서 자기 행위의 사회적 의미를 깨닫도록 기능한다. 듀이에 의하면, 사회적 공동 활동에 능동적 참여자가 될 때, "그 공동 활동을 발동시킨 목적을 내면화하고 그 방법과 내용에 대해 익숙해지고 필요한 기능을 익히며 그 정서적 혼에 흠뻑 젖어들게 된다." 따라서 진정으로 사회적인 관계가 맺어지면, "함께 더불어 살아가는 과정 그 자체가 [공동 삶의 참여자들을] 교육한다." 그러므로 교육적으로 가치 있는 사회적 환경으로서의 학교는 현대 사회의 일상 삶이 드러내는 복잡성과 혼란스러운 문제들을 그대로 재현하는 곳이 아니라야 한다. 진보적 학교는 아동이 사회적 삶의 현실을 이해하고 지성적 통찰력을 점진적으로 발달시킬 수 있도록, 현존하는 사회의 다양한 힘들을 단순화하고 사회의 가치와 인습을 보다 이상적으로 정화하며 보다 확장되고 풍부한 의미로 가득한 환경으로 재구성되어야 한다(Dewey, 1916: 22-27).

한편 사회적 환경의 힘을 강조하는 듀이의 이러한 주장은 개인을 사회에 종속시키고 학교교육을 사회화의 과정으로 보는 것으로 오해되기 쉽다. 그러나 듀이에게 "사회는 개개인들로 이루어지는 사회이며, 개인은 항상 사회적인 개인이다. … 마찬가지로 사회도 그것을 이루는 개개인들을 통하여 존재하며 그 외에 따로 그 존재성을 확보할 수가 없다."(Dewey, 1897) 좋은 사회 공동체란 도덕적으로 성숙된 개개인들에 의해 이룩되는 것이면서 동시에, 개인의 도덕적 발달은 그가 속한 사회의 질적인 특성에 긴밀하게 의존해 있다. 이렇게 개인과 사회의 진보적 성장이 함께 이루어지는 것으로 보는 점에서 듀이의 견해가 독특하며, 사회적 상호작용을 강조하면서도 개개인의 자유롭고 고독한 공간의 필요성을 간과하지 않는다. "통합된 인격의 성장을 위해서는 그 성장 과정 동안 과도한 사회적 압력으로부터의 자유가 필요하다. 리듬감 있게 찾아오는 고독의 시간들은 개인이 그 자신의 이상을 발달시키고, 그가 속한 집단의 활동을 위해 자신의 행위를 향상시키고 적응시키는 방식을 발달시키는 데 필수적이다. 이러한 리듬을 학교가 제공해 주어야 한다."(Mayhew & Edwards, 1936: 459)

이러한 듀이의 견해를 반영하여 진보주의 교육에서는 하나의 작은 사회로서 공동체적 삶의 형식이 실현되는 학교조직과 운영 원리를 강조한다. 따라서 교사의 교직 수행과 학교 행정조직의 책임이 엄격히 분리되어 있지 않으며, 모든 의사결정과정에 전체 구성원이 참여하는 특성을 중요시한다.

이렇게 교사와 학생과 학부모가 학교 운영에 자율과 책임의식을 갖고 참여함으로써 학교가 곧 모든 사람의 성장을 도모하는 민주적인 공동 삶의 장이 되기를 꿈꾸었다. 특히 학생들의 자유로운 개성, 도덕적 책임감과 사회적인 관심의 자연적 성장을 위해 학교에서 학생들이 자유롭게 활동하며 자기를 표현하고 다양한 비형식적인 관계를 맺을 수 있도록 배려한다. 요컨대, 학교를 제도화된 형식적 교육기관으로서 정해진 교과서를 통해 보다 많은 지식을 학습하는 장소로 보는 기존의 입장과 달리, 진보적 학교는 그 안에서 학생들이 적극적으로 활동하고 사고하는 '생활의 광장'이며 '진보하는 사회의 축도'로서의 모습을 갖추고자 하였다(김태길, 1990).

2) 듀이 실험학교: 진보적 학교 실제의 원형[5)]

1894년 듀이는 시카고대학의 철학 · 심리학 · 교육학 통합학과 학과장으로 부임한다. 1904년까지 시카고대학 교수로 재임한 기간은 듀이가 학문적으로나 사회적 실천을 위해 가장 왕성하게 활동한 시기다. 이곳에서 듀이는 미드(G. H. Mead), 터프츠(J. Tufts), 엔젤(J. Angell) 등 여러 훌륭한 학자들을 같은 학과의 동료로 모으게 되는데, 이른바 '시카고학파'라고 불리는 탐구공동체를 형성하며 자신의 사상적 발전을 이루게 된다. 또한 실험학교를 설립 · 운영하면서 그의 철학과 일관되는 교육의 이론적 · 실천적 모색을 시도한다. 이론화한 관념이란 관념의 수준에 머물러 있는 한 불완전하고 잠정적일 뿐이며 구체적인 실천을 통해 발전시키고 수정 · 검증하는 과정을 통해 완성된다는 듀이의 신념이 실제적 표현을 찾게 되었던 것이다. 자연과학이 실험실을 통해 놀라운 발전을 이루었듯이 철학도 실험실이 필요한데, 인간, 지식, 가치의 주제를 탐구하는 철학적 실험의 장은 인간의 지적 · 도덕적 성향을 형성하는 학교라고 보았다.

이러한 듀이의 아이디어와 뜻을 함께 하는 지식인, 학부모, 교사들의 적극적인 참여에 힘입어 1896년에 시카고대학 실험학교가 문을 열게 된다. 학생 16명과 교사 2명으로 일반 가정집을 빌려 시작되었는데, 초기 6개월 간은 '어떻게 하면 실패하는가에 대한 교훈을 더 많이 얻으며' 시행착오를 거듭하였다고 한다. 1898년 10월에 네 번째로 학교 건물을 이전할 무렵에는 4~5세 유아를 위한 과정이 증설되어 학생 82명에 교사진 16명 가량이 되었다. 또한 체육실, 수공작업실, 미술실, 의류직물작업실, 과학실험실, 역사와 문학 수업 교실, 조리실과 식당 공간을 확보하였다. 1902년에는 최대로 140명의 학생이 등록했고 23명의 교사와 10명의 대학원생 조교들이 함께 일했다. 듀이가 이사장을, 영(E. F. Young)이 교수감독을, 듀이 여사가 교장을 각각 맡음으로써 학교행정 조직도 형식적 체제를 갖추게 되었다.

그러던 중에 시카고대학이 당시 진보적 교육 실천가 파커가 책임을 맡고 있던 학교와의 합병을 추진하게 된다. 그 과정에서 듀이 여사의 연임을 둘러싸고 하퍼 총장과 심한 마찰을 빚게 되면서 1904년 듀이는 갑작스럽게 시카고대학의 모든 직분을 사임하고 떠나게 된다. 듀이가 떠나자 실험학교에 참여했던 많은 교사들도 곧이어 학교를 떠났고 설립초기의 이념과 특성에서 점차 멀어져 갔다. 현재에도 시카고대학 실험학교는 남아 있지만, 실질적으로 듀이 철학에 기초한 교육 실천의 장으로서의 실험학교는 후일의

▲ 시카고대학 실험학교의 과거(1904년)

▲ 시카고대학 실험학교의 현재(2002년)

교육 연구자들에게는 안타깝게도 이것으로 종결된다.

듀이 자신이 직접 참여하여 그의 프래그머티즘 철학이라는 확고한 이론적 기초 위에서 구현된 7년간의 시카고대학 실험학교는 '듀이 학교'로 불리며, 이후 확산되는 진보적인 학교에 크게 영향을 주는 실천적 원형이 되었다. 당시에 실험학교 교사로 참여하였던 두 자매 매이휴(Katherine Camp Mayhew)와 에드워즈(Anna Camp Edwards)는 그 후 30여 년이 지난 뒤에 듀이와 함께 일구었던 초기 7년간의 교육실험의 의미와 가치를 재인식하며 그에 관한 기록을 근 500쪽에 달하는 책으로 엮어 『듀이 학교(The Dewey school: The laboratory school of the Univ. of Chicago)』(1896~1903)를 발간하였다. 이를 토대로 시카고대학 실험학교에서 전통적 학교에서와 달리 시도한 교육 실제의 특징적 면모를 정리해 볼 수 있다.[6)]

(1) 아동의 흥미 발달의 원리

듀이 실험학교의 가장 특징적인 차이는 전통적 교과가 아니라 아동의 자발적 관심과 흥미를 교육의 본질적 가치의 원천으로 삼았다는 점에 있다. 다시 말해, 아동에게 본성적으로 내재해 있는 호기심, 활동적 작업에의 적극적인 관심, 더불어 모이고 함께 나누려는 열망 등 아동 본래의 자발적 성향을 지식과 이해와 행위가 교육적으로 성장하는 데 본질적인 수단으로 보았다. 따라서 성장하는 아동을 그를 둘러싼 세계와 관련하여 연구함으로써 아동의 흥미가 교육적으로 의미 있게 성장하도록 할 상호작용의 외적 조건이 무엇인가를 실험적으로 탐구하였다. 이것은 전통적 교과를 아동의 현재 필요와 관심과 무관하게 반드시 가르치고 배워야 할 확정된 내용으로 도입하는 방식을 비판하며 모색된 대안이다.

듀이는 'inter-esse', 즉 사이에 놓여 있음을 뜻하는 흥미의 어원적 의미와 관련지으면서, 흥미란 자아와 대상세계가 하나로 되어 나아가는 일련의 통일적 활동(a unified activity)이라고 보았다(Dewey, 1913: 160). 흥미는 객관적 대상과 무관한 개인의 특성도 아니고, 자아의 활동과 무관한 객관적 대상의 특성도 아니다. 한편으로 흥미란 지각되었거나 상상 속에 떠올려진 대상들이 어떤 사람의 경험 안에서 그를 움직이는 힘이다. 또 다른 한편으로 흥미란 자아가 어떤 객관적 대상들을 포함하는 일련의 활동과 자신을 일체화하고 그것에 온 마음을 다하여 몰입되어 있음을 뜻한다. 이와 같이 진정한 흥미란 자아와 대상이 일체가 되는 활동으로서 일련의 연속적 과정으로 나타난다. 그 과정 안에서 대상 세계의 에너지와 조화로운 통합을 이루기 위해 줄곧 온 마음을 기울여 사유하고 탐구하는 지적 노력이 자연적으로 일어난다(양은주, 2003).

이와 같이 듀이 실험학교에서 중요하게 고려한 '흥미'의 원리란 일상적 개념에서 연상시키는 즉흥적이거나 순간적으로 자극되는 정서적 흥분상태와 구별된다. 당시의 심리학적 연구에 근거하여 실험학교에서는 전형적인 발날의 실서를 보이는 4가지 본성적 충동과 흥미를 교육과정 실험의 기초로 삼았다. 주위 사람들과 자기의 경험을 공유하려는 사회적 충동(the social impulse), 힘을 기울여 의도하는 대상을 만들고자 하는 구성-조작적 충동(the constructive impulse), 어떻게 될지 알고자 하는 호기심에서 나오는 탐구-실험적 충동(the impulse to investigate and experiment), 자연의 사물과 에너지를 매개로 생각과 정서를 구현하려는 표현적 충동(the expressive impulse)이 그것이다(Mayhew & Edwards, 1936: 40-41; Dewey, 1913). 실험학교에서는 이러한 아동의 본래적 흥미에 대한 일반화된 이해와 그 발달의 질서를 계속적으로 탐구하면서 학생의 집단 편성과 교육과정 활동의 선정과 조직에 활용하였다.[7)]

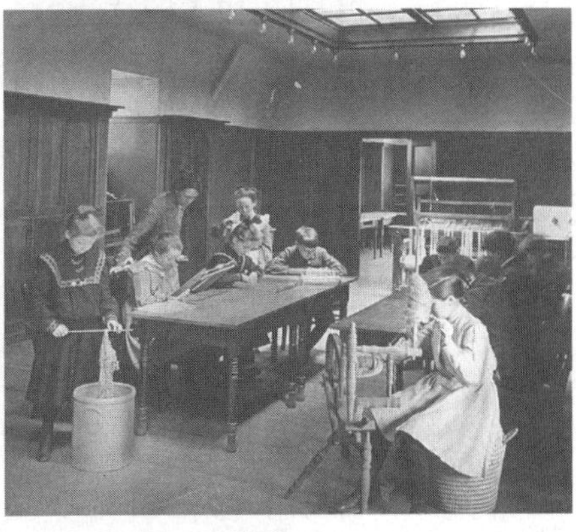
▲6학년 직물작업시간

듀이 실험학교에서는 일차적으로 나이에 따른 학년별 집단 편성을 하였다. 그에 더하여, 실험적 탐구 결과 아동의 심리학적 발달의 질서에서 두드러지는 특성을 토대로 다음과 같이 세 단계로 구분하여 그에 상응하는 교육과정과 수업의 원리를 고안하였다(Dewey, 1898; 1899). 여기서 그 단계적 구분은 엄격하게 나뉘는 것이라기보다는 이행해 가는 과정에서 상호 중첩되며 연속성을 갖는 것으로 보았다.

1단계(4~8세): 놀이 중심의 직접적 신체활동 학교에서의 생활과 학교 밖 가정이나 동네에서의 생활과의 연계성이 특별히 긴밀한 시기다. 이 단계의 아이들은 주위 사람들과 함께 하는 외적인(몸으로 하는) 활동에 대한 직접적인 흥미와 관심이 많아서 놀이의 성격이 강한 활동을 직접 해 보고 그것에 대해 이야기하고 하는 것을 좋아한다. 이 단계에서는 생각을 통해 지적으로 형상화하고 의식적으로 성찰하고 방법적인 기술을 익히는 일에는 흥미와 관심을 상대적으로 덜 기울인다.

2단계(8~10세): 도구 활용 작업을 통한 간접적 학습활동 보다 많은 시간과 노력을 요하고 정교하게 계획된 작업 활동에 관심을 갖는 시기로서, 읽기, 쓰기, 셈하기, 도구 조작하기 등과 같은 기능 숙달의 필요성을 스스로 느낀다. 따라서 아동들에게 보다 직접적 관심사가 되는 활동 수행에 필요한 도구로서 다양한 기본 기능을 간접적으로 훈련하는 데 적절한 시기다. 이 시기의 아동들은 수공 작업이나 과학 실험의 과정에서 단순히 직접 해 보는 수준을 넘어 일을 잘 수행하여 정확한 결과에 이르게 하는 방법에 대해 의식적인 주의를 기울인다. 기본 원리가 되는 지식과 도구를 활용한 작업 기술을 확보하는 데 특별히 중요한 시기다.

3단계(10~13세): 본격적인 지적 탐구활동 이전까지 습득한 기능과 지식을 활용하여 본격적인 탐구와 사고를 요하는 문제들을 해결해 가면서 일반화(generalization)의 의미와 필요성을 깨닫도록 안내하기에 적절한 시기다. 지적인 탐구 자체에 대한 흥미와 관심이 본격적으로 발달하므로, 과학과 역사, 특히 물리학, 화학, 생물학과 같은 세부 과학 등의 개별적인 학문 분야들에 대해 각각의 탐구 양식과 원리들을 습득하면서 그 자체로 공부할 수 있는 시기로 옮아간다. 이전까지의 지적인 학습이 간접적 수단이었던 것에 비해, 이제는 지적인 탐구 그 자체를 목적으로 삼는 점에서 중등교육의 시작 단계로 본다.

실험학교에서는 이와 같이 해서 1단계에서는 아이들이 공동의 그리고 다양한 경험의 배경을 얻게 되며, 2단계에서 아이들은 탐구의 수단이 되는 읽기, 쓰기, 셈하기, 조작하기의 기능을 익히게 되며, 3단계에서 비로소 각각의 공부가 고립되거나 현실성 없는 죽은 지식으로 될 위험 없이 전문적으로 분화된 공부를 위해 준비가 된다고 보았다. 초기 1~2년간의 교육과정 실험을 통해 아동의 흥미에 관한 비교적 안정된 이해를 얻게 되었고, 그에 따른 아동의 성장단계 구분, 집단 편성, 흥미 발달을 고려하여 선정된 동합적 교육활동 주제를 도표화하면 〈표 3-1〉과 같다.[8)]

〈표 3-1〉 실험학교의 집단 편성과 통합교육과정 주제

성장단계	집단 편성(학년)	만 연령	통합교육과정의 중심 주제 및 활동
1단계	Group Ⅰ~Ⅱ(유아원) Group Ⅲ (유치원)	4~5세 6세	집에서의 일: 의식주 가정에 영향을 주는 사회적인 일
이행기	Group Ⅳ (1학년) Group Ⅴ (2학년)	7세 8세	발명과 발견을 통한 진보: 선사시대의 삶 탐험과 발견을 통한 진보: 페니키안 문명의 탄생과 지리상의 발견
2단계	Group Ⅵ (3학년) Group Ⅶ (4학년)	9세 10세	미국 시카고 지역의 역사와 초기 개척자들 식민지 시대의 역사와 미국의 독립혁명
이행기	Group Ⅷ (5학년) Group Ⅸ (6학년)	11세 12세	식민지 개척자들의 유럽적 배경과 문화 사회적 삶과 연계된 과학과 수학 공부
3단계	Group Ⅹ (중 1학년) Group Ⅺ (중 2학년)	13세 14~15세	언어적 표현 훈련과 동아리관 만들기 예술적 표현을 통한 완성적 경험

(2) 공동 작업 중심 교육과정

위에서 살펴본 흥미의 원리에 따른 결과로서, 듀이 실험학교에서는 전통적으로 가르쳐 온 교과 중심 교육과정에서 벗어나 협동과 지성적 의사소통을 필요로 하는 공동 작업(social occupations)을 중심으로 학교교육과정을 구성하였다. '공동 작업'을 교육활동의 중핵에 두는 통합교육과정 구성이 전통적 학교와 구별되는 듀이 실험학교의 또 한 가지 중요한 특징을 이룬다.[9] 실험학교의 공동 작업 활동 사례는 정원가꾸기, 요리, 직물작업, 목공활동, 인쇄와 제본, 연극, 이야기 구성하기, 탐방 등으로 다양하다. 이것은 노작교육이나 협동학습 등과 개념적 연관성을 갖는 한편, 듀이 실험학교에서 공동 작업 중심 교육과정 구성의 기본 의도는 지적, 도덕적, 사회적 목적을 포괄하려는 점에서 독특하다.

공동 작업 활동을 교육과정의 중핵에 두는 까닭은 우선 무엇보다 인간 발달에 관한 심리학적 이해에 근거한 것이다. 인간의 지성이란 유목적적 행위의 필요로부터 발달하며, 사회 · 도덕적 성향은 경험을 공유하는 과정에서 형성된다고 보기 때문이다. 다시 말해, 능동적으로 탐구하며 필요한 지식과 정보를 얻는 지적 성향은 '얼마간 지속적 · 연속적으로 행해야 하는 작업 활동(consecutive occupational activities)'의 자연적 소산이며, 아동의 마음의 정상적인 발달은 물리적 세계만이 아니라 다른 마음들, 사회적 기관들, 사회적으로 구성된 인류의 축적된 지적 유산과의 접촉을 필요로 한다는 이해에 입각한 것이다. 또 다른 한편으로 사회적인 측면에서 활동적 공동 작업은 인류의 문화가 역동적으로 발달해 온 과정에 대한 공부의 길을 여는 자연적 통로를 제공할 뿐 아니라 아이들에게 또래 친구들과 함께 뭔가를 만드는 과정에

▲7~8학년 동아리관 만들기 활동

서 느낄 수 있는 더 없는 기쁨의 기회를 제공한다(Mayhew & Edwards, 1936: 474).

요컨대, 공동 작업 활동을 통한 교육의 궁극적인 의미와 취지는 어떤 지적, 정서적, 도덕적 성향이 형성되는가에 있다고 보았다. 즉, 아이들이 충분히 오랜 시간 동안 몰입하여 예견하고, 계획하고, 반성적으로 성찰하고, 더 많은 정보에 대한 필요를 느끼고, 관계의 원리에 대한 통찰력을 얻는 등의 지적인 성향 형성으로 인도되는가, 또한 인위적으로 규율을 가르쳐서가 아니라 진정한 내적 성향으로서 인내, 끈기, 철저한 책임의식 등이 부수직으로 형성되는가에 달려 있다. 따라서 학생들의 흥미와 관심에 부합하여 몰입하게 하는 활동이면서 이러한 교육적 목적에 이르기 위해서는 공동 작업 활동의 선별이 매우 중요한 과제로 된다. 실험학교에서는 공동 작업 활동 선정을 위한 준거로서 다음 세 가지 기준을 수립하였다(Mayhew & Edwards, 1936: 253-256).

첫째는 기본적인(basic) 활동이다. 의식주와 같이 인간의 기본적인 삶의 필요를 위한 활동이어야 한다는 것이다. 그러한 활동은 어느 시대 사회적 조건에서나 항구적으로 현실감을 확보할 수 있는 것이어서 아동의 흥미와 노력을 끌어들일 수 있다.

둘째는 단순한(simple) 활동이다. 미개한 원시인들의 생활 속에서나 현대의 작은 농촌 마을 생활에서의 일이나 노동과 같이 단순한 것이어야 한다. 단순한 도구를 재구성하고 원재료를 직접 다루는 일은 아동의 흥미와 관심을 불러일으키면서 그들의 능력 발달의 범위 안에서 계속적 성장을 가능케 하는 것이다.

셋째는 사회적(social) 관계를 내포한 활동이다. 아동이 하고 싶어 하는 일일뿐 아니라 사회적 상황과 관계를 전형적으로 담고 있는 일이어서 그것을 통해 현대의 사회적 삶의 구성에 대한 의미를 느끼고 이해할 수 있는 것이어야 한다. 예컨대, 정원가꾸기와 같은 기본적 활동의 경우, 단순한 활동 속에 담긴 식물의 성장에 관한 사실들, 토양과 빛, 공기, 물의 역할 등에 대한 과학적 이해의 능력을 성장시킬 수 있을 뿐 아니라, 인류 역사에서나 현대 사회에서 농업과 원예가 차지하는 위치와 사회적 의미에 대해서도 배울 수 있다.

공동 작업 중심 교육과정의 복합적 의미와 가치는 실험학교에서 요리 활동을 교육적으로 활용한 방식의 사례를 통하여 구체적으로 제시된다 (Mayhew & Edwards, 1936: 296-308). 저학년에서부터 실험학교 아동들은 자기들의 점심식사 요리를 돌아가면서 책임 맡아 만들었는데, 그것은 단지 식사 준비라는 실용적 필요를 위한 기능 훈련 과정이 아니었다. 요리 활동을 통해 아이들은 요리 재료가 되는 곡물, 채소, 육류 등에 대해 탄수화물, 단백질, 지방, 기타 성분을 분석할 수 있게 된다. 또한 물과 불을 활용한 요리 과정이 어떻게 소화 과정을 돕도록 기능하는가를 확인한다. 이런 식으로 은 연중에 그들은 주방이 곧 실험실이며 요리하는 동안에 화학 공부를 하게 되는 것을 깨닫게 된다. 또한 요리 활동에 내포된 다양한 측정과 계산 활동은 수에 대한 관념을 견고하게 해 주었고, 가장 어린 아이들도 분수를 자연수만큼 지성적으로 사용할 수 있게 되었다. 이러한 지적인 이해와 사회적 성향의 발달은 저절로 이루어지는 것이 아니며, 공동 작업 활동을 교육적으로 가치 있게 운용하는 교사의 축적된 경험과 지성적 관여를 통해 가능한 것이었다.

이렇게 볼 때, 듀이 실험학교에서의 공동 작업 중심 교육과정이란 단순한 활동적 경험으로 전통적 교과 공부를 대신하려는 것이 아니었음을 알 수 있다. 또한 실제 삶의 관심과 맞닿아 있는 활동을 강조하면서 궁극적으로 목표하는 바는 개개인을 기존의 사회제도에 '적응시키기'가 아니었다. 적응이 현재의 사회적 배열과 조건에 알맞도록 준비시키는 것을 의미하는 것이라면, 현재의 사회 조건은 충분히 안정적이지도 않고 그러한 절차를 정당화하기에 충분히 좋은 상태에 있지도 않다고 보았다. 결국 실험학교에서 공동 작업의 원리는 어떻게 하면 학생들에게 학교 밖 삶에서와 같이 능동적인 태도와 탐구 관심을 유지할 수 있을까, 또한 역사, 과학, 예술과 같이 본질적으로 중요한 교육적 가치를 갖는 교과내용이 학생들의 현재 경험에 살아 있는 의미를 주도록 하려면 어떻게 도입되어야 할까라는 과제를 실험적으로 해결하려는 지성적 대안이었던 것이다(Mayhew & Edwards, 1936: 24-25).

(3) 도구적 기능의 간접적 교수 · 학습

듀이 실험학교의 또 다른 특징은 단순 반복과 직접적 주입 위주의 전통적 교수 · 학습 방법에 대한 대안을 모색한 점이다. 듀이 실험학교에서는 기본 기능과 지식과 태도의 학습이 물리적 · 사회적 환경과의 상호작용에서 활동적 필요에 따른 자연적 결과로서 발달하도록 하는 간접적 교수(indirect teaching) 원리를 구현하였다. 즉, 필요한 지식의 학습과 기능적 숙달이 그 자체가 좋아 목적을 품고 임하는 자기주도적 활동의 자연적인 부산물로 형성되도록 하는 방법을 고안하였다.

간접적 교수 · 학습 원리를 듀이는 직접적 흥미와 간접적 흥미의 개념 구분을 통해 설명한다. 먼저 직접적(direct) 흥미란 놀이하는 아이나 음악에 심취한 사람의 경우처럼 즉각적으로 그 자체가 좋고 순전한 목적이 되는 활동의 특징이다. 이렇게 자신이 좋아서 즐기며 전심을 다하는 활동에는 추구하는 목적과 수단적 과정이 분리되지 않는다. 반면에, 간접적(indirect) 흥미란 그 자체로 좋은 것은 아니지만 직접적 흥미의 대상을 위해 필요한 수단이 되는 활동의 특징이다. 어떤 사물이 그 자체로는 가치가 없지만 직접적 흥미의 대상과의 관련성을 인지할 때 후자의 가치가 전이될 수 있다. 예컨대, “아이에게 음악의 악보와 운지법이, 그 자체로 제시될 때는 아무 흥미를 불러일으키지 못하지만, 노래를 좋아하는 그 아이의 열망을 더 좋고 풍부하게 만드는 데 도움이 되는 수단임을 깨닫게 될 때 그것의 학습에 몰입하게 된다."(Dewey, 1913: 163) 이렇게 간접적 흥미란 그 너머의 목적을 위하여 하는 활동이기에 결과와 수단적 과정이 구분되며, 목적에 대한 흥미가 수단에 대한 흥미로 전이되는 경우를 가리킨다. 따라서 간접적 교수-학습 방법이란 아동의 직접적 흥미의 대상이 되는 활동과의 관련성 속에서 도구적 기능의 학습이 이루어지도록 교육적 상황을 구성하는 것이다.

듀이에 의하면, 독 · 서 · 산과 같은 형식적 상징을 다루는 기본 기능, 역사 · 지리 · 과학과 같은 의미 있는 지식, 공동체적 삶의 가치와 규범이 직접적인 주입, 기계적인 반복, 단순한 암기, 외적 규율의 강제 등을 통하여 가르치는 것이 전통적 학교의 문제다. 그러나 이로써 기본 기능과 지식과 가치의 중요성을 간과하려는 것이 아니라, 학생들에게 계속적 성장의 동력을 가로막는 성향이 부수적으로 뿌리 깊게 형성되는 것을 문제 삼는 것이다. 예컨대, 셈하기를 배우는 아이가 단지 정답을 맞추면 사탕을 받고 틀리면 매를 맞기 때문에 기계적으로 연산 기능을 숙달하게 되었다면, 외적 행동만이 변화되었을 뿐이다. "더하기 부호가 하나의 숫자를 다른 것 아래에 쓰고 그 둘을 더하는 행위를 수행하라는 [물리적] 자극으로 받아들여질 뿐 자기 행위의 의미를 실감하지 못하며 수행하는 경우라면, 마치 자동 기계가 작동하는 것이나 다를 바 없다."(Dewey, 1916: 20) 그때 덧셈 기능 학습의 결과로 그에 동반되는 새로운 지적인 의미와 느낌이 없으며 처음과 마찬가지로 연산은 즉각적으로 불쾌하거나 무감한 대상으로 고착되어 있을 것이다.

▲4학년 요리수업시간

반면에, 어떤 순서와 절차에 따라 수의 연산을 행해야 하는지를 무조건 기능적으로 훈련하는 경우와 질적으로 다른 종류의 교육적 변화가 있다고 본다. 예컨대 자신이 필요로 하는 활동을 잘 수행하기 위해 필요하고 유용한 방법이라는 것을 지각할 때 반복적으로 연산 과정을 연습하는 일이 의미를 갖게 된다. 더 나아가 어떤 열정어린 수학 선생님을 통하여 아이가 수의 연산을 왜 그렇게 하는 것인지 그 행위의 의미를 깨닫고 그 연습 과정에서 점차 더 능동적이고 의식적이 될 뿐 아니라, 더 나아가 어렴풋하게라도 '수'라는 것에 담겨 있는 아름다운 질서를 감동적으로 경험하게 될 수가 있다. 이와 같이 아이들이 학습하는 내용과 관련하여 생각하고 느끼는 방식이 근원적으로 변화될 수 있으며, 그러한 경우라야 '교육적 가르침'이라고 본다. 요컨대, 실험학교에서는 어떻게 하면 형식적 상징의 학습이, 그 자체로는 반복된 훈련을 요하는 지루한 과정이지만, 다른 공동 작업 활동의 배경으로부터 자발적으로 이루어지게 할 수 있을지를 궁리하였던 것이다.

(4) 실험학교의 시간 구성: 균형과 변화

이상에서 살펴본 바와 같이 아동의 성장과 교육과정의 통합적 연결성을 추구하며 실험학교를 시작한 초기에는 다양한 활동 주제의 프로그램 개발을 위한 실험적 모색을 거듭하였다. 관심을 갖고 참여하는 학부모 및 전문가의 의견을 참조하며 실험학교 교사들은 듀이와 함께 주례회의를 통해 성장 단계별 프로그램 내용과 시간 비중 등을 체계화하며 정착시켜 나갔다 (Mayhew & Edwards, 1936: 382-390).

평균적으로 실험학교에서 1단계의 아동들은 하루에 3시간, 이행기의 아동들은 4시간, 2단계의 아동들은 4시간 30분 정도의 수업 활동을 하였다. 프로그램은 의식주와 관련한 공동 작업 영역, 역사와 지리, 과학 등의 교과 영역, 읽기, 쓰기, 셈하기 등의 기능적 교과 영역, 음악, 미술, 체육 등의 예술과 체육 영역으로 구성된다. 일반적으로 6세부터 9세 아동들의 일과는 매일 공동 작업 1~1.5시간, 체육 30분, 음악이나 미술 30분이 포함되고 기타 요리, 재봉, 목공작업 등이 주별로 짜여 있다. 2단계의 아동은 오후까지 학교 수업 활동이 연장되었다. 특히 성장의 2단계로 접어든 아동들은 집중

가능 시간이 증대되었기 때문에 미술, 재봉 등과 같은 예술, 실과 영역은 반 학기(quarter) 단위로 집중 수업 후에 교차하는 방식으로 운영되었다.

초기의 실험적인 프로그램 운영 과정에서는 특히 몸으로 하는 활동과 지적인 활동과의 균형, 요리 · 재봉 · 목공작업 등과 같은 실제적 목적의 활동과 순수하게 예술적 표현으로서의 활동과의 균형점을 찾는 일, 또한 아동의 성숙과 흥미 발달에 관한 이해를 반영하여 점진적으로 지적인 활동의 비중을 높여가는 일이 중요한 과제였다. 실제 프로그램 운영상에서 미술, 음악, 언어 표현의 경우 시간제 교사 활용에 따르는 실질적 제약과 같은 외적인 변수도 고려해야 했다. 실험적 시도를 거듭하면서 프로그램을 발전시킨 추이를 파악하기 위하여, 아동 발달의 첫 단계에 한정하여 초기 2년간 운영한 프로그램과 후기 5년간 좀 더 안정적으로 발전시킨 프로그램을 비교하여 도표화하면 〈표 3-2〉와 같다(Mayhew & Edwards, 1936: 383, 385).

실험학교의 교육 실제에서 실험적으로 운용해 가면서 계속적으로 조정

〈표 3-2〉 실험학교 프로그램의 시간 구성 변화

<table>
<tr><th colspan="2">초기 2년간의 프로그램(6~7세)</th><th colspan="2">후기 5년간의 프로그램(5~7세)</th><th rowspan="2">비고</th></tr>
<tr><th>교과</th><th>주별 시간</th><th>교과</th><th>주별 시간</th></tr>
<tr><td>미술관 등 탐방활동</td><td>1.5</td><td rowspan="3">소풍, 또는 전체회의, 또는 목공작업</td><td rowspan="3">1.5</td><td rowspan="3">통합,
시수 감소</td></tr>
<tr><td>전체회의</td><td>20분</td></tr>
<tr><td>목공작업</td><td>1.5</td></tr>
<tr><td>재봉</td><td>1.5</td><td>공동 작업</td><td>6.5~5</td><td>활동 강화
시수 증가</td></tr>
<tr><td>요리</td><td>1.5</td><td>요리</td><td>1.5</td><td>변동없음</td></tr>
<tr><td>체육</td><td>1시간 20분</td><td>체육 및 실내/외 게임</td><td>2.5</td><td>시수 증가</td></tr>
<tr><td>음악</td><td>1</td><td rowspan="2">음악 또는 미술</td><td rowspan="2">1.5</td><td rowspan="2">통합,
시수 감소</td></tr>
<tr><td>표현활동, 미술, 조형</td><td>2.5</td></tr>
<tr><td>과학</td><td>2</td><td rowspan="2">원시시대의 활동
(역사와 과학)</td><td rowspan="2">6.5~5</td><td rowspan="2">통합,
시수 증가</td></tr>
<tr><td>역사-이야기, 대화</td><td>2.5</td></tr>
<tr><td></td><td></td><td>기능(읽기, 쓰기)</td><td>1.5~2.5</td><td>추가</td></tr>
<tr><td>총계</td><td>15시간 40분</td><td>총계</td><td>15시간</td><td>감소</td></tr>
</table>

해 나간 결과에서 몇 가지 주목할 만한 점이 있다. 첫째, 세부적인 활동적 교과 구분, 특히 의(재봉), 식(요리), 주(목공작업) 활동을 구분하여 각각 중점을 두었던 것에 비해 주제가 있는 공동 작업을 중심으로 융통성 있게 운용되도록 변경하였다. 둘째, 전통적인 견해와 달리 아주 어린 아이들도 한 가지 활동에 관심을 지속시킬 수 있고 만 6세 아동의 경우도 공동 작업에서의 놀이 활동에 1시간에서 1.5시간까지 몰입할 수 있음이 입증되어, 보다 짧은 단위 시간으로 나뉘어 진행되던 활동들의 단위 지속 시간을 늘렸다. 셋째, 주별 3~4회 정도는 그동안의 활동을 요약하여 정리하면서 관련되는 내용의 읽기, 쓰기 연습을 선남 교사와 함께 30분 정도씩 하는 것이 유익한 것으로 판단되어, 담임교사가 맡은 매일 1시간 30분의 활동을 1시간으로 줄이고 기능 연습 시간을 추가했다. 그러나 초기 아동의 발달 단계의 특성상 담임교사와의 시간이 너무 적어지면 좋지 않다는 것이 경험적으로 확인되어 적어도 주당 8~10시간을 담임교사가 맡도록 하였다.

듀이 실험학교의 시간 구성에서 가장 큰 특징은 무엇보다 프로그램을 입안하고 운영해 보고 아동의 경험에 비추어 판단하고 재구성하는 방식으로 교육적 성장을 위해 최적의 조건을 실험적으로 찾아나간 점이다. 또한 구체적인 상황에서의 교사의 자율적인 판단에 따라 수업 활동을 재구성하고 견학, 소풍이나 특별활동 등을 연계할 수 있도록 전체적인 프로그램의 시간 구성에서 융통성을 살려나갔다.

(5) 실험학교의 공간 구성: 사회적 삶과의 유기적 통합

듀이 실험학교의 건물 구조는 공동 작업 중심의 통합적 교육과정의 특성과 긴밀히 연계되어 있다. 또한 학교 시스템은 학교 밖의 가정, 자연 환경, 산업 부문, 대학과 유기적으로 상호 연계되어야 한다고 보았다. 실험학교 운영 초기에 발표한 『학교와 사회』에서 듀이는 사회적 삶과 유기적으로 통합된 학교라는 아이디어를 토대로, 실험학교의 물리적인 건물 평면도로서가 아니라 학교의 공간적 의미를 표상하는 도해를 제시하고 있다.

우선 [그림 3-1]은 실험학교 건물 1층의 아이디어다(Dewey, 1899: 49). 사방의 네 모퉁이에는 각각 의식주와 연계된 공동 작업 공간을 배치하는데, 위쪽에는 목공작업실(Shop)과 의류직물실(Textile Industries)이, 아래쪽에는 주방(Kitchen)과 식당(Dining Room)이 놓인다. 그 사방의 활동을 연결하는 가운데에 도서실이 위치함으로써 모든 지적인 이론적 자원들이 사방의 실제적 활동에 방향성을 주는 기능을 하도록 되어 있다. 또한 의식주의 기본 생활과 관련된 활동 공간은 학교 외부에 위치한 가정과, 정원이나 공원과 같은 자연환경과, 경제 산업 부문과, 그리고 실험적 연구를 포괄하는 대학과 밀접하게 상호작용하는 상태를 상징적으로 나타내준다. 예컨대, 실험학교에서 요리 활동은 단지 실제적 기능 훈련의 목적으로가 아니라 요리의 재료들에 대한 과학적 탐구로 안내하는 경험의 배경으로서, 또한 학교 밖의 자연환경에 대한 이해의 계기로서 다루어진다. 따라서 주방 공간은 내부적으로는 도서관과 위층의 과학 실험실 공간과 외부적으로는 자연 환경과 유기적으로 연결되어 있다.

[그림 3-2]는 실험학교 건물 2층의 아이디어다(Dewey, 1899: 52). 위쪽 코

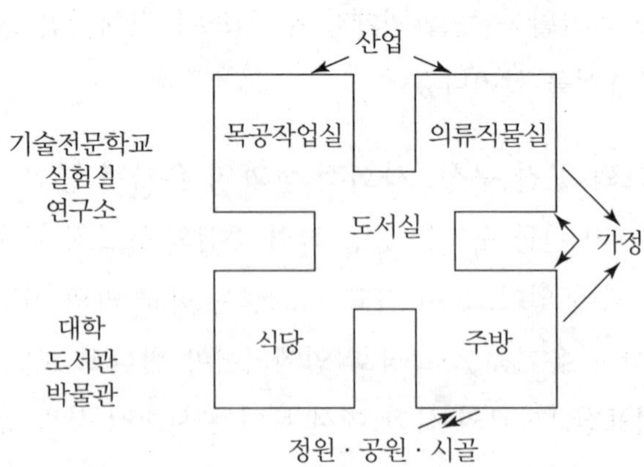

[그림 3-1] 실험학교 건물 1층

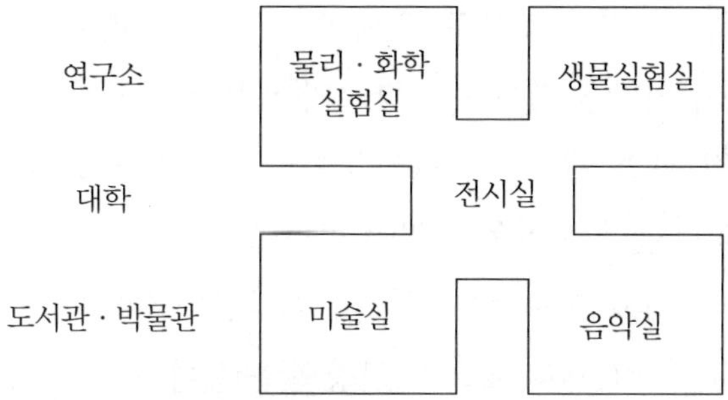

[그림 3-2] 실험학교 건물 2층

너에는 물리-화학 실험실과 생물학 실험실이 있고, 아래쪽 코너에는 미술 작업실과 음악실이 있고 그 한 가운데에는 박물관과 같은 전시공간이 배치된다. 좀 더 본격화된 과학과 예술 교육을 위한 공간 구조이면서, 또한 위에서 살펴본 것처럼 의식주 활동과의 유기적인 연결성이 고려되었다.

전통적 학교는 단지 교과의 학습만을 위한 공간으로서 일상 삶에서 분리된 채 고립되어 있다. 따라서 아동이 학교에서 배우는 것은 교실 지식에 그치며 학교 밖의 일상적인 세계 경험 속에서 그 연결성을 찾지 못한다. 이를 문제시하며, 듀이는 사회적 삶을 구성하는 각 부분과 유기적으로 통합된 학교 체제를 구상하였던 것이다.

(6) 실험학교의 예술적 교사

학교가 사회적 삶과 유기적으로 통합된 교육공동체를 이루려면 교사의 역할이 전통적 교사상으로부터 크게 달라져야 한다. 진보주의 교육에서는 학생과의 관계에서 모든 지식을 알고 그것을 전달하는 전통적 권위적 존재가 아니라, 학생과 더불어 배움을 계속하는 공동체의 구성원으로서 학생에게는 고무하고 제안하고 질문하며 공부의 과정을 도와주는 조력자(facilitator)로서의 교사상을 추구하였다. 이와 같이 전통적인 권위주의에서 벗어나 아동의 흥미와 필요를 중요시하는 점에서 흔히 진보주의 교육은 교사의 의미를 축소시키는 것으로 오해되곤 한다. 그러나 듀이는 진보적인 학교에서 교사의 역할을 전통적인 학교의 경우보다 가벼운 것으로 보지 않으며, 아무리 잘 짜인 새로운 교육과정이라 하더라도 그것을 활용하는 교사의 질을 넘지 못한다는 것을 분명히 한다(Dewey, 1933: 153).

우선 듀이 실험학교 교사들은 아동의 발달단계를 이해하고 해석하고 방향을 안내해 주는 방식으로 교육적 성장의 경험에 적극적으로 참여하는 예술적 실천가이다. 실험학교에서는 이러한 교사의 역할을 연극 공연에서의 연출가의 역할에 비유하였다. "교사는 아동의 삶의 살아 움직이는 드라마를 위한 무대를 마련해 주고, 필요할 때 적절한 소품을 제공해 주고, 아동의 즉각적인 목표를 향한 그리고 더 나아가 교사의 마음에는 분명하지만 아직 아이들에게는 잘 보이지 않는 멀리 있는 목적을 향한 아동의 행위를 방향 잡아주어야 한다."(Mayhew & Edwards, 1936: 253) 최종적으로 완성된 연극을 무대 위에서 펼치며 박수갈채를 받는 배우는 아동 자신이며, 그에 이르는 과정에서 필요한 조건들을 전체적으로 조율하는 연출가로서 교사의 역할이 매우 중요하다. 시카고대학 실험학교에 직·간접적으로 참여하였던 이들에 따르면, 교실에서 아동이 무엇을 할 수 있고 해야 하는지에 관한 교사의 판단에 대해 듀이보다 더욱 충실한 신뢰를 갖고 있던 교육자는 없을 것이라고 증언한다(Mayhew & Edwards, 1936: 366). 교사는 아동이 매일 매일 자신의 경험을 다시 시도해 보고 재발견하고 재구성해 가는 과정에서 지혜로운 해석자(interpreter)이고 안내인(guide)이 되어야 한다.

또한 듀이 실험학교에서 교사는 정해진 교육과정을 그대로 실행하는 대행자가 아니라, 자유와 책임의식을 갖고 교과내용과 방법을 재구성해 가면서 교육에 대한 지적인 이해를 확장하는 전문가다. 특히 학생들의 내적 성장의 동력을 신뢰하면서 그것이 적절히 발달할 수 있는 교육적 상황조건을 찾기 위해 교사 자신의 풍부한 경험을 토대로 한 실천적 탐구를 수행하였다. 듀이 실험학교에 참여한 교사들이 30여 년이 지난 후에 남긴 다음과 같은 회고적 고백이 암시해 주듯이, 학생의 경험과 통합되는 교육과정을 만들어 가는 도전적 과제를 놓고 교사들은 실험적 실천가이며 전문적인 연구자였다:

> [학생의 현재 경험과 교과내용을 관련짓는] 그 문제의 해결책은 극도로 어려운 일이다. 우리는 실험학교에서 그 해결점에 이르지 못했었고, 아직 그 어느 곳에서도 그렇게 하지 못하였다고 보이며, 아마도 그 완전한 해결점을 찾기란 결코 이룰 수 없는 과제일지 모르겠다. 그러나 어떻게 해서든 우리는 그러한 당면한 과제가 제기하는 문제와 난관에 접근하고자 하였다. … [전통적 교과를 그대로 따르거나 아동의 흥미에 그저 내어 놓이거나 하는 식이 아닌] 다른 대안이란 진정으로 학생들 자신의 경험(personal experiences)이 되면서도 미래의 보다 폭넓고 잘 조율된 흥미와 목적으로 인도해 낼 대상을 발견하는 일이다. 이것이 실험학교가 헌신하였던 교과내용의 문제였다(Mayhew & Edwards, 1936: 469).

마지막으로 실험적인 실천 연구를 수행하면서 교사들 상호 간에는 상당한 수준의 협동적 관계가 형성되었다. 듀이 실험학교에서는 교사들 간의 협동적이고 친밀한 조직성(cooperative social organization)이 중시되었는데, 여기서의 협동성이란 단순히 실제적 행위의 수준에서가 아니라 지적인 수준에서 추구되었다. 특히 실험학교에 관심을 갖고 지적 · 사회적 자원을 제공하는 학교 밖의 전문가들이나 지역사회 구성원들과도 다양한 방식으로 협력하였다. 이렇게 민주적인 탐구공동체에서 교사들 간의 자발적인 모임과 교류는 장학(supervision), 교수 평가, 수업기법 훈련 등의 관료적인 통제 중심 관념들을 대체하면서 듀이 실험학교 조직과 행정의 독특한 특징으로 자리 잡았다.

실험학교 사례에서 예시되는 진보적 교사의 특징은 다음 세 가지로 요약된다. 첫째, 근대적인 획일화된 학교교육체제에서 나타나는 기계적 관계를 넘어서, 진보적 교사는 아동의 질적인 경험에 대한 공감적 이해를 바탕으로 교육적 경험을 안내하는 예술적 실천가다(Dewey, 1923). 둘째, 정해진 교육과정과 교수 이론의 실행자(practitioner) 역할을 넘어서, 진보적 교사는 창의적으로 교육과정을 재구성하고 실험적 교실실천 가운데 나타나는 구체적인 실제의 다원성을 이론화하는 과학적 탐구자다(Dewey, 1929). 셋째, 진보적 교사는 지적인 자유, 협동적 능력, 개방된 마음을 바탕으로 교사들 간에 탐구공동체를 이룰 뿐 아니라, 다양한 지역사회 구성원과 더불어 공동체적 삶의 질적인 변혁을 모색하는 민주적인 사회개혁가다.

이상에서 살펴본 바와 같이 시카고대학 실험학교에서 듀이가 참여하고 있던 7년간의 실험적 실천은 단위학교에서 이룬 진보주의 교육운동의 선구적 전형이 되었다. 특히 주목을 끄는 것은 대학의 교수와 대학원생, 교수들 가운데에서도 다양한 분야의 전문가들, 그리고 지역사회의 지성적 실천가들이 연대함으로써 교사뿐 아니라 다양한 구성원들이 실험학교의 새로운 목표와 수단을 강구하는 과정에 참여하였던 점이다. 또한 듀이의 프래그머티즘 철학을 중심으로 일관된 교육철학과 원리를 정립하고 실험적 실천을 통해 인간의 성장과 학습 과정에 대한 심리학적 발견에 이름으로써, 교육의 이론과 실제의 순환적 발전 가능성을 보여 준 점이 특징적이다. 그리고 무엇보다 교육과정을 실험적으로 구성하고 학교의 공동체 문화를 형성해 가는 과정에서 진보적인 교사들의 능동적 참여와 협동적 탐구가 근본 동력이 되었다는 점이 중요한 의미를 갖는다.

3) 진보적인 '내일의 학교들'

듀이의 진보주의 교육사상과 시카고대학 실험학교 사례는 세기적 전환기에 전통적 학교교육의 문제를 통렬히 비판하며 대안을 모색하려는 많은 이들에게 영감을 불어넣었다. 또한 서구 신교육운동을 추동한 다양한 영향을 받아, '진보주의 학교(progressive school)', '새 학교(new school)', '현대 학교(modern school)' 등의 이름으로 여러 형태의 진보적인 '내일의 학교들'이 확산되었다.

초기 진보적 학교들을 탐방하며 구체적인 실제의 다양한 모습을 그려낸 연구들 가운데 선구적으로 꼽히는 것은, 앞서 언급되었던 듀이와 그의 딸 에블린이 집필한 『내일의 학교들(Schools of To-Morrow)』이다(Dewey, 1915). 이 책에 소개된 초기의 진보적 학교들은 주로 탁월한 여성 교육실천가들이 설립한 선구적인 사립학교들과 게리, 시카고, 인디애나폴리스 등지에서 진보적 혁신을 시도한 공립학교들이다. 이 책은 초기 진보적 학교들 각각의 다양한 이론적 토대와 실천적 특징을 상세하게 기술하고 있다. 체육교육, 자연 공부, 노작교육, 실업기술교육, 사회적 활동 등 각 학교에서 실험적으로 시도된 교육실제적 특징들뿐 아니라, 아동의 자유, 개별 학생들의 성장·발달에 대한 관심, 교육과 삶의 통합 문제, 보다 의미 있는 학교교육과정 구성, 학교 문화와 학습과정의 민주화 등과 같은 이론적 주제들까지 포함하고 있다(Cremin, 1961: 153-154).

현재까지 여러 교육사가들에 의해 탐구되고 있을 만큼 당시 영향력이 컸던 진보적 학교들로는 파커가 1901년 시카고에 설립한 파커 학교; 루소의 자연주의 교육사상에 영향을 받고 존슨(Marietta Johnson)이 1903년 페어호프(Fairhope, Alabama) 지역에 설립한 통합 학교(Organic School); 놀이의 교육적 힘에 대한 아이디어를 핵심으로 하면서 프랫(Caroline Pratt)이 1914년 뉴욕 시에 세운 놀이 학교(Play School: 후에 City and Country School로 바뀜); 프로이트 심리학의 영향을 받아 개성의 존중과 예술적 자기표현을 강조하는 나움버그(Margaret Naumberg)가 1915년 뉴욕 시에 세운 어린이 학교(Children's School: 후에 Walden School로 바뀜); 컬럼비아대학 교사교육대학 부설학교로서 플렉스너(Abraham Flexner) 등이 듀이 실험학교 아이디어를 계승하여 1917년에 설립한 링컨 학교(Lincoln School); 파커스트(Helen Parkhurst)가 1919년 뉴욕시에 설립한 달톤 학교(Dalton School); 그리고 공립학교의 진보적 개혁 사례로서 월트(William Wirt)에 의해 주도된 인디애나 주 게리 플랜, 학생들의 개인 능력 차이를 고려한 개별화 교육체제로 잘 알려진 워쉬번(Carleton W. Washburne)에 의한 일리노이 주 위네카 지역 학교교육개혁 등을 꼽을 수 있다. 여기서는 특징적인 차이를 보이는 세 가지 사례를 살펴볼 것이다.

(1) 진보적 교육 실천의 선구: 파커 학교

미국의 진보주의 교육운동의 선구적 모범은 프랜시스 파커의 실천에서 찾을 수 있다. 듀이는 진보적 학교개혁을 선도하였던 파커를 진보주의 교육운동의 아버지로 불렀다. 파커는 1837년에 태어났고, 일찍이 16세부터 학교 교사 생활을 시작하였다. 남북전쟁 기간 동안 군복무를 위해 잠시 학교를 떠났다가 돌아와 일상적 교수방식에 회의를 느끼면서 교육 관련 서적들을 공부하게 된다. 베를린의 킹 윌리엄(King William) 대학에서 강의를 듣고 유럽의 각지를 여행하며 2년 반을 보내고 돌아와 미국의 교육을 개혁할 뜻을 품는다. 그는 다양한 교육사상으로부터 자신의 교육원리를 구축하였는데, 루소에게서 아동의 자발성에 대한 낭만적 견해를, 페스탈로치로부터 자연주의적 교육방법의 시사를, 프뢰벨에게서 아동의 전인적 성장이라는 목표를, 헤르바르트의 심리학에 근거하여 집중과 상호관련이라는 교수 원리를 발전시켰다(Stone, 1999). 이와 같이 교육적 이론적 탐색에도 열성적이었지만 그의 진보적 아이디어는 근본적으로 자신의 교육 실천적 경험에서 나온 것이었다. 특히 무엇보다 그의 후일 회고에서 언급되었듯이, 인간에 대한 깊은 관심과 인간의 성장과 진보를 보고 싶어 했던 자신의 강렬한 열망에 뿌리를 둔 것이었다.

파커가 자신의 진보적 아이디어를 처음으로 실천할 수 있게 된 것은

1873년 매사추세츠 주 퀸시 교육구의 장학관으로 발탁되면서부터다. 그는 학생들의 교육 수준의 열악함을 문제로 의식하며 교육개혁을 추진하게 되었는데, 그것이 이른바 퀸시 시스템(Quincy System)으로 널리 알려지게 된다. 당시 파커가 주도한 교육과정 개혁의 실제적 원리들을 열거해 보자면, 알파벳으로 시작하던 읽기 쓰기 공부를 단어와 문장으로부터 시작하였고, 고전적 교과서를 없애고 잡지, 신문, 교사가 만든 자료 등을 활용하여 학생들에게 현실적 의미를 줄 수 있는 교재로 구성하였으며, 알고리즘 규칙에서 시작하던 셈하기 과정을 귀납적 원리에 의거해 구체적 조작물로 접근하였다. 또한 그 지역의 소풍을 통하여 지리 공부를 체험적으로 도입하였고, 수공적 기민함과 개성의 표현 능력 발달을 목표로 하는 미술 공부를 시도하였으며, 관찰 · 묘사 · 이해의 과정을 강조하고, 기본 기능이 익숙해진 후 전통적 교과를 도입하는 등의 다양한 실험적 시도를 하였다(Cremin, 1961).

퀸시 교육구에서 전통적 교실 수업 방식을 실험적으로 혁신한 경험을 바탕으로 파커는 1880년 시카고에 있는 쿡 카운티 사범학교(Cook County Normal School)의 교장으로 옮겨 간다. 파커 부임 이후 사범학교의 교사 실습과정을 위한 부설공립학교를 열게 되는데, 여기서 파커는 본격적으로 진보적 교육 실천을 펼쳐 나가게 된다. 이곳 파커 학교의 가장 대표적인 특징은 아동을 중심으로 하고 교과를 상호 연결하여 아동에게 유의미하게 만드는 것이다. 즉, 학생들에게 의미를 갖는 삶의 맥락 안에서 교과 간 통합이 이루어지도록 하는 교실수업이 강조되었다. 예컨대, 읽기 쓰기 시간에는 학생들 자신의 이야기를 쓰도록 고무하고, 문법 학습이나 반복적인 기능 훈련은 반드시 학생들의 즉각적인 흥미와 관심을 끄는 의사소통적 상황 맥락 속에서 다루어졌다. 파커 학교의 교육 원리는 활동을 통한 학습, 교과의 집중과 연결을 통한 힘의 생성, 민주사회 시민 형성을 위한 공동체 중심 교육, 지적인 발달과 인격적 발달을 통합한 전인교육, 자연 환경에서 구체적인 경험을 통한 교육 등으로 요약된다(Stone, 1999). 교사의 과제는 아이들이 현재 있는 곳에서 시작하여 언어와 그림을 통해 지식의 세계로 인도하고 의미와 감수성을 확장해 가도록 돕는 일이다. 학교는 모범 가정, 완전한 공동체, 발생 초기의 민주주의를 대표하는 곳으로서 교사-학생-교장-학부모의 공동체적 연대감이 근본적인 바탕을 이루었다. 파커 학교는 아동과 성인이 함께 공동의 삶을 공유하는 터전으로서 자신들의 일상적 경험이나 예술적 표현들을 함께 공유하고 상호 고무하는 관계를 형성하도록 '비형식성'을 특징으로 하는 장이 되었다.

(2) 공교육에서의 진보적 혁신: 게리 지역사회 학교

전통적 학교교육에 대한 대안을 모색하는 다양한 진보적 실천 사례를 소개한 『내일의 학교들』은 각 학교의 대안적 시도에 대한 세세한 기술과 함께 그 한계가 논의되고, 그것을 넘어서는 사례가 다음 이어지는 학교에서 제시되는 방식으로 구성되어 있다. 그런데 이 책의 제일 마지막에 상세하게 다뤄진 것이 인디애나 주 게리(Gary) 지역의 학교개혁이다. 『내일의 학교들』은 학교들 간의 상대적인 평가를 목적으로 하지는 않았지만, 게리 학교가 마지막에 다루어진 점으로 미루어 그것이 듀이의 관점에서 진보주의 교육운동의 이념을 가장 잘 반영한 사례였던 것으로 해석해 볼 수 있다.

게리는 미시간 호수 남부 해변의 황무지였다가 1906년 미철강협회가 대단위 공단을 설립하기로 하면서 생성된 도시다. 따라서 대부분 이민 온 노동계층 인구로 구성되었고 산업 신도시의 온갖 사회정치적 문제가 복잡하게 얽혀 있었다. 이를 해결하고자 1907년 게리 교육구는 당시 33세의 월트를 교육구청장으로 임명한다. 시카고대학에서 듀이에게 배운 학생이었던 월트는 듀이의 교육 이념을 실천하는 개혁을 시도한다. 그의 개혁적 노력은 짧은 시간 안에 많은 관심을 모았으며 10년이 지나지 않아 당시 진보적 학교의 지도적 표본으로 인정받게 되었다.

게리 플랜(Gary Plan)으로 잘 알려진 학교개혁은 그 지역의 특수성을 고려하여 일 년 열두 달 매일 계속해서 모든 계층의 사람들에게 열려 있는 지역사회 학교로서 프로그램이나 조직 면에서의 유연한 체제가 가장 큰 특징이다. 경제적 효용성을 고려하여 고정된 교실과 책상을 개별 학생에게 할당하는 대신에, 작업실, 실험실 등 특별활동실을 동시에 유동적으로 활용하는 2개 소대 기획(two-platoon plan)으로 운영되었다. 게리 학교는 무엇보다 축소판 공동체로서 학교 밖 삶과의 연속성을 확보하고자 하였다. 사회적 삶의 상황에서와 같이 다양한 이질집단 가운데에서의 교육 경험을 강조하고, 학생들은 가정에서와 같이 학교의 근로 활동에도 참여한다. 초등학생과 고등학생이 같은 건물에서 생활하며 강당에서 전체 공동의 문제를 토론하는 기회를 갖는다. 또한 숙련된 기술자들 가운데 그 인격적 · 지성적 교수능력에 의거해 선발하여 학교 작업실의 장비 관리와 학생들의 기술 훈련 시노를 담당케 하고, 가정과학실에서 학교식당을 운영하며, 상업과학실험실은 학교 기록을 관리한다(Dewey, 1915).

교육과정은 인디애나 주의 교과과정을 따르면서 개인적 사회적 필요를 반영한 통합적 교육 프로그램으로 재구성하여 운영되었다. 문법, 철자, 말하기, 읽기, 쓰기 공부는 강당에서의 단체 활동과 밀접한 연결성을 갖도록 하는 방식으로 진행되었으며, 지리와 역사는 통합적으로 지도하고, 과학수업은 여행이나 일에서 시작해서 보다 체계화된 교과내용으로 접근해 갔다. 실업 훈련은 단순한 기능교육을 넘어서 실제로 해봄으로써 효율적인 학습을 도모할 뿐 아니라 궁극적으로 산업생산 체제에 대한 일반적 조망을 할 수 있게 이끌었다. 표준 교과에 대해서는 시험과 면접에 의해 학생 개개인의 능력을 평가하여 수준별 개별화 프로그램을 지도받았다. 주요 교과영역에 대해서는 토요일 자율적 지도 시간이 운영되었고, 놀이, 작업실, 강당 수업시간을 이용하여 학생들의 자유로운 선택에 따라 주요 교과에 대한 보충 수업을 받을 수 있도록 융통성 있는 체제로 조직되었다.

게리 학교 체제는 학생들에게 놀이터, 정원, 도서실, 체육관, 수영장, 화실과 음악실, 과학실험실, 기술작업실, 강당 등의 확장된 교육 기회를 제공하고, 더 나아가 지역사회의 지적 · 예술적 삶의 중심이며 지역공동체의 진보를 위한 중핵 기관으로서의 학교를 구상하였다. 이러한 점에서 게리 학교는 '태아적 공동체적 삶의 형식(embryonic community life)'이라는 듀이의 진보적 학교 이념을 도시의 공교육체제 속에서 구현하려는 시도였으며, '과감하고 용기 있고 자유롭고 상상력 넘치는 선구적 실험'으로 평가되고 있다(Cremin, 1961).

(3) 진보주의 전성기의 표상: 파커스트의 달톤 학교

1918년 중등교육위원회의 보고서 발표, 1919년 진보주의 교육협회 설립으로 이어지던 시기는 진보주의 교육운동이 공식적인 지지기반을 얻으며 확산되는 전성기이다. 이 시기에 진보주의 교육을 표방하는 사립학교들이 많이 생겨나는데, 주로 재능 있는 교육실천가들이 그들의 진보적인 교육 비전을 공감하는 부유층 여성들의 후원하에 학교를 세우는 형태로 나타났다. 새 학교들 대부분은 각 개별 아동들에게는 독특하게 창의적인 잠재력이 있으며 아동의 자유로운 발달을 학교가 최대한으로 고무함으로써 사회와 인류 문명의 진보에 기여할 것이라는 아동중심교육의 이념을 따랐다. 그 전형적인 사례가 '진보주의 교육의 메시아'로 불리던 파커스트가 세운 달톤 학교(Dalton School)이다.

당시 매사추세츠주 달톤 지역에는 크레인 페이퍼라는 상당히 큰 제지회사가 있었는데, 그 경영주의 부인이던 크레인 여사(Mrs. W. Murray Crane)는 자기 자녀들의 교육을 위해 파커스트를 그곳으로 초청한다. 그렇게 해서 크레인 여사와 인연을 맺고 일하면서 파커스트는 달톤 지역의 공립 고등학교 개혁을 위한 달톤 플랜을 입안하게 된다. 그러나 그 개혁안은 그 지역 학부모들의 거센 저항으로 불과 일 년 만에 끝이 났다. 그러자 파커스트의 교육개혁 시도를 지지했던 크레인 여사는 학교를 설립하여 진보적인 교육의 뜻을 펼칠 수 있도록 재정 지원을 약속하게 된다. 이렇게 해서 파커스트는 1919년 뉴욕시 맨하탄의 예술가, 문인, 학자들이 많이 거주하는 중산층 거주 지역에 학교를 세우게 되었고, 재정 후원자의 연고지명을 따라 달톤 학교로 이름을 붙였다. 파커스트의 교육철학과 실천적 방안을 제시한 『달톤 플랜의 교육』은 듀이의 진보적 교육이념과 개별화 교육 시스템 고안으로 유명한 워쉬번의 아이디어를 혁신적으로 종합한 것으로 평가되고 있다 (Cremin, 1961: 295-296).[10)]

달톤 플랜의 기본 원리는 자유와 협동이다. 파커스트에 의하면, "자유란 자기 자신의 시간을 쓰는 것이며, 누군가 다른 사람의 시간을 차지하는 것은 노예화하는 것이다."(Semel, 1999: 174에서 재인용) 그는 학생들이 방해없이 어떤 주제든지 자신이 몰입하여 흥미를 느끼는 공부를 할 때 정신적으로 보다 예리하고 기민하고 학습 능력이 활성화된다고 보았다. 이렇게 자유롭게 몰입된 개별화 학습을 지원하기 위해 달톤 학교에서는 학교종을 없앴다. 또한 공동체적 삶에서의 상호작용을 중시하고, 학생들 간에 그리고 학생과 교사 간에 협동적 상호작용을 극대화할 수 있는 환경을 만들고자 하였다. 이를 위한 방법으로는 학기 초마다 학생들이 각자의 학습 수준에 맞는 과제 목표를 협의를 통해 구성하는 연간계획 세우기와 달톤 학교 개혁의 독특한 방식의 하나인 '가족시스템(House system)'을 들 수 있다. 가족시스템은 9~12학년까지의 고등학교 각 학년별 학생들을 지도교사와 함께 서로 조언을 해 주는 소그룹으로 묶어 90분간의 미팅을 1주일에 4회씩 갖도록 하는 것이다. 가족 미팅(House meeting)에서 학생들은 지도교사와 함께 학습 계획이나 책임과 일상의 태도에 대해서뿐 아니라 개인적인 문제들을 상의함으로써, 독립심과 더불어 사회의식을 키우는 계기를 마련하였다.

달톤 학교 교육과정의 특징적 요소는 계약(Contract)과 과제(Assignment)

시스템이다. 교육과정이 20일 단위의 작업을 통해 완성해야 할 일(job)로 나누어져 있고, 학생들은 자신들의 과제에 대해 '계약을 체결'하여, 계약한 일의 전체적인 구성으로 과제가 부과되었다. 학생들의 자유로운 활동과 개인별 차이를 고려한 성장을 고무할 목적으로 시간표는 매일 오전 9시부터 12시까지를 하나의 큰 단위 시간으로 묶어 '실험실 시간(Lab time)'으로 운영되었다. 교사들은 각자 자신의 실험실(Lab)을 갖고 있으며 학생들은 자신들의 계약된 과제 이행을 위해 실험실에서 교사들의 도움을 받아 소집단별 혹은 개별 활동을 하고 실험실에 준비된 다양한 범위의 교재들을 각자의 필요와 수준에 따라 자유롭게 활용한다.

구체적인 학교 일상에서 나타나는 달톤 플랜의 중추적 특성은 개별화된 학습과 공동의 협력을 이끌어 내는 과정에서의 유연성과 비형식성에 있다. 교사나 학생들의 자유로운 견해가 그 표현의 기회를 가졌고 즉각적인 의사결정에 따라 새로운 시도를 해 볼 수 있었기 때문에 항상 '놀라움의 요소(the element of surprise)'가 학교 일상에 두루 퍼져 있었다고 한다(Semel, 1999: 176). 그것은 학교 구성원 모두가 변화하는 상황에 지성적으로 대처할 수 있는 기질을 형성하는 밑거름으로 긍정적인 평가를 받기도 했지만, 구조화된 학교 질서와 안정적인 교육과정을 중요시하는 입장에서는 거듭되는 비판의 원천이 되었다. 특히 대학입학 준비가 긴급한 고등학교 단계에서 이러한 비형식적 교육과정 운영은 문제시되었다.

따라서 학교 설립 후 10여 년에 걸치는 동안 달톤 플랜이 가장 의미 있게 정착 운용된 것은 4~8학년에 걸치는 초·중등단계에서였다. 그러던 중에 1933년 진보주의 교육협회 산하의 '중등학교와 대학 간 연계방안 연구위원회(A Commission on the Relation of School and College)'에서 추진한 '8년 연구(the Eight-Year Study)'에 달톤 학교도 참여하게 되면서 고등학교 교육에서도 변화의 계기를 마련하게 된다. 8년 연구를 통한 진보주의 교육운동에 대한 전반적인 평가에 관해서는 다음 절에서 다룰 것인데, 달톤 학교의 경우 8년 연구 참여 기간은 진정으로 새로운 교육을 만들어 나가는 '하나의 모험'으로 구성원들에게 아주 특별하게 기억되고 있었다(Semel, 1999: 177-181). 8년 연구를 통해 파커스트와 교사들은 헌신적 · 열정적으로 일했으며, 자유와 협동의 원리에 입각한 달톤 플랜을 고등학교 단계에도 일관되게 적용하여 교육과정의 목표와 내용을 재구성하게 된다. 예컨대, 8년 연구에 참여하면서 재구조화한 고등학교의 통합적 중핵교육과정 주제는 다음과 같다.

- 9학년: 뉴욕시에서의 삶
- 10학년: 오늘날 미국 생활의 특징적 차이를 낳는 정치, 경제, 문화적 추세
- 11학년: 오늘날 우리 삶에 미치는 유럽 문화의 영향
- 12학년: 가장 중요한 국제 문제와 미국의 관계

이와 같이 탐구문제의 발전적 심화 과정을 통하여 학생들이 당시 실세계의 문제에 대해 포괄적으로 통합적으로 이해할 수 있도록 교과목 중심이 아니라 커다란 주제 중심으로 학년 단위 교육과정을 재구성하였다. 8년 연구에 참여한 여러 학교 가운데 달톤 학교 사례는 특별히 성공적인 것으로 평가되었다. 타일러(Ralph W. Tyler)는 평가보고서에서 달톤 학교 교육과정의 우수성과 그 학교 출신 학생들이 다른 학생들에 비해 여러 가지 능력에서 현저하게 드러난 탁월성, 교사들의 협동적이고 창의적인 헌신, 학부모들의 적극적인 참여와 관심을 이끌어낸 점 등을 높이 평가하였다.

그러나 달톤 학교는 8년 연구 과정에서 이루었던 성취에도 불구하고, 재정 운용 면에서 파커스트의 독단적인 실책이 거듭되면서 학교위원회 측과 갈등의 골이 점차 깊어졌다. 결국 1942년에 파커스트는 달톤 학교에서 사임하였고, 그 이후 달톤 학교는 서서히 초기의 진보적인 학교 이념과 실천 원리에서 멀어져 가게 된다. 달톤 학교는 현재에도 뉴욕시에 유치원부터 12학년까지 초등, 중등, 고등학교 체제로 남아 있다. 그러나 그 성격은 설

립 이념에 비해 크게 변형되었고, 지금은 경쟁력 있는 엘리트를 위한 대학 준비에 중점을 두는 사립학교로 남아 있다. 등록금이 연간 17,000달러를 웃도는 수준으로 현재 그 학교에 지원하는 학생의 부모들은 대부분 진보적인 교육이념의 뿌리에 관심을 두지 않고 있다. 이렇게 현재의 달톤 학교는 초기 진보적 이념에서 멀어졌을 때 사립학교 수요자 계층의 요구에 따라 급격히 변모하게 되는 사례를 예시해 주고 있다.

이상에서 우리는 진보주의 교육개혁운동이 형성 발전되어 가는 과정에서 나타난 세 가지 특징적인 학교 사례를 살펴보았다. 여기서도 알 수 있듯이 학교교육의 대안을 실천적으로 모색한 진보적인 '내일의 학교들'의 특성은 개혁적 실천가의 이념과 경험에 따라 각기 매우 다르게 나타났다. 그러면서도 전통적 학교와 비교했을 때 진보적 학교에서 나타나는 공통적 특징을 찾을 수 있는데 그것을 듀이는 다음 네 가지로 정리한다(Dewey, 1928). 첫째, 모든 개인의 능력, 관심, 경험에 있어서의 차이와 다양한 개성을 존중한다. 둘째, 학교의 외적인 형식에서나 학습과정에서 자유를 중시한다. 진보적 학교에서는 진정한 지적 활동과 정서적 표현을 위한 비형식적이고 자유로운 분위기를 조성함으로써, 교사들 편에서는 학생들의 실제 참모습을 알 수 있게 되고 학생들에게는 자기주도적 학습 능력을 길러주고자 하였다. 셋째, 교육과정과 수업 운용에서 전통적 학교의 수동성과 대비되는 능동적인 활동성을 강조한다. 넷째, 학교 밖 세계에서 이루어지는 사람들 간의 사회적인 관계, 의사소통과 상호교제의 교육적 의미와 가치에 특별한 주의와 관심을 기울인다. 그런데 진보주의 이념 자체가 다양성의 존중을 중요한 모토로 삼고 있기에, 이러한 진보적 학교의 공통 특징이 각 단위 학교 실제에서 구체적으로 구현되는 방식은 매우 다르게 나타났으며, 그러한 다양한 실험적 실천들이 하나의 흐름을 형성해 간 것이다.

4) 진보주의 교육운동의 확산과 전문화

진보주의 교육운동은 제1차세계대전을 전후하여 이론적 · 실천적으로 성숙되고 미국 교육의 주도적인 흐름을 형성하며 그 위상을 확고히 하게 된다. 이 시기까지 진보주의 교육운동이란 교육실천가, 철학자, 심리학자, 사회사업가들을 중심으로, 아동의 학교 경험이 그들의 지적, 사회적, 심미적, 도덕적 발달 등 전 인격적 성장에 도움이 되도록 교육을 전반적으로 재구성하고, 이로써 민주적 사회를 준비할 창조적 지성인을 기르는 다양한 시도를 포괄한 것이있다. 한편, 진보주의 교육협회가 결성되어 표면적인 구심점이 확보되자 조직적 확산과 전문화의 계기가 마련되는 동시에, 그 이념적 정체성의 갈등이 문제로 떠오르게 되었다.

진보적 교육개혁가들은 대부분 전통적 교육에서 간과되었던 '아동'에 주목하면서 아동의 흥미와 필요에 부합하는 교육을 강조하였고, 주요 서서에서 '아동'은 빈번히 제목으로 등장하였다.[11] 이러한 흐름 속에서 진보주의 교육협회 설립을 주도한 사람들은 일반 교육자와 관심 있는 학부모들로서 소위 '아동-중심적(child-centered)' 가치에 중점을 두는 낭만적인 교육개혁가들이었다. 한편, 1920년대 후반부터는 당시 듀이가 있던 컬럼비아 대학교 사범대학 구성원들의 협회 참여와 지도적 역할이 두드러졌는데, 이들은 낭만적 아동중심교육의 개인주의적 경향을 비판하였다. '사회재건주의자(Social Reconstructionists)'로도 불리는 이들은 자본주의 사회의 모순을 학교교육을 통해 혁신하려 했고, 이때부터 진보주의 교육운동에는 사회 질서 재정립을 위한 학교의 비판적 역할에 관하여 의식적 각성의 소리가 보다 높아졌다.[12]

이와 같이 진보주의 교육운동의 확산기에 미국 교육개혁을 주도하는 흐름에는 세 가지 서로 다른 가닥이 얽혀 대립하여 있었다. 실증주의 과학관을 반영하며 학교교육의 사회적 효율성을 강조하는 이들이 한 갈래를, 진보주의 교육운동의 실질적 주류를 형성해 온 아동중심적 개혁가들이 또 다른 갈래를, 그리고 교육을 통한 사회재건을 강조하는 비판적 입장이 비교적 뒤늦게 나타나 또 한 갈래를 이루었다. 듀이는 1930년대에 들어 진보주의 교육운동의 전개 양상에 대한 실망감과 진보적 학교의 다양한 실천의 문제에 대한 비판적 입장을 분명히 한다(Dewey, 1938). 웨스트부룩이 간명하게 정리하고 있듯이, "제1차세계대전 후 [미국의] 교육개혁은 '과학적 효율성'의 지지자들이 소위 '낭만적 아동중심' 교육론자들과 격렬하게 대립하며 분열되었고, 1930년대에 접어들어서는 '사회재건주의자들'이 이들 양자에 대해 도전을 가하였다. 듀이는 정도의 차이는 있었으나 이들 모두에 대해 비판적인 입장을 취하였다."(Westbrook, 1991: 501) 이렇게 복잡한 양상으로 전개된 확산과 전문화 시기의 진보주의 교육운동에 대해 진보주의 교육협회의 활동을 중심으로 살펴볼 것이다.

(1) 진보주의 교육협회의 형성과 변천

1919년 진보주의 교육협회(Progressive Education Association)는 '인간의 정신적, 신체적, 영적, 사회적 특성과 필요에 관한 과학적 연구를 토대로 개인의 가장 자유롭고 완전한 발달'을 그 목적으로 표방하며 시작되었다.[13] 자신의 교직 경험으로부터 교육개혁에 깊은 관심을 갖게 되었던 콥(Stanwood Cobb)이 그러한 필요를 공감하는 학부모와 당시 실험적으로 학교를 운영하던 교사들의 지원을 얻으면서 협회가 결성되었다. 초창기 집행부는 아동중심적인 사립학교를 직접 운영하는 소수 실천가들에 의해 주도되었고, 진보주의 교육운동을 추동한 사회개혁적 정신과는 거리가 있었다.

협회는 설립 당시에 '진보적인 교육으로 인도하는 일곱 가지 교육원리'를 수립하여 공표한다. 그것은 '① 자연적인 성장 발달을 위한 자유, ② 모든 교과활동에 동기를 부여하는 흥미, ③ 활동의 통제자가 아니라 안내인으로서의 교사, ④ 아동 발달에 대한 과학적 연구, ⑤ 아동 신체 발달에 영향을 주는 요인에 대한 보다 큰 관심, ⑥ 아동의 삶의 필요를 위한 학교와 가정의 협력 ⑦ 교육개혁운동에서 진보적 학교의 지도적 역할'이라는 핵심 가치들로 요약된다(Berube, 1994: 20; Cremin, 1961: 243-245). 그러나 이 강령들의 의미는 포괄적이고 일반적인 수준이어서 구체적인 실제 개혁 시도를 일관된 방향으로 인도할 만한 명료한 교육철학과 실천적 미션으로 기능하지는 못하였다.[14] 따라서 아동을 존중하며 과학적으로 교육과정을 개선하려는 온갖 다양하고도 서로 대립되는 교육실험들이 진보주의 교육의 이름으로 공존하게 되었다.

이러한 개방성에 힘입어 협회 설립 10년에 걸쳐 회원 수가 꾸준히 늘고 안정된 입지를 확보하게 되었다. 협회는 진보주의 교육의 본격적인 확산 방안을 모색하며 각종 연구위원회를 가동시켰고 그러면서 점차 그 성격이 변형된다. 즉, 교육개혁에 관심을 둔 학부모와 실천가 등 다양한 집단이 활동했던 초창기에 비해, 1920년대 말부터 대학의 교수와 연구원 등 전문가들의 참여가 눈에 띄게 늘면서 교육전문가집단 중심으로 전환되어 갔다. 앞서 달톤 학교 사례에서 언급하였던 8년 연구를 포함해서 협회가 주관한 전문적인 연구 활동이 증가하면서 진보주의 교육운동은 1930년대에 미국 교육의 주류 세력으로 부상하게 되었다. 이 시기에 회원 수 증가도 두드러지는데 1929년의 회원 수 6,600명에서 1938년에는 최고 10,440명에 이르렀다(Cremin, 1961: 257). 그러나 협회가 교육전문가집단의 성격을 강화해 가면서 사회개혁에 뜻을 둔 일반의 진보적 지성인 집단의 관심으로부터는 더욱 멀어지게 되었다.

한편, 교육전문가의 적극적인 참여는 협회의 철학적 성격에 대한 자기반성을 불러일으켰다. 하나의 철학이나 원리를 규정하기보다 다양한 개혁 시도들에 열려 있던 초창기의 온건하고 개방적인 입장이 비판을 받게 된 것이다. 진보적인 철학 정립의 필요성을 공감하게 한 결정적 계기는 경제공황이 극심했던 1932년 협회 연차대회에서 카운츠의 발표를 통해서였다

(Counts, 1932). 여기서 그는 "진보주의 교육이 감히 진보적이라 할 수 있는가?"라는 제목의 글을 통해 진보주의 교육운동이 개인주의적으로 흐르는 경향을 비판했다. 뒤이어 발표한 "학교가 새로운 사회 질서를 수립할 수 있는가?"라는 글에서도 새로운 세대의 학생들에게 사회의식을 불어넣고 정의롭지 못한 사회의 불평등한 구조를 혁신하는 지성적 주체가 되도록 가르쳐야 한다고 주장하였다. 이를 계기로 미래의 학교는 아동중심 그 이상이 되어야 하고 개성의 발달만으로는 사회 의식이 고양된 개인을 기르기 어려우며 사회적 이상을 꿈꾸고 준비하는 학교가 되지 못한다는 문제의식에 협회 구성원들이 동의하게 된다.

그러나 실제로 진보주의 교육의 철학적 방향 탐색은 하나의 결론으로 수렴되기 쉽지 않았고, 1938년에 이르러서야 아동중심적 입장과 사회개혁적 입장의 양극단을 피한 절충안이 『진보주의 교육: 그 철학과 도전』이라는 교육철학위원회 보고서로 발표되었다. 한편 협회의 이러한 이념적 정체성 확립을 위한 노력에도 불구하고, 진보적 학교를 표방하는 이들의 구체적인 실천에 있어서는 여전히 개별 아동의 필요에 초점을 두는 낭만적 아동중심 교육의 성격이 지배적이었다.

(2) 8년 연구(The Eight-Year Study)

진보주의 교육이 협회를 중심으로 전문화되고 그 위상을 공고히 하던 시기에 미국의 교육사상 진보주의 교육협회가 수행한 가장 큰 공헌으로 평가되는 '8년 연구'가 이루어진다(홍후조, 2002: 126-144; Cremin, 1961: 250-258). 당시 협회는 이 연구를 위해 카네기재단에서 7만 달러, 일반교육위원단(General Education Board)에서 62만 달러 등 막대한 연구기금을 지원받았다. 8년 연구는 당초 초등교육에 비해 중등교육단계에서 교육현실이 열악하고 다양한 진보적인 혁신이 잘 이루어지지 않는 것에 대한 문제의식에서 비롯된 것이다. 그 현실적인 제약이 대학입학시험의 준비 부담에서 생긴다는 점에 착안하여, 협회는 '중등학교와 대학 간 연계방안 연구위원회'를 조직하여 20세기 전반기에 가장 광범위하게 시도된 종단적 연구를 기획하게 된다. 진보적인 교육이념에 따라 통합적 교육과정을 운영할 30개 고등학교가 까다로운 대학입하 요건에서 '족쇄 풀린 학교(unshackled schools)'로 선정되었고(한 학교는 나중에 참여를 철회), 1933년부터 1941년에 걸쳐 재정 지원을 받으며 실험적으로 교육과정을 혁신하여 운영하였다. 300개 이상의 유수한 대학이 참여하여 이들 실험고등학교 졸업생들에 대해 대학입학시험을 면제해 주었고 그들의 대학에서의 성취를 일반고교 졸업생과 비교·분석하는 연구가 수행된 것이다.

연구팀장 타일러와 연구진들은 다양한 평가도구를 개발하여 분석하였고, 그 결과는 1942년에 5권 분량의 보고서로 발표되었다. 진보적 교육을 받은 실험고교 출신 학생들과 다른 변수가 거의 비슷한 일반고교 출신 학생들을 짝을 시어, 총 1475쌍을 대상으로 한 비교평가를 실시했다. 그 결과 진보적 학교 졸업생들이 대학에서의 학업 성적, 지적인 호기심, 체계적이고 객관적인 사고능력, 교육의 의미에 대한 명료한 관념, 새로운 상황에서 보다 풍부한 자원을 활용하는 능력, 효과적인 문제해결능력, 학과 내외 활동의 수상 실적, 동아리 활동에의 참여, 직업 선택에 대한 의식, 국가와 세계문제에 대한 적극적인 관심 등의 측면에서 약간 더 우수한 것으로 나타났다. 진보적인 교육 원리에 따라 실험적 교육과정을 운영하는 학교의 학생들이 특별한 입학 사정을 거치지 않고 대학에 들어가서 대학입학시험 준비 중심의 교육을 받은 학생들보다 비슷하거나 더 잘하는 것으로 평가된 것이다. 실험에 참여한 학교들의 교육과정이 매우 다양하여 일반화하기가 어려운 문제점도 있었으나, 분명하게 드러난 점은 전통적인 교육과정으로부터 보다 많이 벗어나는 통합적 교육과정을 운용한 학교일수록 학생들의 대학에서의 성취는 더욱 높게 나타났다(Schubert et al., 2002: 90-91).

이러한 결과는 중등교육수준에서도 진보적 교육과정이 전통적 교육과정보다 우수하다는 것과, 대학에서의 수학능력을 길러주기 위해 정해진 입학 시험 과목을 준비시키는 것과 다른 보다 근본적인 방법이 있다는 것을 입증한 셈이 되었고, 협회에서는 그 파급효과에 대해 낙관하였다. 그러나 당시 미국은 제2차세계대전에 빠져 들면서 혼란기에 있었고 사회 전반적으로 보수화의 경향이 강해졌기 때문에 8년 연구 결과의 의미와 가치가 널리 알려지지 못하고 역사 속에 묻혀 버리게 되었다.

(3) 서구 신교육운동과의 국제적 연대

미국 진보주의 교육운동은 독특하게 미국적인 현실에서 태동된 것이면서 동시에 서구 유럽에서 전개된 신교육운동과 직·간접적으로 영향을 주고받았다. 듀이의 교육사상이 그렇고, 초기에 실험적인 학교들을 설립하였던 선구적 인물들이 그러했다. 그러나 구체적인 상호관련성을 추적하기란 쉽지 않은데, 공식적인 교류의 흔적은 진보주의 교육협회 설립 이후로부터 찾을 수 있다.

진보주의 교육협회는 결성 초기부터 국제적인 신교육운동의 일부로 연계성을 확보하는 일에 관심이 높았다. 협회 초창기의 소식지(Bulletins)에는 국제 새학교 사무국(International Bureau of New Schools)의 활동을 소개하면서, 특히 레디(Cecil Reddie)에 의한 영국 애보츠홈(Abbotsholme) 사례, 드몰랑(Edmond Demolin)이 설립한 프랑스 에콜 데 로슈(Ecole des Roches) 사례, 독일 리이츠(Herman Lietz)의 전원기숙사학교(Landerziehungsheime) 등에 특별한 관심을 기울일 필요가 있음을 강조한 기사가 있다(Cremin, 1961: 248). 협회 발간 학술지 『진보교육』에서는 영국에서 달톤 플랜, 벨기에에서 드크롤리 플랜으로 시도된 실험적 사례를 소개하였다.

이러한 국제적 연대에의 관심은 영국의 신교육협회(New Education Fellowship)에 대한 관심으로 발전되었으며, 1925년 에든버러에서 열린 신교육협회 회의에 하트만(Gertrude Hartman)과 존슨(Marietta Johnson) 등이 대표자로 참석했다. 그러나 이 당시까지는 진보주의 교육협회가 공식적 가입에 대해 망설이고 있었는데, 그 이유는 신교육협회의 근간에 놓인 교육적 · 정치적 급진주의에 대한 우려 때문이었다고 전해진다. 그럼에도 상당한 협력이 계속 이어졌으며, 1929년 여름 덴마크 엘시노어(Elsinore)에서 열린 신교육협회 회의에는 미국 사절단으로 약 200명이 참석하였고, 1932년에 진보주의 교육협회는 공식적으로 신교육협회의 미국 지부가 된다.

신교육협회와 미국 진보주의 교육운동과의 관련성에 대해 특기할 또 한 가지는 1934년 7월에 신교육협회의 후원하에 열린 남아프리카 교육 학술대회에 듀이가 참여한 사실이다. 이 대회는 '변화하는 사회에서 교육의 대응'이라는 주제하에 케이프타운과 요하네스버그 두 곳에서 열렸고, 거의 4000명이 참여하여 300여 편의 발표가 이루어졌다. 이 학술대회에서 듀이는 「교육철학의 필요성」, 「학습이란 무엇인가」, 「활동에서의 성장」 세 논문을 발표하였다(Dewey, 1934, 1937a, 1937b). 「교육철학의 필요성」이라는 듀이의 강연 내용은 1937년에 학술대회 보고서로 발간되었는데, 그 이전에 먼저 1934년 11월 영국 신교육협회가 발행하는 학술지 『New Era』에 발표되었다. 그 후에도 듀이는 1941년 6월 『New Era』에 「신교육을 위하여」라는 짧은 글을 기고한다(Dewey, 1941). 전 세계가 전쟁의 소용돌이에 휩싸였던 시대 상황을 반영하여 새로운 교육을 위한 연대가 그 어느 때보다 절실하게 요청되는 때라고 보고, 새로운 사회 질서는 새로운 형태의 교육을 필요로 함을 역설하였다. 또한 신교육을 추구하는 학교에서의 자유는 구성원들 상호 간의 친밀한 교제와 상호존중의 풍토 안에서만 가능한 것임을 강조하며, 고립된 개인주의나 무력에 의한 전체주의를 극복하는 사회적 통일성(social unity)을 이룰 수 있기를 기대하였다.

4. 진보주의 교육운동의 현재적 의미

미국의 진보주의 교육운동은 제2차세계대전 직전에 그 정점에 이르렀고, 공교육을 포함해서 미국 교육 전반에 걸쳐 깊은 영향력을 남겼다. 그러나 가시적인 성공적 확산의 추세가 분명하던 그 시점부터 이미 위기와 변화의 징후가 내적으로나 외적으로 표출되기 시작했다. 무엇보다 초기에 진보주의 교육운동의 적극적인 지지자였던 진보적 지성인들이 등을 돌렸고, 교육 전문가 내부에서도 근본적인 문제제기가 일었다(Bode, 1938). 1940년대와 1950년대에 사회 전반적으로 보수적인 분위기가 확산되면서 진보주의 교육에 대한 부정적인 평가와 비판은 더욱 가속화되었다. 보수적 입장에서 비판의 핵심은 기본적인 교과 학습을 소홀히 하고 학생들의 생활 경험에 부합하는 가운데 미국 교육의 질적인 하락을 초래하였다는 것이다. 또한 진보적 학교에 대해 지속적으로 비판적 쟁점이 되곤 했던 지나치게 낙관적인 아동중심주의, 자유방임에 흐르는 자연주의, 실제적 관심에 치우친 공리주의, 무질서를 조장하는 반형식주의 등의 문제가 당시 언론의 선정적인 비판을 받는 단골메뉴가 되었다(Cremin, 1961: 325). 이러한 전면적인 비판 가운데 진보주의 교육운동은 서서히 와해되었으며 1957년 협회의 해체와 함께 표면적으로 끝을 맺게 된다.

이후 진보주의 교육운동에 대한 평가는 다양하게 엇갈리며 계속적인 쟁점이 되고 있다(Berube, 1994). 보수적인 본질주의 입장에서의 지속적인 비판뿐 아니라, 특히 1960년대 이후에는 이와 상반되는 사회비판적 입장에서 신마르크스주의 관점을 반영하는 보울즈(S. Bowles)와 긴티스(H. Gintis) 등에 의해 진보주의 교육 비판이 전개되었다. 그 비판적 논지는 미국의 진보주의 교육이 결국 자본주의 체제에 순응적이며 사회 · 문화적 다양성과 계층적 갈등의 문제에 대해 '충분히' 비판적이지 못함으로써 사회의 구조적 불평등을 재생산하는 기제가 되었다는 것이다(Mirel, 2002: x-xii). 이러한 입장에서는 진보적 학교들이 주로 엘리트 교육을 목표로 하는 사립학교에서 교육에 대한 적극적인 관심을 가진 학부모들의 지원 속에 확산된 점을 근본적인 한계로 지적한다. 따라서 자본주의 경제 체제하에서 심화되는 불평등한 사회 구조적 모순을 극복하고 다수의 노동계층과 이민계층의 요구에 부응하는 교육적 모형을 제시하지는 못하였다는 것이다.

그러나 이와 같이 거듭되는 비판에도 불구하고, 진보주의 교육운동은 현재에 이르기까지 미국뿐 아니라 전 세계적으로 교육혁신을 모색하는 많은 이들에게 재발견되면서 지속적인 영향을 미쳐 왔다. 1960년대, 70년대에 미국의 열린교실, 자유학교운동 등 다양한 대안적 교육 실천을 주도한 사람들이나 최근 1990년대 이후 다양한 수준에서 교육의 진보적 혁신을 주도하는 사람들은 자신들의 정체성을 듀이 철학과 진보주의 교육운동과의 연속적 흐름 속에서 규정하고 있다(Fishman & McCarthy, 1998; Meier, 2000). 그런 점에서 진보주의 교육운동은 현 시대에도 계속적으로 진행 중에 있다고 말할 수 있다. 여기서는 세계화, 다문화주의, 생태환경문제 등 새로운 교육적 변화와 도전을 맞고 있는 이 시대에 진보주의 교육운동의 한계와 가능성을 검토해 보기 위하여 몇 가지 그 현재적 계승의 형식을 살펴볼 것이다.

1) 시카고대학 실험학교의 오늘

우선 시카고대학 실험학교는 어떻게 변모했으며, 백 년 전의 진보주의 교육운동의 유산을 어떻게 계승하고 있을까? 현재 학교 건물은 백 년이라는 긴 시간의 무게를 견디며 그 자리에 확장되어 있고, 유치원부터 고등학교 수준인 12학년까지 1,700여 명이 재학하고 있다. 현재 시카고대학 실험학교는 존 듀이의 정신적 유산을 이어받아 '경험을 중시하며, 학구적 수준이 높고, 다양한 공동체에 맞게 잘 균형 잡힌 교육을 제공하는 것'을 미션으로 표방한다. 또한 '일관되고 조화롭고 창의적인 교육과정 구성, 교사의 창조성과 자발성의 고취, 총체적인 아동의 이해와 지원, 다양한 배경의 학생과 교사 공동체 구성을 위한 지원, 사회적으로 책임 있는 학교 공동체, 안정적인 학교 재정 확보'를 학교의 세부적인 목표로 설정하고 있다 (University of Chicago Laboratory Schools, 2002). 이렇게 표방하는 가치에 있어서는 진보주의 교육정신을 얼마간 간직하고 있는 듯이 보인다.

그러나 2002년 가을 필자가 시카고대학 실험학교를 방문하였을 때, 실험학교 초창기에 방문했던 많은 사람들이 경험했었을 진정한 새로움과 실험성은 느끼기 어려웠다. 현재 초등학교 교육과정은 국어, 수학, 사회, 과학, 미술, 체육, 음악과 같은 전통적인 교과 영역으로 구성되고 그 외에 도서관 활동이 포함되어 있다. 참관했던 5학년 수학 수업에서는 칠판을 향하여 줄맞춰 책상이 배열된 전형적인 구조의 교실에서 연륜이 쌓인 수학전담교사의 지도를 따르며 학생들은 숙제로 미리 풀어온 문제들에 답을 맞춰가고 있었다. 같은 일리노이 주의 다른 학교들과 비교할 때, 교육과정과 수업 및 활용되는 교재 등의 측면에서 어떤 실험적인 혁신성을 찾기가 쉽지 않았다. 대부분의 교사들은 듀이의 교육철학이나 진보주의 교육 전통에 대해 잘 모르고 있었고, 실험학교의 장점으로는 교사의 전문성 발달을 위한 자유와 풍부한 지원을 꼽았다.

이와 같이 시카고대학 실험학교도 달톤 학교 사례와 크게 다르지 않게 학습의 수월성을 추구하는 엘리트 중심 사립학교의 모습으로 변모해 갔다.

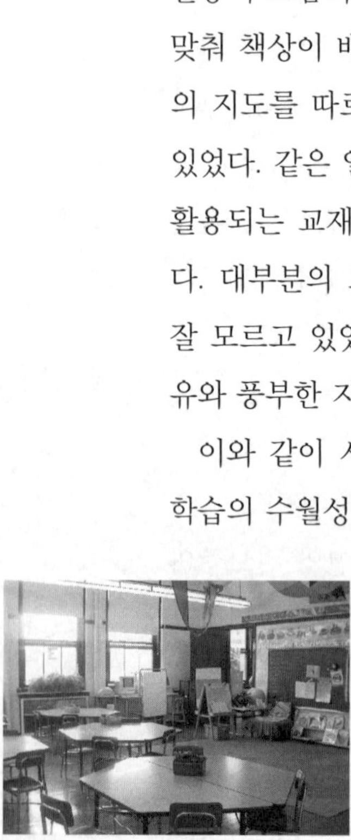

▲ 실험학교 1학년 교실

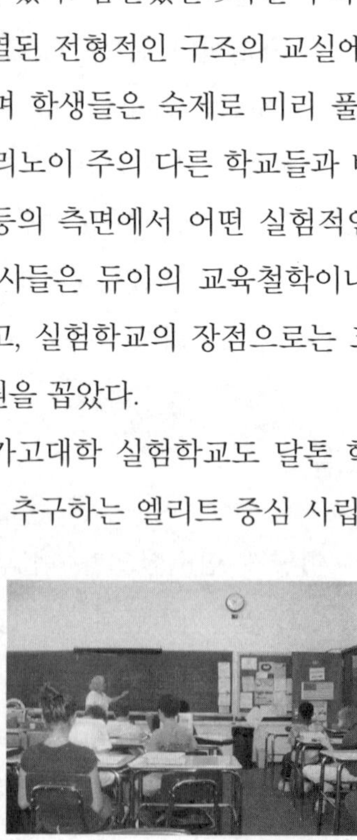

▲ 실험학교 수학수업

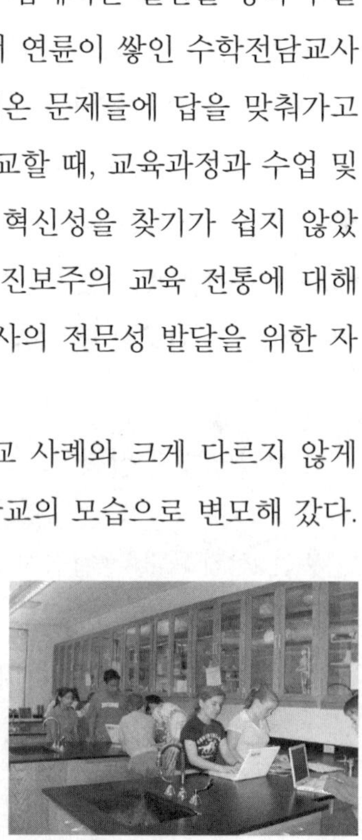

▲ 실험학교 과학수업

그러면서도 교사들의 전문가적인 자율성과 연구를 중시하였던 전통은 비교적 많이 남겨진 것으로 보인다. 앞서 살펴보았듯이, 듀이의 시카고대학 실험학교 이후 생겨난 많은 진보적인 사립학교들에 대한 비판 중에는 개인주의에 흘러 사회변혁적 정신이 간과되는 문제가 지적되곤 하였다. 개인의 자유와 흥미와 관심을 중요시하였던 듀이 실험학교의 근본 취지는 지성적 자유의 확보를 위한 것이었다. 더 나아가 그러한 자유로운 정신이 사회적 관심과 결합되어 현실의 모순을 통찰하고 대안적 가치를 고민할 수 있는 사회비판적 지성인을 기르고자 했던 것이다. 시카고대학 실험학교를 포함하여 사립의 진보적 학교들의 변모 양상을 볼 때, 본래의 진보적인 정신이란 교육이 사적인 목적과 관심에 의해 지배되는 한 실현하기 쉽지 않다는 것을 재확인하게 된다.

2) 공교육에서의 계승

진보주의 교육운동이 퇴조한 1950년대 이후 미국 주류 교육은 보수적인 경향이 지배적이었다. 그러면서도 진보적인 정신을 계승한 이론가와 실천가들은 부단히 미국 교육에서의 전통적인 가정들에 대한 비판을 제기해 왔다. 그것이 1960년대에 들어서는 교육에서 자유와 평등을 추구하는 하나의 가시적인 운동으로 나타났으며, 최근 1990년대에는 특히 도심 소외계층지역의 공립학교들을 중심으로 한 학교개혁운동의 정신으로 이어지고 있다. 공교육 영역에서 다양한 계층, 인종, 성, 민족적 배경의 학생들에게 평등하고 질 높은 교육을 제공하려는 최근의 진보적인 교육개혁 시도 가운데 마이어(Deborah Meier)의 단위학교중심의 개혁 실천과 레빈(Henry M. Levin)이 기획한 '학교 가속화 프로젝트(Accelerated Schools Project)' 등이 주목할 만한 사례로 꼽힌다(Semel & Sadovnik, 1999).

마이어는 교사로서 자신의 현장 경험을 통해 '모든' 아이들이 갖고 있는 그러나 종종 발달의 적절한 기회가 제공되지 않는 특별한 능력을 깊이 신뢰한 실천가다. 그러한 믿음에 기초하여 1974년 흑인 저소득층이 밀집해 있는 뉴욕시 할렘가에 듀이의 진보적인 교육이념을 공감하는 교사들과 더불어 센트럴파크이스트 중고등학교(Central Park East Secondary School)라는 소규모 학교를 설립하고 모든 아이들에게 비판적 · 창의적 사고, 자율적 학습능력과 사회적인 관심을 일깨우는 민주적인 학교 공동체를 만들어 나갔다(Meier, 1995). 이 학교의 좋은 선례는 현대의 진보적 실천가들에게 영향을 미치며 도심의 공립학교개혁의 모델이 되었으며, 공교육에서 진보적인 학교개혁의 가능성을 밝혀 주는 선도적인 역할을 하고 있다(성열관, 2004; Meier, 2000).

1986년 스탠퍼드대학의 레빈이 중심이 되어 샌프란시스코 지역의 두 학교를 대상으로 실험적으로 시작된 '학교 가속화 프로젝트'는 특히 저소득층 배경의 학업성적이 낮은 학생들이 많이 다니는 학교를 개혁하기 위한 시도다. 그 기본 아이디어는 교육연구, 교사교육, 학교개혁을 연결함으로써 최상위 5% 정도의 우수한 학생들만이 누리는 질 높은 교육환경을 학업에 어려움을 겪는 소외계층의 학생들에게도 제공하려는 것이다. 학생, 교사, 학부모 등 모든 학교구성원들이 통일된 목적의식을 공유하며, 주체적인 변혁의 힘을 갖추고, 교수-학습 방법의 질적 혁신을 성취하도록 총체적인 단위학교 공동체를 개혁하는 데 목적을 두고 있다(Hopfenberg, Levin et al., 1993). 이를 위하여 필요한 다양한 교육자원과 교사교육 프로그램을 제공하고 단위학교 중심의 개혁을 위한 조직적 연대를 형성하여 운영하고 있다. 이 프로젝트는 초기의 성공적인 학교 개혁 사례들이 보고되면서 점차 확산되어 현재 미국 내 1,500여 개의 초 · 중등학교가 참여해 있으며, 홍콩 등 다른 나라에서도 그 가능성이 실험되고 있다(Levin, 2001).

3) 진보적인 교육자 연대

▲ 만년의 듀이 초상

위에서 살펴본 바와 같이, 현재 듀이의 교육사상에 뿌리를 두는 진보적 교육개혁 시도들이 다양한 양상으로 이어지고 있으며, 특히 공교육 영역에서 실천 가능성을 보여 주고 있는 점이 주목을 끈다. 1980년대에 『위기에 처한 국가(A Nation at Risk)』 보고서 이후 미국 교육은 수월성을 추구하는 보수적인 흐름이 지배적이었다. 그런 가운데 1990년대에 들어서 드물지만 진보적인 교육 실천에 대한 관심이 부상하고 있다. 이러한 변화를 반영하며 곳곳에 흩어진 진보적 교육실천가들을 묶어 하나의 연대를 형성하려는 시도로 나타난 것이 1989년에 출범한 '진보적 교육자 연대(The Network of Progressive Educators)'이다. 이들은 미국의 진보주의 교육 전통이 남겨준 이념과 가치를 되살리면서 동시에 오늘날의 변화된 상황에서 진보적 교육이 구체적인 교실 실천 속에서 무엇을 의미하는지를 공동 탐구하며 경험을 나눈다(Corcoran, 1993). 1990년 회의에서 이들은 아홉 가지 진보적 교육자 연대의 교육원리를 발표하였다. 다음에 제시하는 현대의 진보적 교육원리는 19세기 말 20세기 초에 나타났던 진보주의 교육 정신이 현대적인 변용을 거치면서 새롭게 되살아나고 있음을 보여 주는 사례가 된다(Semel & Sadovnik, 1999: 18).

- 인격적인 관계를 맺는 교사들이 지역사회의 언어적 문화적 다원성을 존중하는 프로그램을 설계하는 경우에 교육이 가장 잘 성취된다.
- 교사들은 존경받는 전문가로서, 교수와 학습에 관한 지식의 중요한 원

천이다.

- 학교 담장 안팎의 공동체뿐 아니라 아동의 개별적인 흥미와 발달의 필요에 헌신함으로써 교육과정의 균형이 유지될 수 있다.
- 학교는 아동과 그의 가정 문화를 포용하고 이러한 가치들을 교실 실천에서 반영함으로써 다문화적 관점을 길러준다.
- 학생들은 지식을 능동적으로 구성하고 직접적 경험과 일차적 원천을 통하여 학습한다.
- 모든 교과목들-예술, 과학, 인문학과 체육-이 학제적, 간학문적 교육과정에서 동등한 가치를 갖는다.
- 학교에서의 의사결정에는 아동, 학부모, 교직원이 함께 참여한다.
- 학교는 인종적, 계층적, 성적 차별주의의 문제 현실에 대항함으로써, 민주주의와 인간적인 관계의 모범이 된다.
- 학교가 전 지구적 이슈들의 복잡성에 대한 비판적 탐구를 적극적으로 지원할 때, 아이들은 세계 시민으로서의 강력한 책임의식을 스스로 떠안게 될 것이다.

제2차세계대전 이후 진보주의 교육은 그 잠재된 가능성을 실현하지 못한 채 시대상황의 변화와 함께 퇴조해 갔다. 그러나 진보주의 교육의 초기 이념과 실천적 지혜는 지금까지도 깨어 있는 많은 교육자들의 마음을 감동시키며 실험적 교육실천의 밑거름이 되고 있다. 그 기원에서부터 현재까지 한 세기에 걸치는 연속적 흐름 가운데, 진보적인 교육개혁가들은 전통적인 교과중심 교육과정, 교사주도적 · 권위주의적 교수, 소수를 위한 수월성 중심 교육, 교육과정의 표준화된 획일적 기준을 강조하는 입장 등과 부단히 맞서 왔다. 그들은 교육이 학생들의 삶의 경험과 맞닿아 있어야 하고 그를 위해서는 교육과정이 다양한 학생들의 필요에 부응하며 융통성 있게 통합적으로 구성됨으로써 살아 있는 의미와 가치를 가져야 한다고 본다. 또한 결과

보다는 과정이 중시되고 학생 개개인의 자유와 자발성이 최대한 존중되면서 다양성과 평등성의 가치가 실현되는 민주적인 교육을 꿈꾸고 있다.

5. 결론

이상에서 살펴본 바와 같이, 19세기 말부터 20세기 전반기에 걸쳐 미국 진보주의 교육운동은 복잡하고 다양한 양상으로 전개되고 변형되었기 때문에 그 성격을 일반화하기가 쉽지 않다. 그러한 다원성을 전제로 하면서, 교육사가들의 해석을 토대로 진보주의 교육운동의 성격과 의미는 다음과 같이 요약된다(Cremin, 1961; Semel & Sadovnik, 1999). 첫째, 그것은 추상화된 교과 지식 중심의 전통적 형식 교육의 한계를 넘어서 아동의 총체적인 지적·정서적·도덕적 발달의 필요에 부합하도록 학교교육을 인간화하려는 운동이었다. 둘째, 심리학과 사회과학 등 인간과 자연과 사회에 관한 최신의 학문적 지식을 이용하여 교육과정과 교수-학습 원리를 실험적으로 재구성함으로써 교육 실제를 과학화하려는 시도였다. 셋째, 소수 엘리트 중심이 아닌 모든 사람을 위한 보편 교육의 이념에 따라, 모든 사회구성원들의 다양한 개성, 비판적 지성과 협동적 교섭의 힘, 사회적인 관심 등을 발달시킴으로써 참여 민주주의의 이상을 실현하기 위한 모색이었다.

이러한 일반적 평가와 맥을 같이 하면서 듀이의 진보주의 교육사상과 진보적 학교들에서 구체화된 실천 사례들을 종합할 때, 미국의 진보주의 교육개혁운동이 추구한 새로운 교육적 이상의 정수는 생명성, 실험성, 사회변혁성이라는 세 가지 특성을 중심으로 정리해 볼 수 있겠다.

첫째, 진보주의 교육개혁운동은 생명체적 과정 혹은 삶의 과정으로서 교육 본질적 의미를 회복하려는 움직임이다. 근대 이전이나 교육이 제도화되는 초기까지, 3Rs' 이외에 더불어 살아가는 데 필요한 모든 지식과 규율을 공동생활에 참여하는 과정에서 자연스럽게 배울 수 있었던 시기까지는 삶과 교육의 단절이 문제로 떠오르지 않았다. 그러다 산업화, 기계화, 도시화로 특징짓는 근대적 조건하에서 학교교육이 제도화되면서부터 교육은 삶과 유리되고 죽은 지식과 규범을 전수하는 불가피하게 고통스러운 과정으로 변질되었다. 그러나 진보적 교육개혁가들은 현대의 복잡화된 지식과 규범의 전수 과정에서도 본질적으로 학습이란 곧 삶이요, 생명체적 성장에 이르는 기쁨으로 충만한 과정이 될 수 있다고 보았다. 진보적 학교 실제의 무한한 다양성에도 불구하고 그들을 공통적으로 묶는 신념은, "살아있음은 곧 성장이요, 생명체의 성장이란 장애를 만나고 극복하는 과정을 통하여 이루어지는 것이기에 힘겹게 고군분투해야 하는 때가 있지만 본질적으로 매 순간 순전한 기쁨을 주는 무엇"이라는 것이다(Dewey, 1933: 157). 듀이에 의하면, 진보주의 교육운동이 발견에 발견을 거듭해 내는 점은 '학습이 필연적으로 고통스러운 과정은 아니라는 것'이며, 교육과 학습이 생명체로서의 인간 삶과 유기적으로 연결된 통합적 과정이라는 것이다. 이와 같이 진보주의 교육개혁운동이란 삶의 과정으로서의 교육, 살아있는 의미로 가득한 교실수업, 생명성으로 충만한 학교교육을 실현하고자 한 것이다.

둘째, 진보주의 교육개혁운동은 구체적인 교육실천에서의 창조적 실험을 통해 교육제도 전체의 혁신을 이끌어내려는 시도다. 현대에 이룩한 인간과 사회에 대한 새로운 과학적 이해, 특히 생물학, 심리학, 사회학 분야의 학문적 발전으로 인해 교육과 학습의 원리를 재구성할 필요가 생겼다. 반면에, 전통적 교수-학습 방법이 지배적인 현실 상황에서는 여전히 기계적인 단순 암기와 반복 위주의 학습방법이 지속되고 있었다. 이를 반성하면서 진보적 교육개혁가들은 교육과정과 수업의 변혁을 요청하는 심리학적 발견들, 즉 인간의 마음이 백지상태가 아니며 학습은 선행경험의 배경에서 이루어진다는 것, 모든 개인에게는 나름의 고유함이 있으며 세계를 경험하는 개인적 방식과 반응은 무한히 다양하다는 것, 그 사람에게 진정한 흥미의 대상일 때 탐구의 노력이 동반된다는 것 등에 주목하였다(Dewey, 1933: 151). 이러한 최신의 과학적 이해를 반영하여 대안을 모색하고, 더 나아가 성공적인 실험적 선례를 통하여 전체 교육제도에 근본적인 변혁을 일으키고자 했다. 듀이에 따르면, "진보적 학교의 성공의 진짜 척도는 그 실험적 선구적 기능으로 인해서 보수적 전통적 학교들에서 결국에 일어나는 변화에 있다. 그러한 기준에 의해서 판단했을 때에만, 진보주의 교육운동이 뭔가 유익을 가져다주는 것이 된다."(Dewey, 1933: 157) 이와 같이 진보주의 교육개혁운동이란 교육적 경험의 신비를 밝히려는 창조적 지성과 실험적 실천을 통해 교육제도 전반에 걸친 변화를 지성적으로 안내하고자 한 것이다.

셋째, 진보주의 교육개혁운동은 가르치고 배우는 학교교육 내부의 변화에 머무는 것이 아니라, 교육을 통해 궁극적으로 사회질서의 근본적인 변혁을 지향한 것이다. 급격한 변화의 시대를 살았던 진보적 개혁가들은 당대의 학교교육이 분절된 지식과 기능의 학습 위주로 되어 사회적 삶의 의미에 대해 일깨워주지 못하는 점을 문제시하였다. 그들은 인간적 민주적 가치가 실현되는 학교교육을 통해 형성되는 비판적 지성, 정서적 민감성, 사회적 관심 등이 사회변혁의 근본적인 동력이 될 것으로 기대하였다. 이러한 관점에서, 듀이는 학교교육을 통해 아이들이 사회문제를 야기하는 거대한 힘 등에 대해 무지한 상태로 너무 순진하게 학교 문을 나서게 되는 것을 비판적으로 지적한다. 실험학교를 시작하면서 그의 교육적 신념을 밝힌 '나의 교육신조'에서부터 언명하였듯이, 듀이에 의하면 '교육이란 사회변화의 가장 근본적인 수단'이며, 교사는 보다 나은 사회—하느님의 나라—에로 인도하는 안내자이다(Dewey, 1897). 이와 같이 진보주의 교육개혁운동은 학교교육의 의미와 취지를 전체 사회변화와 본질적으로 관련짓고자 한다. 따라서 진보적 교사의 역할을 협소한 의미에서 교실수업의 책무에 한정짓지 않으며, 거대한 사회적 전망을 갖는 비판적 지성인으로서 교실

실천을 통해 사회변혁의 길을 준비하는 일이라고 본 것이다.

이러한 진보주의 교육개혁운동의 특징적 성격으로부터 현재까지도 교육적 대안을 모색하려는 많은 이들에게 지속적으로 영감을 주는 보편적 의미와 가치를 읽을 수 있다. 이제 마지막으로 미국의 진보주의 교육개혁운동의 부침의 역사를 되짚어 보면서 '현재 우리 시대에 어떤 교육개혁운동이 필요하고 가능한가'라는 물음에 주는 시사점을 정리해 보겠다.

첫째는 시대 현실을 제대로 읽고 일관된 철학이 있는 교육개혁운동이어야 한다는 점이다. 진보주의 교육개혁운동이 형성되고 깊게 뿌리내릴 수 있었던 바탕에는 생명성의 가치를 중심으로 한 철학이 자리해 있었다. 형성의 배경에서 고찰하였듯이, 미국의 진보주의 시대는 급격한 변혁기였고 다양한 집단적 이해관심에서 나오는 교육개혁의 요구가 높았다. 듀이 사상에 근거한 교육철학은 그 시대의 변화를 읽고 교육과 인간 삶의 현실문제에 대한 비판적 반성을 토대로 한 것일 뿐 아니라 인간과 세계에 관한 가장 발전된 학문적 이해를 종합적으로 반영하며 모색된 것이었다. 반면에 앞서 보았듯이 진보주의 교육협회 설립 이후 확산과 변형의 과정을 거치면서 철학적 정체성이 흐려졌고 그에 대한 자기반성이 일어났으나 결국 철학적 방향 정립에 실패하게 된다. 그것이 이후 보수적 분위기 속에서의 비판과 도전을 받으며 쉽게 와해되는 하나의 원인이었던 점에서, 교육개혁운동에서 일관된 철학의 중요성을 깊이 깨닫게 된다. 현재 우리도 급격한 변화의 시대를 겪고 있으며 사회경제적 관심이나 학문적 진보를 반영하여 다양한 교육개혁 요구의 소리가 드높다. 변화의 요구를 민감하게 의식하면서도 그에 종속되지 않고 교육본질적 준거에 비추어 대안을 모색할 수 있으려면 확고한 철학적 기틀 마련이 필요할 것이다.

둘째는 구체적인 교육 실제에서 다양한 실천적 힘으로부터의 교육개혁운동이어야 한다는 점이다. 진보적인 '내일의 학교들'에서 보았듯이, 초기 진보주의 교육개혁운동은 어떤 정해진 원리와 지침에 따라 씨 뿌려지고 확산되는 위로부터의 개혁이 아니었다. 거기에는 교육에 관한 철학적 과학적 이해와 자기 자신의 교실실천에서 얻은 경험을 토대로 기존의 교육 관행에서 벗어나 새로운 실험적 모색을 시도한 여러 진보적 실천가들의 힘이 있었다. 또한 파커, 월트, 파커스트와 같이 단위학교에서 구성원들의 뜻을 모으고 일관되게 개혁의 방향과 체제를 바꾸어나간 민주적인 리더의 힘이 있었다. 반면에 진보주의 교육협회 결성 이후 전문적 조직으로서의 체계를 갖추게 되면서 오히려 그 성격과 방향이 변형되어 갔다. 이러한 과정을 보면, 확산의 동력은 하나의 정교한 이론이나 원리적 강령으로부터가 아니라 교육개혁의 주체로서 교사들의 실험적 실천의 힘에서 나온 것임을 재확인하게 된다. 해방 이후 우리는 정권 교체와 함께 국가주도로 시도된 교육개혁이 일시적 구호에 그치거나 혼란을 야기하고 사라지는 경험을 거듭해 왔다. 이제는 다양한 상황 맥락 속에서 교사 자신의 반성적 실천의 힘을 강화해 주고, 창조적 대안 모색을 위한 교사의 계속적인 자기교육의 길을 열어주며, 단위학교 구성원들이 자발적으로 연대하여 실현하는 좋은 개혁적 선례를 지원해 주는 방향으로의 전환이 필요할 것이다.

셋째는 사회개혁적 전망을 갖고 사회의 다른 부문과 연대하는 교육개혁운동이어야 한다는 점이다. 미국의 진보주의 교육운동은 진보주의 시대로 일컬어질 만큼 사회의 다양한 부문에서 전반적으로 진보적인 변화의 길을 모색하였던 큰 흐름 속에서 형성된 것이다. 확산과 변형의 과정을 통해 살펴보았듯이, 뿌리를 내리기 시작한 초기에는 교육실천가들이 주축을 이루면서도 사회개혁적 지성인과의 연대와 지지가 견고하였던 반면, 확산과 변형의 과정에서 대학의 교수와 연구원의 참여가 늘고 점차 교육전문가집단 중심으로 되면서 일반의 진보적 지성인들은 등을 돌리게 되었다. 이를 통해 볼 때, 교육개혁운동에서 좁은 범위의 교실과 학교의 변화에만 관심을 제한할 것이 아니라 우리가 희망하는 사회에 대한 비전을 여러 사회개혁적 담론의 주체들과 더불어 대화하고 공유할 수 있어야 함을 깨닫게 된다. 이러한 기준에 비추어 현재 우리 사회의 교육개혁 시도들이 주로 교사, 학생, 학부모, 교육전문가 등 교육계 내부에서의 모색에 머물고 있지는 않은지, 과연 교육개혁의 중심이 넓게 사회개혁의 비전과 맞닿는 것인지를 검토할 필요가 있겠다.

미 주

1) 국내에서 미국의 진보주의 교육운동에 대한 학술적 연구는 그다지 많지 않은 편이다. 주요 사례로는 유럽의 신교육운동과 연계하며 초등교육에 초점을 두어 고찰한 박영만(1991)의 연구와 진보주의 교육운동의 복합적인 갈래를 설명하고 해방 이후 '새교육'운동과의 관련성을 탐구한 조경원(1997)의 연구를 꼽을 수 있다. 한편 진보주의 교육은 대부분의 교육학 개설서에서 현대교육철학의 주요 사조로서 또는 교육과정의 철학적 관점 등으로 소개되어 매우 익숙하다. 하지만, 듀이 사상, 아동중심교육, 실용주의 등과 관련지으며 거칠게 일반화된 이해에 머물러 오해와 편견을 낳을 가능성이 있다. 반세기 이상에 걸쳐 복합적으로 전개된 진보주의 교육운동의 역사와 그 의미에 대한 올바른 이해를 위해서는 보다 다양한 관점에서의 심층적인 연구가 필요하다고 본다.

2) 듀이는 스펜서가 근대적 과학교과 교육의 중요성을 수립한 의의를 인정하면서도, 과학적 지식에 이르는 탐구 방법이 아닌 과학적 지식 내용 그 자체의 교수를 강조하는 데 그친 점을 비판적으로 지적한다(Dewey, 1916). 듀이는 내용으로서 과학교과의 도입만이 아니라 과학적 탐구와 발견으로 이끄는 과학적 실험 정신과 방법의 교육을 강조하였다.

3) 1890년대 초부터 근 30년간은 미국 교육사에서 혁명적이라고 할 만한 변화가 이루어진 시기로 평가된다(Cremin, 1955). 그 변화의 성격은 미국 국립교육협회(National Educational Association) 중등교육연구위원회가 1893년과 1918년에 각각 발간한 두 보고서의 이념적 차이에서 분명하게 나타난다. 1893년 보고서에서는 대학교육의 준비과정으로서 교과 공부를 통한 정신 도야와 지적 능력의 신장을 중등교육의 목표로 정립하였던 반면, 1918년 보고서에서는 '모든' 학생들을 위하여 지적인 필요를 넘어서 포괄적 전인적 목표를 추구하는 중등교육을 제안하였다. 중등교육개편위원회에서 제안한 7대 목표는 건강, 기본 학습 능력, 가족의 연대감, 직업적 소양, 시민의식, 여가의 선용, 윤리적 인격의 발달로서, 기존의 대학준비 교육 중심의 수단적 목표에서 벗어나 모든 청소년의 삶의 필요를 반영하여 확대된 것이었다. 이러한 공식적인 변화가 형성되기까지 진보적 교육개혁가들에 의해 교육의 이론과 실천에 있어 다양한 실험적 시도와 그에 동반되는 무수한 논쟁들이 있었다. 1918년 보고서는 진보주의 교육운동이 지향하는 교육적 가치가 공식적인 지지를 얻은 표지가 되었다.

4) 손다이크의 행동주의 심리학은 교육과정과 수업의 기본 관점과 정책 입안 등 미국 교육이 중심적 성격과 방향에 크게 영향을 미쳤나. 그러나 그의 입장은 듀이 사상과는 분명히 맥을 달리하는 것이며, 실로 20세기 미국 교육학 연구 전통은 듀이의 경험철학을 손다이크의 행동주의 심리학이 압도한 결과라고 요약되기도 한다(Clandinin & Connelly, 2000).

5) 이 절의 내용은 「Dewey 실험학교와 예술가로서의 교사」(양은주, 2005b)라는 제목으로 발표한 글을 토대로 한 것이다. 실험학교 교사의 예술가로서의 특성에 관한 구체적인 예시는 본 논문을 참고.

6) 듀이가 이끌었던 시카고대학 실험학교에 대한 연구는 그다지 많지 않은데, Mayhew와 Edwards의 저술 이후로는 Wirth(1966)와 Tanner(1997)가 듀이 학교 실제의 기록과 평가를 포괄적으로 제시한 바 있다. 최근에는 듀이 실험학교의 기획을 비판적 시각에서 논의한 Schutz(2001)와 교사로서 학교교육과정 정책과 운용의 실제 경험을 바탕으로 듀이 실험학교 사례로부터 긍정적 함의를 이끌어낸 Durst(2005)의 논문이 주목할 만하다. 국내에서는 박영만(1991)과 정건영(1990)의 연구가 있다.

7) 실험학교 사례에서 보면, 사회적 흥미와 표현적 흥미는 지속적으로 작용하는 배경이 되며, 놀이의 성격이 강한 신체-활동적 흥미는 4~6세를 전후해서, 구성-조작적 흥미는 9~10세를 전후해서, 탐구-실험적 흥미는 13~15세를 전후해서 가장 활발한 것으로 보고, 이러한 발날 단계를 고려하여 학생 집단을 편성하였다. 이와 같이 실험학교의 교육과정 구성에서는 학생의 흥미 발달에 대한 가장 신뢰할 만한 심리학적 이해를 어떤 고정된 원칙으로가 아니라 참조할 중요 자원으로 융통성 있게 활용하였다.

8) 『듀이 학교』의 제2부에서는 각 장별로 실험학교에서 시도한 구체적인 학년별 교육과정 내용을 자세히 소개하고 있으며, 그 핵심 내용을 도표의 통합교육과정의 중심 주제 및 활동 항목에 간략히 제시하였다(Mayhew & Edwards, 1936: 56-249).

9) 여기서 '공동 작업'의 개념 이해가 중요한데, 우선 occupation이란 동사형 occupy의 의미와 관련하여 학생들의 온 몸과 마음의 힘을 차지하는 일을 의미한다. 또한 social이란 듀이철학에서 빈번히 사용되는 주요 개념인데, 개인과 대비되는 넓은 범위의 전체 사회에 관한 일이라기보다는 다른 사람들과 더불어 참여하는 일을 뜻한다. 따라서 기성 사회의 어떤 직업이나 단순히 활동적 과업 그 자체가 아니라, 목적을 공유하며 더불어 행하는 가운데 학생 자신들의 생각과 느낌이 일깨워지며 온전히 몰입하게 되는 일을 뜻한다.

10) 달톤 플랜은 여러 나라 언어로 번역되었고 그 아이디어를 따르는 달톤 학교들이 영국, 일본, 네덜란드, 러시아, 칠레 등지에서 생겨날 정도로 전 세계적으로 영향을 주었다. 당시 영국에서는 달톤 플랜에 관한 많은 책자들이 출간되었는데, Kimmins, C. & Rennie, B. (1923). *The Triumph of the Dalton Plan*; Lynch, A. (1924). *Individual Work and the Dalton Plan*; Lynch, A. (1926). *The Rise and Progress of the Dalton Plan* 등을 꼽을 수 있다(Semel, 1999: 173, 407).

11) 듀이의 『아동과 교육과정』이나 뉴욕 월든 학교(Walden School)의 설립자인 넘버그

(Margaret Naumberg)의 『아동과 세계』, 아동의 무한한 인식과 존재에의 욕구와 흥미, 아동의 내적인 자기-표현의 능력으로부터 이끌어 내기 위한 창조적인 환경 등을 강조한 러그(Harold Rugg)와 슈마허(Ann Schumacher)의 『아동중심 학교』 등이 그 대표적인 사례다.

12) 이때 중심 역할을 했던 인물로는 듀이 외에 차일즈(John Childs), 카운츠(George S. Counts), 킬패트릭(William Kilpatrick), 로프(Bruce Raup), 러그(Harold Rugg), 왓슨(Goodwin watson) 등을 꼽을 수 있다(Westbrook, 1991: 500-510).

13) 진보주의 교육협회는 출범 당시에 하버드대학 총장을 지냈던 엘리엇(Charles W. Eliot, 1834-1926)을 명예회장으로 추대하였다. 1926년 그의 사후에 명예회장직을 듀이에게 요청했고 이를 수락함으로써 듀이는 진보주의 교육협회와 공식적인 연계를 계속 갖게 되었다. 듀이는 '진보주의 교육과 교육과학'이라는 제목의 명예회장직 수락 연설문을 통해 진보주의의 이름으로 시도된 당시 교육실천의 문제를 지적하면서 지적인 엄밀성을 확보해야 할 필요성을 역설하였다(Dewey, 1928).

14) 진보주의 교육의 일곱 가지 원리는 초창기 동안 협회 발간 학술지 『진보교육』에 실려 있었으나, 협회의 철학적 성격에 대한 도전이 제기되는 1930년대를 전후하여 사라지고, 협회의 분명한 철학과 이념을 표현하는 원리에 대한 논의와 탐구가 다시 개진된다.

4장

프랑스의 에뒤카시옹 누벨[1)]

-프레네 교육학-

1. 들어가는 말

프랑스의 교육에서 신교육운동이 차지하는 비중은 얼마나 될까? 프랑스의 교육철학자 장 우세(Jean Houssaye) 교수는 에뒤카시옹 누벨(Education Nouvelle)이 100년 전부터 자주 사용되어 온 매우 낯익은 용어임에도 여전히 '누벨(nouvelle)'인 것은 프랑스의 교육현장이 새로운 교육개혁에 능동적으로 대처하지 못함을 의미한다고 말한다(J. Houssaye, 1999). 우세(Houssaye) 교수는 1921년, 신교육운동에 속하는 30가지의 학교 기준[2)]을 페리에르(Ferrière)가 제시한 '학교 및 수업조직', '지적 교육', '도덕 교육'에 따라 오늘날의 학교 실태를 분석하였다. 현재까지도 30가지의 기준을 실천하지 못하고 있는 점에서, '누벨(nouvelle-새로운)'이라는 용어는 아직도 의미가 크다.

이처럼 '누벨'은 '새로운'이란 뜻으로 교육의 새로움은 개혁을 통해서 가능할 것이다. 그렇다면 우리나라의 교육은 어떻게 변화하고 있는가? 최근 우리나라 교육개혁의 흐름을 관망하다 보면, 프랑스 교육체제 및 제도가 우리나라가 나아가고자 하는 방향과 상당히 일치하고 있음을 발견할 수 있다. 먼저 중앙집중적인 교육을 실시하면서 동시에 지방분권형을 균형 있게 유지하고 있다는 점에서 우리나라 교육부와 교육청이 역할을 재정립하는 데에 바람직한 모델로 소개되고 있다. 더군다나 자율적인 학교 수준의 교육과정 운영권을 부여하고 있는 프랑스의 초·중등학교는 국가 수준의 교육과정을 획일적으로 적용하는 것이 아니라 학교 내에 다양한 교육 모델이 공존하도록 지역 수준 교육과정을 운영하고 있다. 이렇듯 19세기부터 대립해 온 사립학교와 공립학교가 경쟁 관계로 공존하면서 공화국 체제는 전국민의 기초 교육에 국가가 최대한 개입할 수 있는 권한을 보장하고 있다.

역사적으로 프랑스 교육은 크게 두 가지 특징을 보여 준다. 첫째, 평등적 보편주의로 모든 국민은 교육받을 의무와 권리가 있다고 보았으며, 이런 관점은 프랑스 혁명 이후부터 강조되었다. 쥘 페리(Jules Ferry)는 1882년 프랑스 초등교육의 의무화와 무상화를 실현하였고, 교육이 종교로부터 자유롭다는 의미로 학교의 중립성(école laïque)도 실현하였다. 이는 교육이 종교의 영향에서 벗어나 공교육의 기초를 다지는 밑거름이 되었으며, 공교육 제도의 실현은 프랑스 혁명 후 100년이 지나 가능해졌다.

둘째, 교육의 민주화 과정과 역행하는 엘리트 중심의 교육이 현재까지 이루어지고 있다는 점이다. 특수전문학교인 그랑제콜(Grandes ecoles)에서 프랑스의 미래 지도자들을 양성하고 있으며, 이들 학교의 졸업생들은 프랑스 정치 · 경제계와 학계에서 요직을 맡고 있다.

이러한 엘리트 교육이 프랑스 전체에 영향을 미친다 해도 교육의 가장 큰 특징은 바로 프랑스 혁명 이념에 기초한 공교육의 뿌리라고 하겠다. 자유, 평등, 박애 이념을 바탕으로 한 프랑스 혁명은 근대교육의 기틀을 마련하면서 국민 보통교육의 이념인 공교육의 당위성을 강조하였다.

프랑스 혁명의 이념을 바탕으로 공화국 체제는 국민 기초교육이 직관에서부터 출발한다는 교육관을 갖고 있었다. 다시 말해서 직관적인(intuitive) 면을 강조하여 교사는 감각적 '사물교육'을 통해 일반적인 관점을 도출하고자 하였다(Albertini, 1992: 71). 그러나 이러한 교육적 신념에도 불구하고, 교육 현장에서는 교사가 주도하여 수업을 진행하거나 책이나 교재 중심의 교육이 만연되어 있었다.

이에 따라 가톨릭 교회의 교육관과 공화국 체제의 교육관의 차이에서 시작된 논쟁으로 함께 공존할 수 있는 평화적 해결 방안의 모색이 절실히 필요하였다. 그 당시 해결 방안으로 소개된 내용이 바로 에뒤카시옹 누벨 운동으로 프랑스뿐 아니라 영국, 독일, 스위스, 미국 등에서 급속도로 확산되었던 교육개혁운동이었다. 이것은 당시 제3공화국 지도자들의 교육관과 일치하였으며 개인적인 자유를 충분히 갖도록 하는 절호의 기회로 여겨졌다.

19세기 말에서 20세기 초까지 유럽에서 진행된 일련의 교육개혁 움직임은 사립학교의 차원에서 주로 진행되었지만 공교육 체제 내에서 많은 시도가 이루어졌다. 사립학교로서 에콜 데 로슈(Ecole des Roches)는 프랑스 에뒤카시옹 누벨 운동을 실천하기 위해 영국의 모델을 그대로 반영하여 설립한 프랑스 최초의 신학교였다.

에콜 데 로슈 이후, 공교육 체제 내의 교실개혁을 주장하면서 민중교육을 실천하고자 했던 셀레스탱 프레네(Célestin Freinet, 1896~1966)는 프랑스적인 현대학교(Ecole moderne)를 설립한 가장 혁신적인 교육자였다. 프레네는 20세기 초 유럽과 미국에서 급속도로 보급되었던 에뒤카시옹 누벨에 깊은 관심을 가지면서 국제신교육연맹(Ligue international de l'Education Nouvelle)의 학술 모임에 자주 참석하였다. 그러나 프레네는 강연이나 책에서 본 유럽의 신교육운동이 자신의 태생적 배경, 그가 가르치던 학생, 교실 환경과는 맞지 않는 부분이 많다고 보았다. 프레네는 소수 사회계층에 한정되어 있는 당시의 교육 현실을 개탄하고, 미국, 러시아, 스위스 등 당시 신교육운동의 이론가와 실천가의 영향을 받으면서 프랑스식의 독특하면서도 유일한 프레네 교육학(Pédagogie Freinet)을 구성하기 시작하였다. 프레네는 스위스의 페리에르를 중심으로 전개된 신교육운동의 영향을 상당히 많이 받았으며, 나중에는 독자적인 교육 특성을 형성하고 교실 수업의 변화를 시도함으로써 공교육 개혁에 일조하였다. 유럽의 신교육운동 전개과정에서 프랑스 에뒤카시옹 누벨의 특징은 바로 프레네 교육학의 국제적 보급 및 확대에 있다. 이렇듯 프레네 교육학은 프랑스 공교육 체제에서 실천된 교육개혁운동으로 우리나라 공교육 제도의 전환이 필요한 시점에서 하나의 의미 있는 교육실천 사례로 보인다.

2. '에뒤카시옹 누벨'의 형성 배경

1) 프랑스 공교육의 대안 찾기

1789년 프랑스 혁명 이전, 교회가 엘리트 교육을 전적으로 담당하여 교육의 기회가 매우 한정되어 있었으나 혁명가들은 교육을 단계화하는 체제를 새로운 개혁안으로 마련하여 교육의 평등을 실현하고자 하였다. 1791년 헌법에서, 혁명가들은 모든 아동에게 공통의 기초교육을 실시하는 평등이념에 동의했으며, "모든 시민에게 공통의 공교육을 조직하고 제공하며 모든 인간에게 필요한 내용을 무상으로 교육시켜야 한다."라고 주장하였다(Decaunes & Cavalier, 1962: 15). 프랑스에서 공교육 이념의 토대를 마련한 콩도르세(Condorcet)는 교육기관을 단계별로 나누어 "시민들에게 사실적 평등을 확립해 주고 법으로 인정된 정치적 평등을 현실화하자."라고 제안하였다(Decaunes & Cavalier, 1962: 18).

이렇듯 평등적 민주주의를 실현한다고 생각되었던 프랑스의 학교는 오랫동안 역사적으로 이원적인 체제를 갖추고 있었다. 그 이유는 단일체제의 학교를 실현하려는 의지가 인간의 사회계층을 구분짓는 그 시대의 통념을 타파하지 못했기 때문이다. 문명화된 모든 인간 사회는 두 개의 계층으로 분리되는데, 한 계층은 노동일로 생계를 유지하고 또 다른 계층은 자신의 소유물에서 생기는 소득과 사회적 지위와 명예로 생활한다고 보았다. 공교육 체제는 이런 계층을 정신노동과 육체노동을 하는 인간으로 구분하면서 그들에게 맞는 교육을 이원적으로 조직해야 한다는 인식에 바탕을 두었다. 이런 관점에서부터 프랑스 교육의 근본적인 특징이 나타났고, 특히 노동자 계층의 아동은 생계유지가 급선무이므로 취학기간을 늘릴 수가 없다고 생각하여 그들에게는 일반적이면서 압축된 단기간의 교육을 초등 수준으로 시행하였다.

이러한 프랑스 교육의 이원성(dualité)은 교육체제뿐만 아니라 교육내용에서도 찾아볼 수 있다. 공교육의 필요성을 주장한 것 이외에 콩도르세(Condorcet)는 교육내용에 있어서 우선 다양한 직업에 관계되는 지식을 제공해야 한다는 입장과 순수과학을 통한 인간정신의 계발을 강조하는 입장을 대립시켰다. 이러한 이원성으로 각자 개인에게 인간으로서 알아야 할 모든 것을 가르쳐 주는 동시에 학생들에게 미래의 직업에서 필요로 할 지식을 준비시킬 수 있는 공교육이 필요하다는 견해가 부각되었고 이런 관점은 중등교육까지 이어져 이원적 체제를 확립하기에 이르렀다.

체제 면이나 교육내용 면에서 19세기의 프랑스는 두 가지 유형의 교육기관이 병행하여 존립해 왔다. 첫째는 민중의 아동들이 누구나 다닐 수 있었던 초등학교(école primaire)로 대중교육의 기능을 담당한 반면에 중등교육기관은 귀족 집안의 자녀들이 매우 드물게 학업을 수행할 수 있었던 두 번째 유형의 학교였다. 이 중등교육기관은 앙시엥 레짐(Ancien Régime)의 잔재로 나폴레옹의 고등교육 정책 차원에서 상당히 일찍 조직되고 관심이 집중되었다. 그러나 정치적 지원, 재정적 방안과 이데올로기적 합의의 부족으로 초등교육기관은 1833년 기조 법안(lois Guizot)에도 불구하고 매우 느린 조직의 변화를 겪었다(Albertini, 1992: 6).

이러한 계급 간의 이중 체제는 프랑스 교육의 역사를 이해하는 가장 기본적인 틀이다. 귀족과 평민의 대립적 관계를 사회적으로 유지시키는 데에 학교의 기능이 크다는 의미로, 귀족 계급의 자녀들은 고등학교까지 진학하고 졸업 후에는 사회의 지도자층이 되었다. 거의 남자 아동으로 구성된 평민계층은 초등학교 학력만을 갖출 수 있었다. 이렇듯 프랑스는 19세기 초부터 학교급 간의 동질적인 기초교육을 시행하지 못해 왔으며, 교육기관의 분류는 계층 간의 양극적인 대립 양상으로까지 확대되었다.

프랑스 혁명으로 공교육의 이념이 생겼지만 교육을 지배해 오던 교회세력은 그 당시 아직도 많은 힘을 갖고 있었으며 쥘 페리의 등장 전까지 교회가 교육현장에 미치는 영향력은 상당히 컸다. 이렇듯 19세기의 프랑스 교육은 쥘 페리(J. Ferry, 1832~1893)의 등장과 더불어 페리 이전과 이후로 구분하여 설명할 수 있다. 쥘 페리는 실증주의자로서 계몽주의에서 출발하여 프랑스 혁명기의 공교육법안을 제안했던 콩도르세의 영향을 받았으며, 가톨릭의 교육관에 대립하여 자연주의적 이성을 통해 개인적 해방을 추구하였다(Albertini, 1992: 64). 그는 1882년 프랑스의 초등교육을 공교육화한 교육부 장관으로 공화국 체제에서 국가가 국민의 교육에 주도적으로 개입할 필요성을 역설한 교육개혁자였다.

쥘 페리 이전의 프랑스 교육은 국가 개입보다는 종교의 영향을 많이 받았다. 1816년부터 종교가 초등교육에 적극적으로 참여하는 상황에 이르러 성직자들이 학교 내의 평가 내지는 감독에 영향력을 행사할 수 있었다. 왕정과 공화정이 수시로 내립되어 온 19세기의 프랑스는 힘의 균형이 국가와 교회 간의 경쟁관계 체제로 유지되어 왔다.

1850년 팔루 법안(lois Falloux)은 성직자의 교육적 기능과 역할을 충분히 해낼 수 있는 것으로 보고 있어 종교의 역할이 교육에 미치는 중요성을 다시금 인정한다. 제2차 왕정 때, 학교 내 반교권주의(Anti-Cléricalisme scolaire)를 형성하면서 프랑스 교육의 가장 중대한 문제인 비종교성(laïcité)과 교권주의(cléricalisme)의 대립이 지속되었다.

쥘 페리는 19세기 말에 콩도르세처럼 교육의 평등주의를 실현하고 계층의 구분을 없애는 개혁안을 내놓았다. 그는 인간을 '교육을 받은 자'와 '교육을 받지 않은 자'로 나누었으며 "위의 두 계층을 서로 접근시키는 시도가 없었다면, 학교 내의 교실에서 부자와 빈자의 자녀들이 서로 섞일 수 있는 평등 국가를 만들 수는 없었을 것이다."라고 언급하였다(Prost, 1968: 14). 1880년대의 교육개혁자들이 초등학교의 개혁을 다룰 때, 교육의 이원적 체제와 기초 수준의 교육내용 전수에 관심을 두었지만 더욱 중요하다고 본

것은 공교육을 통한 민중교육의 실현에 있었다. 그렇기 때문에 1881년에 초등학교의 수업료를 폐지하고 1882년에는 만 5세에서 만 12세까지 의무교육 연령 확정 및 학교교육의 비종교화도 공식화하였다(나정, 신동주, 김재웅, 1996: 79; 백종억, 1996: 97).

이처럼 쥘 페리는 프랑스 학교 역사에 있어서 교육을 종교의 영향으로부터 독립시킨 당대의 교육개혁자였다. 교육이 종교로부터 중립을 지키는 의미는 학교는 민주시민으로 갖추어야 할 지식을 제공하여 사회에서 필요로 하는 인재를 양성하는 데 중점을 두겠다는 것이다. E. 뒤르켐(Durkheim)은 교육을 사회화의 과정이라 보았다. 이는 바로 실증주의적 관점과 과학적 관점을 통합한 것이다.

2) 19세기 말 '에뒤카시옹 누벨'과 '에콜 누벨'[3)]

19세기 말, 1882년에 프랑스 교육이 의무화, 무상화, 종교로부터의 중립화가 이루어지면서 합리주의적 관점과 전통적인 교과 중심의 관점을 어떻게 조율할 것인가가 문제로 대두되었다. 무엇보다도 초등교육 단계에서의 공교육 실현은 개인적인 자유와 지적인 면을 동시에 존중하게 되었으나 현실적으로는 교사의 권위와 학생들의 순종적인 태도에 근거한 수업 운영이 대부분이었다.

19세기 말 학교교육의 현실은 지시적이며 교재 중심의 교육이 지배적이었고, 교사와 학생의 관계는 형식적이고 엄격한 주종관계에 있었다. 학생들의 자발성은 무시되어 수업의 방식은 문법적 요소와 역사적 사건의 연대순 암기, 지역명 암기, 시암송 등으로 이루어졌다. 암기 위주의 학습 방법, 학습량의 과다는 그 당시 학교교육의 큰 문제로 나타났다. 당시 제3공화국에서 추구하는 학교교육은 학생들에게 국가적 정체성을 확립시켜 주어 프랑스 국민이라는 것을 알리기 위한 것이었다. 학교는 '과학과 진보'를 상징하고 있었으며, 파스퇴르(Pasteur)와 같은 과학자의 발견은 비종교적 성향을 갖는 과학적 진리의 전도사로 묘사되었다. 이런 과학에 대한 숭배는 교육이라는 주제를 국제적 이슈로 등장시켰다(Albertini, 2002: 78). 당시 과학적 연구 결과에 따라 교육을 접근하는 일련의 전문가들은 아동심리학의 발달과 더불어 에뒤카시옹 누벨 운동에 관심을 갖기 시작하였다.

에뒤카시옹 누벨 운동이 나타난 배경의 두 번째 특징으로 19세기 말 프랑스의 중등교육은 인문학적 전통과 현대적 교과 간의 갈등이 지속되었다는 점이다. 제3공화국이 강조하는 교육의 현대화는 그 당시 많은 교육자들에게 엘리트 교육 중심의 고등학교(lycée)를 개혁할 수 있을 것인가에 대한 의문을 제기하였다. 결국 공화국 체제의 학교교육은 라틴어 대신에 학생들의 삶에 더 가까운 내용으로 지리교과를 도입하였다. 이러한 여러 노력에도 불구하고 고등학교에서의 교육은 전통적인 방식으로 이루어지고 있었다. 이에 반기를 든 교육개혁론자들은 당시 전통교육에 반하여 '에뒤카시옹 누벨'을 교육현장에 도입하고자 하였다.

프랑스의 에뒤카시옹 누벨 운동은 사회학자 에드몽 드몰랭(E. Demolins)이 『앵글로 색슨의 우월성은 어디에서 유래하는가?(A quoi tient la supériorité des Anglo-Saxons?)』를 1897년 출판하면서 본격적으로 시도되었다. 드몰랭은 우선 영국인과 독일인을 비교하면서 당시 세계 문화의 주도권을 영국인이 갖고 있었고, 산업과 경제가 가장 진보한 국가였으므로 영국인을 가장 진취적이고 진보적인 국민이라 하였다. 그는 영국인의 우월성은 국민성에서 유래된다고 하였는데, 이는 집단에 귀속된 개인보다는 영국인들이 오래전부터 개별적 주도성 내지 자발성을 강조해 왔기 때문이라고 본다(Beattie, 1998). 프랑스인은 영국인들에 비해 도전적이고 적극적이지 못하다는 것이다.

드몰랭(1897: 4)은 영국이 프랑스보다는 우월한 또 다른 이유가 현실적이고 실용적인 영국의 교육제도에 있다고 하였다. 그는 19세기 말 프랑스 교육제도에 대해 언급하면서 사회적 성공을 위해 경쟁시험을 치러야 할 학생들, 일찍부터 구분되는 사회계층 간 분류, 합격생 수에 따라 평가받는 학교의 위상, 이로 인한 학교의 생존 여부를 결정하는 상황 등을 볼 수 있다고 하였다. 그 이유는 공화국 체제하에 학교교육 목적은 공무원과 군인을 양성하는 것이었으며, 공무원 양성 기능을 수행하기 위해서는 학교 졸업 후에 시행되는 경쟁시험에 합격해야만 했다. 국가가 교육에 주도적으로 개입하면서 학교교육은 시험준비를 위한 주입식 공부를 낳게 했으며, 이를 불어로 '쇼파쥬(Chauffage)'라 불렀다. 원래의 의미는 '난방', '열기'를 말하나 시험을 위한 학습량 과다로 해석할 수 있다(Demolins, 1897: 5). '쇼파쥬'는 학생들이 교과의 영역을 '피상적(superficiel)'이며 '일시적인(momentané)' 학습의 형태로 받아들이는 것을 말한다.

선발 경쟁 시험은 어려운 문제로 합격과 불합격을 판정하므로 피상적인 지식만을 다루며, 암기능력만을 키워주는 순간의 지식은 일시적인 형태의 학습만을 강조한다. 이러한 퍼붓기식 전달은 학교를 마치 국가 공무원 양성소인 것처럼 인식시켰으며, 실제로 공무원이나 군인이 명령과 복종으로 행동하기 때문에 학교에서도 학생들이 사고력, 판단력을 키울 수 있는 기회를 갖지 못한 채, 수동적으로 받아들이는 태도만을 키워주었다. 토론과 판단

▲ 프랑스 최초의 신학교 '에콜 데 로슈' 입구

▲ 에콜 데 로슈의 전경

없이 외부의 질서를 있는 그대로 수용하는 공화국 체제 내의 순응적인 공무원으로만 자라게 되었다(Demolins, 1897). 드몰랭은 인간교육과 국가 공무원 양성 교육이 전혀 일치할 수 없다고 보며, 규칙에 얽매인 공무원 교육은 문제 상황을 해결할 수 있는 인간의 주도성, 자발적 의지, 자신감을 형성할 수 없다고 보았다. 프랑스 교육체제에서 인간교육은 오히려 억압되어 있다고 개탄하면서 젊은 학생들의 미래가 반드시 국가 공무원에만 제한될 수는 없으며, 공무원 시험에 합격하지 못한 것을 한탄할 것이 아니라 인간 사회에는 많은 종류의 직업이 있다는 것을 알려주어야 한다고 지적하였다. 산업인, 판매인, 농업인 등이 되기 위해서는 각 직업에 적합한 학교교육을 청소년들에게 미리 제공할 필요가 있다고 하였다(Demolins, 1897: 9-15).

드몰랭은 프랑스인들이 영국인에 비해 열등한 이유가 바로 자국의 교육체제에 있다고 보았다. 많은 프랑스인들이 보수적이었으나 드몰랭은 매우 개혁적인 입장을 취하였다. 그는 프랑스인의 생각과 사고가 변화하기 위해서는 무엇보다도 교육개혁을 시도해야 한다고 주장하면서 그 모델로 영국의 신학교 체제를 도입하자고 하였다.

에드몽 드몰랭은 신교육의 이념과 목적에 따라 노르망디 지역 파리 근교 베르뇌유 쉬르 아브르(Verneuil-Sur-Avre)에 '에콜 데 로슈(Ecole des Roches)'를 설립함으로써 영국의 신학교 모델을 반영한 에콜 누벨(Ecole novelle)을 최초로 도입하였다.

3. '에뒤카시옹 누벨'의 전개

1) 20세기 초 '에뒤카시옹 누벨'의 확산

영국의 세실 레디(Cecil Reddie)가 애보츠홈(Abbotscholme)에서 1889년 세

운 'New School'[4]은 새로운 교육개혁의 모델로서 동시대 영국인들의 많은 관심을 받기 시작하였다. 특히 배들리(Badley)는 1893년 비데일즈(Bedales)에 신학교를 세웠고, 비데일즈(Bedales) 학교에서 과학교사였던 라이스(Rice)는 1897년 햄스테드(Hampstead)에 킹 알프레드 학교(King Alfred School)를 설립하였다. 레디(Reddie)가 설립한 신학교에는 영국인뿐 아니라 유럽인들의 방문도 이어졌다(Skidelsky, 1972).

프랑스의 드몰랭 이외에 독일의 리츠(Lietz)가 영국의 애보츠홈 학교를 방문하였으며, 그는 1898년 일젠부르그(Ilsenburg)에 독일 최초의 신학교를 설립하였고, 하우빈다(Haubinda)에 두 번째 학교를 세웠다. 그 외에도 폴 게에브(Paul Geheeb)는 오덴발트(Odenwald)에 또 다른 신학교(new school)를 설립하면서 독일뿐 아니라 벨기에, 네덜란드, 스위스 등 유럽 전역에 신교육운동이 확산되었다. 특히 스위스의 불어권 제네바에서 페리에르(A. Ferrière)는 프랑스의 드몰랭을 만나 에콜 데 로슈를 방문한 후, 1899년에 국제신학교위원회(B.I.E.N. -Bureau international des écoles nouvelles)를 결성하여 당시 신교육운동의 이념과 실천을 대표하는 학교들 간에 상호교류의 기회를 장려하기도 하였다(Raillon, 1994).

B.I.E.N.[5]은 '에콜 누벨(Ecole nouvelle) 간의 과학적인 상호교류를 격려하고, 관련 자료를 수집하여 미래 교육을 위한 실험심리학 결과를 알리는' 목적을 갖고 있었다(Gerber, 1989). 페리에르는 1900년에 독일의 헤르만 리츠(Hermann Lietz)가 세운 전원기숙사학교와 하우빈다(Haubinda)의 두 번째 학교에서 교사생활을 자청하면서 당시의 신학교에 매료되었다. 이러한 경험이 페리에르(Ferrière)에게 유럽 내 신교육운동을 제네바 중심으로 전개하는 계기가 되었으며 1915년에 그는 신학교의 특징을 30가지로 요약하여 제시하였다(Hameline, 1995: 183). 페리에르는 1912년 B.I.E.N의 모임을 크게 개최하면서 에콜 누벨(Ecole nouvelle)을 다음과 같이 정의하고 있다. "에콜 누벨은 전원에 위치한 가족 형태의 기숙사 학교로서 아동의 개인적

경험은 수작업과 자치적 학교운영을 통해 도덕적, 지적 교육의 기초가 된다."라고 하였다(Ferrière, 1947). 이렇듯 프랑스의 에뒤카시옹 누벨 운동은 영국의 영향을 받기도 했지만 독일을 제외한 유럽 대륙 내의 진보주의 교육 확산에 영향을 주었다.

프랑스의 에뒤카시옹 누벨 운동의 또 다른 기원은 19세기 말부터 이루어진 과학의 발달에서 유래한다. 특히 심리학은 합리적인 방법으로 교육의 기초를 마련해 주었으며, 아동에 대한 과학적인 연구를 실행하였다. 지능검사를 최초로 개발한 프랑스의 비네(Binet)와 스위스의 클라파레드(Claparède)는 아동에 대한 과학적이고 체계적인 연구를 통해 아동 중심 교육의 필요성을 검증함으로써 이론적 근거를 마련하였다. 또한 스위스 제네바의 '장 자크 연구소'에서 진행된 보베(Bovet)와 클라파레드(Claparède)의 심리학 연구도 많은 영향을 주었다.

이러한 상황에서 전통적 교육방법과 수업 방식을 개선하려는 프랑스 에뒤카시옹 누벨 운동은 다른 유럽 국가와 비교할 때 매우 느리게 확산되었다. 엠(A. Ehm, 1937)은 프랑스 에뒤카시옹 누벨 운동이 인근 국가에 비해 지연된 이유가 프랑스인들의 보편주의적인 지식관과 개인주의적인 태도 때문이라고 말한다. 신교육운동이 확산되었던 국가들은 신교를 널리 보급하던 상황과 달리 프랑스는 가톨릭의 성향이 강한 국가였으며, 이러한 종교적 영향은 프랑스의 에뒤카시옹 누벨 운동이 확산되는데 방해 요소로 작용했다는 것이다. 프랑스에서 에뒤카시옹 누벨 운동을 대표하는 학교는 에콜 데 로슈로서 제1차세계대전까지 유일한 신교육운동의 학교로 남아 있었다.

에콜 데 로슈가 중 · 고등학생 대상의 학교였다면 초등학교에서의 에뒤카시옹 누벨 운동은 20세기 초부터 서서히 진행되었다고 할 수 있다. 프랑스 초등교육 차원에서 에뒤카시옹 누벨은 어떤 특징을 보여 주는가?

에뒤카시옹 누벨 운동은 프랑스 현대교육의 시발점이었으며, 제1차세계대전이 끝난 1920년대부터 본격적으로 시작되었다. 제1차세계대전 이후에 1921년 칼레(Calais)에서 국제신교육연맹(Ligue international de l'Education Nouvelle)이 결성되면서 아동 교육전문가, 교사, 심리학자, 의사 등이 참여하였다. 이 시기에 프랑스는 새로운 국면을 맞이하게 되었으며, 1929년에 '프랑스 에뒤카시옹 누벨 그룹(Groupe français de l'Education Nouvelle)'이 결성되었다.

프랑스 초등교육의 변화를 실천한 교육자로서 로제 꾸지네(Roger Cousinet, 1881~1973)와 그의 영향을 받았지만 독자적인 입장을 보여준 셀레스탱 프레네(Célestin Freinet, 1896~1966)가 있다. 프레네는 아동의 개성을 존중하고 사회성을 발달시키는 프랑스 초등학교 에뒤카시옹 누벨 운동의 대표자다. R. 꾸지네와 C. 프레네는 사회화에 교육의 목표를 두었고 교육방법을 다양하게 실천함으로써 당시 새로운 학교교육 개혁운동의 교육목표에 도달한다고 보았다. 꾸지네는 '소집단 자유 학습법(Travail libre par groupes)'을 1920년부터 자신이 장학사로서 관할하던 몇몇 학교에 적용하기 시작했으며 프레네는 1924년 교실 현장에서 '학교 인쇄활동(Imprimerie à l'école)'을 시작하였다. 그 이외에 베르나르 프로피(B. Profit)는 1928년 '학교협동조합(coopératives scolaires)'을 제안하여 경직되고 교사 중심의 학교생활에 변화를 주고자 하였다. 이 세 명의 프랑스 에뒤카시옹 누벨 옹호자들은 공통적으로 공립학교에서의 개혁을 시도하였으나 나중에는 교육부와 학부모의 인식 부족으로 인해 반발이 생겼다. 꾸지네와 프레네가 제시한 교육방법은 그 당시 보수적 교육부와의 의견 대립으로 사립학교 차원에서 많이 실시되고 있었지만 후에는 공립학교에서도 점차 그들의 교육방법을 실천하기에 이르렀다.

그 후로 꾸지네가 속한 진보주의 교육이념을 기반으로 하는 '프랑스 에뒤카시옹 누벨 발전협의회(Association nationale pour le développement de l'Education Nouvelle)'와 프레네 교육을 적용하는 일선교사들의 연구모임인

'현대학교협의회(Institut coopératif de l'Ecole Moderne)'가 20세기 초와 중반 프랑스 에뒤카시옹 누벨 운동의 전개에 중요한 역할을 담당하였다. 신교육을 실현하려는 단체의 움직임은 교육부와 마찰을 빚어왔으나 1960년대에 이르러 교육이념을 구체화하는 학교들이 생겼으며, 특히 '프레네 교육학'이 공교육 제도에 흡수되기 시작하였다. 학교 인쇄활동, 자유로운 글쓰기, 학교신문, 지역학교 간의 서신교환을 실천하는 프레네 교사들은 '현대학교협의회'를 중심으로 프레네 교육학을 전 세계에 알리는 데 주력하였다.

프랑스 에콜 누벨 중에서 현재까지 남아 있는 학교는 에콜 데 로슈(Ecole des Roches)와 프레네 초등학교(Ecole Freinet)이다. 에콜 데 로슈는 1899년 설립되어 100년 이상의 역사를 지닌 학교로서 그동안 여러 번의 재정적 어려움을 겪었지만 당시의 설립이념과 목적에 따라 학교를 운영하고 있다(N. Duval, 1999).

프레네 초등학교는 뜻 있는 교사들이 모여 학교 자체를 프레네 학교로 부르거나 교사가 개별적인 관심을 갖고 각자의 교실에서 프레네 교육학에 근거한 교육방법을 적용한다. 공교육 제도권 내에서 프레네 교육을 실천하고 있는 교사들은 자신의 학급에서 자율적으로 운영하는 경우가 많아 프레네 초등학교는 어떠한 특정 학교를 지칭하기보다는 교실에서 프레네 교육학을 전체적으로 또는 부분적으로 적용하고 있는 모든 학교들을 말한다.

2) '에뒤카시옹 누벨'의 교육사상

(1) 교육관

프랑스 에뒤카시옹 누벨 운동의 교육이념과 목적을 한 단어로 요약하면 사회화라 할 수 있다. 학교는 지식 전달의 수단이 아니라 삶의 공간이다. 듀이(J. Dewey)가 언급하였듯이 학교는 지속적으로 사회 환경과 연속성을 유지하면서 성인 사회를 그대로 반영한다. 에뒤카시옹 누벨의 교육목적은 학생들이 학교생활을 통해 서로 간의 유대감과 사회성을 신장시키는 것이며, 도덕성 향상을 위해 학생 스스로 협동심과 타인 존중의 감성을 학습하는 과정이다. 페리에르는 1922년 그의 저서에서 '학교공간은 사회적 경험을 하는 데에 가장 훌륭한 장소다. 작업의 분담을 알게 하고, 연대감을 형성하도록 학생들을 준비시키는 것이 바로 학교 교육의 목적'이라고 하였다(Ferrière, 1922). 이와 동시에 자기학습과정을 통한 발견학습과 개별 또는 집단별 경험을 다양하게 함으로써 지식을 스스로 구성하게 한다.

에뒤카시옹 누벨 운동은 아동들에게 이성적이면서 합리적인 사고를 키워주기보다는 감성적이면서 타인을 배려할 줄 알고 협동적인 태도를 길러준다. 그렇기 때문에 신교육운동의 교육자들은 생동감 있고, 직접적인 체험 위주의 교육을 실시할 것을 주장하였으며, 그에 따라 학생들에게 이성적인 판단력보다 상상력, 직관력 등을 키워줄 수 있는 학교문화를 주장하였다(Skidelsky, 1972).

에뒤카시옹 누벨 운동은 상상력과 창의력에 바탕을 둔 작업을 자주 권장하고 있다. 이는 아동에게 자신의 독자성과 고유성을 의식하도록 하게 하는 것으로 '주관적인 문화(culture subjective)'를 허용하는 것이다(Bloch, 1948).

이처럼 신교육운동은 지적 교육보다는 남과 더불어 살아가는 능력, 타인과의 협동학습 능력, 남을 통해 자신을 발견하는 능력 등 학생들의 사회적 활동에 많은 비중을 둔다(Not, 1979). 이는 아동들이 학교 생활을 통해 더욱 사회적인 인간으로 성장하도록 도와주는 것이며, 더 나아가 한 국가의 시민교육을 책임지는 것이다.

학생들은 지식 습득을 목적으로 하는 전통 교육에서와 달리 학습의 주도자로서 교육활동 중심에 놓여 있으며, 주어진 환경 안에서 지식을 스스로 구성해간다.

호르너(Hörner, 1978)에 의하면, 학교교육의 목적은 아동의 의식을 끌어

내어 자신의 주변 문제에 대해 지각하고 비판적인 시각으로 주변 상황을 분석하게 하는 '문제제기의 학교문화(Ecole interrogative)'를 형성하는 것이다. 이러한 학교문화를 형성하기 위해서 학교 밖의 삶을 중시해야 한다.

따라서 학생들의 삶과 생활에 기초한 지식은 구체적이고 유용한 것으로 실천적인 성격을 가진다. 수작업을 이용한 교육은 인지 교육을 보완하기 때문에 신체의 움직임과 지능발달을 결합하는 교육이라 할 수 있다(Houssaye, 1987).

신교육운동의 학교들이 강조하는 학교문화는 '역동성, 기쁨, 즐거움을 주기 때문에 학교는 신체, 마음, 정신이 혼연일체되는 삶의 공간'이라고 보았다(Legrand, 1970).

또한 에뒤카시옹 누벨 운동에서 교육의 목적은 아동을 새로운 사회에서 살아갈 새로운 인간, 즉 비판적이며 자유로운 사고방식을 갖고 민주사회에 석응할 시민 양성에 있다. 그런 이유로 에뒤카시옹 누벨 운동에서 협동심과 책임의식, 연대감은 가장 중요한 덕목이다. 교육의 목적이 사회화에 있는 만큼 책임감 있는 민주시민 교육은 에뒤카시옹 누벨이 사회개혁적인 성격을 갖고 있음을 알게 한다(Hwang, 1997).

유럽의 신교육운동은 당시 사회에 적합한 인재 양성보다는 미래의 사회가 필요로 하는 모델을 제공해 주어야 한다고 했다. 그러기 위해서는 무엇보다도 교육 실제나 학교 조직이 변화되어야 함을 주장하였다. 이는 학교가 사회를 답습하기보다는 사회의 변화를 학교가 주도적으로 이끌어야 하는 점을 부각시켜 학교교육의 개혁이 사회 개혁으로 연장되도록 하였다. 다시 말해서 학교로부터 시작되는 사회개혁을 이루고자 한 것이다. 도트랭(Dottrens, 1946)에 의하면, 새로운 사회가 도래하므로 에콜 누벨이 과거의 유산을 바탕으로 미래를 준비하는 '실험 교육'장으로서의 역할을 담당한다고 보았다. 그는 또한 새로운 사회의 시작은 학생들이 학교 공동체 일원으로 참여하는 것부터 시작된다고 하였다. 학생들은 공동체 사회에서 경쟁보다는 협력, 상호 존중, 공동생활을 경험하며, 자신을 존중하는 만큼 타인에 대한 책임감도 크다고 언급한다(Dottrens, 1946).

이러한 학교 기능에 관심을 보였던 셀레스탱 프레네는 프랑스 독자적인 교육운동을 전개하였다. 프레네는 1950년대 중반까지 민중교육을 바탕으로 '현대학교(Ecole moderne)'를 만들어 학교 내부로부터의 개혁이 사회 전체로의 개혁으로 확대되도록 부단히 노력하였다.

프랑스 내의 에뒤카시옹 누벨 운동은 귀족 중심의 사립학교와 '민중을 위한 학교'라는 두 가지의 흐름으로 구분되었지만 공통적인 면은 지식의 습득보다 사회와 생활을 강조했다는 점이다. 사회생활의 경험, 즉 생활이 지식보다 앞서 있으며, 아동들은 학교의 공동체 생활 속에서 시행착오를 거치면서 학습한다. 따라서 에뒤카시옹 누벨에서 추구하는 교육은 사회화이며, 사회화 과정을 통해 아동들은 그 사회의 구성원으로서 살아 갈 수 있다고 하였다. 이는 듀이가 언급한 "학교교육은 생활에의 준비가 아니라 생활(vie) 자체다."와 드크롤리(Decroly)가 말한 "학교교육은 생활을 위하여, 생활을 통해 가능하다."라고 한 관점과 같은 맥락에 있다.

그러나 기스트-데프레리(F. Giust-Desprairies, 1989)는 에뒤카시옹 누벨에 속하는 일련의 학교들은 학생들에게 현실에 도전하는 태도보다는 환상을 갖게 할 수 있으며, 지식과 학생들의 관계를 진지하게 접근하지 못했다고 지적하였다. 또한 신교육운동의 지지자들은 학교가 사회에 개혁의 모델을 시사한다고 기대하였으나 지금까지도 학교는 사회의 영향 아래에 변화한다는 점이 프랑스 에뒤카시옹 누벨의 한계라고 말한다.

(2) 교육과정

에뒤카시옹 누벨은 시험과 평가체제를 없애고, 학업 실패의 경험을 갖지 않도록 하고자 한다. 모든 아동이 학업 성취감을 가질 수 있도록 학교에서 가르치는 지식이나 경험을 전체 학생들이 접근할 수 있는 수준으로 소개한다. 따라서 생활 속에서 발견되는 모든 주제가 교육과정이며, 생활의 경험에서 학생들은 자신의 고유한 문화와 지식을 만들어 간다.

이렇게 에뒤카시옹 누벨에서 제시하는 학교교육과정은 고정된 것이 아니며, 아동의 주도에 따라 점진적으로 변형되고 풍부해진다. 그렇다고 기존의 교육과정을 무시하거나 학습 기준이 전혀 없는 것은 아니다(Montandon, 1989).

페리에르(Ferrière, 1922)에 따르면, 학교교육과정은 학생들이 즉흥적으로 보여 주는 흥미 영역과 관심을 교육과정을 통해 체계적으로 조직하기 때문에 반드시 필요하다고 보았다. 듀이도 학생들이 보여 주는 흥미 영역에 관심을 두어 아동들의 실제 경험을 포함하지 않는 교육과정은 의미가 없다고 보았다. 이처럼 에뒤카시옹 누벨의 교육과정은 아동의 호기심에 따라 교육내용을 선정하였으며, 아동의 호기심이 지식으로 발전해 간다는 것을 전제로 한다. 페리에르(Ferrière, 1951)는 아동의 개인 활동은 곧 자기만의 표현방법을 찾아 가는 과정이며, 아동은 자신에게 고유한 세계를 만들어가는 '문화의 장인(artisan de sa propre culture)'이라고 정의하였다.

에뒤카시옹 누벨의 교육과정에서 표현(expression)은 글쓰기, 말하기, 그림그리기 등 매우 중요한 교육과정 관련 요소이다. 특히 구두 표현(expression orale)은 타인을 설득하고 동료 간에 명확하게 말하는 방법을 습득할 수 있는 올바른 언어 표현 방법이다.

이처럼 에뒤카시옹 누벨의 학교교육과정은 두 가지 방향으로 나아간다. 첫째는 아동의 사회화로 조화롭게 더불어 살아갈 줄 아는 능력을 키워주고, 둘째는 각 아동의 인성과 성격의 발달을 도와주는 것이다. 스키델스키(Skidelsky, 1972)에 의하면, 교사는 교육과정을 학생들의 요구와 능력에 따라 적절하게 재구성할 수 있으며, 바로 그 점이 전통학교 교사들과 에뒤카시옹 누벨에 참여하는 교사들의 차이라고 보았다.

에뒤카시옹 누벨의 학교교육과정은 학생들이 사회화에 참여할 수 있도록 민주시민교육의 차원에서 자치적인 '학생의회'를 만드는 것이다. 이러한 학생 공화국은 투표권을 갖고 의장을 선출하며 학교 전반에 관한 의견 조율과 안건을 결정한다. 학생의회는 학교의 운영에도 관여하여 민주적인 의견 수렴 및 결정 과정과 절차를 체험하도록 해준다. 또한 학교협동조합(coopératives scolaires)을 만들어 학생들이 학교에서 모아진 금액의 재정관리나 학교환경 개선을 위해 필요한 품목 구입, 교육 환경에 대한 협의, 필요한 교육자료 구입, 도서관 개선, 학교 단위의 현장 견학, 학교 행사, 정원 가꾸기, 봉사 활동 실천 등에 관한 안건을 토의한다. 이는 학생들에게 자치(self-government)의 개념을 전달할 수 있기 때문에 에콜 데 로슈나 프레네 초등학교의 교육과정에서 매우 중요한 부분을 차지하고 있다(Vuillet, 1968). 프레네는 학교협동조합의 기능을 교과 외 활동이 아니라 교과 활동 차원에서 교실 수업에 도입하여 적용하였다.

또한 에뒤카시옹 누벨 운동의 학교들은 수작업을 통해 노작교육을 강화한다. 수작업은 학생들이 직업인으로 성장하도록 도와주며, 수작업에서 상호 협동, 책임감, 공동체 의식을 형성할 수 있기 때문에 적극적으로 권장해 왔고, 현재도 학교교육과정에 많은 시간이 할애되어 있다.

(3) 교육방법

프랑스의 에뒤카시옹 누벨 운동에서 실천하는 교육방법을 능동적인, 활동적인 방법(méthode active)으로 부른다. 여기에서 'active'라는 의미는 '동물이 자신의 먹이를 찾듯이 아동도 자신의 에너지를 욕구, 관심, 기원을 만족시키는 데에 소비한다.'는 것이다(Legrand, 1968).

교육방법에는 집단학습과 개별학습으로 구분되는데, 부쉐(Bouchet)와 도트랭(Dottrens)은 개별학습을, 꾸지네(R. Cousinet)는 소집단 자유학습법을 제안하였다. 부쉐(Bouchet, 1948)는 개별학습이 '학생들의 개별작업에 유리한 조건을 만드는 것'에서 실행될 수 있다고 보았기 때문에 환경 구성에 대한 준비를 특별히 강조하였다. 그러나 도트랭(Dottrens, 1963)은 반드시 개별적으로 학습이 이루어지는 것이 아니라 집단학습과 개별학습의 혼합적 운영이 바로 능동적인 교육방법이라 정의하면서 학생 각자가 자신에게 적합한 학습방법을 선택하도록 하였다. 여러 유형의 교육방법 가운데, 드크롤리(Decroly)의 흥미 중심 교육, 몬테소리(Montessori)의 흡수정신에 바탕을 둔 교육, 꾸지네의 소집단 자유 학습법(Travail libre par groupes), 프레네테크닉(Techniques Freinet), 프로피(Profit)의 '학교협동조합(Coopératives scolaires)' 등은 교실에서 교육과정의 적용을 도와주는 교육방법의 모형이다(Hwang, 1997).

에뒤카시옹 누벨 운동에서 보이는 교사의 특징은 전통교육방법을 적용하는 교사와 비교할 때, 다양한 수업 방법의 개발과 수업에 필요한 학습도구의 활용 능력에 있다고 할 수 있다. 예를 들어, 교실 환경 개선이나 교구를 활용한 교육방법의 다양성에 있어서 벨기에의 드크롤리는 자연과 가까운 교육환경의 개신에 역점을 두었고, 이탈리아의 몬테소리는 아동과 교구의 상호작용에서 교사의 관찰 능력을 중요시하였다. 이러한 환경구성과 교구의 개발이 곧 아동의 자발성을 촉진한다고 보았다.

교사는 학급의 운영자, 충고자, 안내자로서 자유로운 분위기에서 학생들이 스스로 발견하도록 도와주는 역할을 수행한다. 교사는 학생들을 그대로 방치하는 것이 아니라 학급 조직 내의 질서와 규율을 유지해야 한다. 페리에르(Ferrière, 1951)도 역시 "자유와 질서는 보완적이다. 인간은 최소한의 질서 없이 살지 못하며, 더구나 최소한의 자유 없이도 더 이상 살 수 없다"고 언급하였다. 이렇듯 교사는 교육방법을 통해 미래 사회에서 요구하는 인간상에 적합한 인재를 양성하는 책임을 갖고, 학생 중심의 활동을 근거로 적절한 지원과 도움을 주어야 한다. 그러기 위해서는 학생들에게 필요한 규율과 질서가 어느 정도 필요하다. 프레네(C. Freinet)도 페리에르의 관점에 동의하면서 학급 내의 질서와 규율을 존중하는 가운데, 상황에 따른 교수기술의 변화가 곧 교육방법이라고 보았다(Freinet, 1969).

꾸지네는 오랫동안 초등학교 관련 장학사로서 에뒤카시옹 누벨의 확산에 많은 노력을 하였다. 그는 다양한 교육방법 중에서 집단(groupe)에 기초한 학습방법을 제시하였다. 집단의 자유로운 형성을 통해 아동들에게 선천적으로 나타나는 연대감을 발견하고, 집단을 해체시키는 요인에 대항하여 나타나는 집단적 응집력을 직접 관찰하였다. 이러한 아동 집단의 성격을 충분히 활용하는 교육방법을 제안하였다. 에뒤카시옹 누벨에서 집단은 연대감과 사회정의를 학습할 수 있는 기회를 제공하며, 아동은 집단 생활을 통해 사회성 증진, 타인 존중, 규칙 준수 등을 실천한다(Cousinet, 1949; Ginet, 1982).

3) '에뒤카시옹 누벨'의 유형

(1) 에콜 데 로슈(Ecole des Roches)

에콜 데 로슈는 1899년, 프랑스 노르망디의 외르(Eure) 지역 베르뇌유 쉬르 아브르(Verneuil-sur-Avre)에 60헥타르 크기의 캠퍼스로 설립되었다. 영국의 신학교를 모델로 삼아 세워진 이 사립학교는 100년 이상의 역사를 지니고 있으며, 현재 350명에서 400명의 중 · 고등학생들이 다니고 있다. 설립 초기부터 프랑스의 귀족과 부르주아 계층의 자녀들이 많이 다녔으며, 외교관의 자녀들을 비롯하여 외국인 학생들이 상당히 많은 수를 차지한다. 1969년 프랑스의 68학생운동으로 사회가 변화함에 따라 남학생 위주의 입학이 남녀 공학의 형태로 바뀌었으며, 1973년에는 343명의 학생 중 71명이 여학생이었다. 설립 초기부터 갖고 있던 학교의 국제적 명성과 더불어 1998년에는 프랑스 국적의 학생 174명

▲ 에콜 데 로슈 기숙사

과 40개 국가 출신의 외국인 학생 129명이 재학하고 있었다(Duval, 1999).

100년의 역사를 지닌 현재의 에콜 데 로슈는 설립자 에드몽 드몰랭의 설립이념을 그대로 유지하고 있다. 학교의 좌우명은 드몰랭이 언급한 '생활에 잘 무장된(Bien armés pour la vie)' 학생들로 교육하자는 것이다. 드몰랭은 설립 당시 유럽의 경제 성장 과정에서, 프랑스인들의 역할을 기대하면서 미래 사회의 지도자를 양성한다는 목적으로 '지식인을 만들기보다는 매사에 주도적이며 적극적인 인간으로 교육'하고자 하였다(Duval, 1999).

19세기 말과 20세기 초 에콜 데 로슈는 기숙사 생활을 통해 가족적인 분위기에서 공동체를 형성하여 사회생활에 '무장(armés)'되도록 교육하였다. 현재는 모두 11개의 기숙사에 약 20명에서 45명씩 살고 있으며, 기숙사마다 함께 주거하는 성인이 장(chef de maison)을 맡고 대표 학생들에게 캡틴(capitaine)이라는 지위를 부여해 기숙사 내부의 운영을 자율적으로 하도록 하고 있다. 이는 각 학생에게 자율성과 책임감을 부여하기 위한 노력으로 쉐프 드 메종(chef de maison)은 학생 대표인 캡틴과 협력하여 학생들의 학교생활, 취침, 아침 식사, 저녁 식사 후의 여가활동 등을 계획, 조정, 진행한다. 학부모와 교사들과의 긴밀한 연계 체제에서, 쉐프 드 메종은 학생들의 기숙사 생활 및 기숙사 전체의 분위기를 책임지고 있으며, 더 나아가 저녁 자율학습 시간 동안 학생들 간의 문제, 기숙사 운영 방안을 학생들과 협의한다.

유럽의 신교육운동 이념이 그러하듯이, 에콜 데 로슈도 집단적이며 개인적인 책임의식을 학생들에게 키워주고자 설립 초기부터 캡틴제도(Capitanat)가 있었다. 캡틴은 그룹의 리더이거나 고학년이 되며, 기숙사에 해당하는 생활만 담당하는 것이 아니라 학급, 영화관, 실험실, 작업실 등에서 학생들의 학교 규칙 준수 여부를 지도하고 학교 공동생활의 책임을 맡고 있다. 또한 그는 대표학생으로서 교사, 기숙사의 쉐프 드 메종, 학생들 간의 관계를 중재하는 역할을 수행한다.

설립 초기의 학교교육과정은 그 당시의 표현대로 '학교개혁(innovations scolaires), 스포츠(sport), 노작활동(travaux pratiques)'으로 구성되어 있었다. 현재도 그 맥을 유지하고 있다. '학교개혁'은 당시 일반학교와 비교하여 개혁적인 요소를 강조하기 위해 사용되었다. 개혁적인 변화는 라틴어를 포함하는 고전어보다 외국어 교육에 할애한 시간이 많아진 점, 역사와 지리가 포함된 사회교육의 실천, 인근 지역의 견학과 관찰을 통해 자연과학에 접근한 점, 실험을 통해 과학 원리의 이해를 강조한 점에 있었다. 하루 일과 중 스포츠와 노작활동은 주로 오후 시간에 진행되었다. 스포츠는 에콜 데 로슈에서 매우 중요한 교육적 기능을 담당하였다. 축구, 하키, 농구, 핸드볼과 같은 집단 스포츠와 펜싱, 권투, 달리기, 수영, 승마, 테니스 등과 같은 개별 스포츠가 있었다. 노작활동으로는 텃밭 가꾸기, 가구 제작하기, 제본 작업, 기계 등이 있었다. 문화활동은 주로 정원에서나 학교 주변의 야외마당에서 진행되었으며, 그림이나 미술 작품 전시회도 개최하였고 연극작품의 공연이나 영화 상영도 있었다. 저녁 시간에는 기숙사에서 주로 노래, 음악, 강연, 독서, 조각 등 관련 활동을 개최하였다. 일주일 내내 기숙사 생활을 하였기 때문에 일요일 저녁에는 도덕과 종교에 관한 강연이나 토론이 있었다(Duval, 1999).

오늘날 에콜 데 로슈의 교육과정은 설립 초기와 같이 교과활동, 스포츠, 노작활동으로 구분할 수 있다. 교과활동은 크게 두 가지 단위(unité)가 있는데, 하나는 영어를 중심으로 프랑스 대학입학자격고사 바칼로레아를 준비하는 과정이 있으며, 다른 하나는 비불어권에서 온 학생들을 대상으로 하는 '외국어로서의 불어(FLE)' 과정이 있다. 스포츠는 설립 초기부터 이 학교에서 상당히 비중을 두고 있는 분야로 주 3시간의 체육시간과 3시간의 집단 스포츠활동이 있다. 교사와 학생들 간의 스포츠 시합을 통해 교과활동 밖에서 친밀한 교사-학생 관계를 형성 · 유지하고 있다. 노작활동은 수작업과 예술작업을 혼합한 활동으로서 교실 안에서 실시하는 노작활동도 있고, 교과 수업 이외에 실생활과 연관된 분야, 예를 들면 제과, 제빵, 자동차 기능에 관해 그 분야의 실무자들이 가르치고 있다. 그 밖에 사진, 그림, 조형예술, 음악, 연극, 무용, 회화 등 다양한 문화예술활동에도 적극 참여하고 있다(Les Roches, 2003).

(2) 프레네 교육학(Pédagogie Freinet)

셀레스탱 프레네는 프랑스 남부지방에서 태어나 1966년 타계하기까지 교육방법의 개선에 주력했다. 프레네는 제1차세계대전에서 폐에 부상을 입고, 남부 지중해 연안에 위치한 시골학교에서 교직에 입문하였다. 그러나 그의 건강 상태로는 당시에 권위적이고 보수적인 교사 주도 수업을 진행할 수 없었다. 이러한 건강상의 이유도 있었지만 프레네는 당시 유럽 신교육운동의 한계를 벗어나고자 아동의 작업이 주가 되는 교육방법을 개발하였다. 학교 인쇄활동(Imprimerie à l'école), 자유로운 글쓰기(Texte libre), 편지쓰기(Correspondance scolaire), 학교신문(Journal scolaire), 자가수정카드(Fichier autocorrectif), 작업문고(Bibliothèque du travail)를 통한 자료 탐색, 작업계획서 (Plan du travail), 학급회의(Conseil de classe) 등이 프레네가 실천한 교육활동 사례이다.

① 셀레스탱 프레네는 누구인가?

프레네는 평생 동안 교사로 재직했으며 현장에서 터득한 경험을 바탕으로 교과과정, 교수 및 학습매체, 교육방법 면에서 교육개혁을 시도하였다. 그는 실천가로 출발해 나중에는 독학으로 자신의 교육이념 및 방법을 이론화하고자 하였다. 그 당시 학계는 프레네 교육에 대해 거의 무지한 단계였으나 초등교육현장에서 '교육운동'으로 확산되면서 점차 관심을 갖기 시작했다. 프레네의 생애를 통해 우리는 그의 교육 이론과 실제가 어떠한 특징을 갖고 있으며, 오늘날 프레네 교육학의 명성을 어떻게 갖게 되었는지 살펴보고자 한다.

1896년~1931년: 개화기 프레네는 1896년 프랑스 남부의 알프-마리팀 지방 작은 마을 가르스(Gars)에서 농부의 넷째 아들로 태어났다. 12~13세 때 시골의 초등학교를 졸업하고 1912년 16세에 초등학교 교사를 양성하는 니스(Nice)의 사범학교(école normale)에 입학한다. 그 후, 사범학교를 졸업하기 전 1914년 제1차세계대전이 발발하였고, 출전한 교사를 대신하여 초등학교에서 가르치기 시작한다.

1915년 4월 프레네 자신도 참전하면서 교직을 떠난다. 몇 년 동안 전쟁의 최전선에 있다가 1917년 10월 슈멩 드 담의 전투에서 폐에 부상을 입는다. 그는 전쟁의 잔혹함에 환멸을 느끼면서 당시에 전쟁을 주도하는 군대의 집단적 행동과 인본주의적 관점 사이에 갈등을 겪는다. 1918년 제1차세계대전이 끝나고 많은 희생자와 피폐해진 잔해를 바라보면서 전쟁이 다시 일어나지 않으려면 자본주의적 산업사회가 막을 내리고 새로운 사회가 와야한다고 생각하였다. 새로운 사회는 좀 더 정의롭고 인간적인 사회이기를 원했다. 1920년 1월 1일 프레네는 알프 마리팀의 바르-쉬르-루(Bar-sur-Loup)에 있는 두 학급이 전부인 초등학교에서 다시 교편을 잡는다. 당시 프레네의 나이는 24세였으나 부상을 입은 후유증으로 말하는 것이 곤란하였으므로 당시 지배적이던 교사 주도의 설명 중심 교육방법을 그대로 적용할 수 없었다.

▲ 프레네와 제자들(1930)

한편으로 프레네는 전쟁의 참혹한 결과를 만인들에게 알려야 한다는 의무감을 가져 H. 바르뷔스(Barbusse)에게 연락하였다. 바르뷔스는 공산주의자로서 자신의 소설명을 참고한 클라르테(Clarté) 잡지를 편집 · 주관하고 있었으며, 프레네는 1923년에서 1925년 사이 몇 편의 글을 실었다. 프레네가 준비한 원고의 내용은 주로 학교와 교육, 교육과 사회라는 주제를 다룬 정치적 텍스트들이었다. 프레네는 당시 지배적이던 에뒤카시옹 누벨(L'Education Nouvelle)의 이론가 듀이, 페스탈로치, 케르쉔슈타이너, 블론스키에 관해 연구하고, 동시에 1922년 방문한 독일의 함부르크 자유(libertaire) 학교(école de Hambourg)에 대해 언급하면서 학교는 자본주의적인 경제 논리가 아니라 정치적인 관점에서 접근되어야 한다고 보았다. 1920년대 교편생활을 시작하면서 프레네는 당시에 신교육운동의 주도자인 페리에르, 드크롤리, 몬테소리, 듀이의 저서를 읽고, 1923년 몽트뢰(Montreux)에서 개최된 국제신교육연맹의 학술모임에 참석하였다. 1925년 소련의 작업학교를 방문하기 전부터 마르크스와 레닌의 책을 읽고, 프롤레탈리아 교육자인 피스트락, 블론스키, 크루프스카이야에 관한 내용도 알고 있었다. 그러나 프레네는 함부르크 학교의 자유주의적인 학교 운영이 지신의 모델이 아님을 알게 된다.

프레네는 위에서 언급한 것처럼 유럽에서 확산되어 있던 교육운동의 사조에 깊은 관심을 보이면서 프레네 교육학(pédagogie Freinet)의 고유성과 독특성을 만들어갔다. 자신의 학교 교실에서 그가 처음으로 시도한 것은 매일 오후마다 학생들을 학교 밖의 환경으로 데리고 나가는 산책활동(classe-promenade)과 노작활동이었다. 산책을 다녀 온 뒤에는 보고서와 감상문을 적게 했고, 수작업 노작활동은 가구 제작 및 염색 등으로 구성하였다.

1924년 프레네는 시골학교에서 새로운 수업도구인 '인쇄활동(imprimerie)'을 도입하여 수업에 활용하기 시작하였다. 학교 인근 지역에 산책을 다녀온 후 글로 쓴 내용을 인쇄하기 시작하였다. '인쇄활동'은 인쇄된 텍스트로부터 읽기 교육이 시작되고 학급끼리의 편지 왕래로 확대되었으며 더 나아가 일반적인 독자층을 겨냥하여 학교신문으로 제작하였다.

1926년 타지역 학교의 학급 친구들과 교사 르네 다니엘은 프레네 학급과 편지 왕래를 규칙적으로 시도하였다. 프레네는 '인쇄활동'을 학생들의 수업에 적용하는 데에 참고하도록 『학교 인쇄활동(Imprimerie à l'école)』이라는 전문 잡지를 발간하였다. 이 잡지는 1932년 『민중의 교육자(L'éducateur prolétarien)』로 제목이 변경되면서 프레네의 사회주의 교육자로서의 성격을 보여 주는 정기간행물이 되었다.

1927년 투르에서 '학교 인쇄활동'을 적용하는 교사들의 첫 연구모임이 40명의 교사들을 중심으로 개최되었으며, 학급에서 '인쇄된' 학생들의 작품을 모아 당시 4월부터 'La Gerbe'라는 월간지에 발표하였다.

1928년 프레네의 '학교 인쇄활동'에 관심을 가진 현장 교사의 연구모임이 파리에서 'C.E.L(Coopérative de l'enseignement laïc, 비종교적 수업의 협동체)'를 결성하였다. 이 시기의 프레네는 학교 인쇄활동 이외에 라디오, 영화를 활용한 교육적 활동을 전개함으로써 교실 내의 매체 활용 교육에 더욱 관심을 보인다.

프레네는 1961년 인터뷰에서 1920년대에 프랑스나 유럽에서 이루어진 여러 가지 교육적 시도에 대해 다음과 같이 회상하였다.

"1925년과 1926년 동안 현대학교(école moderne)운동의 차원에서 다양한 자료와 실례를 찾았다. 현대학교를 건설하기 위해 실천된 모든 경험들, 발표된 내용들, 이론적이건 실제로 적용된 사례이건 우리가 당시에 놓여 있던 환경에 적합한 경험들은 아니었다."(Freinet, 1961)

이렇듯 프레네는 자신이 살고 있는 농촌학교에 적합한 교육방법을 모색하고자 부단히 노력하였다.

1932년~1944년: 전환기 1932년 프레네는 아동을 위한 소책자 『작업문고(Bibliothèque du travail)』를 창간하였으며, 국제신교육연맹의 학술모임에 참석하고, 소련에서 마카렌코(Makarenko)를 만나고 돌아왔다. 이즈음, 프레네의 일생에 가장 소용돌이를 일으킨 사건이 일어난다. 1932~1933년 프레네는 방스(Vence)의 생 폴(Saint Paul)에 정착하면서 프레네식의 교육을 실

▲ 셀레스탱 프레네(1963)

천해 오고 있었으나 한 학생의 부모가 중심이 되어 프레네의 교육방법을 전면 부정하였다. 이 문제에 대해 프랑스 전체가 관심을 갖게 되었으며, 극우파들은 프레네를 공산주의자로 치부해 버리면서 그의 교육방식에 대항하였다. 이 사건은 프레네 교육운동에 일대 전환기를 가져온다. 1934년에 공립학교에서 교직을 그만두고, 자신의 교육이상에 따라 사립학교 에콜 드 방스(Ecole de Vence)를 설립하였다. 학교는 여러 지원을 받아 1935년에 완공되어 프레네의 딸과 지인들의 자녀들이 입학하였으며 파리 근교에서 사회적으로 어려운 상황에 있는 학생들, 스페인 전쟁을 피해 망명한 고아들이 다녔다. 이 학교에서는 주간 작업계획서, 집단생활의 규칙 결정과 학생들 간의 갈등을 조정하는 데 필요한 학생위원회, 벽면 저널, 자가 수정카드, 자연스러운 읽기 방법 등 새로운 프레네의 교육 테크닉이 활발하게 개발되고 시도되었다.

프레네를 중심으로 하는 교사운동은 규모가 점점 확대되어 1936년 당시 1500명의 교사들이 회원으로 가입하였다.

제2차세계대전이 발발하면서 프레네는 임시정부에 의해 체포되고 학교는 문을 닫게 된다. 그는 수용소에서 『일의 교육론(L'Education du travail)』 『감각심리학론(Essai de psychologie sensible)』 『모색하는 체험활동(L'Expérience tâtonnée)』 등과 같은 여러 권의 책을 집필한다.

1945년~1966년: 절정기 제2차세계대전 이후, 프레네는 랑쥬벵과 발롱이 주도하는 교육개혁안을 통해 국가교육위원회와 연계될 듯하였지만 실현되지는 못하였다. 1947년 국가 교육개혁의 의지와는 상관 없이 프레네와

현대학교헌장(Charte de l'Ecole Moderne)

[1] 교육은 지식의 축적이나 훈련, 조건화가 아니라 정신의 성장과 발달이다.
작업 및 도구 사용 기술을 통해 삶의 조직 방식은 학교에서나 사회에서 아동 성장과 발달을 최대한 돕는다.

[2] 우리는 모든 교조주의에 반대한다.
우리는 현재의 세계에 적응할 인재를 준비시키는 것이 아니라 아동의 최적 발달과 성장을 보장하는 미래 사회에 적합한 인재를 육성하는 일이다. 따라서 전쟁, 인종차별주의, 모든 형태의 차별 대우에 반대하는 세계를 만들어갈 의식 있고 책임감 있는 성인으로 성장하도록 도울 것이다.

[3] 우리는 교육의 사회적 정치적 흐름 밖의 모든 교육적 환상을 배제한다.
사회 정치적 맥락, 학부모와 학생들의 작업과 생활조건은 교육의 방향에 결정적인 영향을 준다. 종교 중립적인 교육을 실천하기 위해 근로자 입장에서 사회적으로나 정치적으로 참여할 필요가 있다.

[4] 내일의 학교는 작업학교(école du travail)가 될 것이다.
학생들이 그룹으로 자유롭게 선택하고 책임지는 작업은 민중교육(éducation populaire)의 기초이다. 작업에서 모든 지식을 습득하고 아동의 모든 잠재력이 보장된다.

[5] 학교는 아동 중심 교육을 실천하며 교사의 도움으로 아동은 스스로 인성을 만들어간다.
프레네 교육학은 자연스런 방법으로 자유 표현을 권장하며 교육환경, 매체, 기술을 통해 아동 중심의 교육을 실천한다.

[6] 실험적 연구는 학교 현대화의 첫 조건이며, 이는 협동(coopération)을 통해 이루어진다.
프레네 교육학을 실천하는 교사들은 협동적으로 서로 토론하고, 연구하고 경험을 나눈다. 한 학급에서 효율적인 수업 방법을 개발하였다면 서로 공유하고 공동체적 생활에서 자유롭게 활동한다. 각 아동은 그룹에서 자신의 작업을 선택할 수 있으며, 이때에 규율과 조직은 저절로 생긴다.

[7] I.C.E.M(현대학교 협의회)의 교사들은 협동적 노력의 방향과 탐색에 있어서 유일한 책임자이다.
프레네 교육학의 교사들은 교사협의회에서 교육적 자료, 다양한 시도, 생각 등을 풍부히 하고자 한다. 그들에게 있어서 협동적인 삶은 집이나 작업장처럼 생활 그 자체다.

[8] 현대학교운동은 동일한 교육관을 갖고 있는 다른 교원단체와 협력관계를 유지하고자 한다.
공교육의 질을 높이고자 교육과 수업의 질을 고민하며, 수업의 현대화는 관심 영역이 비슷한 다른 교원단체와의 협력관계를 통해 가능하다고 본다.

[9] 교육부 및 기타 행정 부처와의 관계
국가 수준 또는 지방 수준의 교사교육과 교원연수에서 프레네 교육학 교사들은 수업의 현대화를 위해 동료 교사들에게 선행 경험을 소개하고 함께 나눌 준비가 되어 있다.

[10] 프레네 교육학은 본질적으로 국제적인 성격을 갖는다.
국제적 수준에서도 프레네 교육의 교사들은 협동적으로 작업하는 것이 원칙이다. 프레네 교사들은 프레네 교육학을 국제화시킬 의무가 있다.

▲프레네 교육학 실천 학교(레옹그리모 초등학교)

프레네 교육을 지지하는 현장 교사들은 디종에서 I.C.E.M(Institut Coopératif de l'Ecole Moderne, 현대학교 교사협의회)를 결성하여 오늘날 대규모의 교사운동 단체가 되었다.

1950년, 프레네는 1927년부터 프랑스 공산당에 소속되어 왔으나 일부 공산주의자들이 프레네 교육운동에 반대하면서 팽팽한 의견 충돌이 있었다. 이를 계기로 프레네는 30년간의 긴 인연을 끊고 공산주의와 결별을 선언한다. 그 이후 프레네 운동(mouvement freinet)은 점진적으로 외국에 확산 · 보급되어 유럽, 불어권 아프리카, 라틴 아메리카에 I.C.E.M의 지부를 두었다. 1957년 현대학교운동의 국제연합 단체가 결성되었으며, 이를 FIMEM(Fédération internationale des mouvements d'Ecole moderne 현대학교운동 국제연맹)이라 하였다.

프레네는 여러 종류의 정기 간행물을 발행하였다. 1950년부터 『아동미술(Art enfantin)』, 1959년부터 『삶의 기술(Technique de vie)』, 1963년부터 『중등학교 교육자(L'Educateur second degré)』 등을 연속적으로 발간하였다.

1964년 프레네가 세운 방스 학교(école de Vence)는 실험학교로 인정 받아 국가에서 교사 인건비를 지급하였고, 학교의 인지도가 높아 전 세계에서 많은 수의 교육실습생과 방문자들이 찾아왔으며 매해 여름마다 교육 전문가들과 함께하는 교원연수를 개최해 왔다.

현대학교헌장은 I.C.E.M과 FIMEM 소속의 교사들을 위해 1968년에 완성되었으며, 교사들은 앞 장의 10가지 항목에 근거하여 프레네 교육학을 실천하고 있다.

프레네의 방스 학교는 셀레스텡 프레네와 사별한 그 부인 엘리즈 프레네가 1981년까지 학교 운영을 맡아오다가 1981년 이후부터 프레네 부부의 딸인 마들렌느 프레네가 1991년까지 책임을 맡아왔었다. 그러나 재정적인 어려움으로 1991년 국가가 학교를 사들여 공립초등학교로 전환되었다.

② 셀레스탱 프레네의 교육관

작업(travail)에의 몰입 프레네는 전쟁에서 폐의 부상을 입은 채 교직생활에 입문하면서 당시의 건강상태로는 교사 주도적인 수업을 진행할 수 없었다. 아동의 활동이 주가 되는 수업모형을 발견하려고 노력하면서 새로운 교육이론과 실천에 대해 부단한 관심을 가졌다. 당시에 유럽 전체를 지배하던 신교육운동의 이론가들은 아동의 본질이 성인과 매우 다르기 때문에 성인의 영향으로부터 아동을 보호해야 한다고 역설하였다. 그러나 프레네는 성인과 아동은 근본적으로 다르지 않다고 보았다. 일반적으로 신교육운동의 이론가들은 아동에게는 놀이 욕구가 우선이라 했지만 프레네는 아동에게 있어서 작업의 욕구가 놀이의 욕구보다 더 크다고 보았다. 아동이 작업에 대한 욕구(Travail-jeu)를 갖게 하기 위하여 마치 어린 나무가 제대로 자랄 수 있게 수분과 양분을 공급하듯이 성인은 아동 발달에 필요한 자극과 환경을 만들어야 한다고 보았다. 작업에 대한 욕구로 가득 찬 아동은 주변의 환경이 그의 욕구에 맞게 구성되었을 때, 가장 바람직한 방향으로 성장한다는 것이다. 그러므로 수업 내용이 아동의 욕구와 부합되는 경우에 완벽한 교육적 효과를 거둔다고 하였다. 프레네는 아동이 작업의 욕구를 제대로 실현할 수 없을 때 놀이의 욕구가 지배한다고 강조하였으며, 결국 놀이는 아동을 현실에서 도피시키고 정신을 희미하게 만드는 도취 지향적 욕구(Jeu-haschich)라고 지칭했다(Freinet, 1978). 이런 아동관을 바탕으로 프레네는 수작업 중심의 노작교육을 중요시하는 개혁적인 교육관을 보여 주게 된다.

인간은 어떠한 일에 흥미를 느껴야 관심을 갖는다. 아동의 관심사를 행동목표로 정했으면 매사에 정진하도록 한다. 교육도 마찬가지로 학습내용이 학생들의 흥미, 욕구, 관심과 일치한다면 그것은 학생들의 인격과 성격 형성에 긍정적인 결과를 초래한다는 것이다. "학생의 욕구, 감정, 소원을 반영하지 않는 교육은 잘못되었다."라고 언급하면서 학생들의 "자유로운 표현(expression libre)은 바람직한 성격 형성에 도움을 준다는 전제 아래 교과의 내용을 학생의 흥미와 접목시킨다면 언어와 문장력을 발달시키고 과학적 태도, 역사의식, 도덕성을 길러 줄 수 있을 것"(Maury, 1988)으로 보았다.

학교로부터의 개혁 프레네는 학교교육을 획일적 지식의 습득에 국한시키지 않고 학생이 자발적으로 학교문화를 수용하도록 교육환경에서나 교과과정에서 학생 중심의 학교문화를 주장하였다. 학교문화의 주체는 학생이며, 기존의 학교문화가 상류계층의 것이었다면 이제는 소외계층을 위한 문화이여야 한다고 강조하였다. 특히 프레네는 농촌 마을의 노동자, 농민, 가내 수공업자, 상인들의 문화를 학교에 반영해야 한다고 하였다. 그래서 교육의 내용이나 방법이 추상적인 지식보다는 실용적이며 구체적이고 수작업을 주로 하는 학교문화를 구성하고자 하였다. E. 뒤르켐(Durkheim)에 의하면, 학교는 성인세대의 가치관, 사회의 규칙과 제약, 사회가 추구하는 이상을 아동과 청소년에게 전수하여 사회를 영속 보존시키는 기능을 담당한다. 사회나 그룹은 학습을 통해 언어를 공유하고 유사한 태도를 갖게 되며 사고방식과 행동양식에서 동질성을 배운다. 그러나 프레네는 뒤르켐이 주장했던 학교교육을 통한 사회의 보존 기능이 학교가 수행하는 기능의 전부가 아니며 더 나아가 학교를 개혁하는 기능을 가져야 한다고 보았다. 프레네는 노동자와 농민을 위한 사회를 건설하기 위해 '학교로부터의 혁명'을 주장했다. 미래의 이런 사회를 위해 현재의 학교는 변화되어야 하며, 이로써 학교는 모든 사회변동의 출발점이 되어야 한다고 보았다. 이런 관점에서 프레네는 '민중학교(école du peuple)'를 건설하고자 하였다. 프레네는

1920년대 학교를 통한 사회개혁을 이루자는 '학교로부터의 혁명'을 주장하였으나 이러한 개혁이 미진하고 프레네의 공산주의적 성향도 전환되어 학교 내의 교실 수업 개혁에 전념하게 된다.

실천 지향적 교육 프레네에게 작업의 개념이 중요한 만큼 수업 내의 규율과 조직이 필요하다고 보았다. 자유와 즉흥성을 교육의 기반으로 삼는 낭만주의적 교육자와 달리 프레네는 규율과 질서를 중요시했다. 그것은 강요된 것이 아니라 교실에서의 활동이 아동의 작업 욕구와 일치할 때 자연스럽게 나타난다고 보았다.

여기서 작업의 욕구가 충족된다는 의미는 아동이 어떤 주제에 흥미를 갖고 전념할 때를 의미한다. 규율과 질서의 존중은 규칙을 스스로에게 강요할 줄 아는 자아 통제력이 있을 때 가능하며, 바로 작업에 몰입할 때 저절로 생겨난다.

프레네는 신교육운동의 사상을 받아들여 자신이 처한 시대적, 공간적인 교육상황에 알맞게 유럽과 미국의 신교육 사상을 변형, 적용, 발전시키는 데 주도적 역할을 하였다. 그만의 독자적인 이론과 실천을 구축하였지만 그의 입장은 항상 실천 지향적이었다. 전통적인 교사와 학생 간의 관계를 변형시켜 학생들이 실제적이고 구체적인 지식을 자율적으로 습득하게 한다. 그 예로 1924년부터 도입한 '학교 인쇄활동(imprimerie à l'école)'과 산책하면서 자연환경을 관찰하는 '견학활동(classes-promenades)', 또 아동의 상상력과 창의력에서 나오는 '자유로운 글쓰기(texte libre)'가 있다(Freinet, 1969). 프레네는 학교를 지역사회의 한 부분으로 간주하면서 학생들은 다른 지방에 있는 학교의 학생과 편지왕래(correspondance scolaire)를 하며 서로에게 새로운 지역사회 소식을 전하기도 한다. 이렇듯 프레네는 교육실천가로서 평생 동안 교실 수업의 개선안을 연구하였으며 일상생활에서 발견, 제작한 독특한 교육방법을 개발하였다. 교사는 인지 능력을 발달시키는 데 중점을 두지 않으며 실제적인 활동을 통해 교사와 학생의 돈독한 관계를 형성해 간다. 예를 들면 아동이 말을 배우는 과정은 문법보다는 엄마와의 대화로, 셈하는 능력은 수학 공식보다 셈놀이로 가능하다는 것이다. 실천 불가능한 이론적이고 구두적 수준에 머무는 탁상공론은 교육개혁에 의미가 없다고 지적하고 교육이란 이론보다 실천이 앞서야 한다고 언급하였다.

프레네는 교사와 학생 간의 관계를 변형시켜 주었으며, 교사는 학생과 교수매체의 관계를 더욱 가깝게 해주는 중재가라고 보았다. 그렇다고 교사의 무용성을 주장한 것은 절대 아니며 교사의 위치는 그대로이나 학생들에게 덜 개입하고 덜 지시한다는 점이 그 특징이다.

수업기술 프레네는 수업에서 획일화된 교육을 반대하고 교사가 상황에 맞는 수업기술을 자율적으로 적용할 수 있어야 한다고 보았다. 자신의 교육 실천을 모든 학교와 학급에서 동일하게 적용하는 '교육방법(méthode)'이 아니라 각 학교, 학급, 교사, 학생의 선택과 응용에 따라 다르게 변화하는 '수업기술(Techniques)'이라 정의한다. 그는 "우리가 주장하는 교육의 독창성은 학습의 도구와 기술을 창조, 실험, 보급하는 데 있으며 도구와 기술의 실천은 수업 진행을 깊이 변형시킨다."라고 말한다(Freinet, 1976). 교재의 새로운 구성, 아동의 흥미를 끌 수 있는 올바른 교재의 활용 그리고 다양한 학습도구를 통한 학교 내 환경변화의 시도를 적극 권장한다.

▲프레네 교실 수업: 국어시간

▲프레네 교실 수업: 교사-학생 협동학습

프레네 교육에 있어서 언어의 역할은 매우 중요하게 부각된다. '자유로운 글쓰기(texte libre)' 시간에 학생들은 풍부한 상상력으로 글을 통해 창의력 계발과 감성 교육을 실천한다. 아동의 사회화가 교육의 목적이라면 표현할 수 있는 능력을 갖게 해야 하므로 '말', '글', '언어'와 같은 중요한 의사소통의 수단에 교육적 가치를 두어야 한다(E. Freinet, 1977).

프레네 교육학에 있어서 당시에 매우 독창이던 '학교 인쇄활동'은 아동이 쓴 글, 시, 문구를 직접 손으로 글자를 배열해 잉크에 묻혀 종이에 찍는다. 이런 작업으로 아동은 철자법, 자음과 모음의 순서를 수작업을 통해 배운다. 1920년대에서 1960년대까지 성행하였던 '학교 인쇄활동(imprimerie à l'école)'은 현재 컴퓨터 교육으로 대체되었다. '학교 인쇄활동'으로 찍어낸 아동의 글을 타학교로 보내 '학교 간의 편지왕래(correspondance interscolaire)'를 실천하고, '학교 신문(journal scolaire)'으로 제작하여 기타 여러 학교에 우송하고 학교에서는 다른 반 학생들과 함께 읽는다. 프레네는 학생의 성향을 있는 그대로 표현하도록 장려하고 학생 스스로가 학습해 가는 과정을 중요시하였다. 그는 교재의 무용성을 주장하기보다는 '현대학교(école moderne)'의 교육이념 아래 제작되고 개발된 작업문고(bibliothèque de travail)을 올바르게 사용하도록 제안하였다.

수업은 학생 스스로 학습방법을 계획, 조작, 탐구하며, 창조적으로 실험할 수 있는 분위기를 장려해야 한다. 프레네는 학교 인쇄활동, 자가 수정카드, 작업도서목록과 같은 매체를 교실 내에 비치해야 하며 학생 간이나 교사와 학생 사이에 일어나는 상호작용의 교육적인 효과를 매우 기대했다. 학교는 교수 · 학습과정이 전개되는 장소이므로 꾸준한 교육매체의 개발이 필요하다고 보았다(Boumard, 1996).

학교 협동(coopération scolaire) 한 사회의 개체로서 살아갈 아동은 타인과 자신이 속한 사회에 대해 일정한 권리를 요구하고 그에 따른 의무를 수행하는 책임을 갖는다. 아동은 가정, 학교, 집단이 부과하는 역할을 학습하고 민주시민의 자격으로 사회에 참여한다. 이러한 사회 참여 정신을 프레네는 교실이나 학교 수준에서 교사와 학생 간의 협동, 학생과 학생 간의 협동, 교사와 교사 간의 협동을 통해 격려한다.

학교 협동을 보여 주는 프레네 교육학의 실례는 학급 구성원이 모두 참여하는 학급위원회(conseil de classe)에서 찾아볼 수 있다. 하루 일과에서 국어, 수학 수업시간만큼이나 학급위원회의 비중은 매우 크다. 학급위원회에서는 학급의 경영, 계획의 결정과 토론, 학급의 대표자 선출, 학급 투표 등에 참여하면서 민주주의 사회에 입문하고, 사회도덕적 의식을 지닌 사회의 한 구성원으로서 성장하도록 돕는다. 학급 단위의 학급위원회와 한 달에 한 번 정도 전교생의 학급 임원이 모여 학교위원회(conseil d'école)를 개최한다. 이러한 위원회 회의를 통해 학생들은 학교생활의 개선을 위한 제안을 하고, 학교 행사 준비와 학교의 실내 · 외 환경을 구성한다. 또한 각 학급위원회에서 이미 결정된 사항을 발표하여 학교위원회에 알려주기도 한다. 교사는 학생들의 의견을 바탕으로 교사위원회(conseil des maîtres)에서 상호 협의하여 학교생활의 개선 방안을 결정한다. 이런 절차를 통해 학교 내의 민주적 의사결정 방식을 경험하게 된다. 이러한 체제는 프레네 교육학의 가장 특징적인 부분으로 경쟁과 갈등보다는 협동을 기반으로 하는 학급 체제, 학교 체

▲ 프레네 교실 학급회의 I

▲ 프레네 교실 학급회의 II

제를 조직하고 있다(Ecole Karine 1993; Ecole Léon Grimault, 2003).

학교 협동은 전반적인 학교생활에 관련되어 있지만 수업 내의 집단 조직이나 하루 일과 중에 '아틀리에(atelier)' 중심의 노작교육을 진행하는 데에서도 발견된다. 아틀리에의 종류가 다양하여 모형제작, 미술, 조형, 전기, 그림, 요리, 서예, 연극, 기계, 컴퓨터 등이 있다. 아틀리에의 운영도 한 학급에 한정되어 소집단 별로 운영하는 것이 아니라 초등학교 5학년과 1학년이 연령과 학년이 달라도 서로 도와주며 활동을 진행한다. 아틀리에 시간이 끝나면 각각 활동에서 그룹의 구성원들이 완성한 활동이나 결과를 동료 친구들에게 발표 및 전시하는 시간을 갖는다.

이러한 학생들 간의 협동학습은 수업 내의 집단 조직에서도 가능하다. 학급 내의 구성원은 매주 자신이 선택한 영역의 전문가로서 동료 친구들이 이해할 수 있도록 자료를 조사하거나 설명할 수 있어야 한다. 학생들은 맡은 영역에서 책임을 갖고, 자신의 역할을 끝까지 수행하고자 한다. 이러한 교실 내의 협동학습은 학교 공동체 실현을 위한 모범적인 사례가 될 수 있다.

프레네 교육학의 불변요소(invariants pédagogiques) 셀레스탱 프레네는 1964년 『교육불변요소(Les invariants pédagogiques)』라는 제목의 매우 얇은 책자를 발간하였다. 그 책자에는 프레네가 35년간의 교사생활에서 정리한 30가지의 불변요소가 정리되어 있고, 요소마다 교사들이 셀레스탱 프레네의 교육방침에 근접하게 실천하고 있는지를 테스트하도록 평가문항을 제시하고 있다. 30가지 불변요소는 프레네 교육학을 누가 실천하는가에 관련없이 어느 지역, 어느 교실이건 반드시 고려해야 할 조건으로 이 조건을 만족할 만한 정도가 된다면 프레네 교육학을 성공적으로 실천하고 있다고 자가 평가할 수 있다. 30가지 요소에는 프레네의 아동관, 교육관, 수업기술에 관한 기본적 입장이 포함되어 있다. 간단히 소개하면 다음과 같다.

[아동의 본성]

1-아동은 성인과 동일한 본성을 지니고 있다.
2-교사들이 크고 나이가 많다고 학생들보다 위에 있어야 하는 것은 아니다.
3-학생들이 학교에서 취하는 행동은 그의 생리학적, 유기체적, 체질적인 상태에 따라 다르다.

[아동의 반응]

4-성인만큼이나 아동도 권위적인 명령을 좋아하지 않는다.
5-어느 누구도 외부의 규율에 수동적으로 복종하는 것을 좋아하지 않는다.
6-어느 누구도 어떠한 작업에 구속되어 완성하는 것을 좋아하지 않는다. 그 작업이 특별히 싫지 않더라도 구속되어 작업하는 것은 의욕을 상실하게 한다.
7-아동은 유익하지 않은 것이더라도 자신의 작업을 스스로 선택하는 것을 좋아한다.
8-어느 누구도 자신이 참여하지 않는 기계적인 사고와 행동을 좋아하지 않는다.
9-작업의 동기가 필요하다.
10-실생활과 관련 없는 학교만의 삶과 규칙은 더 이상 의미가 없다.
10bis-모든 사람은 성공하고 싶어 한다. 학업 실패의 경험은 학습에 대한 에너지와 정열을 파괴한다.
10ter-아동에게 자연스럽게 나타나는 것은 놀이가 아니라 작업이다.

[수업기술]

11-학교에서 본질적으로 수행하는 지식습득의 과정은 관찰, 설명, 시범이지만 프레네 교실은 가장 자연스럽고 보편적인 방법으로 '모색하는 시도(tâtonnement expérimental)' 가 있다.
12-학교에서 많이 강조해 왔던 기억을 통한 학습은 아동의 삶과 연관이 있을 때와 실험적 모색 과정에 통합되어 이루어질 때만 유효하고 소중하다.
13-학습은 규칙과 법을 공부하는 것이 아니라 경험을 통해 가능하다. 국어, 미술, 수학, 과학에서 규칙과 법을 연구하는 것은 소 앞에 쟁기를 놓은 것과 마찬가지다.
14-지능은 개인의 생명력과 분리되어 닫혀진 채 기능하는 능력이 아니다.
15-학교는 생생한 삶의 밖에서 기억력에 묶인 단어와 고정된 생각만으로 움직이는 지능의 추상적인 형태만을 키운다.
16-아동은 교사의 수업만 듣는 것을 좋아하지 않는다.
17-아동은 삶과 연계된 작업에는 지칠 줄 모른다.
18-아동이나 성인은 만인 앞에서 평가받는 것을 좋아하지 않는다. 이런 시험이나 벌은 자신의 위엄성을 손상시킨다고 생각하기 때문이다.
19-성적과 분류는 잘못된 것이다.
20-말을 아껴야 한다.

21-아동은 개별성이 드러나지 않는 대집단의 작업을 좋아하지 않는다. 대신에 협동적 공동체 속에서 개별작업과 소집단 작업을 동시에 좋아한다.
22-질서와 규율은 수업에서 필요하다.
23-처벌은 항상 잘못된 것이다. 모든 학생들에게 치욕적인 것이며, 교사가 원하는 목표에 이르게 하지도 못한다.
24-학교의 새로운 삶은 바로 학교 협동(coopération scolaire)이다. 학교 협동은 교사를 포함하여 모든 학생들의 학교생활과 학업 관리를 말한다.
25-교실의 학생 수가 많으면 교육적 실수를 범하게 된다.
26-단위 학교의 학생 수가 많아지면 교사와 학생 간의 익명성이 높아진다. 이 역시 교육의 실수다.
27-내일의 민주주의는 학교 내 민주주의 실천으로 가능해진다. 학교의 권위적인 체제는 민주시민의 양성에 위반될 수 있다.
28-학교 개혁의 첫 번째 조건은 아동을 존중하는 것이다. 존중 받는 아동은 자연스럽게 교사도 존중하게 된다.
29-교사에 대한 학부모들의 대립적 반응은 사회적이며, 정치적인 요소와 결부되어 있기 때문에 변함없는 자세를 보여 주어야 한다.
30-위에서 언급한 이 모든 불변요소는 프레네 교육의 실천에 대한 정당성을 부여해 주며 결국에 삶은 낙관적이라는 희망을 불어넣어 준다.

4. 프레네 교육학

1) 프레네 교육학의 국제적 위상

대안교육의 기원은 서유럽에서 찾을 수 있다. 영국의 세실 레디(Reddie), 독일의 리츠(Lietz), 프랑스의 에드몽 드몰랭(Demolins)과 같은 신학교(New School)를 설립한 선구자들을 비롯하여 이탈리아의 몬테소리(Montessori), 독일의 슈타이너(Steiner), 벨기에의 드크롤리(Decroly), 스위스의 페리에르(Ferrière) 등 20세기 초 교육개혁운동에서 근거를 찾을 수 있다(송순재, 2000: 95).

그 가운데 프랑스 프레네 교육학(Pédagogie Freinet)은 공교육 제도 내의 대안적인 교육프로그램을 성공적으로 실천한 사례로 오래전부터 국제적인 명성을 갖고 있었다. 그럼에도 프레네가 한국에 늦게 소개된 점은 우리나라의 사회역사적 배경과 이데올로기적 특성이 반영된 것으로 보인다. 프레네는 1926년 프랑스 공산당 공동대표가 되면서 교육을 통한 정치 참여를 권장하였고, 모든 교사들에게 교육과 정치의 불가분 관계를 역설하면서 농촌 주민과 노동자를 대상으로 민중학교(Ecole du peuple)를 건립하고자 평생동안 사회주의적인 개혁관에 기초한 교육운동을 전개하였다(송순재, 2000: 96). 이러한 프레네의 교육관과 사회관에 대해 한국전쟁을 겪은 우리 사회의 수용 정도가 긍정적일 수 없었을 것이며, 혹 소개되었더라도 큰 반향을 불러일으키지는 못했을 것으로 보인다. 그 이유는 우리나라에 역사적으로 사회주의와 공산주의에 대한 반감과 갈등이 깊이 내재되어 있기 때문이라고 간주된다.

프랑스 내 프레네 교사모임은 1947년 비종교교육협동체(CEL-coopérative de l'enseignement laïc)에서 '현대학교협의회(ICEM-institut coopératif de l'école moderne)'로 전환하면서 국제적인 명성을 더욱 확보하기에 이른다. ICEM은 프랑스 낭트에 본부가 있으며, 인근 유럽국가에 국가별 지부가 공식적으로 벨기에(1937), 네덜란드(1950), 이탈리아(1951), 스위스(1952), 포르투갈(1966), 독일(1976), 스페인(1977), 스웨덴(1977), 오스트리아(1992)에서 결성되었다. ICEM은 매년 지역별 프레네 교사들이 소단위 세미나를 열거나 2년마다 전체 회의를 개최하고 있다. 이 회의는 모든 교사들을 대상으로 하며, 연구 세미나는 주로 프레네 교육학의 적용과 실천에 관한 주제를 다룬다. 이처럼 프랑스를 비롯하여 서유럽 국가들은 프레네 교육학에 대해 상당히 깊이 있는 관심을 보여 주고 있으며, 남미와 아프리카에서도 오래 전부터 프레네 교육학을 부분적으로 실천해 오고 있다.

그렇다면 영미언어권 국가인 미국과 영국에서는 프레네 교육학을 어떻게 받아들였는가? 다른 나라에 비해 영국과 미국의 반응은 그렇게 긍정적이지 못하였다. 비티(Beattie, 1997)는 프레네 교육학이 영국에 매우 늦게 소개되었던 사실을 프레네 자신도 매우 의아해했다(Freinet, 1954)고 밝히면서 이데올로기적 · 사상적 배경의 차이보다는 교육체제와 같은 구조적인 면에서 프레네 교육을 적극적으로 수용하지 못하였다고 말한다. 비티는 영국과 달리 프랑스는 오랫동안 중앙집중적 체제를 유지해 온 점, 그 가운데 프레네는 작고 가난한 농촌 학교를 대상으로 하였기 때문에 가장 프랑스적인 교육이라고 보았다.

한편 윌리엄 B. 리(William B. Lee, 1997)에 의하면, 미국에서 프레네 교육학의 내용과 방법은 자국의 진보주의 교육학자 듀이와 유사점이 많이 발견된다고 한다. 중앙집중적인 교육으로 교사들의 자율권을 부여하면서 개혁을 시도할 수 있는 프랑스에 비해 미국은 자본주의 사회체제를 지지하고 고수하는 국가로 현존하는 경제체제 안에서 사회적 불평등을 없애기 위해 개인과 집단에게 기회를 균등하게 주도록 하고 있다. 여기에서 개인은 개별 노력과 작업을 통해 더욱 개선될 수 있었기에, 이런 신념은 연방정부 정책에 대한 신뢰를 약하게 만든다고 하였다(Lee, 1997).

영국과 미국이 프레네 교육학을 적극적으로 받아들이지 못한 이유는 곧 프레네 교육학이 우리나라에 일찍 소개되지 못했던 이유가 될 수 있었다. 반면, 프레네 교육학은 일본, 서유럽, 남미 등에서 더욱 활발하게 확산 · 보급되었다.

2) 프레네 교육학과 프랑스 공교육

프레네 교육학은 프랑스 공교육 체제에 상당히 많은 영향을 주었다. 프랑스 공교육의 변천과 더불어 프레네 교육학이 프랑스 교육 전반에 어떠한 변화를 일으키고, 어떠한 영향을 주었는지 알아보는 것은 매우 흥미롭다. 윌리엄 리(W. B. Lee, 1997)에 의하면, 프랑스 교육은 매우 엄격하며 중앙집중적인 체제가 특징적이다. 프랑스 교육부는 매주 목요일에 공식 저널

BOEN(Bulletin officiel de l'Éducation nationale, 교육부공식문서)[6]을 발간한다. BOEN은 18세기 말부터 프랑스 혁명기에 중앙집중적인 체제를 유지하기 위한 방안으로 만들어졌다.

1814년 이전에는 지침서 형식으로 지역 교육청, 학교장 등에게 전달되었으나 교원의 수가 점차 증가하고 학교의 구조가 확대되어 행정문서가 증가하면서 중앙집중적 정보 전달 체제가 필요해졌다. 그래서 1829년부터 교육부 저널 BOEN으로 교육부 소식이 보급되었다(박순경, 김수동, 노국향, 정영근, 황성원, 2001: 140). 그 후로 BOEN은 각 학교급과 대학교까지 국가교육에 관한 공식적인 정보를 담고 있으며, 교육 관련 모든 인사들에게 정기적으로 배포하였다. 현재는 교육부 홈페이지에 탑재하여 모든 교육 공무원이 필요하면 수시로 검색할 수 있다. 프레네는 BOEN에 대해 프랑스 공교육을 중앙에서 관리하는 통제의 수단이지만 프랑스 전역에 교육부 공식 기준을 제공하는 점에서 긍정적으로 평가하였다(Freinet, 1963: 1).

프레네 교육학을 비롯한 프랑스 에뒤카시옹 누벨 운동이 국가교육개혁에 영향을 줄 수 있었던 최초의 교육개혁 보고서는 1947년 랑쥬벵-발롱 플랜이었으나 아쉽게도 실현되지 못하였다. 1960년대에 학습부진아를 대상으로 '전이학급(classe de transition)'을 만들어 교육부는 이 학급의 교육내용이나 방법이 프레네 교육실천을 참고하도록 국가 교육부 지침에 언급하였다. 1970년대 언어교육개혁안에서 자유로운 글쓰기(text libre)가 제안되었으나 잠잠하였고, 1989년 교육정립법이 공포되면서 프레네 교육학이 공교육 차원에서 다시 부각되기 시작하였다(Legrand, 1993; Peyronie, 1999).

1989년 교육정립법은 프랑스 국가 교육체제의 중심을 학생이라고 하였으며, 아동중심 교육, 개별화 교육, 학습자의 능동적 태도 유발 등 프레네 교육학에서 강조했던 교육의 방향과 일치한다고 할 수 있다. 특히 초등학교 교육을 3개의 학습과정(Cycle)으로 구분하고, 3학년씩 묶어 교육과정의 연계를 강조한 점은 유급을 방지하기 위함이며, 실패에 대한 불안 없이 자신의 학습 리듬에 맞게 학업을 수행하도록 배려하는 것이었다(Lee, 1997). 이처럼 프레네 교육학이 국가교육개혁에 미친 영향은 먼저 국어교육에서 의사소통 문제, 과학과 사회과에서의 환경탐색(étude du milieu), 집단의 협동학습, 학교 프로젝트 등이 있으나 거의 초등교육 수준이었으며, 중등학교는 프레네 교육학이 많은 영향을 미치지 못하였다(Legrand, 1996). 중등학교에 프레네 교육학이 적용되기 힘든 이유를 F. 에르비외(F. Hervieu, 1996)는 프랑스 교육전문지 『교육의 세계(Le monde de l'éducation)』 242호에서 프랑스 중 · 고등학교 교사들의 개인주의, 하루 일과 후 추가 작업 회피 성향, 공동 작업에 대한 기피 현상 등이 원인이거나 교사들의 노력만큼 보상을 받지 못하는 프랑스의 공교육 제도 때문이라고 본다. 특히 중학교에서는 우선적으로 동료교사들이 관심을 보여 주지 않는 데에 원인이 있지만 무엇보다도 프레네 교육학을 새롭게 적용하기 위해서는 행 · 재정 관리 담당 부서의 역할을 명시해야 하기 때문이다(F. Hervieu, 1996: 40).

최근 프랑스의 초 · 중 · 고등학교의 교육개혁 동향을 살펴보면 공교육제도가 프레네 교육학이 추구하던 교육내용을 어느 정도 반영하고 있는지 알 수 있다.

프랑스의 학교교육 제도는 유치원을 포함하여 초등학교, 중학교, 고등학교 순으로 구성된다. 유치원 입학 연령은 보통 3세이지만 저소득층이나 이민 계층의 자녀들에게는 2세 입학이 권장되고 있다. 3년 과정의 유치원(école maternelle), 5년 과정의 초등학교(école élémentaire), 4년 과정의 중학교(collège), 3년 과정의 고등학교(lycée)등 5-4-3형으로 구성되는 프랑스의 학교제도 중 10년간은 의무교육 기간으로 고등학교 1학년까지 포함되며 연령상으로는 6세에서 16세까지다.

프랑스에서의 학교교육은 제도적으로는 초등학교, 중학교, 고등학교와 같이 학교급에 따른 분류도 하지만 학년을 묶어 '학습과정'이라 명시하기도 한다. 이는 두 인접 학년 간의 연계 교육을 실시하고, 학년마다 학생들에게 강조할 만한 교육내용을 학년군으로 묶어 운영하는 체제로 일년 단위의 학년 구분과는 구별된다(허경철, 이미경, 손민호, 황성원, 2002).

최근의 교육개혁을 살펴보면, 첫째, 주제 중심 또는 프로젝트 중심 통합 교육과정의 비중이 높아지고 있다. 교육과정 자체 내에 교과군을 두어 교과 통합 기회를 많이 제공하고 있으며, 중학교와 고등학교 수준에서는 학생 스스로 주제를 정해 자료조사 및 탐구학습을 자율적으로 할 수 있도록 일주일 수업 중의 약 2시간을 배정하고 있다. 여기에는 프랑스의 에뒤카시옹 누벨에서 주장하던 통합적 교과의 접근뿐 아니라 프레네의 자율적 협동학습, 아틀리에 활동, 문헌조사를 통한 연구학습, 말하기 중심의 토론 학습이 반영되었다고 본다.

둘째, 문화교육의 강조는 매체를 활용한 교육을 주장하던 프레네 교육학과 연관이 있다고 본다. 교과서를 없애고, 학생들이 쉽게 접근할 수 있는 구체물, 팩스, 영화, 사진, 라디오, 비디오, 녹음기 등을 활용하자던 프레네의 주장은 현대사회의 흐름에 맞게 문화예술교육으로 발전되었다고 볼 수 있다.

셋째, 초등학교에서 고등학교까지 민주시민교육은 도덕교육의 일환으로 상당한 비중을 차지한다. 이는 학급 내의 자율적 도덕성 함양, 규칙 제정 및 학급생활 개선, 민주시민으로서의 역할 수행 등 프레네 교육학에서 일찍부터 주장하던 학교 협동체의 또 다른 모습이라고 할 수 있다.

넷째, 초 · 중 · 고등학교에서 문어교육뿐 아니라 말하기 교육을 포함한 언어교육을 강조한다. 이는 토론학습에 익숙해지도록 학생들을 격려했던 프레네의 커뮤니케이션이라는 교육목적과 연관이 있다. 모국어뿐 아니라 시대의 흐름에 따라 외국어 학습도 초등학교부터 가르치고자 하며, 2005년에는 유아들에게 실시하는 외국어 교육도 국가교육과정 안에 포함시킬 계획이다.

다섯째, 과학교육에서도 프레네가 제시한 '모색하는 시도(Tâtonnement expérimental)'를 바탕으로 활동 중심의 "밀가루 반죽을 하자!(La main à la pâte)" 과학교육 프로그램이 전개되고 있다. 과학적 사고를 기르기 위해 가설을 설정하고 증명하는 가운데 새로운 사실을 인식하고 개념화하는 과정을 말한다. 강요된 관찰이 아니라 직관과 실험과 토론의 과정에서 과학의 원리를 발견하도록 한다. 이는 프랑스 2002년도 국가 수준 교육과정에서 제시하고 있는 과학교육의 강조점이다.

여섯째, 정보통신기술(ICT)을 활용한 컴퓨터 교육은 비단 프랑스뿐 아니라 세계 모든 국가 교육의 주안점이다. 이런 차원에서 프레네 교육의 실제는 더욱 현대화되고 있다. '학교 인쇄활동'은 미디어교육과 컴퓨터 활용 교육으로 발전하였으며, 학교마다 편지나 소포를 교환하는 '학교 간의 편지왕래(correspondance scolaire)' 관련 활동은 E-mail로 대체되어 정보 활용 능력을 키워주고 있다.

일곱째, 프랑스의 초등학교와 중등학교는 BCD/CDI, 즉 교수학습자료센터를 학교마다 두고 있어 학생 스스로 자신의 학습주제에 맞는 자료를 조사하고 검색한다. 학생들의 자율적 학습뿐 아니라 통합교과적 수업도 이루어지고 있어 교과 간의 연계 및 교과 담당 교사 간의 협력 체제가 필요해지고 있다(오은순, 황성원, 2003; Legrand, 1993). 이는 프레네가 제안했던 작업문고(bibliothèquen de travail)와 주제별 자료조사활동(documentation)을 장려하는 방향과 일치하고 있다.

3) 프레네 초등학교: '에콜 카린', '에콜 레옹그리모'

프랑스와 독일의 국경에 위치한 스트라스부르의 '에콜 카린' 4학년과 프랑스 서부 렌느의 '에콜 레옹그리모' 2년 혼합 학년 수업을 소개하고자 한다.

카린 초등학교 수업의 특징은 다음과 같다. 첫째, 아침 등교 후 학생들은 수업 시작 전에 교실 앞에 놓인 긴 의자에 교사와 함께 둥글게 앉는다. 학생들은 주말에 있었던 사건이나 여행을 이야기하고 교사는 학급 전체에게 하루 일과의 구체적인 순서를 설명한다. 딱딱한 분위기에서 용건만 말하는 것이 아니라 학생들이 언급한 내용이 곧 학습의 소재와 주제가 되어 학생들은 자연스럽게 토론을 시작한다. 이때 작업의 욕구를 불러일으킬 수 있는 교사의 기술이 필요하다. 한 예로 동양에서 온 낯선 외국인이 수업관찰을 하자 교사는 '한국'이라는 나라에 대해 모든 학생이 알 수 있도록 '학교 도서관-자료센터(BCD)'에 데리고 가 세계지도를 펼치면서 즉각적인 사회교과의 학습을 유도한다. 수학교과의 경우, 한 학생이 크리스마스 방학 동안 독일여행을 했다고 하지만 어디로 갔는지 도시이름을 모른다고 한다. 그러자 교사는 자동차로 몇 시간 달렸는지를 묻자 학생은 대략 4시간 동안 차안에 있었다고 답한다. 교사는 학생들에게 자동차는 보통 시속 120km로 가므로 4시간이면 몇 km를 가겠느냐고 질문하는 상황에서, 학생들이 말한 소재가 수학교과의 학습주제를 즉흥적으로 구성하는 것을 볼 수 있다. 이와 같은 수업은 학생들의 경험과 실제 생활, 쉽게 접하는 조그만 사건과 소식을 바탕으로 교육내용을 구성한다. 엄격한 교과과정 대신에 학생들의 삶 자체를 학습주제로 삼는 것이다.

둘째, 프랑스 학교의 수업은 개별학습을 중요시하며 특히 각 개인의 능력과 리듬을 존중해 주고 능력이 있는 학생들에게는 그에 맞는 수준별 과제를 부여함으로써 모든 학생이 학습의 진보를 경험하도록 한다. 새로운 학습내용을 전수하려는 교사의 설명 시간이 상당히 감소되어 있는 점을 볼 때, 개별학습이 이 학급에서는 많은 비중을 차지한다. 단순히 학습지로 개별과제를 주는 획일적이고 성과없는 학습보다는 새로운 상황마다 그때그때 필요한 다양한 프린트물을 학생들에게 나누어 준다. 프린트물뿐 아니라 개별화 학습을 실현하는 학습자료로서 '과목별 소책자(livret)'를 교사가 직접 구안 제작하여 학생들이 사용하고 있다. 소책자는 크게 두 가지로 분류되어 '대단위의 소책자(grandes unités pédagogiques)'와 '소단위의 소책자

(petites unités pédagogiques)'가 있다. 첫 번째는 수업에 필요한 전반적인 정보를 기록한 내용과 교실 옆에 위치한 학교 박물관(musée à l'école)에 보관된 사물에 대한 자료 및 안내를 정리한 책자다. 두 번째는 국어, 수학, 놀이, 도형, 자료탐구 등 교과별로 구분되어 있고 각 교과 안에 30개 내지 40개의 미니책자를 만들어 학생들이 자신의 수준, 리듬, 흥미에 맞게 선택할 수 있도록 하고 있다. 그 책자의 구성을 보면 홀수 쪽에는 문제풀이가 있고 짝수 쪽에는 문제에 대한 해답이 제시되어 있다. 이러한 소책자는 학생들이 학습내용을 스스로 수정하고 평가까지도 가능하게 하는 교육적 기능을 지니고 있다. 개별학습에서 학생들은 개인 진도표를 작성하여 단계별의 소책자를 학습한다. 과목별로 분리된 소책자를 고르는 경우, 학생들은 교과에 상관없이 마음대로 선택하는 것이 아니라 정해진 교과를 유지하는 상태에서 수업이 진행된다.

셋째, 교사는 모든 학생이 그가 내준 문제를 반드시 이해하고 풀어야 한다고 강요하지 않으며 학생이 스스로 학습할 때까지 기다리는 인내심을 갖는다. 예컨대, 어려운 수학문제를 풀지 못하는 학생들에게 조금 더 쉬운 학습과제를 내주고 새로운 수학개념을 이해하기 힘든 학생들을 별도로 칠판 앞에 불러놓고 설명을 다시 해 준다. 그동안 이해가 빠른 학생들은 개별과제를 하고 있다. 진도가 빠른 학생들이 할당된 과제를 마치면 새로운 과제에 임하기도 하지만 교사는 피곤하면 잠시 쉬라는 충고와 배려를 아끼지 않는다. 이처럼 학생들의 욕구를 존중하고 강요와 억압보다는 자율적 학습 태도를 격려하고 있다.

넷째, 교사는 절대로 정답을 가르쳐 주지 않는다. 답을 찾을 수 있는 자료를 제공해 주고 학생들이 직접 탐구할 수 있는 발문과 대답의 상호작용 과정에서 학생들이 스스로 공부하도록 적절히 유도해 간다.[7]

필자가 2003년 겨울 방문한 프랑스 렌느의 레옹그리모(Léon Grimault) 초등학교는 교사 전원이 프레네 교육을 실시하고 있다. 한 학급에 연령이 다른 집단이 섞여 있었으며, 대부분 혼합 연령 교육을 하지만 교과에 따라 연령별로 구분하여 수업을 진행한다. 교사는 프레네 교육의 이념과 실제에 따라 수업을 진행하고 있었다. 프레네 교육학의 대표적 활동인 '학교 인쇄활동'에 대해 인터뷰하니 저학년 교실에서 적용하고 있지만 대부분 컴퓨터 활용 수업으로 대체되었다고 응답하였다(Interview avec Christian Lego, 2003).

프레네 교실 수업에서는 각기 다른 활동이 집단별로 동시에 일어나는 것을 볼 수 있다. 예를 들면, 두 명의 학생은 학급 프로젝트 완성을 위해 준비하였던 내용을 영상화하는 작업을 하고 있으며, 나머지 동일 연령의 학생들은 교사와 함께 전 시간에 이미 다루었던 이야기나 동화를 바탕으로 새롭게 문장과 문단을 만들고 있다. 교사를 중심으로 참여 학생들은 문장을 함께 생각하고 수정하고 있는 반면, 한 학생은 교사와 다른 학생들이 함께 만든 문장이나 단어들을 컴퓨터에 입력하고 있다. 학생들은 생각하고, 사전을 찾아보고, 교사는 관련 용어를 명확히 설명해 준다. 그동안 저연령 집단의 학생들은 영어 수업을 받고 난 후, 교실로 다시 들어와 학급회의에 참여한다. 혼합 연령이 모인 학급위원회(Conseil de classe)에서는 개선해야 할 점, 칭찬할 내용, 규칙 위반 시에 벌주는 방법 등을 논의한다. 이 시간에는 레옹그리모 초등학교의 학교신문 제목을 다수결 원칙에 의해 결정하고자 한다. 프레네 교육학은 학급위원회에서 학급 경영, 안건 및 계획 결정 절차의 민주화, 학급 투표 등 민주주의 원리를 조금 더 프랑스적인 방식으로 체계화하였다. 학급회의를 마치면 각 학급의 대표학생들은 학교생활의 개선점, 학교의 실내 및 실외 환경의 개선점, 각 반에서 학교신문의 제목을 투표한 결과를 보고하는 학교위원회(Conseil d'école)에 참여한

▲에콜 레옹그리모 학교위원회 회의

다. 담당 교사는 학생들이 언급한 의견을 정리하여 컴퓨터에 입력하고, 교사회의(Conseil des maîtres) 때 동료교사들과 합의하여 즉각적인 해결 방안을 마련한다.

프레네 교육학은 프랑스의 공립 초등학교에 많은 영향을 주어 학교 전체 차원에서나 교사 개인적으로 프레네 교육학을 적용하고 있다. 자신의 학교를 프레네 학교라고 내세우지 않아도 공립초등학교의 교실 수업에서는 '자유로운 글쓰기', '학교신문 만들기', '편지 쓰기' 등의 활동이 일반화되어 있다. 언어를 통한 사회화를 실천하면서 프레네는 언어가 가장 중요한 사회화 수단이라고 보았다. 프레네 교육학을 적용하는 학교는 사회화라는 교육적 이념을 바탕으로 표현, 흥미, 책임감의 교육을 실시하고 있다(황성원, 1997).

에콜 카린과 에콜 레옹그리모에서 보여 주는 프레네 교육학은 실천사례를 종합해 볼 때, 표현(expression), 의사소통(communication), 창조(création), 협동(coopération) 4가지 용어로 특징지을 수 있다.

4) 프레네 초 · 중등학교의 수업 활동

(1) 자료조사활동(documentation)

프레네에 의하면, 교과서는 문화적 전체주의를 상징하고 교사나 학생들에게 진도에 대한 부담감을 느끼게 한다고 묘사하면서 1932년부터 교과서를 대체할 수 있는 책자인 BT(Bibliothèques de travail-작업문고)를 만들어 학생을 자료조사활동(documentation)에 입문시키고자 하였다(Barré, 2002). 프레네는 전달식 수업과 교과서 대신에 아동의 표현, 관심, 흥미를 존중하고 자율적인 태도를 키워주는 자료조사활동을 제안하였다.

처음에는 10세에서 15세 아동을 대상으로 만들었다가 주제와 문체를 바꾸어 초등학생들을 대상으로 기술, 과학, 사회(역사와 지리) 중심으로 자료를 개발하였다. 1957년에는 작업문고의 추가도서(supplément)를 SBT라 하여 모형(maquette), 실습, 텍스트 모음집을 출간하였으며, BT Son이라 하여 시청각 매체까지도 제작하였다. 1965년부터는 BT Junior 이름으로 유아에서 10세 미만의 아동들을 위해 주로 동물, 환경과 아동의 생활, 직업의 종류 등 다양한 주제를 다루었다. BT Junior는 BT에 비해 많은 사람들의 관심을 얻었으며, 지금은 유아 · 초등 수준과 중등 수준으로 구별되어 활용되고 있다. BT는 경우에 따라 초등학교 고학년 학생들이 참고할 수 있다. 고등학교 수준으로 1967~1968년 학기에 BT2가 제작되기 시작하였다. BT Junior는 주제 접근이며, BT는 정보 전달 중심이고 BT2는 토론 및 논술 중심으로 작성되어 있다.

▲ 프랑스 초등학교 학교도서관-자료센터(BCD)

이런 자료를 바탕으로 학교마다 구비되어 있는 BCD/CDI[8]에서 자료조사활동이 가능할 것이며 교사가 인근 환경에서 찾을 수 있는 사물에 관한 설명카드를 만들어 교실의 자료 코너에 비치한다. 학생들이 흥미 있는 주제를 중심으로 수업에 참여하면, 관련 자료를 교실의 자료 코너에서나 BCD/CDI에서 찾아 검토하고 읽어본다. 이 과정을 통해 학생은 정보의 수용자에서 자료의 내용을 창조하고, 만들어 내는 자료 개발자로 변한다. 관련 주제에 관한 또 다른 자료를 정리하여 만들어 냄으로써 구체적인 자료의 생산자가 되는 것이다. 자료를 직접 만들 수 있기까지 학생들의 노력 또한 필요하지만 무엇보다도 부단히 관련 자료를 교과서 대신에 활용하기 위해 준비하는 프레네 교사들의 적극적인 노력이 필요하다.

▲ BT(작업문고)– "어린이와 전쟁"

〈프랑스 스트라스부르 카린 초등학교 BCD 활용방법〉

BCD에 약 500권의 책과 자료를 크게 자연과 문명으로 나누어 정리하고 초등학교 3, 4, 5학년 아동들은 일주일에 적어도 1시간 이상 오전에 와서 수업하며, 모든 학급의 아동은 방과 후 BCD에서 책을 빌려 간다. BCD에는 역사, 지리, 백과사전, 시청각 자료, 지질, 식물, 천체, 물리, 동물학에 관한 코너가 있고, 또한 인간의 몸, 식량, 옷, 스포츠, 여가, 축제, 직업, 광고 수집 코너도 있다. 프레네 교사들이 직접 주도하여 펴낸 BT junior도 구비되어 있다.

1. 아동의 질문에서 시작된 활동

아동들의 호기심을 유발하는 질문을 아동 스스로 하도록 유도한다. 주제 중심의 구체적인 질문을 많이 하도록 격려한다. 예를 들어 누가 전등을 발명했는가? 루이 16세는 어디에서 살았을까? 또는 어떠한 구체물을 손에 쥐고 그것에 대한 집중적인 질문을 중심으로 자료조사를 실행한다. 또한 '호기심 노트'를 적게 하는데 주로 학교나 가정생활, 놀이, 자연, 경제 문제, 일상생활, 역사, 지리에 관한 영역에서 문제를 제안한다. 주제를 중심으로 생각나는 말을 모두 적어 보게 한 후, 주제망 밑그림(Canevas)을 형성하고자 관련 질문을 한다.

2. '단문(texte)'의 자료 활동

짧은 텍스트를 갖고 활동을 기본적으로 해야 하는 데 현장에서 쉽게 접근할 수 없는 특수 어휘, 일반 어휘, 표현, 날씨 자료를 이용한다. 그 밖에 비교연구, 사전에서 찾기, 내용 선택, 정보의 전달, 자료 검색을 할 수 있으며, 텍스트를 그림으로 나타내고, 기존의 텍스트를 전환 · 축소시켜 자료의 변형을 가져온다. 또한 모르는 내용을 발견하여 메시지를 판독하고 자료의 내용을 암기한다.

3. 이미지 자료 활동

이미지 자료를 통해 자료 내용 간의 유사점과 차이점, 상호보완점을 찾아내도록 한다. 또한 사진의 단서, 즉 누구인지, 어디에서, 언제, 무엇을 등등의 질문에 대한 답을 하도록 안내한다. 저학년 아동에게는 이미지를 말로 표현하게 한다.

4. 교육용 소단위 책자(petites unités pédagogiques) 제작 · 활용

이는 분류카드의 형식을 갖고 있으며, 특정 주제에 관한 작업(travail)과 정보를 모아 놓은 자료이다. 처음 단계는 '정보' 중심의 내용이며 다음 단계는 학생들이 '작업' 카드를 중심으로 학습의 진도를 맞추어 간다.

(2) 구어 표현(expression orale)

교육에 있어서 언어, 특히 말은 힘의 표현으로 화자의 성격과 정체성을 보여 준다. 무엇보다도 말은 의사소통의 가장 중요한 도구로서 쓰기보다 더 자주 사용되고 있지만 현실적으로 쓰기 교육이 더욱 중요하게 인식되어

있다. 이러한 말하기 교육의 부재는 세련되지 못한 구어표현과 올바른 대화예절, 진정한 토론문화 성작에 걸림돌이 되고 있다(ICEM, 2001: 4). 프랑스 최근의 교육개혁에서도 보여 주듯이 말하기 교육에 대한 강조는 이러한 교육의 단점을 보완하기 위한 정책적 배려로 유아, 초등, 중등교육에서 쓰기교육 위주의 교육방법을 구어표현 중심의 교육으로 전환하고 있다.

아동에게 발언권을 주는 것은 프레네 교육학의 가장 기초적인 가치 중의 하나다. 작업을 협동적으로 조직하는 가운데 자유로운 표현(expression libre)이 이루어지고, 다양한 수업 도구와 매체, 학급위원회의 운영 등은 학생들에게 난순한 발언이 아닌 상호의견교환의 기회를 제공하고 있다. 프레네가 추구하던 학교협동체(coopérative scolaire)를 이루는 과정으로 구어표현의 기회는 학생들에게 낯선 집단에서 안정감을 느끼고, 타인의 시선과 판단에 두려움을 제거하여 주변 환경에 대해 정의적이며 문화적인 관계망을 구축할 수 있게 해 준다(ICEM, 2001).

프레네 교육학을 실천하는 교사들은 프레네 교실이 일반적인 교실과 겉으로는 비슷해 보이지만 교사와 학생 간의 커뮤니케이션 방법에 있어서 차이가 있다고 한다. 그러면 프레네 교실에서는 말하기 교육을 어떻게 실시하고 있는가?

첫째, 즉흥적이며 순발적인 일상의 언어를 표현하기 위해 유치원과 초등학생들은 '아침 인터뷰(entretien du matin)' 시간을 갖고 중등학교에서는 '비공식적 토론(débat informel)'을 실시한다. 일상적인 협동학습 시간에 구성원들끼리 언어적 상호작용을 한다.

둘째, 일상적 언어의 수준을 넘어 조직적이고 계획적인 언어와 평가 언어를 사용하기도 한다. 학급 책임자로서의 발언, 학급회의에서 문제와 갈등을 해결하는 의견 수렴 및 의사전달, 창의적 언어표현은 동시, 동화, 이야기, 연극, 드라마를 망라하여 유치원에서 중등학교까지 다양하게 실천될 수 있다. 또한 라디오와 비디오를 이용한 실제 의사소통 매체의 활용도 권장한다. 녹음기에서 컴퓨터의 편집까지 학생의 목소리와 활동 장면을 녹화하여 편집하도록 한다.

셋째, 정식 토론을 포함하여 동료 학생이나 교사들에게 설명하고 설득시키는 구어표현이 있으며, 중등학교에서는 토론, 발표, 강연 등을 통해 가능하다.

결론적으로 프레네 교육학에서 구어 표현은 일상적이고 즉흥적인 언어에서 조직 · 계획 · 운영 · 평가의 기능을 갖는 언어, 표현과 창조의 언어, 논쟁의 언어로 구분되어 실천될 수 있다.

[예 1] 아침 인터뷰(유치원과 초등학교)

▲아침 인터뷰

아침 인터뷰는 함께 생각을 나누는 시간으로 아동들이 언급하는 모든 내용을 존중한다. 일상에서 기억하고 말하고 싶어 하는 모든 내용이나 주제들을 다룰 수 있다. 또는 아동이 평소에 느끼는 감정, 아이디어, 친구들과의 관계를 언급할 수 있다. '아침 인터뷰'는 '아동의 생각을 자연스럽게 말하고 친구들에게 진정한 말을 할 수 있는 기회'라고 할 수 있다(Lémery, 2001: 11). 연령에 따라 인터뷰 내용이 달라지는데 초등학교 고학년 학생을 대상으로 "다른 친구들에게 흥미로운 내용을 이야기 한다."라는 규칙을 만들 수 있다. 학생들이 서로 자신의 이야기를 나누다 보면 그 날의 학습에 대한 흥미와 관심을 갖게 되며, 이는 학습에 대한 동기유발의 기회가 된다.

[예 2] 학급위원회(conseil de classe)

학급위원회는 학생들이 자신의 의견을 요구하고, 제안함으로써 학교생활 개선을 목적으로 하고 있다. 더 나아가 원활한 학교생활을 조직하고 운영하기 위해 규칙을 민주적인 의결 방식으로 결정한다. 이는 민주시민으로서의 자질을 유아기와 아동기부터 형성함으로써 프레네가 강조하던 민주주의를 실현하기 위함이다. 또 학교 협동체(coopérative) 내지는 교실 협동체를 이룰 수 있는 초석이 된다. 학급위원회 시간 동안 학생들은 구두로 표현하면서 자신의 생각을 정리하고, 남을 설득시킬 수 있는 발표력과 표현력을 키운다.

학급위원회에서 다룰 수 있는 주제는 학교생활과 방과 후 시간 조직, 집난생활, 위원회의 운영 자체에 대한 내용이 주를 이룬다.

일반적으로 초등학교 학급위원회의 대표는 2명으로 순번제로 돌아가며, 프로젝트나 학생들 간의 갈등이 생기면 학급위원회를 의사소통 통로로 이용할 수밖에 없다. 학교 차원의 위원회는 필요에 따라 중요한 의사결정을 해야 할 때 소집되어 운영된다.

중 · 고등학교에서는 2주마다 30분씩, 매달 혹은 3개월마다 1시간씩 2회 개최될 수 있다. 모든 상황은 학급, 학년, 교과목에 따라 달라질 것이며, 위원회는 학생들이 주도하고 교사는 발언권을 독점할 수 없다. 권위와 지식의 보유자가 아니라 회의 방향을 유도하는 역할을 담당해야 한다. 위원회

〈초등학교의 학급위원회 토의주제〉

학교 및 방과 후 생활	집단생활	위원회 운영
–운동장, 식당, 도서관 등의 공간 활용 및 활동 조직 –집단 프로젝트 제작 · 관리 –크리스마스, 학년말 행사 운영 방안	–학교 규칙 –처벌 규정 –갈등 해결 방안	–교사와 학생들의 권리와 의무 –규정과 규칙 제정 방안 –결정자 선정 –규칙 적용 및 감독의 권한이 교사에게 있는가? 학생에게 있는가? –규칙 존중 방법 –규칙이나 법 위반 시 처벌 방안 –누가 처벌을 줄 것인가?

〈중등학교의 학급위원회 운영〉

평가	계획
- 교육 진행 정도에 대한 학생평가 - "나는 비판한다(Je critique...)" - 개별 작업계획(plan de travail)에 따른 학습 평가 - 책임자의 보고와 토의 -교육계획 수립	- 교육과정에 따른 활동 시기 결정 - 정치, 경제, 예술 관련 동향에 따른 프로젝트 정의 - 프로젝트 결정 이후의 실행 - 새로운 책임자 결정

의 회의는 단순히 구두표현의 기회가 아니라 학생 자신이 속한 집단의 기능과 역할을 이해하게 해 준다. 회의에서 의장, 총무, 회계를 미리 정해 회의 순서를 준비한다. 회계는 학습에 필요한 자료 구입, 교과서, 사전, 소프트웨어, 우표, 전화 및 전신 등에 소요되는 비용도 정리해야 한다. 또는 학생 행사, 설문 조사, 개별 및 집단 프로젝트 작업 등에 관해 토의하기도 한다(Focquenoey, 2002: 68-71).

[예 3] 비공식적 토론(중 · 고등학교)

비공식적 토론의 형태로 이어지는 인터뷰 시간은 학생들에게 자신의 삶을 반영하는 시간이 되어야 한다. 토론의 주제는 시사성 있는 삶의 사건, 교실이나 주변 환경에서 일어난 사건, 사회적 의미가 있는 새로운 소식, 빠른 답변이 요구되는 서신 내지는 e-mail 자료 소개, 독서, 과학적 탐구자료에 대한 질문 등이 선정될 수 있다.

〈학급 토론〉

횟수: 매일 혹은 일주일에 2회
시기: 오전
기간: 10분에서 15분, 타협하는 분위기에서 짧게 진행, 아동의 연령 고려
장소: 정돈된 공간
학급의 규칙: 학년 초에 학교 협동체(coopérative) 정착시킴(구어 표현과 발언권 분배 문제 상의)
성인의 역할: 신뢰감 형성과 안정된 분위기 조성, 명확한 표현력 신장, 규칙 위반의 해결

[예 4] 토론, 강연, 발표

한 문제를 중심으로 타인을 이해시킬 수 있는 방법을 선택하여 진행하는 토론은 의사소통을 위해 2가지 내지는 3가지 생각의 유형을 제시한다. 또한 도서를 중심으로 토론수업도 가능하다. Brunet 교사가 인터뷰한 내용은 고등학교에서 적용한 토론 수업의 예시라고 할 수 있으며 토론 중에 녹음기를 잘 활용한 사례다.

"전체 학급 또는 학급의 반이라도 토론에 참여하게 한 후, 4명이나 5명 학생들에게 자료와 필기 내용에 근거하여 논의의 핵심을 묻는다. 일주일 후에 중 · 고등학생들을 교수학습지원센터인 CDI에서 교사 없이 학생들끼리 만나게 한다. 1시간 동안 녹음기에 나오는 친구의 말을 경청, 비판, 편집, 지면으로 기술하도록 한다."(엘리-포르 고등학교)

그 외에 강연이 있는데 보통 conférence라 하며 우리나라에서는 프리젠테이션이라고 말할 수 있겠다. 이 시간에는 명확한 주세에 대해 다양한 정보와 깊이 있는 정보를 만들어 동료 친구들에게 전달하는 것을 최종 목표로 삼고 있다. 보통 초등학교에서 실시한다면 15분에서 30분 지속할 수 있으며, 강연자가 말하는 동안 동료 친구들은 경청하고 질문목록을 작성하여 강연 마지막 단계에 질문을 한다. 질문과 답변을 기록으로 남겨 두거나 학교신문(journal scolaire)에 나올 수 있도록 계획한다.

(3) 작업계획(plan de travail)

프레네는 아동이 작업량과 학습내용에 대한 책임감을 갖도록 반드시 주별 작업계획을 세워 스스로 평가하도록 하였다. 아동 자신의 학습 리듬, 능력, 관심 영역에 맞게 작업 및 학습내용을 선택하도록 한다. 말하자면 아동이 보여 주는 흥미의 복잡성(complexe d'intérêt)을 충분히 고려한 작업계획(Plan de travail)은 학생들에게 자기주도적 학습태도를 갖게 한다. 매주 말에 자신이 작업한 내용을 기록으로 남기지 않으면 작업을 인정해 주지 않는다. 보통 일주일씩 진행되나 중등학교 13세에서 16세 학생들은 2주간 계획으로 진행하는 것이 더욱 효율적이다(E. Freinet, 1977: 119).

그 외에 한 주 동안 자신의 작업에 대한 생각, 계획한 모든 내용을 마쳤는지, 나의 행동에 대한 생각을 종합하여 작성하는 시간을 갖고, 나의 학습(작업) 정도를 진보, 정체, 후퇴 세 단계로 나누어 구분한다. 반드시 학생과 부모의 사인이 필요하다. 아울러 교사가 생각한 점도 첨가하여 학생 자신의 학업 정도를 평가하고 교사 자신도 해당 아동에 대해 진보, 정체, 후퇴인지를 기록하는 칸도 만들어 놓는다.

〈프레네가 사용하던 작업계획표〉

학교 이름 성명

작업계획

날짜: 월 일에서 월 일까지

연산 ( )

문법 ( )

역사 ( ) 지리 ( )

물리-화학 ( ) 생물 ( )

텍스트 ( ) 강연 ( )

수작업

주간 개별 작업 기록 ( )호

교과별 활동으로 구분하여 학습 정도를 6단계(매우 잘함, 잘함, 보통 잘함, 보통, 잘 못함, 매우 잘 못함)로 평가. 교과에는 읽기, 받아쓰기, 텍스트, 연산, 역사, 지리, 과학, 미술, 수작업, 태도 성격, 공동체, 주의력, 학교 인쇄활동, 강연(conférences) 등이 있음

학부모 사인: 교사 사인 :

〈프랑스 초등학교에서 현재 사용하고 있는 작업계획표〉

[예 1] ________의 개별작업계획(월 일에서 월 일까지)

<table>
<tr><td>읽기</td><td>읽기 훈련</td><td>철자/어휘</td><td>동사변화/문법</td><td>쓰기</td></tr>
<tr><td>수</td><td>조작기술</td><td>측정/기하</td><td>문제해결</td><td rowspan="2">관찰</td></tr>
<tr><td>과학</td><td>역사/지리</td><td>체육예술(음악, 미술)</td><td></td></tr>
</table>

과학, 역사/지리, 체육, 음악/미술을 빼고 언어영역과 수학영역은 3단계로 구분하여 작업진도 확인.

[예 2] 작업계획표

1. 나의 학습의 질에 대한 나의 생각 (−, =, +)	교사가 생각하는 정도 (−, =, +)
2. 나의 학습의 양에 대한 나의 생각 (−, =, +)	교사가 생각하는 정도 (−, =, +)
3. 나의 학습에 대한 노력 (−, =, +)	교사가 생각하는 정도 (−, =, +)
4. 나의 행동에 대한 생각 (−, =, +)	교사가 생각하는 정도 (−, =, +)
5. 나의 책임에 대한 생각(−, =, +)	교사가 생각하는 정도 (−, =, +)
나의 관찰	교사의 관찰
______________________	______________________
______________________	______________________
	사인:

[예 3] 초등학교 5학년 작업계획

월요일 * 자유로운 글쓰기(texte libre) * 수: (　)호	 * 수학문제: (　)호 * 읽기: (　)호	역사 ______ ______ 지리 ______ ______
화요일 * 자유로운 글쓰기 수정과 다시 적기 * 사칙연산: * 동사변화: (　)호	 * 시를 쓰고 배우기 * 조작 기술: (　)호	과학 ______ ______ 조형미술 ______
목요일 * 조작기술: (　)호 * 읽기: (　)호 * 작업도서목록(Bibiothèque de travail): (　)호	 * 철자: (　)호	______ 체육 ______ ______ 음악 ______
금요일 * 문제해결: (　)호 * 시를 다시 복습하고 그림 그리기 * 다음 주 작업계획(plan de travail) 작성	 * 철자: (　)호	______ 이번 주에 더 작업한 내용 ______ ______
토요일		다른 활동 ______

자유로운 글쓰기	연극
시	책소개
발표	컴퓨터
	동그라미 수: 녹색 (　) 노랑 (　) 빨강 (　)

5) 프레네 교육학의 현재적 의미

프레네 교육학은 프랑스 에듀카시옹 누벨에서 가장 널리 국제적으로 보급된 교육운동으로서 공교육 체제 내에서 잘 실천되고 있는 대안교육 프로그램이라 할 수 있다. 일반적으로 대안학교는 공교육에서 멀리 있는 대안적인 체제로 생각하고 있지만 공교육의 문제점을 보완하고 그 안에서 새로운 교육내용 및 방법의 실천이 가능한 점을 볼 때, 프레네 교육학이 우리 한국 교육 현장에 주는 의미는 다음과 같다.

첫째, 초등학교에서 중 · 고등학교까지 인성교육의 부재로 많은 아동과 청소년들이 인간적인 삶을 유지하지 못하고 있다. 지식 습득 위주로 입시를 대비한 교육만을 받아왔기 때문에 가정에서나 학교에서 정서적으로 안정되고, 친사회적인 행동을 할 수 있는 학생들은 그리 많지 않다. 그래서 프레네가 제시했던 학급위원회 운영은 상당한 설득력이 있어 보인다. 학교사회가 공동체이므로 자발적인 회의 참여, 규칙 제정, 안건 제안을 통해 교사와 학생들 간의 상호작용을 격려한다. 이는 학교 내에서 부적응 학생들을 최소화할 수 있는 방안으로 바로 인성교육의 촉매제라고 할 수 있다.

둘째, 현대 사회의 초 · 중 · 고 학생들은 의사소통의 단절을 절실히 느끼고 있다. 물론 다른 방식의 의사소통 방법을 사용하기는 하지만 조금 더 개방적이고 정당한 방법으로 서로에게 유익한 커뮤니케이션 연습이 필요하다. 자유로운 글쓰기를 통한 표현, 학급과 학급 간의 서신교환, e-mail 교환, 학교신문 만들기 등 인쇄매체와 영상 매체를 병행하는 다양한 의사소통 도구 개발이 요구된다.

셋째, 정보통신기술의 발달은 개인주의를 낳고, 개인주의는 토론문화의 필요성을 강화한다. 학생들은 자신의 의견을 공식석상에서 당당하게 말하는 연습을 하지 않았기 때문에 사회에 나가서도 건전한 토론자로서의 역할을 수행하기가 어렵다. 초등학교에서부터 논리적인 말하기 교육은 한

▲ 프레네 교실의 문화예술수업

사회의 토론문화 정착을 위해 반드시 선행되어야 한다. 그러기 위해서 토론수업의 모델이 소개되어야 하며, 구어능력에 많은 노력을 기울인 프레네 교육학의 실천이 의미 있어 보인다.

넷째, 프레네의 학습방법은 바로 '자연스러운 방법'에 근거한 '모색하는 시도'로 시행착오를 통한 학습방법의 터득이라고 할 수 있다. 창의적이고 도전적인 인재로 성장하기 위해서는 새로운 환경과 학습에 대한 두려움보다는 한 가지 사건이나 현상에 깊이 있게 몰두하고, 호기심을 갖고 결과를 예측 · 실험하는 탐구석 학습 방법이 절대로 필요할 것이다.

다섯째, 프레네 교육학은 주변 환경의 탐색을 격려한다. 관찰, 견학, 산책을 통해 사물에 대한 아동 주변의 환경을 탐색하는 과정은 환경보호에 대한 관심을 부추기고, 환경보호를 위해 어떻게 노력해야 할지 스스로 사고하도록 하여 학생 자신의 행동에 영향을 줄 수 있다. 주변 환경에 대한 호기심은 학생 스스로 문헌조사나 앙케이트를 하게 하여 자료의 수집자에서 자료의 생산자로서의 역할을 수행하도록 한다. 이는 환경 변화에 대한 수동적인 자세보다는 적극적이고 진취적인 사회인으로 성장하도록 도와준다.

여섯째, 프레네 교육학은 자유로운 글쓰기나 표현 방법을 통해 정신적 풍요로움과 과학 기술의 조화를 이루고자 하였다. 매체의 중요성을 인식하여 교실 현장에서 시대에 부응하는 미디어 활용을 적극 권장해 인쇄기에서 컴퓨터에 이르기까지 과학기술의 혜택을 누리면서 학생 개인의 창의성과 표현력을 키워 주는 교육을 실천하고 있다.

프레네 교육학의 역사는 약 80년이 넘어가고 있다. 프레네 교육학의 국제적 위상과 프랑스 내 프레네 교육학이 차지하는 중요성, 우리나라 대안 교육운동의 현장성을 살펴볼 때, 우리나라의 공교육 현장에 신선한 바람을 불러일으킬 수 있는 교육적 모델로 소개할 만한 가치가 있다. 프레네 교육학이 한국과 비슷한 중앙집중적인 교육제도를 가진 프랑스의 교육 프로그램으로서 한국의 교실문화에 자연스럽게 유입될 수 있을 것이다.[9]

5. 맺는 말

지금까지 프랑스 에뒤카시옹 누벨의 형성 배경, 19세기 말 프랑스 교육의 특징 및 문제점, 20세기 초 에뒤카시옹 누벨의 성립 및 확산에 대하여 설명하였다. 이를 바탕으로 프랑스 최초의 신학교 에콜 데 로슈와 프랑스적인 교육운동을 전개한 셀레스탱 프레네의 교육이론과 실제에 근거한 프레네 교육학을 중점적으로 살펴보았다.

프랑스 에뒤카시옹 누벨은 프랑스 혁명 이후부터 논의되어 왔던 공교육의 실현과 연관되어 있다. 왕정과 공화정의 정권 교체 과정 속에서 교육의 주체도 교회와 국가 간의 경쟁 관계로 이루어져 왔다. 제3공화국에 이르러 교육이 무상화, 의무화, 비종교화되면서 국가가 전 국민의 교육에 주도적으로 참여하게 된다.

프랑스 혁명 이념을 바탕으로 공화정 체제는 '직관'에 의한 교육을 주장하였지만 당시 학교교육의 실태는 매우 전통적이고 보수적인 교육방법을 적용하면서 학생들의 학습량의 과다로 주입식 교육이 성행하였다. 드몰랭은 학교가 국가 주도로 공무원 선발시험을 준비하는 양성소의 역할을 해왔고, 시험에 실패하여 어쩔 수 없이 다른 진로를 선택할 수밖에 없는 학생들에게 좌절감을 주는 교육제도에 문제를 제기하였다. 국가에 충성하는 공무원이나 군인으로 출세할 수도 있지만 여러 직업의 가능성도 학교가 열어 주어야 한다는 필요성을 느끼면서 영국의 세실 레디가 세운 신학교(new school) 애보츠홈을 모델로 학생들의 생활과 밀접한 교육을 실현할 수 있는 사립학교를 설립하였다. 100년의 역사를 지닌 에콜 데 로슈는 '삶으로 무장된' 교육을 학교교육의 모토로 삼으면서 학생들에게 스포츠나 캡틴제도, 생활교육을 통해 사회성과 인성 중심의 교육을 실시하고 있다. 외국인들이 많아 대학 입시에 대한 부담감을 최대한 줄여 공부하도록 권장하고 있으며, 전원 기숙사 생활을 통해 학생들이 책임감, 협동성, 자율의지에 따라 행동하도록 격려하고 있다.

프랑스 에뒤카시옹 누벨에서 가장 프랑스적인 교육을 실천해 왔던 프레네 교육학은 유럽의 신교육운동에서 독보적인 위치를 차지하고 있다. 프레네는 20세기 초에 확산되던 미국과 유럽의 신교육운동에서 프랑스적인 독특한 수업기술을 개발하였으며, 학교 인쇄활동 등을 통해 언어능력, 사회성, 탐구능력이 동시에 발달할 수 있도록 하였다.

프레네 교육학이 프랑스 공교육제도에 미친 영향을 살펴보면 다음과 같다. 첫째, 처음부터 공립학교에서 적용하기 시작한 프레네 교육학은 이데올로기 문제로 지역주민과 동료교사들에게 심한 반발을 일으켜 1935년 에콜 드 방스(Ecole de Vence)라는 사립학교를 설립하게 되었다. 교육부는 프레네 교육학에 대해 큰 관심을 보여 주지 않았으나 1970년대부터 국가교육과정에 프레네의 '자유로운 글쓰기'와 같은 언어교육 방법을 어느 정도 수용해 왔다.

둘째, 프레네 교육학은 교육현장을 개선, 개혁할 수 있는 가능성을 보여 준 좋은 일례로서 부단한 교육매체와 자료개발을 위해 지역별로 교사 연구모임을 갖고 있다. 프레네 교육학은 유치원에서 중등학교에 이르기까지 광범위하게 실천되고 있지만 초등학교에서 가장 활발하다. 프레네 교육학을 표방하고 있는 초등학교는 프랑스 전체 학교 수와 비교해 볼 때 매우 적은 편이지만 열악한 도시 외곽지역의 학교와 학업실패 현상을 겪고 있는 지역의 학생들에게 교육복지 정책의 일환으로 적용하고 있다.

셋째, 정보통신기술의 발달로 프레네 교육학은 더욱 현대화되어 갔다. 예를 들면 '학교 인쇄활동(imprimerie à l'école)'은 미디어교육과 컴퓨터 활용 교육으로 발전하였으며, 학교 밖의 산책과 견학활동(classes-promenades, études du milieu local)은 약 2주간 지속되는 '녹색학급(classe verte)'을 탄생시켰다. 학교마다 편지나 소포를 교환하는 '학교 간의 편지왕래(correspondance scolaire)'는 E-mail이나 fax로 대체되어 정보 활용 능력과 신속한 대처 능력을 갖춘 교사의 자질을 요구한다.

이렇듯 프레네 교육학은 제도권 밖의 대안적인 모델이 아니라 프랑스 공교육 체제 내의 대안적인 교육프로그램으로서 자리매김하였다.

결론적으로 프랑스의 에듀카시옹 누벨은 100년이 지난 후에도 여전히 신교육운동으로 명명되고 있다. 그렇다면 우리는 다음과 같은 의문을 갖지 않을 수 없다. 신교육운동은 유럽의 교육사를 장식했던 하나의 사상적, 실천적 흐름의 일부였을까? 현재도 신교육운동이라 부르는 것은 학교가 신교육운동이 제시한 교육원칙을 실천하기에 아직도 역부족이란 말인가? 아니면 에듀카시옹 누벨의 이상적인 교육개혁안이 '교육 유토피아'의 건설을 오히려 방해하고 있는 것인가? 이런 의문에도 한 가지 분명한 것은 프랑스의 에듀카시옹 누벨은 여전히 에듀카시옹 누벨일 것이며, 앞으로도 그렇게 불릴 것이라는 점이다. 이 점이 바로 새로운 학교교육문화운동이 필요한 이유다.

미 주

1) 프랑스의 신교육운동 흐름을 에듀카시옹 누벨(Education Nouvelle)이라 부르고자 한다. 1950년대와 60년대에 도입되었던 교육사조 '새교육운동'과 구별되므로 프랑스어 그대로 사용한다.

2) 스위스 출신의 아돌프 페리에르(1879~1960)는 유럽의 신교육운동 형성 및 전개에 지대한 영향을 주었으며, 1915년 에콜 누벨(Ecole Nouvelle-새로운 학교)의 30가지 기준을 명시한 책을 발간하여 당시 유럽의 신학교에 대한 구체적 기준을 마련해주었다.
3) 에콜 누벨은 프랑스에서 에뒤카시옹 누벨 운동을 실천하는 학교를 말한다. 번역하면 새로운 학교라는 뜻으로 에콜은 '학교'이며, 누벨은 '새로운'이라는 의미다.
4) 당시의 'New School'은 기존의 전통적인 교육방법과는 전혀 다른 새로운 교육을 적용한다는 의미에서 사용되었으며, 미국에서는 진보주의 교육, 독일에서는 개혁교육학으로 불리었다. 프랑스에서는 '에콜 누벨(Ecole Nouvelle)'이었으며, 영어를 그대로 번역하였다.
5) B.I.E.N.은 1899년에 형성되었으나 본격적인 활동은 1912년 스위스 제네바 대학 교육학과 전신인 '장 자크 루소 연구소(Institut Jean-Jacques Rousseau)'의 개소와 함께 이루어졌다.
6) Bulletin officiel은 교육부 공식 문서로 프랑스의 중앙 집중적 교육의 특징을 보여 주고 있는 한 단편적 사례가 된다. 교육부, 시・도교육청, 지역교육청, 교육과정, 장학사, 교사 등의 인적 자원과 국가 교육 정책에 관련된 모든 회람, 지침, 법령, 시행령 등의 내용이 적혀 있으며, 이 문서를 통해 국가 교육개혁의 전반적인 방향을 이해할 수 있다.
7) 2002년도에 출간된 「프레네 교육학에 기초한 학교만들기」(D. 바이에 저, 송순재・권순주 역)에 소개된 프랑스 초등학교는 바로 필자가 1993년에 방문하여 관찰했던 '에콜 카린'이다. D. 바이에는 프랑스 거수 녹일어 교사로서 프레네 교육학을 연구하였다.
8) BCD는 Bibliothèque-centre documentaire의 약자로 유치원과 초등학교에 있는 도서관-자료센터이며 CDI는 중등학교에 있는 교수・학습지원센터로 Centre de documentation et d'information의 약자이다. 프랑스의 BCD/CDI에 많은 관심을 보이는 것은 현재 한국교육과정평가원 교수학습센터의 운영 모델로 시사하는 바가 크기 때문이다(오은순, 황성원, 2003).
9) 2005년 말부터 대안학교 관계자들이 프레네 교육학에 대한 연수를 받기 시작했으며, 방송 전문가들은 프레네 교육학을 실천하는 학교를 TV에 방영하였다. 프레네 교육학에 대한 더욱 활발한 연구가 필요하다.

5장

독일의 개혁교육학운동

– '전원기숙사학교운동' 을 중심으로 –

1. 들어가는 말
2. '개혁교육학운동'의 역사적 배경
3. '전원기숙사학교운동'의 성립과 전개
4. '헤르만-리이츠-학교'의 오늘
5. 맺는 말

1. 들어가는 말

지금으로부터 약 100년 전에 해당되는 때인 지난 '세기의 전환기', 즉 19세기 말에서 20세기 초에 이르는 시대는 서구의 교육사에 있어서 매우 독특한 시기로 기록된다. 일반적으로 서양 교육사를 서술함에 있어 17세기를 '교수학의 세기(Jahrhundert der Didaktik)', 18세기를 '교육학의 세기(Jahrhundert der Pädagogik)'라고 부를 수 있다면, 지난 '세기의 전환기'는 아마도 '신교육운동(New Education Movement)의 세기'라 부를 수 있을 것이다. 이 시기에 거의 동시대적으로 서구 유럽 전반을 포함하여 미국에 이르기까지 구미 전역에 걸쳐서 매우 광범위하게 수많은 다양한 '교육이론' 들이 고안되었으며, 또한 그에 기초한 교육개혁적 시도들이 매우 활발하게 이루어졌고, 이 모두를 통틀어 우리는 '신교육운동'이라고 부르기 때문이다.

이 장에서 필자는 지난 '세기의 전환기'에 구미 전역을 거대한 교육개혁적 시도의 장으로 탈바꿈시켰다고 해도 과언이 아닐 '신교육운동'의 수많은 흐름들 중 특히 독일에서 이루어진 '신교육운동', 즉 '개혁교육학운동'(Reformpädagogische Bewegung)에 대해 살펴보고자 한다. 이때 독일에서의 '개혁교육학운동'의 다양한 지류들 중에서 특히 '전원기숙사학교운동'(Landerziehungsheimbewegung)을 중심으로 하여 그 성립 배경과 전개 양상, 구체적인 교육의 실제, 그리고 이 운동의 현대적 의미에 대해 서술하고자 한다.

'개혁교육학운동'의 다양한 흐름들 중 이 글에서 특히 '전원기숙사학교운동'을 대상으로 삼고자 하는 것은 이 운동이 가지고 있는 양면적인 특성 때문이다. '전원기숙사학교운동'은 한편으로는 '개혁교육학운동' 중에서 아마도 국제적인 성격을 가장 강하게 지니고 있는 흐름일 것이다. 독일에서 활발하게 전개된 '전원기숙사학교운동'의 중심에는 헤르만 리이츠

(Hermann Lietz)나 파울 게헵(Paul Geheeb), 쿠르트 하안(Kurt Hahn), 구스타프 비네켄(Gustav Wyneken) 등과 같은 매우 강한 카리스마를 발산하는 지도자들이 자리하고 있으며, 이들은 모두 독일에서 태어나 성장하며 독일의 언어와 문화에 익숙한 지식인, 즉 '교양시민'들이었다. 그러나 굳이 이 교육운동이 어느 곳에서 어떤 인물로부터 처음 시작되었느냐 하는 문제를 엄밀하게 따지게 될 때, '개혁교육학운동'을 연구하는 학자들이라면 누구나 영국 출신의 교육운동가인 세실 레디(Cecil Reddie)를 꼽을 것이다. 앞서 영국의 '신교육운동'에 대해 다룬 장에서 상세히 서술된 바와 같이 세실 레디는 1889년 영국의 너비셔 부근에 그의 동료들과 함께 '애보츠홈(Abbotsholme)'이라고 하는 '전원기숙사학교'를 설립하였던, 당시 이미 잘 알려진 교육운동가였다. 애보츠홈은 후일 영국에서 설립된 비슷한 형태의 학교들과 독일의 '전원기숙사학교운동'뿐 아니라 프랑스를 포함한 세계의 여러 국가들에서 일어난 그고 작은 교육운동의 모태가 되었다.

다른 한편으로 '전원기숙사학교운동'은 '개혁교육학운동'의 다양한 조류들 중 독일의 국가적 특수성을 가장 강하게 드러내는 운동에 속한다. 이는 단순히 '전원기숙사학교운동'의 대표적인 인물들이 모두 독일인이었다는 사실을 넘어서는 더 깊은 의미를 지니고 있다. 이 글을 통해서 차차 밝혀지게 될 내용이지만, 이 교육운동의 범위 안에서 전개되었던 교육이론 및 실천은 당시 독일에서 벌어지고 있던 독일 특유의 시대 상황을 매우 뚜렷하게 반영하고 있다. 특히 이 교육운동은 '개혁교육학운동'에 속한 또 다른 두 가지 흐름, 즉 '청소년운동(Jugendbewegung)'과 '예술교육운동(Kunsterziehungsbewegung)'과의 깊은 연관성하에 전개되었으며, 이 두 운동 또한 '개혁교육학운동'의 다양한 조류들 중 가장 독일적인 특성을 강하게 드러내는 교육운동이었다. 위에서 '전원기숙사학교운동'을 이끌던 지도자 집단에 구스타프 비네켄이라는 인물이 속해 있었다는 점을 밝혔는데, 바로 그는 독일의 '청소년운동'에 있어서도 지도적인 역할을 했던 인물이었다. '청소년운동'의 지도자들 중 상당수는 다시금 '예술교육운동'의 형성과 전개에 있어서 핵심적인 역할을 했던 김나지움 교사들의 제자들이었고, 그런 차원에서 '예술교육운동'의 교육 이념과 실천에 깊게 뿌리를 내리고 있었다. 이처럼 서로 깊게 관련된 이 두 운동에 있어서 매우 중요한 교육적 원리로 생각되던 핵심적 개념들은 당시 '전원기숙사학교운동'에서도 마찬가지로 강조되곤 하였다. '자연(Natur)', '노작(Arbeit)', '삶(Leben)', '공동체(Gemeinschaft)', '예술(Kunst)', '체험(Erlebnis)' 등이 바로 그것이다.

바로 이와 같은 관점에서 볼 때 '전원기숙사학교운동'은 무엇보다 독일의 '개혁교육학운동'의 국가적 특수성이 과연 어떤 모습으로 드러났는지를 명료하게 드러내 주는 사례로서 일종의 대표성을 띠고 있다. 그와 동시에 이 흐름의 교육운동은 독일의 '개혁교육학운동'이 보다 큰 맥락에서 볼 때 절대로 일개 국가에서 이루어진 특이한 사회 현상으로 폄하될 수 있는 성격의 운동이었던 것이 아니라 전 유럽과 미국까지를 포괄하는 매우 국제적인 차원의 대규모 교육운동인 '신교육운동'에 속해 있는 한 지류였다고 하는 점을 뚜렷하게 확인할 수 있도록 하는 실례다. 이에 따라 이 글에서는 '전원기숙사학교운동'이 20세기 초 성립, 전개된 과정과 당시 운영되던 실제의 한 단면을 들여다 보는 가운데 위의 두 측면이 밀접하게 연관되면서 교육학적 차원에서 구체적으로 어떻게 실현되고 있는가를 살펴보고자 한다.

2. '개혁교육학운동'의 역사적 배경

독일의 학계는 아주 최근까지도 '개혁교육학운동'을 한마디로 정의하는데 매우 어려움을 겪고 있다. '개혁교육학운동'은 그 안에 포함되어 있는 다양한 이론들, 운동들에 접하여 그것들이 제각기 보여 주고 있는 성격과 그 모두를 포괄하는 전체적인 범위를 규정하는 데 있어서 논란의 여지가 많기 때문이다. 그러나 가장 일반적인 차원에서 '개혁교육학운동'을 지난 19세기 말에서 20세기로 전환하는 시기에 독일 전역에 걸쳐 광범위하게 일어났던 매우 다양한 종류의 교육운동 및 그 운동을 가능케 했던 일련의 새로운 교육이론들을 통칭하는 개념으로 파악하는 데에는 그 어떤 학자도 이의를 제기하지 않을 것이다. 통상 '개혁교육학운동'의 범주에 포함되는 세부적인 교육이론 및 운동들 중 굵직굵직한 것들만 나열해도 이를 하나의 명료한 개념으로 정의하기가 얼마나 힘든지 잘 알 수 있다. 때로는 서로 완전히 다른 차원에서 파악되어야 하는 교육학적 논의들과 그로부터 비롯된 매우 다양한 교육개혁적인 성격의 운동들이 학술적인 차원에서는 모두 '개혁교육학'의 범주에서 나란히 다루어지고 있기 때문이다(최재정, 2002a: 4). 결국, '개혁교육학운동'은 처음부터 어떤 뚜렷한 한 사람의 대표적 인물을 중심으로 체계화한 단일한 교육론에 따라 구성되지 않았던 것으로 판단된다. 오히려 '개혁교육학'은 제각기 강한 카리스마와 개성을 지닌 다수의 교육이론가 혹은 교육실천가들이 때로는 양립이 불가능하게 보일 정도로 서로 첨예하게 모순되는 논의들을 개진해 나가는 가운데 매우 다중심적으로 이루어졌던 교육적 시도들을 포함하고 있다.

반면 '개혁교육학운동'이 교육적 차원에서 다양한 형태의 운동으로 개화할 당시 그 운동들의 중심적인 인물들은 무엇보다 그들이 몸담고 있던 사회의 교육 현실을 신랄하게 비판하면서 그들의 논의를 전개했다는 점에서는 일정하게 공통점들을 보여 준다. 물론 구체적인 서술에 있어서는 상이점들을 드러내고 있지만, 그들은 대체로 당시의 교육이 전반적으로 지나치게 합리주의적이며 '주지주의적인 경향성'을 띠고 있었던 점, 또한 교육 주체로서의 인간을 지나치게 과학적이며 실증주의적인 차원에서 분석한 결과로서 아주 미세한 부분까지 '분절되어' 있으며 '단자화되어' 있는 존재로 파악했던 점, 또한 당시의 교육내용이 '실제 삶과 괴리되어' 있었던 점 등을 동일하게 지적하고 있다. 이와 같은 비판에 터하여 '개혁교육학'의 대표적 인물들은 종래의 교육 현실이 보여 주고 있는 바와는 달리 인간이 지니고 있는 '비합리적인' 차원, 즉 감성 내지는 감정을 포함하여 신비의 차원에까지 이르는 세계, 인간의 언어로 표현되지 않는 느낌의 세계를 함께 중요하게 여기는 교육이 이루어져야 함을 주장하였다. 이는 곧 인간을 더 이상 분열적인 존재가 아닌 '전체'로서 파악함과 동시에 인간을 삶 그 자체와 밀접하게 연관시키고자 하는 시도이기도 했다.

또한 '개혁교육학운동'의 대변자들은 공통적으로 교육에 있어서 이론의 측면보다는 실천의 차원에 큰 관심을 지니고 있었으며, 이에 따라 그들은 뭔가 체계적인 이론을 정립하고자 시도하기 이전에 어떤 새로운 아이디어가 떠오르면 즉각 교육학적인 실천으로 연결시키고자 했다(Berg, 1990: 879-92). 다만 여기에서 한 가지 짚고 넘어가야 할 점이 있다면, 그것은 '개혁교육학'의 범주에 드는 교육이론가 및 실천가들이 아무리 혁신적인 논의들을 개진하고 있다고 해도 사실상 순수한 교육사상이라고 하는 차원에서만 본다면 그것이 뿌리를 내리고 있는 교육이론들이 대부분 루소(Jean-Jacque Rousseau)나 페스탈로치(Johann Heinrich Pestalozzi), 피히테(Johann Gottlieb Fichte) 등과 같이 서양의 근대사에 있어서 대표적인 교육사상가들의 핵심적인 주제에서 크게 벗어나지 않는다는 점이다. 그런 차원에서 볼 때 '개혁교육학'은 근대 이후 서구에서 거론되던 주요한 교육학적 테마들이 19세기 말에서 20세기 초 당시의 특정한 시대적 상황을 배경으로 하여 단지 매우 다양한 형태로 교육현실 속에서 '실험'되었던 것에 불과하다고 평가되기도 한다(Oelkers, J., 1980).

'개혁교육학'을 학문적인 대상으로서 서양의 교육사상사에 속한 하나의 사조라는 관점에서 다루기 위해서는 무엇보다 이 영역이 지니고 있는 '시대성'에 초점을 맞추어야 한다. '개혁교육학'이 지니고 있는 현재성 내지는 다른 시대들과의 연계성에도 불구하고 이 영역이 하나의 사조로서의 독자성을 확보할 수 있도록 하는 바탕이 있다면 그것은 바로 이 영역이 속해 있었던 시대, 즉 19세기에서 20세기로 넘어가는 이른바 '세기의 전환기'의 역사적 차원으로부터 비롯된 특수성일 것이기 때문이다. 특히 독일은 '세기의 전환기'에 세계사적인 차원에서 특수한 사건들을 경험했다는 점에서 당시 유럽의 다른 나라들과 뚜렷이 구별된다. 바로 그런 맥락에서 독일의 '개혁교육학운동'은 한편으로는 당시 유럽 전역에 걸쳐 확산되어 있던 '신교육운동'의 전반적인 흐름을 대표할 수 있을 만한 일반적인 특징들을 보여 주고 있지만, 동시에 다른 한편으로는 바로 그와 같은 국가적 특수성을 바탕으로 하여 매우 독일적인 고유의 성격을 지닌 논점들을 포함하고 있다.

지난 '세기의 전환기'에 독일에서 전개된 '개혁교육학'의 독특성은 무엇보다 그 당시 독일 사회의 전 영역에 걸쳐 광범위하게 영향을 미친 '문화비판'에서 찾을 수 있다. 이때 '문화비판'이란 사회계층적 차원에서 볼 때 당시 독일이라고 하는 나라가 처해 있던 역사적 특수성을 배경으로 하는 '교양시민계층'에 속한 지식인들에 의해 매우 광범위하게 이루어졌다. 그런 의미에서 '개혁교육학'을 교육이라고 하는 사회 내의 한 부분 영역의 차원에서가 아니라 보다 넓은 사회 전체의 차원에서 바라볼 때, 이는 당시 독일 사회에서 전반적으로 이루어지던 '삶의 개혁운동'이라고 하는 거대한 흐름의 한 지류에 불과하다고 할 수 있다.

여기서는 이와 같은 문제의식을 기본적인 관점으로 삼는 가운데 '개혁교육학운동'을 개괄하고자 하며, 구체적으로 다음과 같은 내용들을 다룬다.

첫째, '개혁교육학운동'이 발생한 시대적, 사상사적 배경에 대해 서술한다. 먼저 시대적 배경 부분에서는 19세기 말에서 20세기 초에 걸쳐 일어난 독일의 '개혁교육학운동'이 과연 어떠한 시대적인 특수성 속에서 탄생하였는지 살펴보기 위해 당시 독일의 정치, 경제, 사회 전반에 걸친 '위기상황'에 대해 서술한다. 이와 관련하여 사상사적 차원의 서술이 이루어지는데, 당시 독일 사회의 전반에 걸쳐 만연해 있던 위기 상황에 접하여 그에 대한 반응으로서 '교양시민계층'에 의해 이루어진 '문화비판'이 과연 어떤 논의들을 담고 있었는지 서술한다.

둘째, '문화비판'의 차원에서 볼 때 그 내용이 '개혁교육학운동'과 구체적으로 어떠한 연관성하에 있는가 하는 점을 분석한다.

1) 시대적 · 사상사적 배경

1870년 독일제국이 성립되면서 프로이센의 왕 빌헬름 1세(Wilhelm I)가 새로운 독일제국의 황제로 즉위하면서 독일은 새로운 역사를 맞이한다. 이 제국은 1918년 막스 폰 바덴(Max von Baden)이 바이마르 공화국을 건국할 때까지 존재하였는데, 그 출발부터 많은 문제를 안고 있었다(Rosenberg, A., 1974: 12). 이 시대를 다루는 현대의 사가들과 사회학자들은 황조시대의 전기간을 통하여 줄곧 위기를 야기했던 근본적인 원인으로서 당시 사회에 팽배했던 경제와 정치 간의 팽팽한 긴장관계 속에서 이루어진 '단층' 현상을 들고 있다. 즉, 이 당시에 경제적인 차원에서 이루어졌던 산업화의 영향으로 사회 전반에 걸쳐 일상적인 차원에서는 커다란 변동이 일고 있었던 반면, 정치적인 차원에서는 전래되어 온 경직된 구조가 그대로 당시의 정신적 문화를 지배하고 있었다.

잘 알려져 있듯이 독일의 산업혁명은 서구의 다른 나라들과 비교할 때 상당히 늦었다(Wehler, H.-U., 1983: 24-25). 1870~71년의 독불 전쟁이 끝나면서 갑작스럽게 시작되었지만 독일의 산업혁명은 놀라울 정도로 신속하게 진행되어, 아주 빠른 시일 내에 먼저 출발한 나라들과 발전의 간격을 좁힐 수 있었다. 이에 따라 사회의 모습은 아주 달라지기 시작했다. 급속한 도시화와 자본주의화가 진행된 현상의 단면으로서 한편으로는 물질적 풍요로움의 흔적이 이곳저곳에서 눈에 띄기 시작했다. 다른 한편으로는 아직 준비가 채 되지 않은 상태에서 지나치게 급한 속도로 이루어진 도시화의 결과로서 곳곳에 비인간적인 폐해 내지는 문제가 발생하기 시작했다(Best, O., 1994: 34-36).

그러나 이와 같은 급속한 변화의 물결과는 별개로 다른 한편으로, 즉 정치적인 차원에서는 전래된 가치를 고집스럽게 지켜나가는 보수적인 현상이 지배적이었다(Vondung, K., 1976). 독일제국이 황국으로 설립된 이래로 그 중심에 서 있었던 프로이센은 무엇보다 빌헬름 1세의 강력한 왕권하에 군사와 행정 그리고 외교의 삼자를 통합시킨 이른바 '보나파르트적인' 전체주의 체제를 유지하고자 했다. 이와 같은 특성은 특히 1862년 프로이센의 국무총리로 비스마르크(Otto von Bismarck)가 임명된 이후 더욱 강화되었으며, 1890년 이후 비스마르크가 퇴임하고 나서 소위 '빌헬름 시대'가 출범한 이후에도 정치적 차원의 기본구조는 거의 변하지 않았다(Mann, G., 1964: 23). 물론 정치적인 측면에서는 철저하게 비스마르크의 뒤를 이었던 빌헬름 2세는 외교적인 차원에서 이전과 완선히 다른 길을 걸어갔다. 집권하는 동안 내내 프로이센 특유의 보수적 외교정책에 바탕을 두고 평화주의를 고수했었던 비스마르크와는 달리, 빌헬름 2세는 당시 서유럽에 있어서 보편적인 흐름이었다고 할 수 있는 제국주의적인 팽창주의를 옹호했으며, 시간이 갈수록 호전성을 더해 갔다.

위에 서술한 경제, 정치, 그리고 사회적인 차원의 위기 상황은 당시 독일 사회의 여러 가지 측면에서 변화를 가져왔다. 이는 당시를 살아가고 있던 동시대인들에게 있어서 구체적인 생활 속에서 감지될 수 있는 성질의 것으로서 사실상 사회에 속해 있는 다양한 집단들 모두에게 예외 없이 큰 영향을 미쳤다고 할 수 있을 것이다. 그러나 상대적으로 비교할 때 당시의 변동적인 상황 내지는 위기를 가장 민감하게 체험했던 집단은 '시민계급', 특히 이 책에서 매우 중요성을 띠는 특수한 계급적 집단으로서 '교양시민계층'이었다.

'교양시민계층'은 여러 가지 측면에서 서구의 다른 나라에서 볼 수 있는 일반적인 지식인 계층과 구별되는 특징들을 지닌다(최재정, 2002a: 14-15). '교양시민계층'은 경제적인 차원에서의 시민계급과 무엇보다 '교양', 즉 문화적 소양(Bildung)의 차원에서 뚜렷하게 구별되었다고 할 수 있다. 그러나 '교양시민계층'을 고유한 하나의 계급으로서 규정짓게 했던 점은 계급구조상의 내부적인 변별성이라기보다는 오히려 당시의 시대적인 상황을 배경으로 한 정치적, 사회적 차원에서의 특수성이었다. 특히 앞에서 지적한 바와 같은 정치, 경제 사이의 단층현상으로부터 발생한 불안정한 상태에 직면하여, 한편으로 이 계급은 이와 같은 위기 상황을 강화시키는 역할을 했으나, 다른 한편으로 이들은 자신들이 유발시킨 위기 상황의 희생자이기도 했다. 사실상 이 사회적 계층이 처음 발생하던 시절 '교양시민계층'은 타국의 지식인 계층과 별로 다를 바가 없었다. 일반적으로 논의되는 시민계급의 정신적인 근간이 계몽사상이라고 할 때, 독일의 '교양시민계층'도 바로 이 사상의 전통 속에 있었다. 그러나 프랑스의 경우 계몽사상이 지식인층에 의해 충분히 수용되어 후일 실제적인 정치적 세력으로 형성되고 그것을 바탕으로 하여 전체주의를 물러나게 하는 혁명적인 힘으로 작용했던 반면, 독일의 '교양시민계층'은 이와 같은 힘으로 형성될 수 없었다.

또 한 가지 '교양시민계층'이 지니고 있었던 문제 중 하나는 이 집단이 전체 시민계급에 속한 다른 집단들과 조화로운 단결을 이루는 데 있어서 실패했다는 점이다(Conze, J., 1975). 이는 타국에 있어서 일반 시민들 간에 통합적인 단결이 가능했고 그럼으로써 정치적으로 위력이 강한 세력집단으로서의 위치를 이룩할 수 있었던 점과 비교될 만한 점이었다. 물론 여기에서 '교양시민계층'이 그럴 수밖에 없었던 데는 위에 제시한 경제적인 차원에서의 문제가 큰 역할을 했다. 당시 독일에 있어서의 소위 경제적인 시민계급은 급속한 산업화 내지 자본주의화의 물결 속에서 그만큼 빠른 속도로 세력을 강화해 가고 있었으며, 그런 맥락에서 이들에게 있어서 당시 비스마르크가 시민계급에 대해 정치적 차원에서 가했던 탄압이 거의 문제시되지 않았다. 문제가 되기는커녕 그들은 당시를 지배하고 있었던 정치적 엘리트 계층과 더불어 나름대로의 위치에서 주도적으로 그 시대를 함께 만들어 가고 있었다. '교양시민계층'의 경우 독일 사회 내에서 경제적인 시민계급의 위치가 공고해지면 해질수록 이들이 가지기 시작한 위기감은 섬점 강도를 더해 갔다. 즉, 이 계급은 위로부터는 자본가적 경제계급에 의해 국가권력의 참여에 있어서 소외되고 있었으며, 아래로부터는 소시민계급의 성장에 위협을 느끼고 있었다.

이 계급은 결국 왕조시대와 바이마르 공화국 시대를 거치면서 차츰 몰락해 갔다고 할 수 있다. 이 계급, 그리고 이들이 대표하고 있는 '인문주의적 세계' 전반의 몰락에 대한 이야기는 토마스 만(Thomas Mann)의 유명한 소설 속에 등장하는 '부덴부로크 家'(Buddenbrooks)에 대한 이야기 속에서 상징적으로 드러나고 있다. 이와 같은 상황 속에서 '교양시민계층'이 겪었던 위기는 무엇보다 사회심리학적 차원에서의 '정체성의 위기'라고 할 수 있을 것이다.

2) '문화비판'이 '개혁교육학운동'에 미친 영향

지난 세기말 전후의 독일이 처할 수밖에 없었던 위기 상황에 접하여 '교양시민계층'이 보였던 반응들은 특히 '문화비판'의 내용 속에서 두루 발견된다. 물론 '문화비판'은 엄연히 당시 사회의 전반에 걸쳐 팽배해 있던 문제들에 대하여 이루어진 객관적인 차원에서의 비판임에 틀림이 없다. 그러나 '문화비판'을 '교양시민계층'이라고 하는 사회계층적인 시각에 비추어 볼 때, 그 내용은 이 계층에 속한 지식인들이 그들의 입장에서 주관적으로 체험한 사회 현실의 문제들에 대한 비판을 담고 있음을 확인하게 된다. 이에 따라 '문화비판'은 당시의 사회 속에서 '교양시민'들이 사회심리학적 차원에서 감지하고 있었던 불안감 내지는 불만족의 표출이었던 동시에 그들의 내부에 잠재되어 있던 욕구와 희망이 다양한 방향으로 투사되어 나타났던, 일종의 미래를 향한 비전이자 이상향, 즉 유토피아였다고 할 수 있다. 결국 '문화비판' 속에 내포되어 있는 '교양시민'들의 미래를 향한 비전은 당시 사회가 처해 있던 위기 상황을 극복하고 더 나은 사회로 나아가고자 하는 '희망'으로 연결되었으며, 바로 그러한 방향에서 사회 전반에 걸쳐 매우 다양하고 광범위하게 표출되었던 일련의 운동들을 가능하게 한 동력으로 작용했다고 할 수 있을 것이다. 운동의 주체가 어떤 특정한 한 계층에 속한 이들이었던 만큼, 당시 이루어졌던 운동들은 그것이 밖으로 표출되었을 때 나타난 다양한 양상들에도 불구하고 몇 가지 공통점들을 보여 주고 있다.

첫째, '문화비판'에서는 흔히 주체, 자아의 모습이 지나치게 이상화(理想化)되어 있는 점을 발견하게 된다. 위에서 지적했듯이 '교양시민'들은 바이마르 시대에 들어서서 시간이 경과함에 따라 사회 내에서 차츰 자신들의 경제적, 정치적, 정신적인 기반을 잃어 가게 된다. 위에서도 언급했듯이 '교양시민'들에게 가장 문제가 되었던 점은 '자아정체성'의 상실이었다. 이 문제를 '교양시민'들은 스스로의 내면의 왕국으로 도피함으로써 극복하고자 했으며, 이러한 과정을 통해서 나타난 결과는 우울증과 자기연민의 증상들이었다(Lepenies, W., 1972). 그러나 그러한 상태에서 이들은 재빨리 '자아감의 자기도취적 상승' 내지는 '정신세계의 극단적인 숭고화'의 방향으로 나아갔으며, 이러한 경향은 특히 당시의 문학이나 예술세계 속에 뚜렷하게 나타나고 있다. 특히 당시 독일의 지성세계를 풍미하던 독특한 문학 및 예술 사조인 '표현주의'에서 이러한 경향성을 쉽게 발견할 수 있다(Best, O., 1994).

아마도 '문화비판'의 다양한 논의들 중에 이와 같은 경향성을 가장 강하게 드러내었던 지식인은 니체(Friedrich Nietzsche)일 것이다. 그는 당시의 지식인들 중 '개혁교육학'을 포함한 사회 전반의 개혁운동들에 있어서 가장 광범위하고 심도 있게 영향을 미쳤다. 특히 그의 유명한 '초인(超人)' 개념은 위에서 언급했듯이 자아감이 극도로 이상화된 형태의 인간상에 가장 가까울 것이다. 이때 초인은 떼를 지어 몰려다니는 '나약한 군상'으로서의 인간들로부터 스스로를 뚜렷이 구별하면서 그들 위에 우뚝 서는 강력한 카리스마와 파워를 지닌 '지도자(Führer)'를 연상시킨다. 결국 '문화비판'의 범주 속에서 '교양시민'들은 이와 같은 초인적 지도자를 중심으로 새로운 세상을 여는 변혁을 꾀하고자 하는 열망을 표현하고 있다고 할 수 있을 것이다.

이 점과 관련하여 한 가지 덧붙일 점은 그러한 강력한 지도자를 중심으로 하여 일으키고자 한 운동은 물질적인 차원에서의 변혁이 아닌 '정신 혁명', 즉 '문화혁명'이었다는 점이다. '문화비판'을 통해 '교양시민'들은 당시 독일 전체에 만연해 있던 물질적 차원에서의 발전, 특히 급속한 산업화를 동한 기계문명의 눈부신 발전에 대항하는 자세를 확고히 하고자 했다. 즉, 그들은 온갖 비인간적인 현상들의 근본적인 원인으로 파악했던 '문명(Zivilisation)'은 궁극적으로 '문화(Kultur)'를 통해 극복해야 한다고 생각하였다.

둘째, '문화비판' 속에는 바로 위에서 서술한 자아, 특히 자아가 지니고 있는 정신세계를 극단적으로 이상화, 숭고화하고자 하는 경향성과 함께 이와는 완전히 반대 방향에서 '전체성'을 지극히 강조하는 경향성이 있음을 발견하게 된다(Sieferle, R. P., 1995: 13-15). 당시의 자료들을 살피는 가운데 '통일성(Einheitlichkeit)', '공동체(Gemeinschaft)', '전일성(全一性, Ganzheitlichkeit)' 등의 개념들이 상당히 자주 눈에 띄는 점을 확인할 수 있다. 이들 개념이 내포하는 의미는 조금씩 다르지만 모두 작디작은 개개의 인간들이 서로 제각기 '개체성'을 지닌 채 따로따로 분리된 상태로 존재하는 것이 아니라 국가, 민족 등의 커다란 틀 속에서 유기체적으로 긴밀하게 서로 연결되며 궁극적으로는 그 개인들을 포함하는 전체에 귀속되어야 함을 강조한다는 점에 있어서는 공통된다.

위에서 '교양시민계층'이 자아정체성을 상실한 점에 대해 논했는데, 이를 '전체성' 문제와 관련시킨다면 교양시민은 여러 가지 차원에서 왜소화되고 위축되어 있던 개별적인 자아를 보다 넓은 범위에서 포용하는 더 큰 자아로서의 공동체에 흡수시킴으로써 상실감을 극복하려고 했다는 해석이 가능할 것이다. 그런 의미에서 그 공동체는 '나'(Ich)라고 하는 존재가 매우 근원적인 차원, 즉 '피와 땅'이라고 하는 운명공동체적 차원에서 필연적으로 귀속되어 있는 전체를 의미하는 것으로서 일반적으로 익명의 수많은 인간들이 임의적으로 이합집산하는 차원에서의 사회가 아니라 '국가(Staat)', '민족(Volk)' 내지는 '민족공동체(Volks-gemeinschaft)' 등을 가리킨다. 이에 따라 이 공동체에의 귀속성은 합리적인 판단에 따라 언제든 해체될 수도 있는 우연적인 성격을 지닌 것이 아니라 심지어 죽음까지도 넘어서서 자손 대대로 영원히 지속되는 것이며 그런 차원에서 일정하게 공동체에 대한 '의무'와 '책임'까지도 함께 포함하는 것이다(Lübbe, H., 1963: 190).

셋째, '문화비판'의 범주 안에서 이루어지는 논의들에서 공통적으로 볼 수 있는 또 한 가지 경향성은 '비합리성'에의 경도다. 특히 기술, 산업, 그리고 지극히 차가운 이성에 근거하여 엄격하게 합리적으로 경영되는 '근대성'의 세계에 대한 비판으로서 인간이 지니고 있는 감성, 감정과 같은 '따뜻한' 세계를 찬양하는 움직임이 눈에 띈다. 이와 같은 분위기 속에서 당시 독일에서는 여러 가지 문화에 배경을 둔 종교들이 매우 활성화되었으며 더 나아가 신화와 신비의 세계, 비교(秘敎)와 영혼주의를 찬양하는 경향이 강하게 나타났었다(Janz, R.-P., 1984: 104).

이와 같은 경향성에 대해 논할 때 우리는 다시금 니체에게 눈을 돌리게 된다. 니체는 그의 대표적인 저서인 『비극의 탄생(Die Geburt der Tragödie)』에서 삶을 영위하고 또 해석하는 데 있어서 두 가지의 서로 대조적인 유형이 있다고 했는데, 그중 하나는 '아폴론적'인 것이고 다른 하나는 '디오니소스적'인 것이라고 했다. 니체에 따르면 '아폴론적'인 것은 사물을 이성의 힘으로 명료하게 구획 짓고 논리적으로 정리하고자 하는 인간의 한 측면인 반면, 인간의 '디오니소스적'인 측면은 서로 뚜렷하게 구분되는 개체성이 존재하지 않는 집단적이며 쾌락적인, 감성적 차원에서의 욕구다. 니체는 인간의 삶이 근원적인 차원에서 내포하고 있는 진정한 '힘'은 디오니소스적인 심연으로부터 비롯되므로 그것을 억제하는 아폴론적 요소는 오히려 인간의 힘이 자유롭게 발산되는 것을 억압하는 역할을 수행할 뿐이라는 것이다. 이에 따라 니체는 고대의 비극에서 자유롭게 발휘되던 디오니소스적 차원이 유리피데스가 소크라테스의 이성주의를 수용함과 동시에 억제되기 시작했다고 주장하면서 그러한 이성주의를 극복하고 '삶(Leben)' 그 자체에로 돌아갈 것을 요청하고 있다. 바로 이와 같은 니체 입장에서의 '비합리성'에 대한 찬양은 '문화비판'적 차원에서 쓰인 문헌들에서 매우 흔하게 발견할 수 있는데, 이때 '삶', '진실한 것(das Wahre)', '진정한 것(das Echte)' 등의 개념이 같은 맥락에서 함께 다루어지고 있는 것을 볼 수 있다. 결국 당시 대중의 큰 호응을 얻었던 '삶의 개혁운동'에 있어서 핵심적인 개념이라고 할 수 있는 '삶'은 바로 니체 시각에서의 '삶'이라는 것을 알 수 있다.

넷째, 특히 제1차세계대전을 전후한 시기에 이루어졌던 '문화비판'의 내용에는 염세주의적이며 아포칼립스적인 경향성이 짙게 나타났던 것을 확인할 수 있다(Groh, D., 1968: 7-33). '교양시민'들은 유럽 전역에 걸쳐 지배적이었던 세기말의 데카당스적 분위기로부터 영향을 많이 받은 가운데 세계의 멸망을 예견하는 동시에 그 이후 새롭게 밝아올 새로운 시대를 꿈꾸는 양면적인 모습들을 보여 주고 있다. 그러나 소위 정상적이라고 판단되는 일상사 속에서는 그러한 새로운 시대란 결코 저절로 다가오지는 않는 것이므로 뭔가 커다란 변혁이 반드시 일어날 것이라는 기대가 '교양시민'들 사이에 지배적이었다. 이와 같은 기대는 엉뚱하게도 전쟁이 일어날 것을 염원하는 방향으로 발전되었고, 그런 차원에서 '교양시민'들 중 많은 수가 에른스트 윙어(Ernst Jünger)의 경우처럼 전쟁찬미자가 되었다. 이와 같은 경향성은 주로 제1차세계대전을 전후하여 두드러지게 나타났으며, 특히 위에서도 언급한 바 있는 『1914년의 이념들(Ideen von 1914)』에서 전형적인 논의의 예들을 발견할 수 있다. 이 이념들에는 빌헬름 2세의 제국주의적인 야망에 따라 인접 국가들과의 국제외교적인 관계에 있어서 긴장이 첨예하게 고조되는 가운데 '교양시민'들 사이에 그러한 긴장상태로부터 오는 불안감을 극도로 과장된 애국심으로 표출하는 경향들이 나타났다고 할 수 있다.

이후 제1차세계대전에서 참패하고 난 이후 베르사이유 조약이 체결되었고 바이마르 공화국이 출범하면서 전쟁에서 패배한 대가로서 엄청난 부채를 짊어지게 되면서 이들은 다시금 새롭게 위기 상황에 직면하게 되었는데, 이에 대한 반응으로서 일부 '교양시민'들 가운데 '보수혁명'이라고 하는 독특한 성격의 정치적 흐름을 좇는 자들이 출현하게 된다. 이에 따라 당시 '문화비판' 속에서 '교양시민'들은 때로 지극히 과장되고 속된 의미에서 이루어졌던 '독일찬미'에 골몰하는 모습들을 보여 주기도 했다. 무엇보다 피상적이고 속된 독일찬미의 경향성이 뚜렷하게 나타나는 예는 '문화비판'에 있어서 니체 다음으로 큰 위치를 차지하고 있는 드 라가드(Paul de Largarde)와 랑벤(Julius Langbehn)에서 찾을 수 있을 것이다(Röhrs, H., 1980: 20-45).

김나지움 교사였던 드 라가드는 피히테의 '국민교육'운동의 영향을 많이 받은 전형적인 '교양시민'이었다. 그는 1891년 출간된 『독일문서(Deutsche Schriften)』라고 하는 저서를 통해서 유명해졌는데, 이 책 속에서 그는 종교에 부여되어 있는 본연의 역할과 과제에 대해 논하고 있다. 언어학자이자 고고학자였던 랑벤은 니체의 절대적인 영향을 받았으며 드 라가드처럼 전형적인 '교양시민'이었다. 1890년 『교육자로서의 렘브란트(Rembrandt als

Erzieher)』라고 하는 책을 출간함으로써 랑벤은 독일 사회에서 일약 유명인사가 되었다. 그러나 그는 드 라가드와는 달리 '예술'을 통해서 '독일인의 심성'을 되찾을 것을 호소하고 있다. 즉, 심미적인 차원에서의 도야를 통하여 근원적인 생명력을 느낌으로써 독일인은 그 스스로가 독일인으로서 타고난 '진정한 것'을 회복할 수 있다는 것이다. 결국 이 두 '교양시민'은 세부적인 논의에 있어서는 서로 다른 견해들을 개진하고 있으나 근본적으로는 당시의 문화에서 볼 수 있는 '피상성' 내지는 '자기소외'의 측면들을 나름대로 진단, 비판하면서 독일인으로서의 진정한 삶을 찾음으로써 건강한 자아정체성의 확립을 요청하고 있다는 점에서 공통점을 보이고 있다.

이 장의 도입 부분에서 이미 지적했듯이 '개혁교육학운동'은 매우 다양하고 광범위한 교육이론들과 실천적 시도들을 포괄하고 있는 지극히 다중심적인 특성을 가지고 있다. 그래서 얼핏 보기에 '개혁교육학'은 원론적인 차원에서 함께 양립할 수 없는 논리를 대변하는 교육운동들을 단지 비슷한 시기에 발생했다고 하는 이유를 들어 한 울타리에 집어넣어 버린 것처럼 보일 수 있다. 그러나 '개혁교육학'이 탄생하던 당시 독일의 정신세계를 지배하고 있던 '문화비판'의 차원에서 볼 때 그 다양한 운동들이 나란히 하나의 범주에 속할 수 있도록 하는 근거가 실제로 존재한다는 것을 알 수 있다. 그런 의미에서 위에서 서술된 바 '문화비판'의 여러 가지 핵심적인 경향성들을 중심으로 하여 그러한 점들이 '개혁교육학'에 속한 일련의 논의들과 운동들에서 어떻게 드러나고 있는지 간략하게 서술할 수 있을 것이다.

첫째, 자아의 극단적인 이상화 내지는 숭고화의 경향, 또한 물질적인 차원이 아닌 정신적이며 상징적인 차원, 즉 문화의 차원에서 뭔가 변화를 일으키고자 했던 경향은 '개혁교육학운동'의 범위 속에서 특히 카리스마적인 '지도자'를 숭배하는 식의 태도에서 드러난다. 무엇보다 '청소년운동'의 차원에서 그러한 경향이 많이 나타나는 것을 볼 수 있다. 예컨대 '철새

(Wandervogel)'라는 이름을 가진 청소년 유랑집단들은 소그룹을 구성하여 깊은 산과 숲 속으로 들어가 야영을 하며 공동체적 정신을 다지곤 했는데, 이때 그 공동체에서 가장 중요한 역할을 담당하게 되는 리더는 야영생활이 지속되는 동안 구성원들에게 거의 절대적인 지배력을 행사할 수 있었다.

이와 관련하여 각 개인에게 있어서도 '반쪽짜리 교양(Halbbildung)'을 지닌 나약한 지식인이 아니라 강한 의지력을 지니고 있는 전일적인 인간, 즉 진정한 의미의 '개성(Charakter)'을 지닌 인간형이 될 것을 요구하였다. 이때 언급된 진정한 의미의 개성이란 개인주의적 차원의 개체성이 아니라 어려운 상황에서도 정신적인 강인함으로 온갖 시련을 이겨낼 수 있는, 그러니까 위급한 상황에서는 극단적인 '금욕'까지도 불사할 수 있는 강인한 인격을 의미하는 것이다.

둘째, 개인들의 '전체'에 대한 귀속성을 강조한 점, 그런 차원에서 자유의 개념을 반드시 '의무'와 '책임'의 차원과 함께 다룰 것을 요구한 점은 '개혁교육학운동'의 흐름들 중에서 특히 '전원기숙사학교운동'과 '통합학교운동' 등을 포함한 모든 '공동체적'인 성향의 이론과 실천 속에서 자주 발견할 수 있다. 특히 이 장에서 중점적으로 다루게 될 '전원기숙사학교운동'의 핵심적인 인물들인 리이츠나 게헵, 비네켄 등은 일정하게 전제되어 있는 교육적 차원의 공동체를 거대한 규모의 유기체로 파악하고 있다. 이들은 마치 생물학적 차원에서 파악되는 유기체적 조직에서 그런 것처럼 전체로서의 공동체에 속한 구성원으로서의 개인들이 서로 간에 혹은 전체 구조와의 사이에 있어서 매우 긴밀하게 연결될 것을 요구하고 있다. 이때 그들이 상정하는 '교육공동체'는 자급자족적 형태를 띠며 일사불란하게 구조화되어 있어 그 안에 속한 구성원들은 엄격한 '질서' 속에서 그것을 어떤 강제가 아닌 '자유로움'으로 느낀다는 것이다. 즉, 이때의 공동체란 그에 속한 개개인이 지니는 욕구들과 공동체적 차원에서 요구되는 전체에 대한 '의무'와 '책임'이 정확하게 일치되어 있는 완벽한 상태를 의미한다.

셋째, 당시 '문화비판'에서 나타나는 '비합리성'에의 경도, 낭만주의적 경향 등은 특히 '개혁교육학'에 속한 운동들이 당시의 교육제도에 대해 비판하는 내용, 즉 '학교비판'의 차원에서 가장 뚜렷하게 나타난다. 이들은 무엇보다 기존의 학교가 '책 위주의 학교'인 점, 교육내용이 지나치게 주지주의적인 점, 삶과 괴리된 '백과사전주의'에 치우쳐져 있는 점 등에 대해 비판하고 있다. 즉, 당시의 교육이 지나치게 인간의 '이성적'이며 '합리적'인 측면, 다시 말해 니체 차원에서의 '아폴론적'인 데에 머물러 있는 점에 대한 비판이 핵심의 주를 이루고 있다. 이에 대한 대안으로서 이들은 '삶'의 가장 진성하고 진실한 측면인 감성, 감정, 욕망, 즉 비합리적인 차원을 강조하는 교육이 이루어져야 함을 주장하고 있다.

또한 '반합리주의'의 차원에서 교육이 '예술'의 차원과 밀접하게 연결되어 이루어질 것을 요구했는데, 이와 같은 경향은 특히 '예술교육운동'에서 가장 뚜렷하게 나타났다. '예술교육운동'의 가장 대표적인 인물들인 구르릿트(Ludwig Gurlitt)나 리히트바르크(Alfred Lichtwark), 아베나리우스(Avenarius) 등에 의하면 인간은 '예술가'일 때에야 비로소 '전인'(全人)이 된다고 했다. 이와 같은 요구에 따라 특히 리히트바르크는 함부르크의 미술관을 중심으로 하여 '박물관교육'을 전개하기 시작했으며, 이로써 교육과 예술, 일상적인 삶이 서로 깊게 침투하여 하나가 되는 교육활동을 꾀했다.

넷째, '문화비판'에 포함되어 있는 염세주의와 아포칼립스적인 경향성 또한 '개혁교육학'의 범위 속에서 흔히 발견된다. 물론 '개혁교육학'은 엄연히 교육활동과 관련된 것이니 만큼 그 안에서 예술작품에서 흔히 볼 수 있는 바와 같은 멜랑콜리한 측면이나 자아연민은 발견되지 않는다. 그러나 새로운 세계를 열고자 하는 미래지향적 비전이나 유토피아적 이상 등을 바탕으로 하여 현실의 문제로부터 탈피하고자 하는 경향성은 거의 모든 '개혁교육학운동'의 흐름들 속에서 발견된다. 특히 독일 정신문화의 전통 속에서 발견되는 교육학적 이상향으로서 '교육의 성역(聖域)'을 이루고자 하는 시도는 '전원기숙사학교운동' 속에서 가장 뚜렷하게 나타난다. 더 나아가 교육을 통해 구원을 얻으려고 하는 시도 또한 많은 '개혁교육학운동'들 내지는 이론들에서 발견된다. 그런 의미에서 '아동' 및 '청소년'은 '새로운 교육'을 통해 세계를 구원하기 위한 메시아로서의 역할을 담당하게 될 '새로운 인간'으로 거듭나야 하는 신성한 존재다. 바로 그런 맥락에서 엘렌 케이(Ellen Key)는 20세기를 그의 책 제목 그대로 『어린이의 세기(Das Jahrhundert des Kindes)』라고 칭한 바 있다.

3. '전원기숙사학교운동'의 성립과 전개

'전원기숙사학교'(Landerziehungsheim)란 말 그대로 현대문명의 비인간적이며 반자연적인 요소들이 만연해 있는 도시로부터 뚝 떨어져 광활하고 거친 자연의 모습을 그대로 경험할 수 있는 장소에 세워진 기숙사학교를 지칭하는 말이다. 이 학교는 기숙사학교인 만큼 학생들이 부모로부터 떨어져 공동생활을 하도록 되어 있으며, 원칙적으로 정신적인 차원에서나 경제적인 차원에서 외부 세계와 단절된 가운데에서도 자급자족적인 생활이 이루어지도록 구성되어 있다. 또한 일반적인 교육제도에 속해 있는 학교들과는 달리 '노작'이나 '금욕', '체험'과 같은 교육활동을 통하여 보다 전인적이며 자연친화적인 교육이 이루어지도록 하고 있다. 당시로서는 매우 획기적인, 새로운 방식으로 운영되던 이와 같은 학교들이 일종의 실험학교의 형태로 하나 둘씩 설립되기 시작하면서 차차 '개혁교육학운동'의 다양한 조류들과 활발하게 영향을 주고받는 가운데 하나의 큰 운동으로 발전하게 되었는데, 이 운동이 바로 '전원기숙사학교운동'이다. 특히 이 운동은 '개혁교육학운동'의 흐름들 중 '청소년운동', '예술교육운동'과 매우 긴밀하게 관계된 가운데 발전했다. 그런 의미에서 '전원기숙사학교운동'의 이념사적인 차원에서의 기원을 밝히기 위한 시도로서 이 두 운동에 대해 간략하게 서술할 필요가 있을 것이다.

1) '개혁교육학운동' 내의 다른 교육운동들과의 관계

이 장의 서두에서 서술했듯이 '전원기숙사학교운동'은 한편으로는 당시 미국을 포함한 서구 유럽 전반에 걸쳐 형성, 발전된 '신교육운동'의 매우 광범위한 교육적 개혁 시도의 거대한 물결의 한 지류로서 다른 나라의 교육운동들과 밀접하게 관련된 가운데 시작되었다. 다른 한편으로 이 운동은 독일에서의 '개혁교육학운동'의 전체 흐름들 속에서, 특히 '국가적 특수성'을 뚜렷하게 드러낸 몇몇 교육운동들과도 깊은 연관성을 보여 준다. 바로 이러한 관점에서 '청소년운동'과 '예술교육운동'에 대해 간략하게 서술한다.

(1) 청소년운동

'청소년운동'은 그것이 교육학적인 차원에서 일정하게 지니고 있는 보편성에도 불구하고 다른 한편으로 국가적 특수성을 뚜렷하게 드러내고 있다. 이때 국가적 특수성이란 위에서 서술한 바 '문화비판'으로부터 비롯된 독특한 일련의 표현들 내지는 사유방식들을 의미한다. 그런 맥락에서 '청소년운동'의 국가적 특수성은 무엇보다 이 운동이 일반적인 사회개혁 내지는 교육개혁을 위한 에너지를 기존 사회의 모순과 문제들에 아직 물들지 않은 순수하고 소박한 자연인으로서의 '청소년(Jugend)'으로부터 도출해 내고자 했던 데서 발견할 수 있다. 바로 이와 같은 차원에서 '청소년운동'은 바로 위에서 언급한 엘렌 케이가 그녀의 저서 『어린이의 세기』에서 대변하고 있는 '어린이로부터의 교육학(Pädagogik vom Kinde aus)'이 사회와 교육현실의 개혁을 위한 주인공으로서 특히 '어린이'가 가지고 있는 가능성에 큰 기대를 건 운동이었던 점과 유사성을 지닌다(Wilhelm, Th., 1963: 9).

'청소년운동'은 청소년들을 중심으로 하여 조직된 다양한 형태와 명칭을 가진 소집단들을 중심으로 하여 매우 산발적이고 역동적인 양상을 띠며 이루어졌다. 매우 다양한 견해들을 전개하고 있는 크고 작은 청소년 집단들은 몇 가지 핵심적인 논점에서 서로 동의하고 있으며, 그 논점들은 『마이센 이념(Meißner Formel)』[1]에 요약적으로 잘 정리되어 있다(Kindt, K., 1963). '청소년운동'을 대표하는 이들은 청소년이 그들의 발달단계상 지니고 있는 특징으로서 순수한 이상주의, 기성세대가 지니고 있는 관습 내지는 가치들에 대하여 반항적인 태도를 취하며 그로부터 해방되고자 하는 성질, 또한 이와 같은 행위방식을 가능하게 하는 동력으로서 '질풍노도(Sturm und Drang)'의 감성적 상태를 나타낸다고 했다. 그들은 바로 이러한 청소년 고유의 특징들이야말로 기존 사회가 노정하고 있는 문제들을 비판, 극복할 수 있도록 하는 바탕이라고 여겼다

'청소년운동'에 속해 있는 수많은 크고 작은 흐름들은 다음과 같이 크게 두 가지 경향으로 분류될 수 있다(앞의 책). '청소년운동'에 속한 두 흐름은 제1차세계대전을 전후로 해서 시기적인 차원에서 구분된다. 이때 첫 번째 방향은 주로 세계대전 이전에 전체 '청소년운동'을 지배적으로 주도했고, 대전 이후로는 두 번째 노선에 서 있는 이들이 지배적이었다. '청소년운동'의 첫 번째 흐름은 주로 '철새운동(Wandervogelbewegung)'에 속해 있는 청년들이 주도했다. '철새운동'은 1895년 베를린의 쉬테글릿츠 김나지움의 학생들을 중심으로 하여 시작되었다. 이들은 처음에는 대학생이었던 호프만(Hoffmann)의 지도하에 베를린 시 근처의 지역을 유랑하기 시작하면서 출발했다. 이들의 운동은 무엇보다 청소년을 청소년 그 자체로서 보고자 하는 '청소년 해방운동'으로부터 출발한다. 이들에 의하면 청소년은 인간의 발달단계상 그 어떤 다른 단계에서도 볼 수 없는 청소년 특유의 성질들을 가지고 있으며, 그런 의미에서 그 이전까지 이해되던 바와 같이 성인이

되기 바로 전 단계의 미숙한 상태를 드러내고 있는 것이 아니라는 것이다. 이와 같은 취지하에 청소년운동의 대변자들은 당시 독일의 청소년들이 처해 있던 위기적인 사회 상황들에 대하여 신랄한 비판을 가하면서 궁극적으로 그처럼 청소년에게 해롭게 작용한다고 생각되던 사회적, 교육적 조건들을 극복해 나갈 것을 요구한다.

이와 같은 경향성을 공유하고 있는 청소년운동가들은 무엇보다 당시 청소년을 억압하고 있던 구체적인 집단인 부모세대에 대하여 매서운 비판을 가했는데, 그 부모세대란 당시 빌헬름 시대가 노정하고 있던 고질적인 문제들, 즉 소시민적이며 속물적인 문화를 대변하고 있던 기성세대였다. 이들은 특히 도덕적인 차원에서 볼 때 니체가 지적한 바처럼 지극히 위선적이며 자기기만적인 이중성을 드러내고 있다는 것이다. 결국 이들은 자신들의 부모를 포함한 기성세대 전체의 기만성을 벗어나 진정한 자기해방을 이룩함으로써 삶의 원초적이며 진실된 차원을 다시금 회복할 것을 요구했다. 이러한 의미에서 '청소년운동'은 앞에서 언급한 것처럼 당시 독일 사회 전반에 확산되어 있던 '삶의 개혁운동'과 그 맥을 같이 하고 있다. 이들의 기성세대에 대한 비판 내지는 반항적인 태도는 당시 독일에서의 문화비판의 논점들과 결부되어 '문명'을 전반적으로 거부하며 자연으로 돌아가 원시적 자연의 솔직함과 진실성을 온몸으로 체험함과 동시에 각자 고립, 소외되어 있는 개인들이 하나의 공동체를 이루어 삶과 죽음을 함께 하고자 하는 낭만주의적이며 이상주의적인 성격을 띠었다. 이에 따라 청소년운동가들은 타락한 기성세대가 지배하고 있는 오염될 대로 오염된 문명사회를 떠나 산과 들, 숲을 '유랑(Wandern)'하며 함께 자고 먹고 노래하며 고락을 함께 나누는 운동을 펼쳤다. 이러한 움직임에 참여했던 젊은이들이 바로 '철새(Wandervogel)'라고 하는 이름의 청소년 집단의 창시자가 되었다.

이들은 중세 시대의 스콜라 학자들이 집단을 이루어 순례여행을 하던 때의 관습을 이어받아 유랑하는 동안 한 사람의 카리스마적인 영도자를 중심으로 하여 그룹 구성원들 간의 매우 긴밀한 유대를 이루고자 했으며 이를 바탕으로 각 개인이 철저히 전체와 하나가 되는 공동체 생활을 영위했다. 이때 영도자에게 주어진 권력은 거의 절대적인 것으로서 그 아래 속해 있는 신봉자들은 그들을 이끄는 영도자에게 철저히 순종해야 했다. 또한 유랑하는 동안 그에 참여한 청년들은 처절한 자기극복이 요구될 만큼 엄격한 규율을 바탕으로 한 금욕적인 생활을 감내해야 했는데, 바로 그러한 극한 상황들을 체험하면서 온갖 인간적인 유혹과 크고 작은 고통들을 극복해 나가는 가운데 청년들이 정신과 육체의 차원 모두에서 강인함을 키울 수 있다고 여겼다.

'청소년운동'의 또 다른 흐름은 '청소년 동맹(Bündische Jugend)'에 속한 이들에 의해 주로 전개되었다. 주로 세계대전 이후에 '청소년운동' 전체를 주도하기 시작한 이들은 첫 번째 흐름과 비교할 때보다 정치적인 색채를 강하게 띠고 있다. 이 흐름에 속한 이들은 그들의 논의를 청소년 문제 그 자체로부터 시작하는 것이 아니라 당시 사회가 지니고 있던 정치적 차원에서의 문제들로부터 전개하였다. 이들은 전체 사회, 즉 독일 민족이 당시 처해 있던 위기 상황에 대해 비판적인 태도를 취하면서 이를 극복하는 일을 궁극적인 목표로 여겼다.

이들의 경향성을 '철새운동'과 비교할 때, '철새운동'의 청년들에게 중요했던 것이 그들 스스로의 청년다운 삶의 형식과 권리를 되찾는 일이었다면 '청소년 동맹'의 청년들에게 있어서는 전체사회적인 차원에서 삶의 질서를 전반적으로 변화시키고자 하는 욕구가 강했다고 할 수 있다. 이들은 더 이상 산이나 들, 꽃에 대해 이야기하지 않고 세계대전의 경험이 얼마나 '나락으로 떨어질 만큼의 혼돈상태'였는지, 그리고 그러한 질곡을 벗어나도록 하기 위한 주역으로서 '영웅적이며, 귀족적인' 성격을 띤 새로운 인간상이 도출되어 세계를 구원해야 할 것이라든지 혹은 새롭게 도래할 '제국'이 어떠한 모습을 띠어야 할지에 대해 논의했다(Geissler, E. E., 1963: 23-25). 이와 같은 논지에 따를 때 '청소년 동맹'의 '청소년운동'은 결코 '철새운동'이 보여주던 소박한 낙관주의를 공유하고 있지 않다. 이들을 사로잡고 있었던 것은 '원초적인 염세주의'인 동시에 일반적으로 전시체제의 극한 상황에서나 가능할 법한 극단적인 민족주의였다.

이와 같은 흐름에 속해 있었던 대표적인 인물로 구스타프 비네켄을 들 수 있다. 그는 스스로를 결코 '개혁교육가' 혹은 심지어 일반적인 의미에서의 '교육자'라고 여기지 않았다(Kupffer, H., 1970: 69). 비네켄은 그의 책 『청소년을 위한 투쟁(Der Kampf für die Jugend)』에서 이전의 '청소년운동'에서 과연 '자연에 대한 느낌에 몰입하던 것, 그 당시의 낭만을 넘어선 어떤 뚜렷한 목표, 즉 보다 높은 차원의 삶의 스타일'을 발견할 수 있었는가 하는 질문을 던진다. 그에게 있어서 본질이란 피상적이며 진부한 차원을 넘어서는 것으로서 사실상 눈에 보이는 현실 그 자체가 아니라는 것이다. 그런 의미에서 잔혹하게 나타나는 현상 그 자체는 그다지 중요한 것이 아니다. 그보다 중요한 것은 '이성의 차원을 넘어서는', '영원한 되어감의 과정'으로서 현존하는 것들의 깊은 내부에 존재하는 본질적인 내용이라는 것이다. 즉, '현재 존재하는 것'이 아니라 '필연적으로 존재해야만 하는 것'이 중요하다는 것이다. 그렇기 때문에 청소년들이 자유롭게 청년으로서의 활동을 펼치는 그 자체는 '지각없는' 행위라는 것이다. 이에 따라 비네켄은 초창기의 '철새운동'이 날카로운 '시대감각을 지니지 못하고 있는 점'을 비판하면서 강인한 의지와 자부심을 갖춘 '청소년상에 대한 새로운 비전'을 제시한다. 이 비전에 따라 그는 '청소년 기사단(Ritterlicher Jugendorden)'을 조직할 것을 요구한다.

이처럼 '청소년운동'은 이 운동의 초반기에 나타나던 순수한 교육적 의미들을 후반기로 갈수록 상실해 가는 과정을 거쳤다. 그런 의미에서 후반기의 '청소년운동'은 더 이상 교육학적 차원의 운동이라고 할 수 없으며, 비네켄을 비롯한 당시의 대표적인 인물들의 사상에서 볼 수 있는 바와 같이 강하게 민족주의적인 성향을 띤 정치운동이었다. 이와 같은 현상은 철저히 당시 독일의 시대특수적인 상황들로부터 연원한 것이었으며, 그런 의미에서 '청소년운동'을 그 어떤 '개혁교육학운동'의 조류보다도 독일적인 것으로 간주하는 입장이 매우 설득력을 지니고 있다는 점을 다시 한 번 확인하게 된다.

(2) 예술교육운동

'예술교육운동(Kunsterziehungsbewegung)'은 아마도 '개혁교육학운동'의 다양한 조류들 중 '문화비판'의 영향을 가장 순수하며 본질적인 의미에서 실천에 옮긴 흐름일 것이다. 위에서 언급한 바와 같이 '문화비판'에 있어서 이론적인 근간을 제공한 대표적인 이들로서 일반적으로 니체, 랑벤, 드 라가드를 드는데, 특히 니체의 철학적 논의들과 랑벤의 대표적인 저서인 『교육자로서의 렘브란트(Rembrandt als Erzieher)』는 '예술교육운동'이 전개되는 데 있어서 결정적인 역할을 했다.

니체의 '문화비판'적인 논의들 중 '예술교육운동'과 가장 밀접하게 연관되어 있는 부분은 위에서도 간략하게 언급한 바로서 인간 삶의 두 가지 대극적인 측면들을 고대의 비극으로부터 비롯된 표현들을 빌려 '아폴론적인 것'과 '디오니소스적인 것'으로 구분한 대목일 것이다(Nietzsche, F., 1960). 위에서도 서술했듯이 니체에게 있어서 인간 삶의 아폴론적인 면이란 인간이 지니고 있는 이성적이며, 합리적이며 논리적인 부분을 가리킨다. 이때 인간의 아폴론적인 측면에 이루어지는 삶의 모습은 깨끗하게 정돈되고 빈틈없이 짜여 있다. 동시에 인간 각자는 그 스스로가 지니고 있는 이성능력을 바탕으로 하여 각각 '개체성'을 지닌 채 따로 떨어져 있는 존재다. 이와는 반대로 디오니소스적인 면이란 인간의 비합리적이며 감성적인 부분, 인간 삶의 가장 깊은 심연에 자리한, 때로는 악마적으로 변모될 수도 있는 아주 어두운 측면을 가리키는 말이다. 인간이 디오니소스적일 때 인간은 더 이상 각각 떨어져 있는 개별적인 존재들이 아니라 나와 너의 구별이 뚜렷하게 되지 않은 채 '우리'라고 하는 집단성 속에 녹아들어가 있는 모습을 지니게 된다. 니체에 의하면 인간이 지니고 있는 디오니소스적인 측면이야말로 인간의 삶 자체가 가능하도록 하는 생명의 근원이자 인간이 삶을 영위하도록 원동력을 제공하는 부분이라는 것이다.

니체의 당시 독일의 문화에 대한 비판에 따르면, 그가 경험하고 관찰한 당시의 독일 사회는 '속물근성을 지닌 지식인'들이 삶의 근본적인 부분을 건드리지 조차 못하는 피상적인 '반쪽짜리 교양'을 바탕으로 하여 혼잡스러운 문화를 만들어 내고 있다는 것이다. 이와 같은 맥락에서 니체는 인간의 아폴론적인 측면으로부터 비롯되는 백과사전적이며 주지주의적인, 매우 얄팍한 당시의 독일 문화에 대응하는 것으로서 디오니소스적인 차원, 즉 삶의 근원적인 에너지를 자유롭게 풀어놓아 줌으로써 진정한 의미의 도야를 바탕으로 한 '새로운 삶의 스타일'을 창출해 나갈 것을 요구한다. 니체는 개성 있는 스타일을 이루지 못한 문화의 혼잡성을 극복하고 독일 민족만의 독특한 개성이 살아 있는 문화를 만들어나가기 위해서는 무엇보다 독일인들을 둘러싼 일상적인 문화공간의 세부적인 부분들에서까지도 변혁이 추구되어야 한다고 생각했다. 이에 따라 니체는 다음과 같이 기술하고 있다: "(일상사의) 모든 것들이 그를(독일인을) 가르쳐야만 할 것이다. 그의 의상, 그의 방, 그의 집이 시야에 들어오는 순간마다, 그리고 그가 거주하고 있는 도시의 거리들을 산책하는 순간마다, 또한 그가 미술품 상점에 들러 작품들이 전시되어 있는 선반들을 둘러볼 때마다 그래야 한다(Nietzsche, F., 1954: 140)." 니체의 이와 같은 '문화비판'은 당시 독일의 '교양시민계층'에게 큰 설득력을 지닌 채 다가왔고, 당시의 독일 사회 전반에 걸친 '삶의 개혁운동'으로 연결되었다.

또한 니체를 비롯한 문화비판가들은 당시의 문제로 가득한 사회적 조건들을 극복하는데 있어서 새로운 형태의 인간상이 요구된다는 점을 강조했다. 이 새로운 인간상은 주로 '예술가'에게서 발견된다고 했는데, 무엇보다 인간이 지니고 있는 디오니소스적인 측면은 아직 세상에 물들지 않은 순수한 영혼을 지닌 어린이나 청소년에게서 가장 잘 발견된다고 했다. 이런 의미에서 어린이는 태어나는 순간 마치 그가 매우 흠모했던 작곡가인 리하르트 바그너(Richard Wagner)와 같은 예술가인 것이다. 바로 이러한 차원에서 당시 독일 사회의 모순과 문제들을 극복하고 보다 나은 새로운 시대를 열기 위해서는 그러한 어린이나 청소년들이 지닌 무엇인가를 '창조해내는 능력'이 억눌리지 않은 상태에서 잘 발현되어야 한다고 했다. 결국 당시의 학교에서 볼 수 있던 바와 같은 매우 억압적이며 주지주의적인 방향으로 치우쳐져 있는 교육은 어린이와 청소년들의 타고난 창조력을 키워주기는커녕 강압적으로 억제하며 심지어 말살하는 경향이 있다고 판단되었고, 그런 의미에서 니체의 '문화비판'은 곧 당시의 교육현실에 대한 비판으로 이어졌다.

율리우스 랑벤 또한 그의 문화비판에 있어서 니체와 같은 방향에 서 있다. 랑벤은 그가 1890년 저술하여 엄청난 부수가 판매된 『교육자로서의 렘브란트』에서 화가 렘브란트를 당시 요구되던 인간상의 가장 이상적인 모델로서 상정하고 있다. 그에 의하면 교육행위 그 자체가 예술과 밀접한 관련 속에서 이루어져야 한다는 것이다. 즉, 예술은 삶을 영위해 나가는데 있어서 '아름다움'에 가장 높은 가치를 두는 특정한 생활방식으로서, 세상에 빛을 던지며 세상 그 자체를 일정하게 승화된 차원에서 형성하는 행위라는 것이다. 이에 따라 진정한 교육은 '예술행위를 통하여 그리고 예술을 위하여' 이루어져야 한다고 했다. 랑벤은 예술가 렘브란트야말로 이러한 교육행위를 몸소 실천한 인물이라고 여겼다.

'예술교육운동'은 이상 서술된 바와 같이 보다 광범위한 '문화비판'의 핵심적인 논점을 수용하면서 발전했다. 이 운동은 특히 알프레드 리히트바르크(Alfred Lichtwark)와 '청소년운동'을 이끈 지도자로 잘 알려져 있는 루드

비히 구르릿트 등 몇몇 주요 인물들을 중심으로 하여 발전했다.

구르릿트는 당시 화가이자 저술가로서 알려져 있던 코르넬리우스 구르릿트(Cornelius Gurlitt)의 아들로서 어려서부터 당시 화가로서 이름을 떨치던 뵉클린(Arnold Böcklin), 리버만(Max Liebermann), 라이블(Wilhelm Leibl) 등과 친밀한 관계를 유지했다. 그는 스스로도 화가로서의 재능을 타고나서 당시 위에서도 언급한 바 있는 베를린의 쉬테글릿츠 김나지움에서 미술교사로 일했다. 그는 이러한 경험들을 바탕으로 하여 당시 독일의 김나지움에서 이루어지고 있는 예술교육의 문제점들에 대해 신랄한 비판을 가했다. 그가 그 당시 학교교육에 대해 가지고 있던 비판적 태도는 그가 일하던 김나지움 학생들에게 큰 영향을 끼쳤으며 바로 그러한 영향을 받은 학생들을 중심으로 해서 '철새운동'이 이루어지게 되었다. 위에서 다룬 '청소년운동'의 대표적인 인물들인 카를 피셔나 쉬테판 브로이어(Stefan Breuer) 등은 바로 구르릿트의 제자들이다.

리히트바르크는 1887년 『학교에서의 예술(Die Kunst in der Schule)』이라는 책을 저술했는데, 여기에서 그는 예술교육을 통하여 독일 국민의 삶 그 자체를 개혁해야 한다는 논지를 전개했다. 이는 다시금 당시의 '문화비판'의 핵심적인 논점들과 그 맥을 같이 하는 것으로서, 예술 그 자체가 일상생활의 깊숙한 곳까지 스며들어서 사람들의 정신과 생활, 그리고 더 나아가 사회 전체를 변화시킬 수 있도록 해야 한다고 주장했다. 즉, 그에게 있어서 예술이란 인간의 의식 개혁과 더 나아가 사회 개혁까지도 가능하게 하는 원동력을 제공하는 행위가 되는 것이다. 그는 무엇보다 당시 함부르크에 위치한 미술전시관을 중심으로 하여 '박물관교육학'이라고 하는 새로운 형태의 예술교육의 장르를 연 진정한 선구자로 알려져 있다(Flitner, A., 1996: 57-58). 그는 당시 예술교육이 보여 주던 형식적인 측면에 대해 구르릿트가 한 것과 유사한 내용의 비판을 가하면서 이론적이며 분석적인, 즉 지나치게 주지주의적인 차원에서 교사가 주도하는 '설명'이 아니라 아동, 청소년 스스로의 거듭되는 '관찰', '직관', '명상'과 같은 반합리주의적인 방법을 동원하여 이루어지는 새로운 예술교육의 전형을 제시하였다.

리히트바르크, 구르릿트에 의해 시작된 '예술교육운동'은 그의 영향을 받은 볼가스트(Heinrich Wolgast)나, 람스추스(Lamszus), 루제르케(Martin Luserke) 등을 중심으로 하여 함부르크에서의 광범위한 개혁교육운동으로 이어지면서 보다 발전된 형태를 갖추게 된다. 이로써 '예술교육운동'은 예술의 제반 영역들 중 미술이라고 하는 한 분야에 국한되는 것이 아니라 문학을 포함한 다른 영역에로 광범위하게 확산되는 새로운 전기를 맞이하게 된다. 이는 구체적으로는 볼가스트의 영향하에 '청소년문학 비판'이라고 하는 문학의 새로운 장르로서 자리 잡게 되며, 이는 다시금 위에서 서술한 '청소년운동'의 대표적 인물인 베르톨트 오토(Berthold Otto)의 '어린이 언어'에 대한 연구들과 연계된다. 이에 따르면 '청소년문학'이란 성인들이 청소년을 가르친다는 입장에서 의식적으로 쓰는 작품들을 가리키는 말이 아니라 어린이와 청소년들 특유의 언어로 그들의 정신 내지는 감성의 세계가 여과 없이 그대로 드러나는 작품들을 지칭하는 것이다. 이때 청소년문학이란 그 자체로서 문학의 제반 분야들 속에서 다른 분야들과 동등한 가치를 부여 받는 독자적인 권리를 가진 분야이다. 오늘날 이른바 아동과 청소년들을 위한 동화나 문학작품들을 위한 선정 기준, 그리고 소위 '국어교육'에 있어서 중요시되어야 할 점들이 마련된 점, 그림동화 같은 장르가 탄생한 것 등은 바로 당시의 이와 같은 운동들의 영향으로부터 비롯된 것이다.

이후 '예술교육운동'은 예술 전반에 걸쳐 더욱더 확산되어 음악교육에도 영향을 주었다. 이때 '예술교육운동'의 범주 속에서 이루어진 음악교육은 전문적인 음악인을 양성하고자 하는, 이른바 기능성이 강조된 훈련의 차원이 아니라 반드시 음악적인 재능을 가지고 있지 않다고 해도 일상생활 속에서 음악을 늘 접하는 가운데 그 자체를 즐길 줄 아는 능력을 배양하는 차원에서 이루어졌다. 이와 같은 취지에서 음악에 있어서 문외한이라고 하더라도 일반인들이 음악을 자연스럽게, 부담 없이 접할 수 있도록 합창의 형식이 도입되었으며, 함께 노래 부르는 가운데 가벼운 율동이나 놀이를 곁들이는 방식이 개발되었다. 또한 이때 사람들이 함께 부르는 노래들로서 주로 독일인들에게 매우 친숙한 민요들을 선정함으로써 음악을 즐김과 동시에 '향토애 교육'이 함께 이루어지도록 배려했다.

'예술교육운동'이 이처럼 후반기에 접어들면서 차츰 광범위하고 다양한 활동들을 포괄하기 시작하면서 이 운동은 '개혁교육학운동'의 다른 흐름들과 서로 밀접하게 영향을 주고받으면서 함께 발전하는 양상을 띠었다. 특히 미술교육과 관련된 부분들은 '노작교육운동'이나 '체험교육학' 등의 전개와 밀접하게 연결되었으며, 음악교육과 관련된 부분들은 '청소년운동'과 '전원기숙사학교운동'과 긴밀하게 연결된 가운데 더불어 전개되었다.

2) '전원기숙사학교운동'의 국제적 성격

이 장의 서두에서도 언급했듯이 '전원기숙사학교운동'은 영국 출신의 교육개혁가인 세실 레디가 '애보츠홈'이라고 하는 '전원기숙사학교'를 설립함으로써 시작되었다고 할 수 있다. 물론 레디가 영국인이었다고 해서 순수하게 영국의 본토에서만 성장한 본토박이었다고 주장할 수만은 없는 점들이 그의 생애사 속에서 발견되며, 더 나아가 그가 '전원기숙사학교운동'을 전개함에 있어서도 완전히 혼자 그와 관련된 이념들을 구성해 나갔다고는 할 수 없는 증거들이 있는 것은 사실이다(Röhrs, H., 1970: 180).[2] 그럼에도 불구하고 유럽에서의 '신교육운동' 전반, 그리고 독일에서 '개혁교육학운동'을 전공하는 교육학자들은 모두 레디의 '애보츠홈'을 이 운동의 처음 시작으로 간주하는 데 있어서 이의를 달지 않는다. 특히 이 장에서 중점적으로 다루게 되는 헤르만 리이츠는 레디로부터 깊은 영향을 받은 것을 계기로 1897년 『엠로슈토바, 소설인가, 현실인가?(Emlohstobba. Roman oder Wirklichkeit?)』라는 책을 서술했는데, 이때 '엠로슈토바'(Emlohstobba)는 바로 '애보츠홈'(Abbotsholme)의 철자를 거꾸로 표기한 것이었다.[3] 이로써 리이츠는 그의 교육적 이념이 전적으로 세실 레디의 영향하에 구성되었다는 점을 분명하게 밝힌 셈이었다.

위 영국과 프랑스에서의 '신교육운동'에 대해 다룬 장에서 각각 서술되었듯이 세실 레디는 영국 내에서는 애보츠홈을 세운 인물로서뿐 아니라 영국에서의 '신교육운동(New Education)'의 선구자로 더 잘 알려져 있다. 그가 애보츠홈 학교를 설립한 이후 그의 강한 영향하에 '비데일즈(Bedales)'이나 '킹 알프레드(King Alfred)', 클레이스모어 지역의 '새 학교(New School)', '몰팅 하우스(Malting House)', '비콘힐(Beacon Hill)' 등의 학교들이 뒤따라 설립되었는데, 이와 같은 움직임을 이끌어가던 주요 인물들은 더불어 '신교육운동 연합(New Education Fellowship)'이라고 하는 모임을 조직하기도 했다. 이 모임으로부터 비롯된 친분관계에 힘입어 프랑스에서는 에드몽 드몰랑(Edmond Demolin)에 의해 레디의 애보츠홈 학교가 소개되었으며, 이로써 프랑스에서의 '신교육운동(L'Education nouvelle)'의 시발점이 이루어지게 되었다. 그는 프랑스에서 애보츠홈과 비데일즈 학교의 모델에 따라 '에콜 데 로슈(L'Ecole des Roches)'를 설립했다. 그러나 세실 레디의 영향을 받은 많은 사람들 중 그 누구보다도 세계적으로 명성을 떨친 인물은 '서머힐(Summerhill)' 학교를 설립한 알렉산더 S. 니일(Alexander S. Niell)일 것이다. 그는 위에 언급한 다양한 학교들 가운데 특히 '킹 알프레드' 학교에서 교사로 일하면서 이 학교의 교장이었던 찰스 E. 라이스(Charles E. Rice)의 영향을 많이 받았다. 라이스는 위에 소개한 학교 중 '비데일즈'에서 교사로 일한 바 있다(Kühn, A. D., 1995: 41-43).

영국에서의 '신교육운동'의 한 흐름으로서의 일련의 실험학교들이 설립된 것이나 독일에서의 '전원기숙사학교운동'은 사실상 굉장히 다양한 서구의 사상들과 교육이론들의 영향 하에 이루어진 일이었으나 결국 구체적으로는 레디가 애보츠홈을 설립하면서 마련한 몇 가지 특징적인 원칙들을 수용했다는 점에서 일정하게 공통점을 지니고 있다. 특히 당시 영국의 학교들에서 나타나고 있던 문제점들에 대한 레디의 비판과 그로부터 비롯된 교육적 요구들은 다음과 같이 세 가지 점으로 요약, 정리될 수 있을 것이다.

첫째, 레디는 당시의 영국 학교가 지나치게 지식위주의 암기 교육을 실시하고 있는 점을 지적하고 있다. 즉, 그는 당시의 학교가 학생의 인지능력을 계발하는 데만 주력하는 반면 인간이 지니고 있는 감성을 포함한 비합리적인 영역의 차원을 간과하고 있는 점을 비판하고 있는 것이다. 이와 같은 시각에서 레디는 다음과 같이 부르짖는다: "우리의 어린이들은 (자질구레한) 철자법을 달달 외우기보다는 살며 사랑하는 법을 배워야 한다. … 감성교육 대신 우리는 아이들에게 기술적인 차원에서의 숙련성을 요구하고 있다. 이때 우리가 아이들에게 요구하는 기술이 관련된 영역은 결국 그들의 삶 그 자체에 있어서 그다지 중요하지 않은 부분들이다(Reddi, C., 1901: 16)." 바로 그러한 의미에서 그는 인간을 그가 가지고 있는 다양한 특성들을 모두 포괄한 전인적인 존재로 파악하고자 했으며, 교육도 인간의 지성과 감성, 육체 모두를 위한 것이 되어야 한다고 주장했다.

둘째, 레디의 견해에 따르면 당시의 영국에서의 교육내용에는 차가운 합리성에 입각한 기술습득에 치우친 결과 윤리적인 차원에서 상당히 많은 부분이 결여되어 있었다. 특히 그의 사회 전반에 걸친 비판에 따를 때 당시 영국에서의 교육은 특정한 계층이나 직업, 혹은 협소한 지역적 특수성을 바탕으로 한 편파적인 것이었다. 이와 같은 편파성으로부터 비롯되는 계층간, 지역 간의 크고 작은 갈등들로 인해 영국의 전체 사회가 통합될 수 없었던 점을 지적하면서 그러한 문제를 극복할 수 있는 방안이 마련되어야 한다고 생각했다. 이와 같은 취지에서 레디는 그의 애보츠홈에서 '종교 활동'을 매우 중요한 것으로 부각시켰다. 그는 '채플'이야말로 그의 학교에서 이루어지는 일상적인 활동들에 있어서 가장 중심에 위치해야 한다고 여겼다. 그는 채플을 통해서 학생들이 기독교적인 윤리를 익힐 수 있다고 보았으며, 자주 '명상'의 기회를 가짐으로 해서 학생들이 정신적인 차원에서 중심을 찾을 수 있다고 여겼다. 실제로 애보츠홈에서는 학교생활이 여러 가지 다양한 갈래로 나뉘어져 이루어지고 있었는데, 그러한 다양한 활동을 하나의 통일적인 핵심으로 모아주는 역할을 한 것이 바로 다름 아닌 채플이었다(Reddi, C., 1900).

그는 애보츠홈을 운영한 25년 동안 채플의 기능을 점점 더 강화, 확장하여 그만의 독특한 교수법으로 발전시켰다. 그는 처음에는 채플에서 다루어지는 내용으로서 성경과 기독교적인 교리만을 취하다가 차츰 일반적인 문학 작품이나 역사적인 사건들, 그리고 철학적인 논의들에서 소재를 따다가 기독교의 기본적인 정신과 결부시켜 다루기 시작했다. 그는 이와 같은 내용들을 바탕으로 하여 채플을 일종의 정신적 차원에서의 포럼으로 만들고자 했으며, 그러한 과정을 통해 학생들이 스스로의 세계관을 정립해 나갈 수 있기를 바랐다. 레디가 이와 같은 차원에서 가장 중요하게 생각한 교육목적은 '원리원칙과 사랑(Discipline and Love)'의 조화로운 실현이었다.

셋째, 레디는 위에서 짧게 언급한 바와 같은 사회비판적인 시각에 입각하여 영국 사회를 보다 나은 상태로 끌어올리기 위한 일을 해야 한다고 여겼다. 이에 따라 레디는 영국 사회 전체가 새롭게 개편되어야 한다고 했는데, 이를 위해서는 사회를 이루는 여러 계층에 속한 이들이 그 각각의 본분을 다할 수 있어야 한다고 주장했다. 여기에서 레디는 무엇보다 영국 전체를 이끌어 나갈 '지도자 계층'이 훌륭해야 한다는 점을 강조했다. 그러나 동시에 그는 지도자 계층이 이끄는 바대로 모든 실무적인 활동과 의무들을 잘 수행할 수 있는 계급을 창출해내는 일 또한 시급하게 요청된다고 했다. 결국 이와 같은 모든 일들은 영국 국민에게 있어서 사회적인 차원에서의 책임감과 애국심을 익히도록 함으로써 가능해질 수 있다고 생각했다. 즉, 국민 각자의 개인적인 이익이 우선되기보다는 국가의 공동선을 최우선으로 여기는 가운데 전체를 위해 개인을 희생할 줄 아는 자세와 각자 맡은 바 사회 내에서의 역할을 수행하는 데 있어서 스스로 지니고 있는 능력을 최대한 발휘할 줄 아는 태도를 교육활동을 통해 배양해야 한다는 것이다.

독일에서의 '전원기숙사학교운동'은 그 나름대로의 특징들에도 불구하고 세실 레디가 애보츠홈을 통해 달성하고자 한 기본적인 교육적 요구들을 적극적으로 수용하면서 전개되었다. 즉, 레디가 당시의 영국 사회의 문제점들을 날카롭게 지적하고 비판한 점, 그리고 그러한 문제들을 극복하기 위하여 교육이라고 하는 실천행위가 지니고 있는 잠재력과 가능성에 기대를 걸고 새로운 사회를 이루기 위한 발판으로서 기존의 학교와 판이하게 다른 내용과 형식을 지닌 완전히 새로운 학교를 설립하고자 한 점 등은 독일의 '전원기숙사학교운동'의 요구와 공동된 것들이었다. 다만 독일에서의 이 운동은 '개혁교육학운동'의 다른 조류들과 마찬가지로 당시 독일인들의 의식을 지배하던 '문화비판'의 시대정신을 계승한 가운데 당시 독일 사회의 고유한 특징들을 드러내고 있었으며 독일에서의 '청소년운동'이나 '예술교육운동'과 밀접한 연관성 하에 발전했다는 점에서 국가적 특수성을 보여 주고 있다.

그러나 여기에서 재미있는 사실은 세실 레디가 당시 영국 사회를 향하여 신랄한 비판을 가하면서 서술하고 있는 논의들이 독일에서의 '문화비판'과 세부적인 점들에서는 각 나라의 특수성에 기인한 상이점들을 드러냄에도 불구하고 그 기본적인 논점들에 있어서는 일정하게 공통점을 드러내고 있다는 점이다. 두 운동에서 모두 당시 교육 현실에 있어서 지나치게 주지주의적인 면이 강조되는 점을 비판하면서 감성을 포함한 인간의 모든 측면들을 다 고려한 전인적인 교육이 이루어져야 한다고 요구한 점이라든가, 매우 윤리적이며 더 나아가 종교적인 색채를 띠고 있는 점, 그리고 공동체적 정신을 바탕으로 하여 개인보다는 전체의 차원을 더 중요하게 부각시키고 있는 점 등이 그것이다.

독일에서의 '전원기숙사학교운동'에서는 헤르만 리이츠를 선두로 하여 쿠르트 하안이나 파울 게헵, 구스타프 비네켄과 같은 인물들이 선구자 역할을 했다고 할 수 있는데, 이 중 그 누구보다도 독일의 '전원기숙사학교운동'에 있어서 중요한 위치를 점하고 있는 인물은 세실 레디와도 직, 간접적으로 영향을 주고받았던 헤르만 리이츠다. 리이츠는 독일에서 처음으로 '전원기숙사학교'를 설립한 인물이기도 하며, 위에 언급한 게헵과 비네켄은 후일 리이츠의 영향력을 벗어나 각자의 길을 걸어가긴 했지만, 그 둘 모두 초창기에는 리이츠의 학교에서 함께 일하던 동료들이었다. 그런 의미에서 볼 때 결국 게헵과 비네켄의 개혁교육학적 시도들은 궁극적으로 리이츠의 학교들에서의 다양한 교육학적 실험들을 모태로 하고 있는 것이다. 그런 시각에서 볼 때 독일에서의 '전원기숙사학교운동'을 소개하기 위해서는 이 운동의 명실상부한 대표자라고 할 수 있는 리이츠와 그가 설립한 '전원기숙사학교'를 다루어야 할 필요가 있다.

3) 리이츠와 그의 '전원기숙사학교'

헤르만 리이츠는 1868년 구 동독지역의 북해 연안에 자리하고 있는 뤼겐이라는 지역의 한 작은 마을에서 태어났다(Schererl, H., 1979: 153). 그의 가정은 매우 소박한 농가였으며 리이츠는 아홉 형제 중 여덟째였다. 그는 그의 어린 시절, 단순하고 힘겨운 시골 생활 속에서도 늘 끈끈한 정과 인간적인 유대감으로 가득 찬 작은 공동체 속의 일원으로서 행복감을 느꼈다고 한다. 또한 그는 주변의 광활하고 아름다운 자연과 접하면서 실로 다양한 경험을 쌓을 수 있었다. 그러다가 학교에 입학함과 동시에 리이츠의 일상에서 그 이전까지 그에게 삶의 기반을 마련해 주었던 것들, 즉 시골에서 늘 경험하던 따뜻한 공동체적 생활과 풍부한 자연과의 교류 등이 가능하지 않게 되었다. 이와 같은 어릴 때의 경험은 리이츠가 후일 '전원기숙사학교'라고 하는 새로운 형태의 학교를 설립하도록 하는 데 큰 동인으로 작용했던 것 같다.

▲ 헤르만 리이츠

그는 대학에서 철학, 신학 등을 공부했으며, 당시 예나에서 가르치던 저명한 문필가이자 철학자였던 루돌프 오이켄(Rudolf Eucken)의 영향을 많이 받았는데, 바로 오이켄의 영향하에 피히테의 철학과 접하게 된다. 그는 오이켄의 제자로 들어가 박사학위를 취득하였으며, 그 과징에서 파울 게헵과 개인적인 교분을 맺게 된다. 교사가 된 그는 당시의 교육 현실에 대하여 비판적인 시각을 발전시키던 중, 그의 스승인 빌헬름 라인을 통하여 위에서 다룬 세실 레디의 애보츠홈 학교와 접하게 되면서 영국의 '신교육운동'에서 큰 자극을 받게 된다. 그는 1898년 그와 같은 생각을 지닌 몇몇 동료들과 함께 일젠부르크에 첫 번째 '전원기숙사학교'를 설립하면서 독일에서 이 운동의 선구자가 되었다.

리이츠는 일젠부르크에서의 학교 설립 이후 3년 뒤인 1901년 튀링엔이라고 하는 지방에 '하우빈다(Haubinda)'라는 이름의 전원기숙사학교를 설립했다. 첫 번째 학교에서의 학생들이 연령이 높아짐에 따라 보다 높은 수준의 교과를 다루는 새로운 학교가 요구되었기 때문이다. 이후 또다시 3년 뒤인 1904년에 뢴이라고 하는 지방에 '비버쉬타인(Bieberstein)'이라고 하는 학교를 다시 세웠는데, 이 학교 또한 하우빈다를 설립할 때처럼 학생들의 학년이 높아져 갔기 때문에 설립된 것이었다. 1906년에는 그의 중요한 동료들이었던 비네켄과 게헵이 리이츠의 영향을 벗어나 각자의 길을 걸어

가기도 했으나 전원기숙사학교는 리이츠가 1919년 사망한 이후에도 계속 운영되었으며 다른 지역에서도 설립되는 등 계속 발전하였다.

(1) 당시 독일의 교육현실에 대한 리이츠의 비판

헤르만 리이츠는 1889년 일젠부르크에 첫 번째 '전원기숙사학교'를 세우기 바로 직전인 1887년, 앞에서 언급한 바 있는 『엠로슈토바, 소설인가, 현실인가?』를 저술하였다. 그의 대표적인 저서라고 할 수 있는 이 책에서 리이츠는 당시 일반적이었던 학교교육의 현실에 대해 신랄하게 비판을 가하면서, 바로 그 비판적 인식을 바탕으로 하여 그의 새로운 교육이념을 세워나가고 있다. 당시 독일의 교육현실에 대한 리이츠가 가한 비판은 다음과 같은 몇 가지 점으로 요약될 수 있다.

첫째, 리이츠는 당시 독일의 교육에 있어서 '가정'의 역할이 매우 축소되고 있던 점을 날카롭게 지적하고 있다. 리이츠의 시각에서 볼 때 당시 독일은 '새로운 시대'를 맞이하여 매우 거대한 변혁의 움직임에 휩쓸려가고 있었다. 즉, 산업화의 물결이 급격하게 밀려오면서 대도시가 형성되고, 노동에 있어서 기계화, 대규모화, 분업화의 경향이 강하게 나타나기 시작했으며, 이에 따라 비교적 큰 규모의 농가를 중심으로 하여 이루어지던 대가족의 전원생활이 점점 사라지면서 '가정'은 산업화 이전에 수행하던 기능을 상당 부분 상실하게 되었다. 리이츠에 의하면 이와 같은 전체 사회의 변화는 교육현실에도 크게 영향을 미쳤다는 것이다. 즉, '새로운 시대' 이전에는 학생들이 그가 속해 있는 '가정'으로부터 '공동체적 정신'을 자연스럽게 배양할 수 있었기 때문에 학교는 단지 '수업'의 기능만을 수행해도 별 문제가 없었다. 반면, 사회가 급격하게 변화하면서 '가정'이 제공하던 교육적 측면들이 점점 사라지게 되면서 '새로운 시대'의 학교는 더 이상 이전의 모습을 그대로 유지해서는 안 될 필연성이 대두되었다.

둘째, 산업화의 물결과 함께 당시의 학교는 주로 대도시에 설립, 운영되고 있었는데, 그러다 보니 학생들은 자연으로부터 차츰 멀어지게 되었다는 점을 리이츠는 비판하고 있다. 리이츠에 의하면 "교육이란 아동의 '타고난 본성'을 그 모든 측면에 있어서 다 발현하도록 하는 일"이다. 이때 이와 같은 교육은 아동이 '자연'에 파묻혀 그 안에서 거칠게 자랄 때 저절로 이루어지는 일이다. 반면 대도시에 위치하는 학교에서 아이들에게 자연을 거의 접할 기회가 주어지지 않기 때문에 제대로 된 교육이 이루어지기가 힘들다는 것이다. 즉, 도시의 아이들은 각자 가지고 태어난 본성 중 일부에 해당되는 가능성만을 계발시킬 뿐이다. 또한 자연을 접하면서 아이들은 자연의 위대함, 아름다움을 실제로 체험하게 되어, 잠재되어 있는 인간성의 아름다움을 발견하게 되는데, 대도시의 학교에서는 그러한 경험을 가질 수 없다는 것이다. 그런 의미에서 리이츠는 다음과 같이 쓴다 : "대도시에서 머무는 일은 천길 낭떠러지의 절벽이 있는 산이나 강의 급류를 눈앞에 두고 있는 체험보다 아이들에게 더 위험천만한 일이다. 자연 속에서 아이들은 기껏해야 목숨을 잃을 뿐이지만, 대도시에서는 그들의 영혼과 천성을 잃게 될 가능성이 훨씬 높은 것이다(Lietz, H., 1906)." 결국 자연적 본성을 잃은 대도시의 아이들은 '인간에게 천성적으로 주어져 있는 선한 본성'을 잃게 되며, 이렇게 될 때 교육은 '인류의 도덕적 완성을 위하여' 기여하는 바가 전혀 없는 무의미한 활동이 된다는 것이다. 이와 같은 맥락에서 리이츠는 대자연의 품속에서 이루어지는 '여행', '유랑'을 매우 중요하게 여겼다.

셋째, 당시의 학교가 아직도 '수업 위주의 학교' 수준에 머무르고 있기 때문에 발생하는 심각한 또 하나의 문제는 학생들의 '자율성'이 상실된다는 점이다. 리이츠에 의하면 당시의 학교는 자질구레한 지식의 편린들을 교육내용으로 하여 학생들이 그것을 '기계적, 단순 반복적으로 암기'하도록 강요하고, 그것을 습득했는지의 여부를 확인하기 위해 끊임없이 수정을 가하며 성적을 매긴다. 반면 리이츠에 의하면 진정한 의미에서의 교육이 이루어지는 곳에서 교육자는 '산파'로서의 역할 이상의 일을 해서는 안 된다는 것이다. 리이츠는 이 대목에서 분명하게 소크라테스를 거명하면서, 교육자로서 할 일은 다만 '아이들의 정신적 차원에서의 발달과정을 관찰하고 그 과정을 동반하는 가운데 조심스럽게 그 과정을 이끌어 주는' 일이라는 것이다. 이때 교육자가 주의를 기울여야 할 가장 중요한 측면은 아동의 '흥미'이다. 즉, 리이츠에 의하면 교육자는 아동의 '흥미를 불러일으키고 활용'하는 역할을 제대로 잘 수행하기 위해 그가 가지고 있는 교육학의 다양한 학문적 방법과 '교육술(Erziehungskunst)'을 총동원하여야 한다.

넷째, 리이츠에 의하면 당시의 학교에서는 이처럼 아동들이 본래 천성적으로 타고난 인간으로서의 '위대성', '아름다움', 더 나아가 주체로서 마땅히 가져야할 '자율성'이 배양될 수 없기 때문에, 아동들은 절대로 '강한 개성(Charakterstärke)'을 지닌 인간, '윤리적인 차원에서 쓸모 있는, 유능한 인간'이 될 수 없다는 것이다. 즉, 당시 '수업 위주의 학교'에서 최고의 목표로 삼고 있는 것은 '시험에서의 합격'이며, 이에 따라 '기계적 훈련'이 가장 효과적인 교육방법으로 이용되고 있다고 그는 비판한다. 이로써 당시의 학교는 학교에서 응당히 이루어져야 할 가장 핵심적이고 필요한 활동인 교육, 그 자체를 포기하는 셈이라는 것이다. 리이츠는 이와 같은 당시의 교육현실에 직면할 때, '진정한 교사'가 요구된다고 하면서, 진정한 교사라면 당시 이루어지고 있는 바와 같은 수업 위주의 교육이 아닌 진정한 의미에서의 교육을 이루고자 해야 할 것이라고 주장한다.

다섯째, 독일의 그 당시 학교들에서는 '육체'와 '감성'의 부분이 지나치게 경시되고 있다는 점을 리이츠는 지적하고 있다. 리이츠에 따를 때, 교육에 있어서 '이성의 부분과 꼭 마찬가지로, 아니 그 이상으로 아이들의 육체와 감성의 측면이 훈련되고, 연마되고, 풍요롭게 되어야 한다는 것은 세상에서 가장 단순한 진리'에 속하는 일이다. 이에 따라 아이들은 각종 작업장과 자연 안에서 건강하게 잘 절제된 가운데 노동을 하고, 또한 엄격한 체력훈련 과정을 통해 육체를 단련할 때에야 비로소 바깥세상에서 타락의 나락으로 떨어져 가던 그들의 영혼과 육체를 구할 수 있게 된다는 것이다. 그런 의미에서 리이츠에게 있어서는 육체적 건강과 도덕, 즉 정서적 차원에서의 건강은 늘 함께 성장해야 하는 것이다. 리이츠는 이와 같은 맥락에서 무엇보다 '야외에서의 놀이'를 매우 중요하게 생각했다. 그는 광활한 자연에서 아동 및 청소년이 가지고 있는 가장 순수하고 건강한 의미에서의 '자발성'에 터한 놀이가 제대로 이루어질 때에야 비로소 인간은 정신과 육체, 그리고 감성 모두가 고루 발달하는 전인적인 존재가 된다고 믿었다.

(2) 리이츠 '전원기숙사학교'의 실제

리이츠는 지난 '세기의 전환기'를 대표하는 교육현실의 구체적인 장으로서 당시 운영되던 '수업 위주의 학교'에 대해 이상과 같이 신랄하게 비판하는 가운데 그와 같은 교육적 폐해를 극복한 새로운 학교의 모델을 구상하였고, 그는 이 모델을 '진정한 교육이 이루어지는 학교(Erziehungs-schule)'라고 불렀다. 그가 1898년 독일 하르츠 지방에 위치하는 작은 마을인 일젠부르크에 독일 최초로 '전원기숙사학교'를 설립했을 때, 바로 이 학교야말로 그가 품고 있었던 이상적인 형태의 '참교육'이 이루어지는 학교였다고

▲1901년 하우빈다에 세워진 '전원기숙사학교' 전경

할 수 있을 것이다.

여기에서는 리이츠가 당시 설립했던 '전원기숙사학교'가 실제로 어떠한 형태로 구성, 운영되었는지 살펴보고자 한다. 이를 위해 첫째, 그가 일젠부르크에 처음으로 '전원기숙사학교'를 설립하면서 이후 '전원기숙사학교'를 운영하는 데 있어서 늘 참고할 수 있도록 정리해 놓은 구체적인 교육 목적 및 원칙들, 둘째, 그에 따른 실제적인 교육 과정, 그리고 셋째, '전원기숙사학교'의 구체적인 조직에 대해 서술한다.

① 교육 목적과 구체적 원칙들

리이츠는 '전원기숙사학교'의 교육목적을 다음과 같이 서술한다: 이 학교에 맡겨진 "아동들을 조화롭고, 자립적인 성격으로 교육하며, 몸과 마음 모두에서 건강하고 강인하며, 육체적, 실제적, 학문적, 예술적인 차원에서 유능하도록, 또한 명료하고 날카롭게 사고하는 동시에 따뜻한 감성을 지니며, 용감하고 강건한 독일 청년으로 교육"해야 한다(Lietz, H., 1898: 31). 리이츠는 이로써 그의 학교에 몸담고 있는 학생들이 육체와 정신, 그리고 감성의 모든 측면에서 고루 발달한 '전인적'인 존재, 그와 동시에 독일인으로서의 장점을 잘 갖춘 청년으로 교육될 것을 요구하고 있다고 할 수 있다.

그 외에 리이츠는 학생들이 학교생활을 통해 갖추어야 할 몇 가지 기본적인 덕목들을 나열하고 있다(Lietz, H., 1906).

첫째, 모든 학생들은 '최고의 목적'을 지향하여야 하며, 청년다운 기상과 '이상주의(Idealismus)'로 충만해야 한다.

둘째, 학생들은 개개의 세부적인 과제들을 잘 수행해야 하지만, 그러한 가운데에서도 늘 잊어서는 안 될 점은 모든 교육활동이 궁극적으로는 '윤리적인 성격을 갖추기 위한 자기교육'이어야 하며, 이를 통하여 '자기 스스로는 물론, 인류 전체의 완성'을 위하여 기여할 수 있어야 한다.

셋째, 학생들은 사회 전체를 유지시키는 일에 기여하도록 하기 위해서

'충성심'과 '성실성'을 갖추어야 한다. 이때 이 두 덕목은 절대로 강요되어서는 안 되고, 학생들 스스로의 내면으로부터 우러나와야 한다. 이와 같은 심성이 자연스럽게 형성되도록 하기 위해서는 학생들을 늘 '신뢰'와 '사랑'으로 대해야 한다.

넷째, 학생들은 '진리'를 향하는 태도를 지녀야 한다. 이를 위해 늘 학생들의 윤리적 차원에서의 취향이 고양되고, 양심과 관련된 감각이 예민해져야 한다.

다섯째, '용맹성', '용기'를 배양하도록 하는 교육이 이루어져야 한다. 이를 위해 학생들의 내면에 점점 높은 차원의 과업을 수행하고자 하는 열성적 태도가 길러지도록 해야 한다. 이를 위해서는 우선 학생 각자가 자기 스스로에게 잠재되어 있는 '힘'을 느끼고, 자신에 대한 확신과 더불어 다른 이들에 대하여서도 강한 신뢰감을 가져야만 할 것이다.

여섯째, 종교와 정치의 차원에서 학생들은 '관용'과 '개방성', 즉 나와 다른 생각, 신념을 가지고 있는 이들에 대해 편견 없는 태도를 갖추어야 한다. 이와 같은 태도는 남들이 어떻든 나와는 전혀 상관없다는 식의 일종의 '냉담함'과는 뚜렷하게 구별되는 것이어야 한다.

일곱째, 교육은 학생들로 하여금 윤리적인 차원에서의 '순수함', 즉 '때

▲설립 당시 농촌에서의 노작활동

묻지 않은 순결함'을 갖추도록 해야 한다. 이를 위해 교육 현장 어디에서나 윤리적인 '진지함'이 감돌아야 하며, 모든 종류의 '내밀한 행위들'이 금지되어야 할 것이다. 또한 의식주의 모든 일상적인 생활에 있어서 지나치게 부자연스럽거나 연령에 비해 이른 '육감적인' 것들을 배제하여, 학생의 전체 삶에 있어서 스스로의 육체가 영혼을 위한 성스러운 사원이 되도록 해야 할 것이다.

리이츠가 열거하는 이 모든 덕목들을 한 문장으로 요약하면, 결국 '전원기숙사학교'에서 추구하는 교육목적이란 '이상주의'와 '사랑'을 추구하는 교육을 통하여 학생들이 모든 종류의 자기집착이나 '감각적, 물질적인 삶'을 추구하는 성향을 극복하도록 하는 일이다.

리이츠는 바로 이와 같은 교육 목적을 달성하기 위해 그의 '전원기숙사학교'에서 다음과 같은 구체적인 '교육적 수단', 즉 교육적 차원에서 실제로 실행되어야 할 기본 원칙들을 준수할 것을 요구하고 있다(Lietz, H., 1906).

첫째, '전원기숙사학교'는 도시가 아닌 자연, 즉 건강함이 넘쳐흐르고 아름다우며, 아주 가까운 근처에 풍광이 멋들어진 산악지대가 위치하고 있는 하르츠의 농촌 지역에 세워져야 한다. 이 지역은 광활한 초원과 정원, 밭으로 이루어져 있으며, 근처에는 강과 시내가 흐르고 있다. 또한 이 지역은 예로부터 전해 내려오는 전설과 역사로 유명한 곳이며, 그 자연 자체로부터 비롯되는 산물들과 그 곳에 살아온 사람들이 엮어낸 작품들을 통하여 우리에게 배울 거리들을 풍부하게 제공한다. 또한 고슬라르의 웅장한 산맥, 뤼베란트의 종유석 동굴, 일젠부르크, 브록켄과 그 근방에 위치하는 철공소들이 학교에서 불과 두 시간 반이면 닿을 수 있는 거리에 있다.

둘째, 교육은 학생과 교사가 서로 친구로서, 즉 '나이가 조금 어린, 그리고 나이가 조금 많은 친구'로서 더불어 '공동생활', '공동놀이', '공동작업'하는 일이어야 한다. 이때 교사들은 학생들에게 무엇보다 그들의 모범적인 강인한 인격과 교직에 대한 열정적인 헌신과 청소년에 대한 그들의 진정한 사랑을 바탕으로 하여 윤리적이며 종교적인 차원에서 교육적 영향을 미쳐야 할 것이다.

셋째, 기숙사에서의 일상생활에서나 식생활에 있어서 위생적인 생활습관을 철저히 고수해야 할 것이다. 특히 식생활과 관련하여 알코올 음료는 엄격히 금지시켜야 함은 물론, 지나치게 향료가 많이 들어간 음식도 피해야 할 것이다. 대신 학생들이 채소, 과일, 우유, 계란, 어류 등 건강에 이로운 음식들을 풍부하게 섭취하도록 해야 한다. 더 나아가 한편으로는 학문적인 차원에서의 교육활동과 육체적 차원에서의 노작이 적당한 비율로 번갈아가며 이루어져야 할 것이며, 예술활동이나 놀이를 통해 학생들이 에너지를 충전하며 쉴 수 있어야 한다. 또한 이에 덧붙여 목적을 뚜렷하게 세우고 차츰 몸과 마음을 모두 강인하게 만들도록 해야 할 것이다.

넷째, 신체단련을 위하여 학생들은 매일 ‘유랑’, ‘달리기’, ‘놀이’, ‘수영’, ‘체조’ 등과 같은 활동을 해야 한다. 매일 아침 기상 직후와 휴식시간을 이용하고, 매일 오후 일정 시간을 떼어서, 그리고 일주일에 한 번 자유로운 오후 시간에, 그리고 매주 일요일 오후마다 이와 같은 활동을 하되, 하루에 약 2시간 동안 운동을 하도록 해야 할 것이다.

다섯째, 매일 매일 실제적인 육체노동을 하도록 하되, 그 일이 아이들에게 즐거움을 선사하고 그들이 가지고 있는 에너지와 능력에 상응하는 것이어야 하며, 동시에 그들을 정신적인 차원에서 자극하고 건강을 증진시키는 것이어야 한다. 이때 아이들이 할 수 있을 만한 실용적인 육체노동의 예로 들 수 있는 것은 ‘정원 가꾸기’, ‘밭일’, ‘작업장이나 공사장’에서의 노동 등이며, 구체적으로는 땅을 파거나 식물을 심거나 물주는 일, 건초 모으기, 목공예, 건설작업 등등이다. 이와 같은 활동은 매일 오후 1시간에서 2시간 정도 수행하면 족할 것이다.

여섯째, 매일 ‘예술활동’이 이루어져야 한다. 규칙적으로 시간을 정해 놓고, 자연을 보고 그리기(일주일에 2시간), 진흙이나 왁스 등을 가지고 주물러 만들기와 석고 작업(일주일에 2시간), 노래하기(매일 30분), 가능한 한 모든 악기를 연주하기(식사시간 이후 매일 약 1시간) 등을 해야 할 것이다. 또한 일정하게 계획을 세워서 예술작품들을 감상하는 법을 배우도록 하며, 정기적으로 음악연주회와 연극발표회를 연다. 특히 후자의 활동은 매일 약 2시간쯤 이루어져야 하며, 주로 저녁 시간을 이용해야 할 것이다.

일곱째, '윤리적이며 종교적인' 심성, 그리고 '애국심'을 배양하기 위해 마련된 특별한 프로그램을 시행하되 매일 이루어지는 아침, 저녁 기도처럼 행해야 할 것이다. 각별히 축하하거나 기념할 일이 있을 경우에는 물론이고, 그 외에 일반적으로 이루어지는 교과 수업-특히 자연과학, 역사 과목-때에도 늘 윤리적, 종교적인 측면을 강조하여 전반적으로 종교적인 분위기를 조성해야 한다. 예컨대 숲 속에서 유랑을 하는 경우, '하늘에 별이 총총히 떠 있는' 밤에 유랑을 함으로써 경건하고 거룩한 분위기가 연출될 것이다.

여덟째, 모든 종류의 외부적인 강제를 없애며, 직접적으로 어떤 특정한 일에 근거하지 않은 가운데 처벌, 혹은 칭찬을 하는 일을 금지해야 할 것이다. 진정한 교육에 있어서 이루어져야 할 일은 실제로 교육 자료나 인원을

▲설립 당시 작업장에서의 목공예 활동

투입할 때 진정으로 기뻐하는 가운데—형식적으로가 아니라— '의무를 이행'하는 일이다. 이때 학생들의 내면의 세계와 그를 둘러싸고 있는 자연의 상태와 성질이 면밀하게 고려되어야 할 것이다.

아홉째, 수업을 시행할 때 전문적인 교육술과 교육학의 학문적 법칙들에 근거하여 이루어지는, 이른바 과학적인 수업이 되도록 해야 한다. 즉, 엄격하게 심리학적 지식을 활용하여, 특히 늘 학생의 '흥미'를 자극할 수 있는 수업이 되어야 할 것이다. 또한 배운 지식을 활용한다는 차원에서 정원이나 작업실 등에서 늘 실제적으로 적용하는 연습 과정을 두어야 하며, 그림이나 모델, 카드 등 시각적인 교육 자료들을 활용하여 '직관' 수업이 이루어져야 할 것이다.

② 교육 과정

리이츠는 '전원기숙사학교'가 교육 과정에 있어서 당시의 교육제도 속에서 실제로 시행되고 있던 학교 형태인 '실과학교(Realschule)', 특히 전공 영역들이 통합되어 있는 개혁적 김나지움(Reformgymnasium)의 그것과 가장 유사할 것이라고 하면서, 위에 서술한 바 교육 목적 및 원칙에 의거하여 구체적인 교육 과정 운영에 있어서 어떠한 점들에 유의해야 할 것인가를 논의하고 있다(Lietz, H., 1906: 32-36).

첫째, 리이츠는 '전원기숙사학교'의 교육 과정에 있어서 가장 중점을 두어야 할 영역이 '독일어', 즉 모국어라고 서술한다. 이때 독일어의 습득에 있어서 가장 기본적으로 이루어져야 할 언어능력을 '말하기와 쓰기(대화 나누기와 편지쓰기)'라고 한다. '외국어' 영역에서는 4학년(9세)부터 불어를, 6학년(11세)부터 영어를 가르쳐야 한다고 정하고 있다. 이때 외국어 수업에 있어서 반드시 해당 국가의 '원어민' 교사가 가르쳐야 할 것이며, 수업 시간에는 그 해당 국가 언어로만 의사소통을 할 것을 요구한다. 더 나아가 외국어를 배울 때는 언어능력 자체를 배양할 뿐 아니라 반드시 그 해당 국가의 문화와 문학작품을 함께 다루어야 한다는 점을 강조한다. 이 부분은 리이츠가 다른 과목들(역사, 문화, 지리 등)에 있어서 강조한 원칙, 즉 그 어떤 수업도 과목들 간에, 혹은 세부적인 교육내용들 간에 서로 전혀 '관련성 없이' 이루어져서는 안 된다고 한 원칙과 같은 맥락에서 이해할 수 있는 원칙이다. 이에 따라 리이츠는 언어와 관련된 수업시간에 다루어지는 문학작품들, 혹은 문화와 관련된 자료들이 다른 과목들의 내용과 서로 밀접하게 관련되도록 해야 한다고 한다. 또한 이때 다루어지는 작품들, 자료들로서 늘 '원전'을 사용할 것을 리이츠는 강조하고 있다. 그는 아직 외국어와 그 문화에 서툰 아이들에게 원전은 때로 아주 어려운 학습자료가 될 수도 있지만, 교사가 돕는 가운데 해당 국가에서 실제로 읽히고 말해지는 내용 그대로 적혀 있는 자료들을 직접 다루어야 실제적인 교육이 된다고 여긴다. 바로 같은 맥락에서 리이츠는 외국어의 습득을 위해서뿐 아니라 위에 열거한 다른 과목들의 효과적인 운영을 위해 '외국여행'을 권장한다. 여행을 통해 학생들은 학교에서 배운 것들을 실제로 이용할 줄 아는 법을 익히게 된다는 것이다.

리이츠는 외국어 수업과 관련해서는 특히 수업일수 및 수업시간까지 정확하게 지시하고 있다. 리이츠는 외국어의 경우 처음 '4년 동안 매일 한 시간 씩' 수업을 해야 하며, 그 4년 중 첫 해의 처음 6개월 동안은 거의 '말하기'만 연습해야 한다고 정하고 있다. 그 후 첫 해의 나머지 6개월 이후부터 '쓰기' 연습을 시작하되, 절대로 단순한 '받아쓰기' 연습이나 '돌발 시험'의 방법을 통해서가 아니라 '자유 글짓기' 방법을 써야 한다고 서술하고 있다. 또한 '자유 글짓기'의 경우에 있어서도 처음부터 글짓기를 시키는 것이 아니라 우선 규칙적으로 '자유롭게 말하기' 연습을 시키고, 그 다음으로 해당 연령에 적합한 좋은 내용의 책들을 많이 읽도록 하며, 가장 높은 단계로서 학생들이 스스로 선택한 시들을 읽고 해석하도록 함으로써 자연스럽게 글쓰기 능력이 키워지도록 해야 한다고 했다.

언어 영역에 있어서 모국어와 외국어에 있어 공히 '자유 글짓기' 능력을 배양하기 위해 좋은 방법으로서 리이츠는 첫째, 아이들의 일상적인, 혹은 특별한 경험, 체험에 대해 매일 '일기 쓰기'를 들고 있으며, 연령이 높아지면서는 차츰 외국어로도 일기를 쓰도록 할 것을 권하고 있다. 두 번째로 리이츠가 권하는 방법은 '편지쓰기'이다.

둘째, 리이츠는 '역사', '지리', '자연', '수학' 과목 수업을 운영함에 있어서, 교사가 교과내용을 학생들에게 일방적으로 전달하는 방법을 절대로 사용해서는 안 된다고 한다. 학생들이 절대로 '죽어 있는' 이름이나 숫자들을 배우도록 해서는 안 된다고 여겼던 리이츠는 모든 교육내용을 학생들이 주도하는 가운데 교사와 함께 선정해야 하며, 이때 그 내용은 반드시 '현재의 문화'를 익히는 데 있어서 의미로운 것이어야 한다고 적고 있다. 즉, 그는 '전원기숙사학교'에서 다루어지는 교육내용이 늘 실제 삶과 연결된 '실용적인 것'이어야 한다는 점을 강조하고 있는 것이다.

이에 따라 특히 '수학'과 '자연과학'의 경우에는 교육내용이 반드시 현대를 살아가기 위해 필요한 상업, 산업적 지식과 연결되어야 할 것이 요구된다. 예컨대 셈하기, 대수학 등의 과목에서는 일상생활 속에서 문제를 뽑아

▲설립 당시 '채플'이 이루어지던 장소

내는 식으로 수업이 진행하며, 평소 생활하면서도 학생들이 장부 혹은 용돈기입장 등을 늘 정리할 것을 요구한다. 또한 리이츠는 '물리', '화학' 과목은 원래 고학년 학생들을 위한 과목이지만, 조금 낮은 학년(5학년 정도)부터 시작할 것을 권한다. 그래야 어린 학생들이 자연을 관찰할 때 보다 흥미와 관심을 가지고 대상에 다가가게 된다고 그는 생각한 것이다. 같은 맥락에서 거꾸로 고학년 학생들에게도 '생물'(식물학, 동물학)을 가르쳐야 한다고 했는데, 그래야 순수 이론적인 자연과학 과목을 본격적으로 다루는 데 있어서 학생들이 실제 자연의 모습 내지는 자연현상과 연결시킬 수 있게 되며, 흥미를 잃지 않게 된다는 것이다.

셋째, 이 학교에서는 수업운영에 있어서 '집중'의 원칙을 고수해야 한다. 여기에서 리이츠가 언급하는 집중이란 오늘날 우리가 흔히 쓰는 말로 바꾸면 교과목들의 '통합'을 의미한다. 그는 전 교과 과정을 통틀어 다음과 같이 세 가지 영역으로 나눈다: 첫째, '인간생활', 둘째, '자연생활', 셋째, '문화'. 이때 '인간생활'에 해당되는 구체적인 교과목들은 '역사', '언어'(독일어와 외국어), '자연생활'에 해당되는 교과목들은 '수학'과 '자연과학'이며, 마지막으로 이 두 영역을 연결시켜 주는 부분으로서 '문화'의 영역에는 '문화학'과 '지리학'이 속한다.

넷째, '종교' 수업에 있어서 리이츠는 어떤 특정한 학습 내용을 학생들에게 인지적 차원에서 각인시키는 방법이 아니라 학생들의 가장 깊은 내부에 들어있는 종교적 심성을 각성시켜, 그것을 더 높은 수준으로 향상시켜주는 방식의 교육이 이루어져야 한다고 했다. 이에 따라 제일 먼저 아이들에게 아직까지는 의식되지 않고 있는 종교심을 불러일으키도록 하기 위해 아이들이 잘 공감할 수 있으며, 존경심을 가지고 모범으로 삼을 만한 '인격'을 갖춘 자가 늘 아이들과 가까운 곳에서 생활할 것을 요구한다. 그 다음으로 아이들이 종교적 차원에서 신과 주위 사람들에 대하여 응당히 감당해야 할 '의무'가 무엇인지 깨닫도록 하기 위해 종교의식을 거행하는 데 있어서 작은 일이라도 실제로 아이들이 직접 담당하여 처리하도록 해야 한다고 서술한다. 그래야만 후일 학교를 졸업하고 나서의 삶에 있어서도 학생들이 그 종교적 심성을 유지할 수 있게 된다는 것이다.

다섯째, 일주일에 한 번씩 '토론의 밤'을 가짐으로써 학생들이 자유롭게 말하고 논쟁하는 방법을 습득하도록 해야 한다고 리이츠는 서술한다. 이때 토론의 주제는 해당되는 주에 실제로 외부 세계에서 벌어진 정치, 경제, 사회적 차원에서의 사건들이며, 그 주제들에 대해 학생들은 자신의 의견을 정리해서 발표하고, 그에 대해 집중적으로 논쟁을 벌이게 된다. 이와 같은 시간을 가심으로써 모든 아이들이 대중 앞에서 또렷한 발음으로 크게 잘 말할 수 있게 되며, 또한 스스로의 생각을 자유롭게 표현할 수 있는 기술을 익히게 된다는 것이다.

여섯째, 학생들 중에서 부모가 원하거나, 혹은 학생 스스로에게 소질이 있을 경우 학자로서의 길을 가도록 추가적인 교육이 이루어져야 한다고 리이츠는 서술한다. 이때 일반적인 교과 과목에 더해서 이루어지는 수업은 특히 라틴어와 그리스어 수업이다. 리이츠에 의하면, 바로 이와 같은 방식으로 일반 김나지움 과정에서 가르쳐지는 과목들이 추가됨으로써, '전원기숙사학교'의 전체 교과과정이 '실과학교' 내지는 '상급 실과학교'의 조직과 동시에 이른바 '개혁 김나지움'의 조직을 함께 운영하는 식으로 구성된다는 것이다.

③ 학교의 조직 및 운영

리이츠는 당시 남학생들을 위해 일젠부르크와 하우빈다, 그리고 비버쉬타인 성에 모두 3개의 '전원기숙사학교'를, 그리고 여학생들을 위해 지버스도르프와 가이엔호프 성에 모두 2개의 '전원기숙사학교'를 운영하고 있음을 밝히면서, 이 학교들을 실제로 조직, 운영하기 위한 원칙 내지는 규칙으로서 다음과 같은 점들을 구체적으로 정해놓고 있다(Lietz, H., 1906: 37-39).

〈표 5-1〉 '전원기숙사학교' 에서의 하루

	일젠부르크	하우빈다	비버쉬타인
기 상	7 : 00	6 : 10	6 : 00
첫 번째 아침 식사	7 : 15 아침 식사와 방정리	6 : 20	6 : 15
1 교시	7 : 45 - 8 : 30	6 : 45 - 7 : 30	6 : 30 - 7 : 15
방 정리	8 : 30 달리기	7 : 30 - 7 : 45	7 : 15 - 7 : 30
2 교시	9 : 00 - 9 : 45	7 : 45 - 8 : 30	7 : 30 - 8 : 45
오래 달리기	9 : 45 - 10 : 15 아침 식사	8 : 30 - 9 : 00	8 : 15 - 8 : 45
3 교시	10 : 15	9 : 00 - 9 : 45	8 : 45 - 9 : 30
두 번째 아침 식사	11 : 00 - 11 : 15 자유 시간	9 : 45 - 10 : 15	9 : 30 - 10 : 00
4 교시	11 : 15 - 12 : 00	10 : 15 - 11 : 00	10 : 00 - 10 : 45
5 교시	–	11 : 15 - 12 : 00	11 : 00 - 11 : 45
자유 시간(노래, 수영, 악기 다루는 연습)	12 : 10 - 12 : 50 그림그리기, 노래	12 : 15 - 12 : 50 1 주일에 세 번	12 : 15 - 12 : 50 1 주일에 세 번
점심 식사	1 : 00	1 : 00	1 : 00
음악 연주		1 : 30 - 1 : 40	
노작, 그림그리기, 체조, 놀이(체조와 놀이의 경우 겨울철에 일주일에 3~4 회씩 매 번 3~4 시간)	2 : 00 - 4 : 00	2 : 00 - 4 : 00	2 : 00 - 4 : 00
오후 간식	4 : 15 - 5 : 00 체조, 놀이	4 : 00	4 : 00
학문적 학습활동	5 :00 - 6 : 15	4 : 30 - 6 : 30	4 : 30 - 6 : 45
저녁 식사	6 : 30	6 : 30	6 : 45
자유 시간(놀이, 여름에는 일주일에 세 번)	6 : 30 - 7 : 15	6 : 45 - 7 : 45	7 : 15 : 8 : 00
하루의 마감(채플)	7 : 30	8 : 00	8 : 00
취 침	8 : 00	8 : 30	9 : 00
* 오후 자유 시간	두 번(수, 토요일)	한 번(수요일)	두 번(수, 토요일)

〈표 5-2〉 '전원기숙사학교' 에서의 주간 시간배정표

	일젠부르크			하우빈다			비버쉬타인		
	VI	V	IV	IIIb	IIIa	IIb	IIa	Ib	Ia
취침(매일)	60 (10)	57 (9 1/2)	57 (9 1/2)	54 (9)	54 (9)	51 (8-8 1/2)	51 (8 1/2)	51 (8 1/2)	51 (8 1/2)
점심(매일)	약 90분, 일주일에 약 9 시간								
주중 자유 활동시간(매일)	18 (3)	18 (3)	18 (3)	12 (2)	12 (2)	18 (3)	18 (3)	18 (3)	18 (3)
공동 놀이와 체조	5	5	5	4	4	4-3	2	2	2
노작	6	6	6	8	8	8-6	5	5	5
예술활동의 총시간	6	6	6	7	7	7	4	4	4
노래	3	3	3	3	3	3	2	2	2
악기 연습	2	2	2	2	2	2	2	2	2
그림그리기와 조소	3	3	3	3	3	3	2	2	2
예술작품 감상				1	1				
학문적 학습활동 (숙제)	6	6	9	12	12	12-18	18	18	21
학문적 학습활동 (수업)	24	25	25	30	30	30	30	30	30
세부 교과과목:									
위생학				1	1				
독일어	6	4	4	3	3	3	3	3	3
역사	3	3	3	3	3	3	3	3	3
종교사	2	2	2	2	2	2	2	2	2
지리	2	2	2	2	2	2			
자연학	4	3	3	2	2	3	2	2	2
물리					1	2	3	3	3
화학					1		5	5	5
산수-대수학	6	5	3	3		5	5	5	5
도형			2	3	5				
불어		6	6	3	5	5	5	5	5
영어				5	6	6	4	4	4
글짓기	1								
학문적 수업:									
라틴어					2	2	2	2	2
그리이스어								2	2

첫째, 기숙사에는 늘 적당한 수의 학생들을 받아들여야 한다. 학생 수가 너무 많을 경우 기숙사는 모든 아이들에게 진정한 의미에서의 '가정'의 역할을 대신할 수 없게 되며, 교사 또한 개개의 아이들을 세세한 관심을 가질 수 없게 되기 때문이다. 반면 수업에 있어서는 학생 수가 너무 적어서는 안 된다. 질 좋은 교육이 되기 위해서는 일정하게 '이로운 자극'이 있어야 하는데, 학생 수가 너무 적을 경우 학생들 간에 건강한 의미에서의 경쟁이 가능할 수 없게 되기 때문이다. 그러나 이 경우에도 학생 수를 너무 지나치게 많이 늘릴 경우에는 학생들끼리 서로 얼굴을 알며 직접적인 관계를 맺는 데 있어서 문제가 생길 수 있으므로 교과과목의 수업에 있어서도 학생 수는 적당해야 한다.

둘째, 학교 내에서의 모든 교육활동은 늘 아이들의 발달 단계에 상응하는 것이어야 한다. 그래야만 학생들은 자신의 연령에 걸맞는 '자립성'을 구현할 수 있기 때문이다. 이를 위해 학생들의 연령이 적을 때는 인지적인 차원에서의 교과과목보다는 '놀이'가 교육활동의 중심이 되어야 한다. 반면 고학년으로 올라갈수록 놀이보다는 자연, 예술, 학문의 제 영역들의 교과과목에 있어서 집중적인 심화학습이 이루어져야 한다.

셋째, 이와 관련하여 '교육이 이루어지는 장소'를 선정하는 문제에 있어서도 아이들의 발달 단계가 최대한 고려되어야 한다. 가장 나이 어린 학생들의 경우에는 강변에 위치해 있는 작은 정원과 축사가 딸려 있는 소규모의 농장이 제일 적합할 것이다. 이 근처에는 또한 산들이 있어서 때때로 '유랑'을 하기에 매우 유리하다. 아이들이 조금 더 나이가 든 경우, 농장의 규모가 그에 상응하게 조금 더 커야 할 것이다. 또한 이 농장에서는 아이들이 실제적인 노동, 예컨대 간단한 농사일이나 수선 등의 일을 할 수 있는 기회가 제공되어야 한다. 특히 이 농장은 약간의 폐쇄성을 가지고 있어서 학생들이 마치 소규모의 국가에 속한 시민이 된 것과 같은 형식을 띠어야 할 것이다. 가장 나이가 많은 학생들을 위해서는 산악지역으로 상당히 깊게 들어가 있는 장소가 제일 적합하다. 그곳은 되도록 현실 세계로부터 떨어져 있어야 하며, 학생들에게 높은 산과 깊은 계곡을 늘 접할 수 있는 기회가 주어져야 한다. 이러한 장소는 학생들로 하여금 정신적으로 집중할 수 있도록 하여 깊은 사유를 가능하게 할 것이다.

넷째, 모든 기숙사들은 일단 연령과 성별에 따라 소단위로 분류되어 운영되어야 하지만, 각각의 기숙사들이 지나치게 독립적이어서는 안 될 것이다. 실제로 운영해 가는 동안 각 기숙사에 속한 학생들이 서로 빈번하게 방문하도록 하고, 기숙사들이 서로 긴밀하게 연계된 가운데 자주 행사를 가져야 할 것이다. 그럼으로써 학생들은 기숙사들을 전체로서 총괄하여 광범위하게 조망할 수 있는 시야를 키울 수 있게 될 것이다.

당시 '전원기숙사학교'가 이상 서술한 바와 같은 교육 목적과 원칙들에 따라 과연 실제로 어떻게 운영되었는지를 보기 위해서는 리이츠가 학교 운영 방침의 구체적인 규준으로서 성리해 놓은 일과표와 주간 시간배정표를 살펴볼 필요가 있을 것이다. 〈표 5-1〉은 리이츠가 규정한 기숙사학교들의 전체 일과표들 중 일젠부르크(초등교육 단계)와 하우빈다(주요학교, 실과학교), 비버쉬타인(김나지움)의 세 학교에 해당되는 것이다. 〈표 5-2〉는 일요일을 제외한 '전원기숙사학교'에서의 주간 시간배정표다.

④ '전원기숙사학교'의 특징들

리이츠가 설립한 '전원기숙사학교'에서의 생활은 처음 그가 이 학교를 설립해서 운영하던 이래로 당시의 교육제도 속에서 흔히 볼 수 있는 다른 학교들과 뚜렷하게 구별되는 다음과 같은 몇 가지 특징들을 가지고 있다.

첫째, 이 학교에서는 '자연'과의 접촉을 무척 중요하게 여긴다. 우선 학교가 인간들의 군상과 기계문명에 의해 오염될 대로 오염된 도심으로부터 멀리 떨어진 곳에 위치하고 있었다는 점이 그러하다. 그러나 이러한 공간적인 측면을 넘어서서 이 학교에서는 책상 앞에서 공부하는 일보다 오히려 학생들이 숲이나 들로 나아가 여행과 유랑을 함으로써 자연과 실제로 접촉하며 그것을 호흡하고 체험하는 일을 더 중요하게 생각했다. 이때 학생들은 마치 '청소년운동'에 있어서 '철새' 집단들의 유랑에서처럼 자연의 때로는 폭력적이며 잔인한 측면이 제공하는 극한 상황까지도 몸소 겪어 내는 과정에서 강인한 의지력과 자신감을 체득할 것이 요구되었다.

둘째, 인간에게 있어서의 정신의 측면에 못지않게 '육체'의 측면이 크게 부각되었다. 종래의 학교가 학생들을 학교 안에 잡아 가둔 채 종일 움직이지 못하도록 함으로써 머리만 발달된 기형적 성인을 배출해 내었다면, 전원기숙사학교에서는 학생들이 정기적으로 '육체노동'을 하도록 교육과정을 편성하는가 하면 잦은 트레이닝을 통하여 학생들이 강한 체력을 갖추도록 하는 데 주력하였다. 또한 여기에서 언급되는 '노동'은 다른 한편으로는 '노작'을 의미하기도 하는데, 이럴 경우 '노동'은 어떠한 완성된 작품을 만들어가기 위해 요구되는 기술을 연마한다는 차원에서의 '숙련성'을 의미한다. 이때의 '노작'은 결국 '예술'의 차원과도 연결된다. 위에서도 서술되었듯이, 리이츠의 학교에서는 정규 교과과정의 차원에서 '예술' 시간을 유난히 많이 배치하고 있는 모습을 보여 준다.

셋째, 교육과정을 운영함에 있어서 실제 '삶', '실용적'인 측면과의 연결성을 매우 강조하였다. 리이츠는 그 어떤 과목에서 배우는 지식이든 그것이 '죽은' 것이 되어서는 안 된다는 점을 지적하면서, 바로 그렇기 때문에 교육내용을 정할 때 교사가 아닌 학생이 주도하는 가운데 함께 선정해야 한다고 했다. 또한 이와 같은 맥락에서 수업 운영에 있어서 과목들을 전공영역에 따라 세분화시키지 않고, 가능한 한 서로 '연관성 있게' 다룰 것을, 즉 통합할 것을 요구하고 있다.

넷째, 정규적인 수업 외에 '종교 의식'과 유사한 행사를 거행하는 일이 중요성을 띠었다. 이 점은 특히 위에서 언급한 애보츠홈의 경우와 비교될 수 있는 부분일 것이다. 위에서 서술했듯이 애보츠홈에서 레디는 '채플'의 중요성을 매우 강조하였다. 특히 이것이 지니고 있는 효과로서 학생들이 정신적인 통일성을 이루도록 하는 점, 또한 기독교적 정신을 근간으로 하여 학생들의 생활에 있어서 윤리적인 측면이 강화되도록 하는 점이 부각되었다. 이와 유사하게 리이츠는 그의 하우빈다나 비버쉬타인 학교에서 '저녁예배' 시간을 가지곤 했는데, 이는 그의 학교에서 가장 중요한 행사였다. 날씨가 좋을 경우엔 야외에서 거행되기도 했던 저녁예배 시간에 리이츠는 학생들에게 문학적인 고전 중 한 부분을 낭독하거나 역사적으로 중요한 인물들에 대한 이야기를 해 주곤 했다. 그러한 이야기들을 들으면서 학생들은 스스로의 잘못된 점에 대해 반성하기도 하고 미래에 자신이 어떠한 인물이 될 것인지 생각해 볼 수 있는 기회를 가지기도 했다.

이와 관련하여 리이츠의 학교에서는 공식적으로 행해지는 종교의식이나 교과목으로서의 종교 시간 외에도 학교에서의 생활 전반이 아주 세밀한 부분들, 즉 의식주의 부분에 이르기까지 '종교적'인 분위기에 휩싸이도록 할 것이 요구되었다는 점을 언급해야 할 것이다. 특히 종교적 심성과 깊게 관련된 부분으로서 '윤리성을 강조하면서 학생들이 상당히 높은 강도로 '금욕적'인 생활을 할 것이 요구되었다. 이와 같은 측면은 학생들의 일상생활 속에서 일체의 '감각적'인 부분들을 자제할 것을 규정하는 점에서도 드러

▲헤르만 리이츠와 학생들

나지만, 바로 위에서 언급한 것처럼 자연의 때로는 폭력적이고 잔인한 측면에 몸소 맞닥뜨리도록 하면서 오늘날의 '극기 훈련' 내지는 '체험교육'의 교육 방법을 적용한 점, 그리고 육체적인 차원에서의 '노동'이나 '훈련'을 강조한 점에서도 찾아볼 수 있다.

다섯째, 리이츠의 학교에서는 마치 가부장적인 가장을 중심으로 하는 대가족에서와 같이 교사와 학생의 관계가 부자 관계처럼 구성되어 있었다. 이때 전체 학교의 구성원들은 리이츠라고 하는 매우 강한 카리스마를 지닌 가부장을 중심으로 이루어진 가족과 같은 분위기의 공동체 속에서 실제로도 마치 자식들이 아버지에게 하듯이 가부장으로서의 리이츠에게 순종하는 생활을 했다고 한다. 물론 리이츠가 한편으로는 개인적으로 다소 독재적인 성격을 지니고 있었다는 기록들이 남아 있기도 하지만, 그럼에도 불구하고 다른 한편으로는 학교 내에서의 교사와 학생의 관계가 마치 친구 사이와도 같은 관계였던 것 또한 사실이다(Meissner, E., 1965). 특히 당시의 제도권 내에서의 학교에서 모든 교육활동이 철두철미 매우 권위적이며 엄격했던 교사들 중심으로 이루어졌던 점과 비교할 때 리이츠의 학교에서 볼 수 있었던 교사–학생의 관계는 그와는 근본적으로 구별되는 것이었다.

▲호헨베르다 성

▲하우빈다의 본관

▲ 비버쉬타인 성

▲ 소규모 토론수업

▲ 노작수업

▲ 펜싱 동아리

▲ 식사 시간

▲ 축제 때의 학생들의 공연

여섯째, 바로 위에서 서술한 바처럼, 결국 리이츠의 학교에서 그 구성원들 간의 관계가 대가족과 같은 형태를 띠고 있었다는 것은 이 학교가 종래의 학교들과는 달리 구성원들 간의 정서적인 유대관계가 매우 강조되었다는 것을 의미하는 것이다. 이에 따를 때 그러한 가족적인 공동체 속에서 '전체'의 측면이 그에 속한 개개 구성원들의 개별성의 측면보다 훨씬 중요한 의미를 띠었던 것이었다고 해석할 수 있을 것이다. 실제로 리이츠는 학생들을 가족처럼 여겼다고 하며, 그러한 자세로 학생들과 모든 일을 함께 해 나갔다고 한다. 이에 따라 학생들 또한 학교에서 일어나는 일들을 마치 자신들의 일인 듯 여기며 성심성의를 다해 책임과 의무를 수행했다고 한다.

이 점과 관련하여 위에서 교육목적에 대해 다루는 가운데 이미 서술된 바, 리이츠 학교에서 '공동체'를 특히 강조했던 대목들 외에, 이 학교에서 학생들에게 정기적으로 '침묵'의 시간을 갖도록 한 점을 언급해야 할 것이다. 리이츠는 이와 같은 행위를 통하여 학생들이 단지 소리를 내지 않는 차원을 넘어서서 개인으로서의 요구를 주장하는 것이 아니라 공동체, 전체를 위하여 '자아를 포기할 줄 아는 능력'을 키울 수 있게 된다고 믿었다. 또한 이 학교에 속해 있는 사람들은 유니폼을 입었는데, 이것도 교사와 학생을 비롯한 학교의 관계자들 모두가 '우리들 모두는 하나'라고 하는 통일성 내지는 일체감을 느끼도록 하는 데 도움을 주었다.

일곱째, 무엇보다 교과과정을 다루는 차원에서 뚜렷하게 드러난 것처럼, 리이츠 학교에서는 '언어', 특히 '독일어'의 습득이 매우 중요성을 띤다. 이는 다시금 위에서 이 학교에서 준수되어야 하는 교육적 원칙들에 대해 서술하는 부분에서 '애국심'을 고취하는 프로그램들을 시행할 것을 요구한 점과 깊게 연관된다고 할 수 있다. 여기에서 주의할 점은 리이츠가 조국애 고취의 부분을 종교적, 윤리적인 심성을 키우는 일과 동시에 이루어져야 할 부분으로 여겼다는 사실이다. 즉, 리이츠의 교육 이념 속에서도 표면적으로 떠들썩하게 드러내지는 않았음에도 불구하고 일정하게 민족주의적인 측면들이 발견되고 있다고 할 수 있다.

4. '헤르만-리이츠-학교'의 오늘

헤르만 리이츠가 독일 튀링엔 주의 숲 한 가운데에 위치한 하우빈다에 '전원기숙사학교'를 세웠던 해가 1901년이니, 21세기에 들어서면서 그로부터 비롯된 '전원기숙사학교운동'의 역사도 이제 100년의 전통을 자랑한다. 현재까지도 초등학교 단계와 중등학교 단계 중 주요학교(Hauptschule)와 실과학교(Realschule)를 포괄하고 있는 하우빈다의 학교와 그곳으로부터 그리 멀지 않은 헤센 지방의 도시, 풀다 근처에 위치하고 있는 호헨베르다성(Schloß Hohenwehrda)의 중등학교(주요학교와 실과학교를 포괄), 비버쉬타인 성(Schloß Bieberstein)의 김나지움은 100년 전의 모습을 그대로 간직한 채 리이츠가 이 학교들을 설립했을 당시의 교육이념과 실천을 대부분 계승한 가운데 매우 성공적으로 운영되고 있다.

이제는 '헤르만-리이츠-학교(Hermann-Leitz-Schule)'라고 하는 이름하에 서로 긴밀하게 연계되어 운영되고 있는 이 세 학교들은 100년의 세월 동안 독일이 겪어 온 역사의 부침과 함께 여러 가지 우여곡절을 겪어야 했다.

독일이 나치 시대에 들어서면서 '전원기숙사학교'는 여타의 '개혁교육학운동'의 주요 흐름에 속해 있던 다른 학교들과는 달리 다행히도 폐교되는 운명에 처해지지는 않았지만, 현실 세계로부터 상당히 분리되어 운영될 수 있었던 이 학교의 특성에도 불구하고 정치적인 변혁으로부터 완전히 자유로울 수는 없었던 것 같다(Verein der Freunde und Förderer der Hermann-Lietz-Schule, 2001). 그러나 제2차세계대전 이후 독일이 동서로 분할되면서 지리적으로 튀링엔 지방이 동독 지역에 속하게 되면서 리이츠 학교는 독일이 통일될 때까지 더 이상 리이츠 학교 특유의 교육이념과 운영 방식이 아닌, 당시 동독이 표방하던 사회주의적 교육체제의 특성에 따라 재편된 기숙사학교로 탈바꿈하게 되었다. 그러다가 통일이 되면서 동독 쪽의 정치, 경제 체제가 파산 지경에 이르게 되어 리이츠 학교는 거의 폐교될 위기에 처했었다. 바로 이 시기에 리이츠 학교를 다시 이전의 모습으로 재건하기 위해 발 벗고 나선 후원자들이 있었는데, 바로 그들이 이전에 리이츠의 학교에 다녔었던 '동문(Altbürger)'들이었다.

흔히 '리이츠주의자(Lietzer)', '하우빈다 사람(Haubindaner)'이라고 자칭하곤 하는 동문들은 이른바 '헤르만-리이츠-후원회(Hermann-Lietz-Stiftung)'를 결성하여 '헤르만-리이츠-학교'를 다시 부활시켰다. 특히 이들은 리이츠 학교를 다시 설립하는 데 있어서 처음 그가 이 학교를 설립할 당시의 교육이념과 운영방식을 될 수 있는 한 그대로 다시 재현하기 위해 근처 밤베르크 대학 교육학부의 디이터 하임(Dieter Heim) 교수와 그의 연구팀과 긴밀하게 협력하는 가운데 일을 진행시켰으며, 이후 이 협력 관계는 오늘날까지도 잘 유지되고 있다. 특히 이 학교의 실제적인 주인이기도 한 '동문회'의 활동은 주목할 만한 부분인데, 이들은 모교를 재정적으로 지원하기 위해 말 그대로 물심양면으로 매우 열성적인 자세로 애쓰고 있는 모

▲교사, 학부모, 동문들의 모임

습을 보인다. 그들은 상당한 금액의 기부금을 학교 운영을 위해 희사하고 있음은 물론, 정기적으로 잡지도 발행하고 있으며, 홈페이지를 만들어 늘 서로 접촉하면서 리이츠 학교의 운영이라고 하는 차원을 넘어서서 거의 가족과도 같은 차원에서의 인간적인 협력 관계를 디지고 있다. 또한 이에 더하여 헤르만 리이츠 학교의 로고가 들어간 기념품들—넥타이핀, 뱃지, 모자, 티셔츠 등—을 제작하여 대중을 대상으로 하여 판매하는 등, 크고 작은 다양한 사업을 벌여 리이츠 학교의 재정적 기반을 마련하는데 기여함과 동시에 리이츠 학교를 세상에 널리 알리는 효과를 거두기도 한다.

이들이 무엇보다 리이츠 학교를 대중에 알리는 노력을 게을리하지 않는 점이 이 학교가 사립 기숙사학교(private Internatsschule)로서 이 학교와 비슷한 성격으로 운영되는 독일 내의 다른 기숙사학교들과 늘 일정하게 경쟁관계에 있다는 점과 결코 무관하지 않은 것은 사실이다. 그럼에도 불구하고 '리이츠주의자'들의 모교를 위한 순수한 열정과 애정, 그리고 모교를 옛 모습 그대로 유지하기 위한 헌신적인 노력은 매우 각별한 것으로 보인다. 아마도 이와 같은 변함없는 모교 사랑은 리이츠가 처음 이 학교를 세우면서 그의 학생들과 맺은 거의 혈연적인 차원에서의 '부자관계'와도 같은 각별한 사제관계로부터 비롯된 것이라 여겨진다. 이와 같은 점들은 리이츠가 그의 교육론 속에서 그렇게도 강조하던 '공동체 의식'이 단지 언어와 이념에 그치는 것이 아니라 그 당시 실제 리이츠와 함께 생활했던 모든 이들의 마음과 정신, 그들의 기억 속에 평생 동안 지워지지 않을 만큼 강하게 각인되어 이제 그들의 삶 그 자체가 되어버렸다는 것을 뚜렷하게 나타내 주는 한 증표다. 그런 의미에서 리이츠가 그의 몸과 마음을 다 바쳐 설립한 학교를 잘 운영하기 위해 최선을 다했던 그 열정과 순수함, 그리고 숭고함에 가까울 정도의 확고부동한 신념은 오늘날 이 학교를 접하게 되는 우리들에게까지도 거의 그대로 전달되고 있다고 할 수 있다.

5. 맺는 말

독일의 '개혁교육학운동'의 한 지류로서의 '전원기숙사학교운동', 그중에서도 특히 헤르만 리이츠가 세운 '전원기숙사학교'는 교육이론과 교육실천의 차원 모두에서 오늘날까지지도 그 발자취를 뚜렷하게 남기고 있다. 바로 앞에서 언급한 바 리이츠 학교를 비롯한 '전원기숙사학교'가 현재까지도 옛 이념과 실천을 유지하는 가운데 건재하고 있다는 사실 외에도 이 교육운동이 현대 독일의 정규 학교교육 제도에 미친 영향이 곳곳에서 발견되기 때문이다. 구체적인 한 예로 현대 독일에서는 정규 학교를 다니는 학생들이 특정 기간 '전원기숙사(Schullandheim)'에서 묵으며 공동생활을 하도록 하는 교육 프로그램을 운영하고 있는데, 바로 이러한 교육활동은 이 운동의 직접적인 영향을 받아 구성, 운영되는 것이다.

그 외에도 리이츠가 당시 일상적 교육실천 속에서 구현하고자 했던 바 여러 가지 교육적 개념들, 즉 '노작', '체험', '교육내용의 삶과의 실제적 연관성', '자연과의 합일', '전인교육' 등의 개념들은 오늘날 독일에서의 교육제도 내부와 외부 모두에서 상당히 광범위하게 수용되고 있다는 점을 확인하게 된다. 그러나 이와 같은 구체적이며 실제적인 차원에서의 영향을 넘어서서 리이츠가 남긴 발자취를 따라 거슬러 올라가면서, 리이츠가 교육자로서, 그리고 한 인간으로서 살아간 삶 그 자체가 현대를 살아가는 우리에게 전해주는 메시지는 매우 특별한 것이라고 여겨진다. 리이츠 학교가 현재와 같이 계속 운영되어 졸업생들을 배출해 내고, 그들이 다시금 이 학교의 후원회에 속하여 이 학교를 존속시키는 한 리이츠의 특별한 삶과 그의 교육 이념은 늘 우리의 삶 속에 함께 있게 될 것이다.

미 주

1) 『마이센 이념』이란 '청소년운동'이 절정에 이르던 1913년 10월 11일 작센 지방의 마이센 고지대에서 청소년들이 중심이 되어 '마이센 축제'(Meißner Fest)가 개최되는 동안 마련된 것이다.
2) 레디는 1892년 이후 독일에서 공부했으며 괴팅엔 대학에서 박사학위를 취득했다. 이에 따라 레디는 그 이후부터 독일이라는 나라와 깊은 인연을 맺게 되었다. 세실 레디는 그의 구체적인 교육학적 이론들을 구성하는데 있어서 빌헬름 라인(Wilhelm Rein)의 영향을 받았다. 1893년 레디는 예나로 가서 라인을 직접 만나 그의 가르침을 받기도 했으며, 무엇보다 라인의 헤르바르트주의를 수용했다.
3) 레디가 빌헬름 라인을 방문했을 당시 헤르만 리이츠는 마침 라인이 설립한 '연습학교(Übungsschule)'에서 교사로 일하고 있었다. 바로 여기에서 레디와 리이츠의 만남이 이루어졌다고 할 수 있다. 이 당시 레디와 리이츠는 사실 굳이 누가 먼저랄 것도 없이 서로 영향을 주고받았다고 할 수 있다. 리이츠가 1896년 그의 스승인 라인의 권고에 따라 애보츠홈을 방문했을 당시 레디가 세운 학교의 여러 가지 구체적인 시도들에 신선한 자극을 받은 것은 사실이지만, 리이츠의 입장에서 볼 때 당시는 그의 교육학적 이론들의 기본적인 틀은 이미 완성단계에 있었던 때이기도 하기 때문이다. 리이츠는 그로부터 바로 1년 뒤 일젠부르크에 독일에서의 첫 번째 '전원기숙사학교'를 설립하게 된다.

6장

개화기 신교육의 수용과 전개

1. 들어가는 말
2. 신교육 형성의 배경
3. 신교육 수용과 전개의 양상
4. 개화기 신교육의 특수성
5. 맺는 말

1. 들어가는 말

이 글은 "20세기 초 구미의 주요 국가들(미국, 영국 프랑스, 독일)과 한국에서의 '신교육운동'의 성립과 전개"의 주제 아래 해당 시기 한국의 '신교육운동'을 다루는 것으로 구상되었다. 따라서 당연히 대상이 되는 '교육운동'이 무엇이냐에 관심을 가질 수밖에 없다. 서구 여러 나라의 경우에는 20세기 초반에 '교육운동'이라는 명칭을 붙일 수 있는 분명한 흐름들이 파악되고 정리되어 있다. 그러한 운동들은 19세기까지의 교육이념과 실천을 비판하고, 기존에 이미 정립되어 있던 공교육에 대한 대안운동으로서 민간의 개인이나 단체에 의한 운동으로 등장하였다.

한국의 20세기 초반은 서구의 20세기 초와는 분명하게 구별되는 특징을 가지고 있다. 당시 한국에 있어서 '신교육'이란 '종래 한학교육에 대한 학교중심의 교육, 또는 구래(舊來)의 전통적 유교교육에 대하여 이것을 불식하고 서구의 신문화를 섭취하려는 교육'(손인수, 1998: 219)을 가리키며, 1876년 일본의 강압에 의한 강제 개항 이후에 외래문물의 본격적인 수용과 함께 전개된 서구교육의 수용과 전개를 말한다. 그 과정에서 한국의 '신교육' 수용은 서구의 신교육운동과 달리 한국사회와 한국교육의 전면적인 변화를 만들어 내는 매개체의 역할을 수행하였다는 의미를 갖는다.

19세기 말부터 도입되어 확산을 모색하던 과정에 있던 신교육은 1905년의 을사늑약과 1910년의 한일합방에 따른 일제강점으로 인해 자발적인 성격이 분명하게 단절되어 버리고 말았다. 식민지 시기의 교육은 한국의 신교육이 아니라 일본제국주의에 의한 식민지 교육이기 때문이다. 식민지 시대의 교육은 전통의 단절과 일본화 내지는 일본에 의해 재해석되고 식민통치를 위해 의도적으로 조작된 서구교육의 이식을 의미한다. 그것은 또 다른 의미의 신교육이다. 그러므로 한국의 '신교육'을 논의함에 있어서는 식민지

시대를 포함하기보다는 19세기 말의 '신교육'을 고찰하는 것이 더욱 적절한 길이라고 판단된다. 따라서 여기에서는 19세기 말에서 1910년 이전까지의 신교육의 수용과 전개를 살펴보려고 한다.

고찰의 대상 시기를 정한다고 하더라도 문제는 여전히 남는다. 도대체 이 시기 한국의 교육에서 하나의 흐름으로 정리할 수 있는 '교육운동'이라는 것이 존재하는가의 문제다. '운동'의 사전적 개념은 "어떤 목적을 이루기 위해 조직적으로 벌이는 활동"이다(연세대학교 언어정보개발연구원 편, 1999: 1379). 이러한 개념 정의에 비추어 볼 때 이 시기 한국의 교육에서 '운동'의 성격을 지니는 현상을 찾아볼 수 있느냐의 문제가 제기된다. 이 시기 한국교육의 특징은 신교육의 수용이다. 그렇지만 그 안을 상세하게 들여다보면 개화파를 중심으로 하는 관 주도의 신교육 수용, 선교사들의 교육을 통한 선교활동, 민간의 신식학교 설립운동, 애국계몽 및 구국 활동 등이 공존하고 있다. 이러한 신교육 수용과 전개의 과정에 포괄되는 모든 것들이 '운동'의 명칭 아래 포괄될 수 있는가의 문제다.

일반적으로 '운동'의 명칭 아래 포괄될 수 있는 현상들에는, 특히 교육운동들의 배경에는 교육을 바라보는 관점의 변화가 있다. 인간과 교육을 바라보는 관점의 변화로부터 그러한 변화된 관점 아래서 새로운 인간의 양성을 통한 새로운 세계의 건설에 대한 노력의 전개가 운동으로 드러난다. 기존의 관점에 대립하는 새로운 관점과 이념이 운동의 목표를 분명하게 만들고 추진력과 조직성을 만들어 내는 원동력이 된다. 20세기 초 독일의 개혁교육학과 미국의 진보주의운동 등도 인간과 교육을 바라보는 관점의 분명한 전환 위에서 이루어졌다. 루소(J. J. Rousseau)의 사상에서부터 연유하는 자연주의적 관점을 교육현실에서 구현하고자 하는 노력들이 이 시기의 교육운동들을 아동중심주의에 기초한 낙관적 교육운동들로 이끌어갔다(Bollnow, 2001; Reble, 2002).

그렇다면 이 시기 한국의 신교육 수용과 전개의 배경을 이루는 교육관은 무엇인가? 한국의 개화기에 대한 연구는 주로 근대교육의 성립과 성격, 근대학교에 대한 연구가 주류를 이루고 있으며, 그 밖에 교육근대화와 종교의 역할, 동학, 계몽운동, 여성교육, 민족교육에 관한 연구들이 앞의 두 주제에 비해서는 적지만 다수 이루어졌다. 모든 분야에 걸쳐서 1980년대 이후에 연구가 활발하게 진행되고 있으며, 27편에 달하는 박사학위논문의 대부분도 1980년대 이후에 나온 것이어서 최근으로 올수록 활발하게 연구되고 있음을 알 수 있다. 근대교육의 연구와 관련해서 근대교육의 성립과 성격 및 근대학교에 대한 연구가 전체 연구의 절반을 차지한다(오인탁, 김창환, 윤재흥, 2001: 60). 많은 연구들이 이 분야에 집중되어 있는 만큼 이 분야에 대한 연구의 성과도 크다.

그럼에도 불구하고 한국의 신교육 수용의 성격에 관한 연구에서 신교육 수용과 전개의 배경이 된 이념에 대한 연구는 찾아보기 힘들다. 신교육의 성격이 그 수용과 전개의 능동성과 피동성의 규명에 집중되어 있거나 당시의 시대적 상황과 관련된 외면적인 전개의 양상에 초점을 맞추고 있기 때문이다. 신교육의 배경이 되는 이념과 사상에 대한 연구들이 비교적 적게 이루어짐으로써 또 신교육이 곧 서구의 교육이라는 점에서 서구의 교육사조와의 연결선상에서 신교육의 성격을 포괄적이고 근본적으로 규명해 내지 못하였다는 점에서 일정한 한계와 연구의 과제를 남겨두고 있다. 이념과 사상에 대한 검토가 충실하게 이루어지지 않음으로써 신교육은 곧 서구식 학교제도와 교과목의 수용을 의미하는 것으로 이해되기도 하였다. 그리하여 많은 연구자들이 서구식 학교의 설립으로부터 근대교육의 시작을 규명하고자 시도하였다. 최근 들어 이러한 연구 경향에 대한 비판과 더불어 한국 근대교육의 성격을 그 배경을 이루는 이념과 관련하여 고찰하려는 연구들이 등장하고 있어 앞으로는 이와 관련된 연구의 성과들이 축적되고 그동안 미진했던 부분을 보완할 수 있을 것으로 기대한다.

개화기에 있어서 전통적 유교적 가치관과 서구적인 가치관의 갈등은

'근본적인 문제'(손인수, 1998: 243)라고 볼 수 있다. 이는 한국의 근대 개화기 신구갈등이 세계관의 전환을 둘러싼 근본적인 갈등임을 의미한다. 그렇다면 그 갈등은 어떻게 전개되고 어떻게 해소되었는가? 근본적인 문제로서의 세계관의 전환은 완수되었는가? 혹은 미완의 과제로 남았는가? 교육의 영역에서도 세계관의 전환에 기초한 전환일 때 그 전환은 진정한 의미의 전환일 수 있다. 그렇다면 이 시기 신교육의 수용과 전개는 근본적인 전환으로서의 의미를 담고 있는가? 혹은 세계관의 전환은 이루어지지 않은 상태에서 표면적이고 부분적인 전환만 이루어지고 있는가? 한국 교육의 근대성 논의는 이와 같은 세계관의 전환, 교육관의 전환에 대한 논의에서 새로운 실마리를 찾을 수 있다.

이와 같은 판단에 따라서 이 글에서는 당시의 신교육 수용과 전개의 양상과 더불어서 그 기초가 되는 이념을 함께 살펴보려고 한다. 신교육 수용과 진개의 각 주체의 교육에 대한 언급을 살펴보고, 이를 통해서 당시 신교육운동의 성격을 규명하고자 한다. 아울러서 그 자체의 성격과 당시 서구 각 나라에서 이루어진 신교육운동의 성격을 비교함으로써 한국의 신교육의 성격을 보다 분명하게 드러내고자 한다. 이 경우에 서구의 여러 나라에서 이루어진 신교육운동과 개화기 우리의 신교육을 비교할 수 있는 기준을 마련하게 될 것으로 생각된다.

2. 신교육 형성의 배경

우리 사회가 본격적으로 신교육을 수용하기 시작한 것은 개항 이후의 일이다. 한 번 수용되기 시작한 신교육은 우리의 교육을 급격하게 변화시켰을 뿐만 아니라 전혀 새로운 가치관과 사회로 한국인들을 이끌어갔다. 서구의 다른 나라들에서 비슷한 시기에 이루어진 교육운동들이 교육 안에서 교육의 변화를 위해 시도되었다면 당시 우리나라의 신교육은 국가의 존망과 관련된 보다 폭넓고 복합적인 요인들과 관련되어 있었다.

1) 정신적 배경

신교육의 수용 이전에 이미 몇 가지 사상적 변화들이 이루어졌다. 변화들은 종래의 유교적 세계관에 대항하는 새로운 가치관을 전파하였고, 기존의 질서에 균열을 만들어가고 있었다. 그것이 신교육 수용의 정신적 배경이 되었다.

(1) 서학(천주교)

천주교는 명(明) 말부터 중국에 전래되어 상층부에 전파되었으며, 그 과정에서 중추적인 역할을 수행한 신부들에 의해서 서학과 관련된 많은 서적들이 간행되었다. 이들 서적들은 이미 17세기 초에 조선에 전래되어 종래의 유학적 세계관의 주축을 이루는 중국 중심의 편협한 세계관의 한계를 인식하게 하였다. 김만중의 예에서 보듯이 세계지도나 천문학의 전래 등으로 중국 중심의 화이(華夷)적 세계관을 탈피한 새로운 견해들이 생겨났다(강재언, 1990a: 33). 그러나 17세기에 조선에 소개되기 시작한 서학(西學)과 서교(西敎)는 조선의 완고한 유교적 풍토와 조선이 중국의 정통국가와 형제국가로 여겼던 명을 멸망시키고 등장한 오랑캐의 나라인 청(靑)을 인정하지 않으려는 풍토 아래서 본격적으로 수용되지 못하였다. 18세기 들어 이익과 그의 제자들을 중심으로 하는 실학자들에 의해 서학의 연구와 수용이 이루어졌다. 이들의 사상에는 천주교의 영향으로 유교적인 상하계층구조의 신분제가 절대적인 불변의 질서가 아닐 수도 있다는 인식이 포함되어 있었다. 서학 서적들을 통해 새로운 지식을 접한 일부의 유생들이 종래의 가치관을 수정하고 새로운 유학의 기치를 내건 것이 실학이다.

(2) 실학

청나라를 통해 전래된 서학 서적들의 영향과 연례적으로 이루어지던 청나라에 대한 사신 파견을 계기로 북경을 다녀온 일군의 학자들이 실학을 형성하였다. 서학에 접한 이들은 기존의 중국 중심의 세계관을 수정하였고, 중국 이외에도 우수한 문화가 있음을 인정하였다. 이것이 이들이 신문물을 수용할 수 있는 인식의 토대를 마련하였다(강재언, 1990a: 104). 이들에 의해 종래의 신분제의 폐지, 토지제도의 개혁, 과거제의 개혁 등 조선의 기본 체제를 이루고 있던 유교적 질서에 대한 개혁의 주장들이 대두되었다. 주자학 일색의 조선 유학계에서 이들의 주장은 유학 안에서 또 다른 길을 제시하였다. 비록 유학 안에 머물러서 근본적인 변화를 모색하지는 못하였지만 폐쇄적인 성리학적 이념을 탈피할 수 있는 가능성이 이들의 주장을 통해서 마련되었다. 이들의 사상은 1801년의 신유박해를 비롯한 천주교 탄압과정에서 이루어신 여러 실학자의 사망, 재야학자로서의 정책반영의 한계 등으로 인해 실현되지 못하였지만 후에 개화파를 형성하는 사상적 밑거름이 되었다. 이를 통해서 신교육과 신문물의 수용을 위한 토대를 형성하고 새로운 사회로 나아가는 사상적 변화의 단초를 제공한 의의가 있다.

(3) 동학

동학은 유불선의 사상적 융합을 추구하면서 또 서학의 요소들도 수용하였다. 동학의 사인여천(事人如天), 인내천(人乃天) 등의 구호 안에는 만인평등과 인본주의적 요소들이 강하게 내포되어 있다. 이러한 평등관은 종래의 유학적 인간관의 토대인 위계적 인간관을 근본적으로 수정하는 것이었다. 조선사회의 근본을 이루는 신분제에 대한 생각이 그러한 평등관에 의해 근본적으로 부정되었다(정영희, 2000). 뿐만 아니라 동학은 종래의 서학이나 실학과는 달리 그 사상을 실천하는 실천력을 가지고 있었다. 창도과정에서 지도자들에 의한 신분철폐의 실천이나 동학농민혁명 과정에서 나타난 신분제의 철저한 거부 등은 그 사상적 기반이 현실에서 구체적 실천으로 이어졌음을 보여 준다(신영우, 2000). 동학운동이 더욱 의미 있는 것은 기층민중을 중심으로 광범위한 계층을 포괄하였다는 점이다. 전라, 충청, 경상의 삼도를 점령하고 경기도에도 상당한 영향을 미치는 등 한반도 남부 지역을 실질적으로 장악함으로써 종래의 실학이나 천주교에 비해 영향을 미친 계층과 인원이 비교할 수 없을 만큼 넓었다. 그 전 단계에서 꼬리를 물고 일어난 국지적인 민란이 동학을 통해 결합됨으로써 전면적인 동학농민전쟁으로 촉발된 것이다(강재언, 1990b: 75). 그래서 그만큼 그 파급효과가 컸다고 할 수 있다. 동학은 그 이전의 산발적인 농민봉기의 집결이라는 의미뿐만 아니라 조선 사회의 근간인 유교적 신분질서와 그 기본이 되는 세계관을 변경할 수 있는 종래의 변화들이 집약되어 전파된 의식개혁의 큰 전기라고 할 수 있다. 결과적으로 일반민중들이 종래의 가치질서가 틀리고 새로운 가치질서가 도입되어야 한다는 인식을 갖게 하는 데 결정적인 역할을 하였다. 동학농민전쟁은 1894년 7월부터 시작되는 갑오개혁의 원동력이 되었고, 또 각지로 분산된 농민군의 활동은 반일의병투쟁으로 이어졌다(강재언, 1990b: 91).

2) 사회적 배경

격동의 19세기를 맞이하기 전 2세기 간에 걸쳐서 조선은 내부적으로 서서히 변화의 요소들을 확대해 가고 있었다. 두 차례에 걸친 심각한 전란 이후 중국에는 청나라가 자리 잡았고, 전통적인 관계가 그러했던 것처럼 중국의 영향이 조선 사회의 변화를 위한 하나의 중요한 요인이 되었다. 중국에는 이미 명말청초에 걸쳐 천주교의 선교활동이 활발했고, 천주교 선교사들을 통해 서구의 발달한 문물이 전래되었다. 그 결과 조선에도 청나라에 억류되어 있는 동안 신부들과 접촉한 소현세자 등을 통해서 서학이 전래될 수 있는 기회가 있었다. 그러나 당시의 위정자들과 유학자들이 주도한 '북벌론'의 영향 아래서 서학과 서구 문물의 수용과 이를 통한 발전의 기회를 마련하는 데 실패하고 말았다. 사상적인 관용성과 정치적인 경륜의 부족이 초래한 결과였다(강재언, 1990a: 75).

18세기는 주자학 일색의 경향에 반대하는 수사학적(洙泗學的) 흐름이 등장하였고, 허학(虛學)에 반대하는 실학사상이 대두하였다. 한편 서학과 서교를 수용한 성호좌파 학자들도 등장하여서 사상계의 다원적인 분화가 이루어질 수 있었다. 그런데 신유박해를 비롯한 천주교에 대한 박해를 계기로 이들 실학자들이 제거되면서 반서교적인 척사사상이 굳어지고 주자학에 의한 사상의 일원화가 강화되었다. 서교에 대한 탄압이 서학을 포함한 서양문물 전체에 대한 배척으로 귀결되면서 18세기 100년간에 걸쳐 서학을 연구하여 부국강병을 이룩할 수 있는 기회를 상실하게 되었다. 천주교에 대한 계속적이고 집요한 탄압은 조선에서의 서학수용을 완전히 위축시켰으며, 1882년 5월에 조미수호통상조약이 체결될 때까지 서양 세계에 대한 완고한 쇄국정책이 지속되었다(강재언, 1990a: 186). 그 결과 서학을 수용할 수 있는 사상적인 관용성을 완전히 상실하게 되었다(강재언, 1990a: 195).

세도정치가 계속된 19세기는 자본주의 열강의 무력에 의하여 불가피하게 쇄국으로부터 개국으로 전환하는 격동기였다. 그러나 조선은 그 이전 시기 동안 폐쇄적인 중화주의와 주자학에 천착하면서 시간을 낭비함으로써 역동적이고 적절하게 그러한 변화의 흐름에 대처할 능력을 갖추지 못하고 있었다. 위정자들은 세계 대세에 대한 연구와 통찰이 없이 서교(천주교)를 비롯한 새로운 문물을 배격함으로써 새로운 시대 조류에 대처할 수 있는 기회를 상실하고 말았다(강재언, 1990a: 178).

한쪽에서는 상업자본이 점차 산업자본으로 전환하여 농촌에서 배출된 농민을 임노동자로 고용하고, 일부 광산 및 수공업 분야에서는 자본주의 맹아가 싹트고 있었다. 그러나 당시 조선은 선진자본주의 열강의 개국 강요를 눈앞에 두고서도, 이러한 새로운 맹아를 보호하고 육성할 수 있는 정치적 여건이 이루어지지 않고 외척 일당의 세도정치 아래 오히려 이 새로운 맹아를 짓밟는 수탈이 계속되고 있었다(강재언, 1990b: 13).

이러한 과정에서 기존의 계층구조가 붕괴되고 새로운 계층구조가 형성되는 계층의 분화 현상이 활발하게 진행되었다. 이에 따라 신분에 대한 의식도 함께 변화하기 시작하였다. 변화된 신분의식에도 불구하고 부패한 세도정치에 의한 민중 수탈은 계속되었고 결국 빈번한 농민전쟁으로 대표되는 저항을 초래하게 되었다. 이러한 민중의 저항은 1811~1812년에 걸친 평안도 농민전쟁(홍경래의 난)과 1862년의 진주농민봉기 등을 거쳐 1894년의 갑오농민전쟁에 이르러 절정에 달하였다. 1890년대에 들어서는 거의 매년 여러 차례의 민란이 일어났고 계속 증가하는 양상을 보였다(강재언, 1982: 145). 그 만큼 농촌경제의 피폐와 부패한 권력의 수탈, 외국 자본에 의한 국부의 유출이 심하였음을 반증한다. 이와 같은 민중의 저항은 구체제를 극복하고 새로운 사회건설로 이어지지는 못하였지만 구체제의 해체와 새로운 사회체제 형성을 위한 토대를 마련한 의의를 찾을 수 있다(강재언, 1990b: 17).

이러한 국내적인 상황에 더하여 외세의 위협이 보다 구체적으로 나타나기 시작하였다. 대원군이 실질적으로 통치하던 시기인 1866년에는 프랑스에 의한 병인양요가 1871년에는 신미양요가 발생하였다. 위정척사의 기치 아래 이들 서구의 침략을 물리치기는 하였지만 그것이 거대한 새로운 조류에 대한 적절한 대응은 아니었다. 위정척사만으로는 새로운 시대를 적절하게 준비할 수 없었기 때문이었다. 그 결과 1876년 일본에 의한 강압적인 개항 요구에 굴복하여 아무런 대책 없이 불평등 조약을 체결하고 문호를 개방하게 되었다. 뒤이어 서구의 여러 나라들과 연이어 불평등한 조약을 체결함으로써 국부를 유출하고 국가의 위기가 점차 심화되는 단계로 접어들게 되었다.

이러한 상황 아래서 19세기 말 한국 사회는 대변혁을 겪게 되었다. 동학 농민혁명, 청일전쟁, 갑오경장 등으로 종래의 체제를 유지할 수 없게 되었다. 한편으로 국가 사회의 지도이념인 유교사상도 그 권위와 영향력을 상실하였다(이광린, 1975: 26). 그 과정에서 그 이전에는 위정척사파에 의해서 배제되었던 개화파가 정치의 주도권을 잡게 되면서 개화의 흐름이 급진전을 이루게 되었다. 개화사상은 별로 호응을 받지 못하였지만, 강화도 조약 이후 개항이 이루어지면서 정치적 세력으로서의 힘을 얻게 되었다. 이는 서구열강 및 그의 영향을 받은 일본의 실체를 경험하면서 개화의 필요성에 눈뜬 결과이기도 하다. 그렇지만 개화파는 정권을 확실하게 장악하지 못하였고, 일반 국민들의 광범위한 지지도 받지 못한 채 무리한 개혁을 시도하다가 실패하였다. 결국 자발적인 신문물의 수용과 자강을 위한 노력은 실패하고 일본에게 국권을 빼앗기게 된다. 신교육의 수용과 전개는 이러한 시대적 배경 안에서 이루어졌다.

3. 신교육 수용과 전개의 양상

위에서 살펴본 바와 같이 한국에서 신교육의 수용과 전개는 유교를 이념으로 하는 봉건적 구체제의 붕괴와 그에 따른 국가적 민족적인 위기 상황이라는 배경 아래에서 이루어졌다. 신교육은 그러한 위기를 극복하고 국가의 독립과 민족의 생존을 보장할 수 있는 수단으로 인식되었다. 따라서 신교육의 수용과 전개도 당시의 위기에 대한 인식과 대처에 직접적으로 연결되어 있다. 그 과정에는 정부와 민간이 함께 참여하였으며, 특별히 당시 전래되기 시작한 개신교의 영향도 매우 컸다.

1) 신교육의 수용

(1) 고종과 개화파에 의한 신교육 수용

한국 신교육의 수용과 전개에 있어서 특징적인 현상의 하나가 고종을 비롯한 정부가 신교육 수용을 적극적으로 추진하였다는 점이다. 이는 당시 신교육이 내부적으로 자생한 것이 아니라 국가적인 위기의 해결방안으로서 외부로부터 수용된 것과 관련된다. 다시 말해서 외부의 강제력에 의해 피동적으로 개항하고, 외세의 침탈 때문에 국가의 존속이 위협받게 된 상황을 벗어나기 위한 불가피한 선택으로서 신교육이 인식된 점과 관련이 있다.

1874년의 강화도 조약으로 개항한 후 정부는 중국과 일본 등지에 사절단과 유학생을 파견하여 외국의 선진 문물에 대한 이해를 도모하였다. 이 과정에서 선진 외국의 교육제도에 대해 알게 되고 그것이 신교육에 대한 동경과 적극적인 수용의 배경이 되었다.

고종은 1880년 일본을 다녀 온 수신사 김홍집과의 대화 내용에서 다음과 같이 교육에 대해 언급하고 있다(고종실록, 17년, 8. 28).

> 임금이 묻기를, "그 나라에서는 각기 그 재주에 따라 사람을 가르치므로 비록 부녀자와 어린아이라 하더라도 모두 공부시키니 그렇다면 하나도 버릴 사람이 없을 것이다."라고 하니 김홍집(金弘集)이 아뢰기를, "그렇기 때문에 한 사람도 놀고먹는 백성이 없었습니다."라고 하였다.

이러한 발언은 고종이 부국강병책과 관련하여 전 인민에게 생산력을 가질 수 있도록 하는 국민교육의 효과에 대해 관심을 보이고 있음을 알 수 있다.

당시의 대표적 개화론자 중의 한 사람인 어윤중에게서도 비슷한 생각을 발견할 수 있다. 어윤중은 "국세(國勢)를 진흥시키는 요체는 한 나라의 인민을 고동(鼓動)시키는 것만 같은 것이 없다. 활발한 기상을 기르는 데 힘쓴

후에 마침내 어떤 일을 할 수 있다."(김경미, 1999: 38 재인용)라고 하여 국가의 진흥에 있어서 인민 전체를 대상으로 하는 교육의 중요성을 강조하고 있다. 이는 종래의 관리양성에 초점을 맞춘 유교교육적 발상과는 차이를 보이는 것이다. 이때에 이미 개화관료와 고종 모두가 국민교육의 필요성을 인식하고 있음을 알 수 있다.

이러한 생각에 따라서 신식학교의 설립이 이루어졌다. 신교육의 수용과 더불어 최초로 설립된 근대적 학교는 원산학사다. 원산학사는 1883년 덕원 읍민들의 요청에 따라 덕원부사 정현석이 설립하였다(신용하, 1974). 원산학사는 관민이 공동으로 설립한 학교라고 볼 수 있다.

이에 비해서 관립 신식교육기관의 시초는 동문학이라 할 수 있다. 동문학은 1883년 8월에 설립된 관립 외국어교육기관이다. 일명 통변학교라고도 한다. 이러한 명칭에서 나타나듯이 동문학은 일반적인 학교라기보다는 개항 이후 그 필요성이 절실해진 통역관의 양성을 위한 역관 양성소의 성격이 컸다(손인수, 1998: 229). 동문학은 1886년 육영공원 설립과 동시에 문을 닫았다.

▲ 갑신정변 직전의 개화당

따라서 최초의 관립근대학교는 육영공원이라고 할 수 있다. 육영공원은 당시 시급하게 요청되었던 어학 능력을 갖춘 관료양성을 목적으로 하였다. 현직관료 중에서 선발된 학생을 수용하는 좌원(左院)과 양반자제들로 이루어진 우원(右院)의 두 반으로 되어 있었고, 학생정원은 35명이었다. 교관은 모두 미국에서 초빙된 미국인이었다. 육영공원은 고관자제와 양반만을 수용하는 신분적인 제한과 어학(영어)교육을 주로 하는 교육내용의 한계 때문에 성공을 거두지 못하였다.[1]

이 밖에도 1887년에는 성균관에 경학원(經學院)을 부설하였고, 1888년에는 군사훈련기관으로 연무공원(鍊武公院)을 설립하였다. 그러나 이 역시도 학생들이 양반신분에 속해 엄격한 군사훈련을 기피하였고, 졸업 후에도 과거에 합격해야만 무관이 될 수 있는 제도상의 불합리함과 무인을 천시하던 당시의 사회의식 때문에 실패하고 말았다(손인수, 1998: 230).

고종과 당시의 관료들은 국가의 부강을 위해서 보다 많은 인민에게 기술교육을 하는 것이 유용하다는 점을 이해하고 있었다. 이는 앞으로 인민의 생산을 국가의 부강으로 수렴하기 위해 국민교육을 실시해야 한다는 인식으로 나아가게 될 가능성을 갖는 것이었다. 종래의 유교교육에서 인재양성, 과거를 통한 인재의 선발, 관리에 의한 국가 운영의 구도를 벗어나서 국민 전체의 역량 강화를 통한 국력증대의 방향으로 전환해 갈 수 있는 근대적 국민교육론으로의 전환 가능성을 보여 준 것이다. 신교육의 유용성을 인식하고 유교교육만이 교육이라는 인식에서 벗어난 점, 인민 전체를 대상으로 하는 교육의 필요성에 대한 인식이 형성된 점 등에서 종래의 교육관과는 다른 점들을 발견할 수 있다.

그렇지만 이들의 생각이 유교교육의 가치를 부정하고 신교육을 지지하는 방향으로 전면적으로 전환한 것은 아니다. 오히려 이들의 언급은 유교를 근본으로 하는 동도서기론의 입장을 분명하게 보여 주는 것이다. 이러한 생각은 신교육은 어디까지나 유교교육의 틀 속에서만 운영될 수 있다는 이해를 반영하는 것이다. 교육이 단순한 기술의 전달이 아닌 이상 이러한 동도서기론의 입장이 정신적인 측면에서도 고수될 수 있음을 보여 주는 것이다.

이러한 생각은 신식학교의 설치와 운영에서 보다 분명하게 드러난다. 소수의 신식학교를 설치하고 거기에서 외국어를 비롯한 서구적 지식을 단기간에 이수한 관리들을 양성해 내고자 하였기 때문이다. 따라서 1880년대 신식학교의 설립을 포함한 정부주도의 교육은 '불변의 동도(東道)를 가르치는 유교교육을 본(本)으로 하는 교육정책 속에서, 시무학(時務學)인 서기(西器)를 가르치는 신교육은 동도를 지키기 위한 수단으로서 유교교육의 틀 속에서' 운영되었다(김경미, 1999: 71). 이와 같은 동도서기론적 신교육 수용의 입장은 유교의 보존을 그 목적으로 하면서 다만 하나의 방법적 지식으로서 서구교육을 취하고 있다는 점에서 근본이념은 유교에 있다고 할 수 있다. 그리고 그 목적은 당시 국가가 제국주의 열강의 침략으로 위기적 상황에 직면해 있었다는 객관적인 조건에서 황실권력의 안보와 이익을 지키는 데 있었다(노인화, 1989: 204).

비록 관 주도의 신교육이 큰 성공을 거두지는 못하였지만 갑오개혁을 통한 신교육의 체제 정비, 고종과 개화파 관료들의 지원하에 설립된 기독교계 학교들의 성공, 정부 안에서의 개혁에 실패한 개화파들에 의해 주도된 계몽운동 및 구국운동 등에 비추어 볼 때 정부주도의 신교육을 그 안에서만 바라보고 성격을 규정하기는 힘들다. 다음에 다룰 부분들에서 그 연계성을 검토해 보기로 하자.

(2) 기독교 전래와 교육선교

개항 이후에 이루어진 중국, 일본, 미국 등에 대한 사절단과 유학생 파견은 여태까지 밖으로부터 오는 신교육을 수동적으로 받아들이고 있던 한국이 능동적으로 외국에 나가 근대교육을 배워오려고 한 획기적인 조치였다.

그렇지만 이는 서구와의 접촉을 통한 신교육의 직접적인 수용은 아니었다. 그리고 그 결과 이루어진 정부의 신식학교 설립과 운영도 별 성과를 거두지 못하고 실패로 돌아갔다. 직접적인 서구문물의 수용은 기독교의 전래를 통해 이루어졌다. 또한 기독교계 학교들은 커다란 성공을 거둠으로써 실질적인 근대화의 주역으로 평가되고 있다.

한국의 기독교 수용은 타국과는 다른 독특한 과정으로 이루어졌다. 선교사들에 의한 기독교 전파 이전에 이미 한국인들에 의한 자발적인 수용이 이루어졌다. 한국인들의 기독교 수용은 선교사에 의한 직접선교보다는 한문으로 번역된 성경과 기독교 서적을 읽은 영향이 컸다(이광린, 1994: 1). 한국인에 의한 최초의 기독교 수용은 상업차 중국에 갔던 한국인 청년들인 이응찬, 이성하 등이 스코틀랜드 장로교 선교사 로스(J. Ross)를 만나 복음을 받아들인 데서 비롯되었다. 이들은 이후 로스 목사와 협력하여 성서를 번역하고 복음서를 인쇄하는 한편 만주지역의 한국인들을 대상으로 하는 선교사업을 벌였다. 그중의 한명인 서상륜은 1898년에 관서지방의 솔내에 최초의 교회를 세웠다(오인탁, 1982: 19). 이와 같은 기독교의 독자적인 수용과 교회설립의 역사에서 한국기독교의 특수성을 찾을 수 있다.

선교사들의 교육이 한국사회에서 쉽게 뿌리를 내릴 수 있었던 것도 당시 한국 정부측의 교육정책의 전환, 즉 구시대의 유교교육 체제를 벗어버리고 외국의 새로운 문물을 가르치는 신교육 체제를 확대 개방하여 국력을 기르자는 교육정책의 방향전환 때문에 가능했다(김인회, 1984: 93). 당시 개화파들은 개신교를 유교에 반대되는 종교로 배척했던 천주교와 구별해서 인식하는 경향이 있었다. 천주교는 프랑스의 종교이고, 이와는 달리 개신교는 미국의 종교였기 때문이다(이광린, 1975: 12). 이와 같은 인식의 차이는 당시 서구에 대한 인식을 결정한 통로의 역할을 한 황준헌의 『조선책략』에서 이 두 계열을 분리해서 소개한 영향이 크다. 이 책에서는 프랑스와 미국의 기독교를 천주교와 개신교로 분리해서 소개했다. 개신교의 종지는 정사에 간여하지 않도록 되어 있고, 그 신자 중에는 순박하고 선량한 사람이 많아 중국과 조약을 맺은 뒤로 한번도 불행한 사태가 일어나지 않았으니, 한국에서 전교를 허락해도 아무런 해가 없을 것이라고 했다. 이처럼 천주교와 개신교에 대한 구별은 교리의 차이를 이해했나기보다는 국가의 차이에 중점을 둔 것이다(이광린, 1975: 15).

진화론의 소개도 기독교에 대한 인식을 긍정적으로 변화시키는 데 기여하였다. 즉 서양이 부강하게 된 것은 기독교 때문이라는 생각이 펴져갔다. 이러한 인식은 새 사회를 이룩하려면 기독교를 신봉해야 된다는 판단으로 이어졌다. 서양의 뛰어난 기술 뒤에는 기독교라는 정신이 자리하고 있다는 생각에서 기독교까지 수용해야 한다는 사상적 전환에 도달하였다(이광린, 1975: 31).

기독교에 대한 이와 같은 당시의 이해는 개화파 관료들의 발언에 잘 나타나 있다. 박영효는 "종교가 성하면 나라도 성한다."라고 하면서 "야소교가 성한 구미 여러 나라가 최강국들인즉, 백성들이 종교를 자유롭게 신봉케 하자."라고 1884년에 상소하였다(오인탁, 1982: 23 재인용). 갑신정변을 주도한 김옥균 역시 기독교의 수용을 비롯한 신앙의 자유를 주장하였다(강재언, 1982: 113). 물론 이들은 모두 기독교 신자들이 아니었다. 또한 천주교의 극심한 탄압에 비추어 볼 때 이러한 발언 자체가 위험을 무릅쓴 이례적인 것이었음을 알 수 있다. 그럼에도 불구하고 이들이 기독교의 수용을 적극적으로 주장한 것은 당면한 국가의 위기를 극복하기 위한 부국의 도구로서의 기독교의 유용성을 확신했기 때문이라고 여겨진다.

이러한 개화파들의 주장은 고종에게도 수용되었다. 고종은 서양국가들의 부강이 기독교의 신봉에 있다는 신하들과 선교사의 말을 수용하여 기독교가 부국의 길이 될 수 있다고 생각하였다. 그리하여 을사조약을 맺은 이후에는 황실에서 황성기독청년회에 매년 일 만원씩의 보조금을 하사하기도 하였다(오인탁, 1982: 27). 그 이외에도 광혜원의 설립, 배제학당과 이화학당에 대한 정부와 왕실의 적극적인 지원 등의 사례에서 기독교에 대한 지지의 태도를 읽을 수 있다.

결국 당시의 집권층과 지식인들은 기독교를 한국의 자주와 개화를 추진하는 통로요 발판으로 이해하였으며, 교회는 이러한 선교초기의 교회이해에 자신을 충실히 맞추어 갔다. 그리하여 한국에서 선교사업은 교육사업의 형식으로 시작되었으며, 후에 포교가 자유로워지자 양자가 병행하여 추진되었다. 선교사들이 주도적으로 교육활동을 펼치고 학교를 설립했다기보다는 오히려 선교사들이 민족의식에 기초한 교인들의 교육열에 호응하여 학교를 설립하고 운영하였다고 보는 것이 맞다(오인탁, 1982: 47).

이와 같이 기독교는 국가적이고 민족적인 절박한 필요성에 부응하여 도입되고, 그러한 필요를 충족시키기 위하여 학교설립을 비롯한 교육활동을 활발하게 전개하였다. 기독교를 매개로 한 근대교육의 본격적인 수용은 개신교 선교사들의 활동과 병행해서 이루어졌다. 1884년에는 의사인 알렌(H. N. Allen) 부부가 입국하였고, 1885년에는 언더우드(H. G. Underwood)와 아펜젤러(H. G. Appenzeller) 부부 및 스크랜튼 부인(M. F. Scranton)이 내한하

▲ 언더우드의 동상과 그가 설립한 연세대학교

였다. 1885년에는 현재 연세대학교 의과대학의 모태가 된 광혜원이 설립되어 알렌이 운영을 맡았다. 같은 해에 아펜젤러에 의해 배재학당이 설립되었다. 언더우드는 1886년에 현 경신학교의 모태가 된 언더우드 학교를 설립하였다. 스크랜튼은 1886년에 한국 최초의 여학교인 이화학당을 설립하였다. 1894년에는 평양에 감리교파의 광성학교, 숭덕학교, 정의여학교 등이 설립되었고, 1897년 선교부의 지방학교 설치에 관한 정책이 결정된 후에는 선교부가 설치되어 있는 전국 주요 도시마다 남녀 중학교가 설립되어 나갔다. 개신교 학교들은 특히 여성교육에 있어서 결정적인 역할을 함으로써 한국에서의 여성교육의 선구가 되었다(강재언, 1990b: 72). 1910년 2월까지 설립된 미션학교는 장로교가 501, 감리교가 158, 천주교가 46개교로 모두 합하여 796개교이다. 이 중 개신교단에서 세운 학교가 666개교로 절대다수를 차지한다(손인수, 1998: 234-240).

이들 미션학교는 기독교 정신을 전파하여 이웃 사회를 위하며, 서양의 문물과 사상을 소개하고 전달하여 낡은 유교적 구습을 개혁하고, 나아가 민주적인 새로운 사회를 만드는 동시에 우리 민족에게 자주 · 자립하는 자세를 확립하고자 하였다. 이 이념에 따라서 선교사들은 서구의 교육제도와 신학문을 소개하였을 뿐만 아니라, 민주주의를 전파하였다. 그들이 소개한 신학문과 민주주의의 영향은 학교를 통해 퍼져 나갔고, 구국운동의 역량이 이들 기독교 학교를 통해 형성되었다(손인수, 1998: 242).

선교사들의 교육활동이 성공할 수 있었던 것은 교육과 의료를 중요한 포교수단으로 선택한 선교전략이 당시 신문물과 신교육을 갈망하던 조선정부 및 민간의 요구와 일치하였기 때문이다. 정부가 설립한 학교들이 관리양성을 위해 양반자제들을 대상으로 한 것에 비해서 이들 선교사들이 설립한 학교는 처음부터 신분이나 남녀의 차별 등을 염두에 두지 않았다는 점에서도 성공의 요인을 찾을 수 있다. 이미 양반이라는 기득권을 가지고 있고 과거를 통해 관료로 진출하기를 희망하는 양반자재들의 경우에는 영어를 비롯한 어학이나 신지식이 과거시험의 과목이며 정신적 지주인 유학에 비해 매력적일 수 없었다. 이에 비해서 중인 이하의 계층에게 있어서는 어학이나 신지식이 관직진출이나 출세를 위한 좋은 방편이었기 때문이다.

기독교계에 의해 전개된 활발한 교육활동은 정부주도의 제한적인 교육활동을 보완하였으며, 정부주도의 신교육이 실패로 돌아간 후에는 주도적인 신교육 기관으로 매우 큰 영향을 미쳤다. 그러한 성공의 배경에는 유교적 지식을 주로 하고 외국어를 비롯한 신교육을 부수적으로 가르치던 정부주도의 교육기관과는 달리 이들 기독교계 학교들이 본격적으로 신식교육을 실시함으로써 일반의 요구에 부응했기 때문이었다.

당시 기독교계 학교들의 교육은 인재양성을 목적으로 하는 전통적인 유교적 교육관에 기초하였던 정부 주도의 신교육, 즉 통역과 기술자의 양성 등 동도서기론적 입장에 충실했던 정부 주도 교육기관들과 다른 형태로 파악할 수 있다. 기독교계 학교들은 기독교 정신을 비롯한 서구문물 전반을 가르치고 있었기 때문이다. 그러한 기독교계 학교의 이념과 실천은 신교육에 대한 당시 한국인들의 요구를 충실히 반영하고 있었으며, 그러한 바탕위에서 커다란 성공을 거둘 수 있었다. 이러한 이념에 따른 교육을 통하여 많은 학생들이 자기의 민족과 국가가 처한 상황을 스스로 인식하고 판단할 수 있는 자발성을 갖춘 인재들로 양성되어 독립협회 등에서 활발하게 활동하였다.

기독교계가 주도한 신교육은 관주도의 신교육과 달리 커다란 성공을 거두었고 많은 영향을 미쳤다. 또한 그 내용면에서도 정부주도의 동도서기적 입장을 초월하여 보다 포괄적인 신문물의 수용을 통한 개화와 근대화를 지향하고 있었다. 기독교 교육 안에서 유교적 교육내용이 중심적인 내용에서 부수적인 내용으로 변화되었다. 종래 교육의 대상에서 제외되었던 여성과 하층민들이 교육의 대상으로 인정되고 적극적으로 신교육 안으로 수용되었다. 이러한 교육대상의 확대는 19세기 초반 조선 정부에 의해 시행된 노

비해방으로부터 시작된 신분질서의 타파를 완성한 것으로 볼 수 있다. 한문을 대신해서 한글이 중심적인 언어로 인정되고 사용됨으로써 언어를 매개로 전개되는 사회생활의 전반에 걸친 변화를 가져왔다. 오늘날 우리 사회의 일반적인 현상들의 토대가 당시 기독교와 기독교 학교의 교육을 통해서 뿌리내리게 되었으며, 신속하게 확산되어 갔다. 따라서 기독교에 의해 시행된 신교육은 부분적인 변화가 아니라 전반적인 변화이며, 표면적인 변화가 아니라 근본적인 변화라고 할 수 있다. 진정한 의미의 사회 변화로서의 근대화가 그 안에서 시도되고 성취되었다. 그러므로 관에 의한 신교육의 수용과 제도의 정비가 신교육의 시발점이라면 기독교에 의한 근대교육의 실천은 진정한 의미의 신교육의 실천이었고, 한국 근대의 중요한 기반을 형성하였다고 평가할 수 있다.

다른 한편으로, 기독교계의 신교육 수용과 전개에 있어서도 마찬가지로 국가와 민족을 우선으로 하고 기독교와 교육이 수단으로 인식되는 국가 중심적이고 전체를 우선시하는 경향을 읽을 수 있다. 이러한 인식에 따라서 기독교와 교육은 동시에 구국과 민족의 운명을 새롭게 개척하기 위한 수단으로서 인식되었다. 초기에 기독교는 부강한 국가건설을 위한 첩경으로 인식되어 적극적으로 수용되었고, 그 정착과정에 있어서도 가장 효과적인 신교육의 시행기관으로 인식됨으로써 빠르게 확산될 수 있었던 것이다. 초기 선교기에 있어서 기독교는 부강한 국가건설을 위한 수단으로 이해되었고, 점차적으로 독립국가로서의 생존이 어려워져감에 따라 민족구원의 종교로 새롭게 인식되었다. 그리고 그 이념은 초기의 국가주의로부터 국가의 쇠망과 더불어 민족주의로 자연스럽게 옮겨갔다.

2) 신교육의 확산

(1) 갑오개혁과 신식 교육제도 수립

개화기 신교육 수용에 있어서 가장 중요한 사건 중의 하나가 갑오개혁이라고 할 수 있다. 개화를 위한 신교육의 수용운동은 제도 개혁 없이는 영속적인 힘을 갖기가 힘들었다. 그런 의미에서 갑오개혁은 그 이전까지 제도권 밖에서 대안운동으로 이루어지던 신교육의 수용과 전개를 제도화했다는 점에서 하나의 전환점이라고 할 수 있다. 갑오개혁을 통해서 과거제도 폐지 등 이전의 유교교육체제가 부정되고 신학제의 도입 등이 본격적으로 이루어졌기 때문이다.

전통적으로 학사를 관장하였던 예조를 폐지하고 교육을 전담할 학무아문(후에 학부로 개편)을 두고, 과거제도를 폐지하였다. 또한 학교의 입학기회를 개방하여 신분에 따른 차별을 철폐함으로써 교육을 통한 신분의 향상과 신분제도의 개혁 가능성이 열리게 되었다. 갑오개혁은 '전통사회의 봉건적 교육체제를 제도상 전면적으로 부정하였다는 점에서 우리나라 근대교육사상 획기적인 일'로 평가되고 있다(손인수, 1998: 245).

갑오개혁의 연장선상에서 1895년에는 '교육입국조서(教育入國詔書)'를 반포하여 부국을 위한 교육의 중요성을 강조하였다. 이를 실천하기 위하여 같은 해 4월에 '한성사범학교관제'를 공포하고 곧이어 외국어학교관제, 성균관관제, 소학교령 등을 계속 공포하였다. 한성사범학교관제는 우리나라 최초의 현대식 학교법규이며, 이에 따라 설립된 한성사범학교는 최초의 근대식 교사양성기관이 된다(손인수, 1998: 246). 소학교령에 의해 소학교들이 계속 설립되어 1905년에는 서울에 10개교, 지방에 50여 개교에 이르게 되었다(손인수, 1998: 246).

관공립학교의 설립과 이를 통한 신지식을 갖춘 인재의 양성은 제한적이지만 점차 증가하여 가는 추세였다. 그럼에도 불구하고 이들 관공립학교는 일본의 학제를 그대로 모방한 점에서 일정한 한계를 가지고 있었다. 더욱이 1905년 이후 일제 통감부의 제도적 동화정책의 영향 아래서 한국인을 일본화 하는 데 기여하는 도구로 전락하면서 본질이 변질되고 말았다.

1895년 2월 고종의 '교육입국(教育立國)의 조서(詔書)'를 통해서 우리는 당시의 상황에 대한 고종의 인식과 신교육에 대한 이해를 알 수 있다(고종실록, 1895. 2. 2).

> 아, 백성을 가르치지 않으면 나라를 굳건히 하기가 매우 어렵다. 세상 형편을 돌아보건대 부유하고 강하여 거연히 독립한 여러 나라들은 모두 그 나라 백성들의 지식이 개명(開明)하다. 지식이 개명하는 것은 교육이 잘 된 데서 이루어지는 것이니 교육은 실로 나라를 보존하는 근본으로 된다. 그래서 나는 임금과 스승의 자리에 있으면서 교육하는 책임을 스스로 떠맡고 있다. … 내가 정부(政府)에 지시하여 학교를 널리 세우고 인재를 양성하는 것은 너희들 신하와 백성의 학식으로 나라를 중흥(中興)시키는 큰 공로를 이룩하기 위해서이다. 너희들 신하와 백성은 임금에게 충성하고 나라를 사랑하는 심정으로 덕과 체력, 지혜를 기를 것이다.
>
> 왕실의 안전도 너희들 신하와 백성을 교육하는 데 달려 있고 나라의 부강도 너희들 신하와 백성들을 교육하는 데 달려 있다. 그러니 너희들 신하와 백성에 대한 교육이 훌륭한 경지에 이르지 못하면 내가 어떻게 나의 정사가 잘 된다고 하며 나의 정부가 어찌 감히 그 책임을 다하였다고 말할 수 있겠는가 … 나라의 원수를 갚을 사람은 오직 너희들 신하와 백성이고, 외적의 침공을 막을 사람도 너희들 신하와 백성이며, 나라의 정치 제도를 닦아나갈 사람도 너희들 신하와 백성이다.

소학교와 사범학교의 설립은 교육대상의 획기적인 확대와 이를 통한 신교육의 전면적인 실시의지를 천명한 것으로 볼 수 있다. 일부 계층에 편중되어 있던 교육이 신분을 초월한 폭넓은 대상에게 개방될 수 있는 제도적인 길이 열리게 되었다. 무엇보다 의미 있는 일은 과거제가 폐지됨으로써 유학교육과 과거제의 연결고리를 통한 유교적 신분질서 유지의 틀이 부정된 것이다. 신식학교에 다니고 신식교육을 받는 것이 신분상승의 새로운 통로로 이해되기 시작함으로써 신교육에 대한 요구를 획기적으로 증대시키게 되었다. 결과적으로 과거급제가 곧 출세와 양반신분의 유지를 의미하던 등식이 파기되고 신교육이 곧 신분상승을 의미하는 새로운 등식과 가치관이 성립된 것이다.

이것은 교육을 바라보는 관점의 커다란 변화라고 할 수 있다. 유교적인 교육만이 의미 있다는 의식이 폐기되고 새로운 학문과 지식에 대해서 제일의 가치를 부과하게 되었기 때문이다. 1890년대 들어 계몽운동과 신식학교 설립이 일반 민중들의 커다란 호응을 받으면서 급격하게 번져갈 수 있었던 것도 신교육의 현실적인 유용성에 대한 평가를 가능하게 한 갑오개혁의 밑받침이 있었다고 할 수 있다. 또한 갑오개혁은 새로운 가치관과 그 가치관을 교육하는 기관으로서의 신식학교의 정당성을 제도적으로 뒷받침함으로써 본격적인 신교육 확산을 위한 외적 기반을 마련한 것으로

▲ 한성사범학교

평가할 수 있다.

그럼에도 불구하고 갑오개혁을 수행한 정부와 고종황제의 교육관이 제도의 전면적인 개혁과 같은 정도로 근본적으로 전환되었는지에 대해서는 의문이 있다. 제도의 전면적인 개혁은 분명히 의미 있는 개혁이다. 그리고 입학 기회의 개방을 통하여 종래의 신분 중심의 교육을 탈피하는 계기를 마련하였다는 점에서 획기적인 조치였다고 평가할 수 있다. 그렇지만 제도의 개혁이 그대로 전면적인 근대교육으로의 전환으로 받아들여질 수 있는지에 대해서는 의문이 남는다.

위의 인용문들에서 보는 바와 같이 신교육의 도입과 교육기회 확대의 목적은 근본적으로 '왕실의 안전'과 '국가의 부강'에 있기 때문이다. 종래의 유교교육에서와 마찬가지로 교육의 목적은 국가와 왕실에 충성할 수 있는 인재의 양성에 있다. 다만 소수 엘리트 유학자 관료와 이들이 가진 유학적 소양만으로는 불충분하다는 인식이 확립된 점이 다른 점이다. 결과적으로 그들에게 있어서 교육은 여전히 왕실과 국가를 위한 수단으로 인식되고 있다. 신교육의 실시를 통하여 왕실의 안전과 국가의 부강을 도모하려 했다는 점에서 종래의 교육관과 교육목적은 고수되고 있음을 알 수 있다. 국민 개개인을 위한 교육이 아니라 임금과 왕실을 위한 교육, 국가를 위한 교육으로서 전체적이고 수단적인 교육관에 의해 갑오개혁은 이루어진 것이다. 결국 '과거급제를 통한 신분의 유지 또는 상승'에서 '신식교육을 통한 신분의 상승으로의 전환'이 근본적인 전환인가라는 의문을 낳게 된다. 교육을 통한 인재의 양성과 그 인재들의 국가를 위한 사용이라는 유교적인 교육이해의 틀이 그대로 간직되어 있기 때문이다.

이러한 맥락에서 동도서기적 입장에서 시행된 정부의 교육정책은 그 이념에 있어서는 유교교육의 지속으로 파악될 수 있다. 갑오개혁의 경우에도 근본적인 이념은 국가와 군주를 위한 인재양성이라는 유교적 이념을 따르고 있다. 인재양성을 목적으로 하는 유교적 교육관은 그대로 유지하면서 인재들이 갖추어야 할 자질에 유학 이외에 서구적 지식을 추가하고자 한 것이 이 시기 교육의 특징이다. '모든 인민을 국민국가의 구성원인 국민으로 키워내기 위한 국민교육을 근대교육의 이념형'(김경미, 1999: 5)으로 본다면 '국민'이 아닌 '신민'으로 인식된 피지배층에 대한 인식에서 우리는 그와 같은 판단의 근거를 찾을 수 있다.

이 시기 고종과 개화파 관료들이 주도한 신교육은 전통적 유교교육의 인재양성론의 틀 안에서 이루어졌다. 정신의 교육은 유학에 바탕을 두고 기술의 습득을 통해 국가의 전통과 운명을 지켜낼 수 있는 수단으로서 교육을 인식하였다. 그 안에서 신교육은 국가를 위한 인재의 양성의 수단으로 기능하는 한편으로 종래의 신분질서를 탈피하여 신분상승과 고위직 진출의 새로운 자질로 인식되기 시작하였다. 신교육과 동등한 의미를 갖는 근대교육 혹은 서구교육에 있어서의 근본이념들은 이러한 상황에서 충분하게 소화되지 못하였으며, 결과적으로 근대정신에 입각한 근대교육의 형성은 미완의 과제로 남게 되었다.

(2) 계몽운동

1890년대 후반기 개화운동의 특징은 종래의 혁신적인 소수파에 의한 '위로부터의' 개혁이라는 제약을 넘어섰다는 점에서 찾을 수 있다. 「독립신문」 및 독립협회에 의한 계몽운동을 통하여 개화사상이 대중 속으로 점차 침투하였고, 개화운동이 이 같은 대중적 기반을 토대로 하여 만민공동회에 의한 '아래로부터'의 대중적 정치운동으로 전환하였다는 사실이다. 1890년대 후반기의 개화운동이 대체로 대중운동과 결합하게 된 주요한 원인의 하나는, 갑신정변과 갑오개혁에서 나타난 일본군사력에의 의존을 탈피함으로써 '개화=왜이화'라는 기존의 관념이 민중 사이에서 점차 지양되었다는 점이다. 개화사상의 정치적 지향이 주로 도시 중심이라는 지역적 제약은 있었지만, 점차로 올바르게 인식되기에 이르렀다(강재언, 1982: 198).

1884년 갑신정변 및 1894년 갑오개혁의 실패와 개화파의 숙청은 신교육의 확산에 중대한 타격을 주었다. 그러나 개화사상 자체는 도시시민층 속으로 점점 깊이 침투하였고, 1896년 7월 서재필의 지도에 의한 독립협회의 창립에 의하여 대중적 정지운동으로 발전하였다. 이를 통해 갑오개혁이 좌절된 후에 수구파에 의한 구체제로의 복귀가 저지되고 갑오개혁의 성과를 지키고 심화시켰다(강재언, 1990b: 105). 같은 맥락에서 진행된 신교육의 수용도 독립협회 중심의 계몽활동과 교육진흥책의 영향 아래 발전하여 갔다.

독립협회는 갑오개혁에는 찬성하지만 일본에 대한 의존에는 반대하던 독립 개화 세력이 아관파천 직후인 1896년 7월에 창립한 사회정치단체였다. 설립자 서재필의 경우에서 보듯이 독립협회는 갑신정변의 직접적인 사상적 계승자로 볼 수 있다(강재언, 1982: 208). 독립협회는 국내의 자주적 개혁 세력을 모두 흡수해서 강력한 단체를 결성하고 자주, 민권, 자강의 민족운동을 전개하였다(신용하, 2001: 37). 종래의 개화운동과 연결되어 있으면서도 그 제약을 비판적으로 지양함으로써 첫째, 종래의 개화파들이 입헌군

▲독립협회 회원들

주제를 지향한 데 대해서 공화주의적 경향을 나타내었다. 둘째, 개화사상의 대중화를 지향하였다. 이를 위해서 언론, 출판, 결사, 집회의 민주주주의적인 제도를 적극 도입하고 활용하였다(강재언, 1982: 209).

독립협회의 활동 시기는 크게 3기로 구분할 수 있다. 첫 단계는 '독립문 건립 운동기'로서 1896년부터 1897년 8월 28일까지로 독립문, 독립관, 독립공원의 건립 사업을 추진하면서 지식인과 시민뿐만 아니라 고급 관료들까지 참여한 단계다. 둘째 단계는 '토론회 계몽운동기'로서 1897년 8월 29일부터 1898년 2월 20일까지다. 이 단계에서는 토론회를 통해 민중계몽운동을 활발하게 전개하였다. 셋째 단계는 본격적인 '정치개혁 운동기'로서, 1898년 2월 21일부터 같은 해 12월 25일까지다. 이 단계에서는 자주독립과 국민의 자유 민권을 실현하고 제도화하기 위해 투쟁을 전개하였다. 이 단계에서 관민공동회, 만민공동회 등의 대중집회와 정부에 대한 강력한 비판 및 투쟁활동이 전개되었다(신용하, 2001: 38).

독립협회의 민족주의와 의회민주주의 사상과 운동은 한국인들이 스스로 자유민권, 의회주의 사상을 정립하여 근대적 국민 국가와 시민 사회를 수립해서 발전시킬 수 있는 구체적인 사상을 정립했을 뿐만 아니라 이를 실현하기 위한 강력한 변혁운동을 전개하였음을 보여 준다. 이러한 운동이 성공을 거두지 못하여 독립을 유지하지 못하였다 할지라도 민족주의와 민주주의운동은 도시민과 청년층 등 민중과 결합되는 데에는 성공했다. 그리하여 독립협회는 그 운동에 참가한 수많은 애국 청년들을 길러내었고, 이들은 그 후의 모든 근대 민족주의와 의회 민주주의를 위한 운동과 노력들의 주도자가 되었다(신용하, 2001: 101).

독립신문은 서재필에 의해 1896년에 창간되었다. 서재필은 일찍이 갑신정변 실패의 주요 원인을 민중의 지지가 없었기 때문이라고 보고 있었으며, 갑오개혁의 성공과 실패 여부도 개화파 정부의 개화 정책에 대한 국민의 지지정도에 달려 있다고 생각하여 신문을 창간하였다(신용하, 2001: 104).

이처럼 독립신문은 처음부터 민중계몽이라는 분명한 목표를 설정하고 창간되었고, 이러한 목적달성을 위해 역사상 최초로 국문 전용, 띄어쓰기, 쉬운 한글쓰기 등을 실시하여 한문을 모르는 민중과 부녀자들도 읽을 수 있게 하였다(신용하, 2001: 108).

독립신문이 갖는 획기적인 의의는 첫째, 종래 신지식과 신학문에서 격리되어 있던 서민층을 각성시킨 점이다. 둘째, 자유민권사상의 신장을 도모하고 봉건적 압정과 침체 속에 억눌려 있던 대중의 힘을 각성시켜 국정개혁과 자주독립의 원동력으로 결집시키고자 하였으며, 셋째, 개화운동의 대중적인 기반을 확립한 점이다.

이러한 계몽운동의 영향 아래서 민간인이 설립한 사립학교들이 급격하게 확장되어 갔다. 갑오개혁 이후 설립된 관공립학교의 한계에 대해 한국민들의 요구에 부응하는 신교육의 열기를 이어간 것이 민간에서 설립한 사립학교들이다. 민간 사립학교는 기독교의 직접적인 영향을 받았다고 보기는 어렵지만 대체로 기독교 선교에 의한 학교의 설립이라는 대세와 당시의 사회적 요청인 개화에 대한 열망에 자극을 받아 설립되었다(손인수, 1998: 254). 1895년 민영환이 흥화학교를 설립하였고, 같은 해에 을미의숙, 1896년에는 중교의숙, 1899년에는 안창호에 의해 점진학교가 설립되는 등 많은 사립학교들이 설립되었다. 1905년까지 설립된 사립학교는 〈표 6-1〉과 같다.

1890년대 후반기의 독립협회운동은 1905년 이후의 애국계몽운동으로 연결되었다. 독립협회운동이 보다 광범위한 대중을 동원할 수 없었고 군경과 황국협회에 의해 좌절된 데 대한 반성으로서 청소년과 성인교육 및 계몽을 당면의 과제로 인식한 것이 계몽운동의 기반이 되었다.

그렇다면 이들 계몽운동의 교육적 이념은 어떻게 이해될 수 있는가? 신교육 수용과 전개의 과정에서 학교교육의 영역 밖에서는 개화론자들과 이들의 영향 아래 신교육을 받은 사람들을 중심으로 전개된 애국계몽운동 및

〈표 6-1〉 1905년 이전에 설립된 민간 사립학교(손인수, 1998: 265 발췌 인용)

설립연도	학교명	설립자	소재지
1883	원산학교	덕원유지	원산
1895	흥화학교	민영환	서울
1895	한성의숙(뒤에 낙영의숙)	사회유지	서울
1896	중교의숙	민영기	서울
1897	정신여학교	김양당	서울
1898	순성여학교	찬양회	서울
1898	광흥학교	박예병	서울
1899	점진학교	안창호	강서
1899	시무학교	민영기	서울
1901	문동학원	신규식	청원
1901	낙연의숙(뒤에 보성학교)	서광세	서울
1902	우산학교	양재새	서울
1904	청년학원	전덕기	서울
1905	양정의숙	엄주익	서울
1905	광성실업학교	전소론파(前少論派)	서울
1905	한성법학교	사회유지	서울
1905	보성학교(뒤에 보성전문학교)	이용익	서울

교육구국운동이 가장 주목할 만한 대상이며, 이 시기 신교육 이해의 필수적인 고찰 대상이 되어 왔다. 그렇기 때문에 신교육의 수용과 전개의 성격 규명을 위한 교육이념에 대한 연구에 있어서도 이들 단체들과 그 참가자들이 표방하였던 교육관을 살펴보는 것은 매우 중요하다.

다음과 같은 몇 가지 기사를 통하여 대표적인 운동단체였던 독립협회의 교육이념을 알 수 있다.

> 대저 동양 풍속이 나라를 정부가 독단하는 고로 나라가 위태한 때를 당하여도 백성은 권리가 없으므로 나라 흥망을 전혀 정부에다 미루고 수수방관만

> 하고 정부는 나중에 몇몇 사람이 순절만 할 줄로 성사를 삼는 고로 나라 힘이 미약하여 망하는 폐단이 자주 날 뿐더러 … (독립신문. 1898. 12. 15).
>
> 나라가 진보되어 가는지 안 가는지는 첫째 보이는 것은 그 나라 사람들이 자기들이 백성된 권리를 찾으려고 하는 것이라 … 백성마다 얼미만큼 하느님이 주신 권리가 있는데 그 권리는 아무라도 빼앗지 못하는 권리요 그 권리를 가지고 백성 노릇을 잘 하여야 그 나라 임금의 권리가 높아지고 국가의 지위도 높아지는 법이라(독립신문, 1897. 3. 9).

위와 같은 언급들은 독립협회나 독립신문을 주도한 서재필과 기타 인사들이 민권에 대한 인식을 가지고 있었다는 것을 보여 준다. 정부에 우선하는 국민 개개인의 권리를 언급하는 등 기존의 봉건적인 신분질서 시대와는 매우 다른 의식을 보여 준다. 그런 점에서 독립협회는 근대적 민권의식을 획기적으로 진작시킨 공헌을 인정받고 있다(강재언, 1990b; 신용하, 2001).

그런데 이러한 민권의식은 곧바로 국가의 성쇠와 연결되어 이해되고 있다. 즉 백성의 권리의 강함과 약함이 국가의 강약과 성쇠의 핵심적인 요인으로 이해되고 있다. 이러한 이해는 국민의 교육에 대한 이해에서도 분명하게 나타난다.

> 정부에서 학교를 지어 인민을 교육하는 것이 정부의 제일 소중한 직무요, 다른 일은 아직 못하더라도 정부에서 인민교육은 하여야 할 것이라. 나라가 지금은 이렇게 약하고 백성이 어두워, 만사가 남의 나라만 못하고, 남의 나라에 업수히 여김을 받으나, 조선도 인민을 교육만 하면 외국과 같이 될지라(독립신문, 1896. 5. 12).

백성을 위한 정부의 교육 책임을 강조하고 있다는 점에서 근대적인 교육 이해를 찾아 볼 수 있다. 그럼에도 불구하고 이 글에 나타난 또 다른 분명한 점은 민권에 대한 뚜렷한 자각보다는 우매한 계몽의 대상이자 국가의 부강이라는 절대적인 과제를 수행하는 도구적 존재로서의 국민에 대한 인식이다. 이처럼 계몽운동과 신교육운동의 바탕이 된 실력양성론에는 일반 민중에 대한 우민관(愚民觀)이 깔려 있다(최기영, 1997: 113). 이들은 교육을 통해 백성이 계몽되고 계몽된 백성들의 힘이 실력으로 축적되어야만 국가의 독립을 성취할 수 있다고 생각하였다. 그런 의미에서 당시의 반식민적 상황을 백성의 무교육과 그에 따른 국권의 약화가 초래한 당연한 상황으로 받아들이기도 하였다. 국가패망의 위기를 초래한 원인이 조선 사회의 열등성에 있고 이는 실력의 양성을 통해 극복될 수 있다는 식의 사회진화론적 인식이 갖는 한계가 이러한 민권, 교육, 국가 이해에 그대로 반영되어 있는 것이다.

독립협회의 의회 민주주의 주장은 당시 확고한 시민적 권리를 인정받지 못한 국민의 자유 민권을 신장시켜 국정에 참정시킴으로써 국가를 근대적 국민 국가로 개혁하여 자주 부강한 근대 민주 국가를 의회를 중심으로 하여 건설하려 한 것이 근본적인 동기였다고 볼 수 있다(신용하, 2001: 68). 결국 서구와 같이 국민주권의 사상이 무르익어서 국가와 군주의 절대 권력에 대항하는 국민주권론이 등장한 것이 아니라 국가의 위기에 직면하여 국가를 지키기 위해서는 국민의 발전된 역량을 필요로 했기 때문에 국민주권론이 도구적으로 등장한 것이라고 볼 수 있다.

따라서 독립협회를 비롯한 여러 단체들이 민권사상과 의무교육론 등을 언급한 것을 근거로 의식의 근대화에 있어서 이들의 결정적인 공헌을 논하는 것은 부분적으로만 타당하다. 민권사상, 입헌군주제, 의회민주주의, 의무교육론 등의 제안이 곧바로 그것을 제안한 사람들의 의식의 근대성을 의미하는 것은 아니기 때문이다. 이는 앞서 고찰한 개화관료들과 고종의 기독교 이해와 비슷한 구도라고 할 수 있다. 그들이 기독교 신자가 아니면서도 국가의 부강을 위한 수단으로서 기독교 수용을 주장하고 옹호한 것처럼 계몽운동단체들도 진정한 민주주의자나 의무교육 사상의 옹호자로서 그것을 주장한 것이 아니기 때문이다. 국권수호와 독립의 쟁취를 위한 수단으로서 그것을 주장할 수 있다는 것이다. 따라서 이들에게 있어서 진정한 이념은 국가주의였고, 국가의 쇠망이 확실해진 다음에는 자연스럽게 민족주의로 옮겨갔다고 할 수 있다.

독립협회를 비롯한 여러 단체들의 계몽운동들은 당시 일반적으로 교육과 국정운영의 고려 대상에서 제외되었던 일반 시민들을 국정에 대한 논의와 교육의 장 안으로 이끌어 들였다는 점에서 의미 있다. 근대적 정치와 교육의 틀을 이들의 활동 안에서 찾을 수 있으며, 그러한 활동이 전개될 수 있었던 것은 근본적으로 종래와 다른 인간과 세계와 교육을 바라보는 관점이 확립되어 있었기 때문이라고 평가할 수 있다. 따라서 독립협회 등의 활동은 비록 서울을 중심으로 전개된 부분적인 활동으로서의 한계를 가짐에도 불구하고 전반적인 사회 변화의 한 축을 이루었다고 이야기할 수 있다.

그럼에도 불구하고 이들의 근본적인 동기가 국가의 보전을 위한 활동이었고, 이를 위해서 계몽된 일반 시민의 힘이 필요하다는 인식에서 출발했다는 점은 한계로 지적된다. 국민의 교육이 정부의 제일 책임임을 강조한 것은 분명 중요한 발전이다. 기존의 유교교육에 있어서의 소수 인재양성론에서 탈피하여 전체 국민에 대한 교육을 강조하고 있으며, 국민의 교육을 국가의 책임으로 분명하게 규정하고 있다. 그러나 그 출발점이 민권사상에 뿌리를 내리고 있지 못한 한계가 있으며, 국민을 주체로 보기보다는 국가라는 절대적인 가치의 수호를 위한 도구적 존재로 이해하고 있다는 점에서 한계를 갖는다. 조선이 토대로 했던 군주로부터 일반 백성까지가 한 가족적 공동운명체라는 유교적 이데올로기가 국가적 민족적 위기 상황 안에서 타파되지 않고 신교육의 중심적인 동인으로 그대로 유지되었기 때문이다.

3) 국권회복운동기

1905년 이후의 신교육의 전개양상은 이전 시기의 개화운동을 계승하고 국권상실이라는 현실적 상황의 변화에 대응하여 그 방향을 개화에서 실력배양 및 자강운동으로 전환하였다. 이전 시기의 운동을 계승하면서도 소수의 엘리트 중심의 한계를 극복하고 변화된 상황에 적절하게 대응하기 위해서 대중지향과 국권회복을 위한 실력배양 및 자강의 노선을 선택한 점에서 차별성을 갖는다. 애국계몽운동은 한국 민족의 실력이 일본 제국주의의 실력보다 현저히 부족하다는 사실을 객관적으로 인식한 개화 자강파 애국 인사들이 국권 회복의 장기전에서 '최후의 승리'를 쟁취하기 위하여 전개한 애국 독립 역량 양성운동이었다(신용하, 2001: 118).

그런데 국권상실의 시기인 이 시기의 운동이 독립을 위한 무장투쟁으로 나아가지 않고 교육을 통한 실력양성의 방향을 지향하게 된 데에는 당시 널리 소개되었던 사회진화론의 영향이 컸다. 당시의 사회진화론은 국가들 간의 힘의 강약과 그에 따른 강국에 의한 약소국의 지배를 진화론적인 약육강식과 적자생존의 법칙에 따른 당연한 결과로 받아들이는 경향이 있었다.

조선의 일본 관비유학생이면서 사범교육을 이수하였고 귀국 후 안악군민회의 강습소와 대성학교 교사와 교장으로, 청년학우회를 통한 국권회복운동에 가담하였던 장응진의 사상을 통해서 당시의 이러한 사상적 경향을 알 수 있다. 그는 '국가가 생존에 적합한 성질이 유(有)하면 우승의 지위로 생존자보할 것이요 적합한 성질이 무(無)한 단체는 패망쇠멸함은 고금 역사상에 자명한 사실'이라고 보았다. 그러므로 정치, 법률, 도덕, 군사, 교육, 농공상 등 일체를 연구 · 발달시켜 타 국가와 경쟁할 수 있는 실력을 양성하여야 한다는 것이었다. 그는 그 당시의 시대를 치열한 생존경쟁의 시대로 규정한 뒤, 조선은 종교, 교육, 실업, 사회분야에서의 급진적인 개혁이 필요하다고 보았다. 그가 써서 태극학회의 기관지인 『태극학보』에 실은 세 편의 글들을 포함하여 그의 교육에 대한 생각과 국가에 대한 생각들을 종합하면 '진화론에 터한 국가주의 교육론'이라고 할 수 있다(김성학, 1996: 32).

서북학회의 일원이었던 장도식은 『서북학회보』를 통하여 '사람과 사람 사이에서 학문이 있는 자가 승리하여 우승지를 점유하는 바와 같이 국가 간에 있어서도 국력은 학문 정도에 따라 결정되고 국가적 승패의 원인이 교육의 성쇠에 달려 있어 세계 각국은 나라마다 교육을 확장하여 문명진보(文明進步)에 힘쓰고 있으므로 우리도 교육에 힘써서 남의 나라에 뒤떨어지는 일이 없도록 할 것'을 주장함으로써 국가발전의 원동력으로서의 교육의 중요성을 제시하였다(김영우, 1997: 30-31).

이와 같은 생각에서 1905년 이후의 교육운동은 국권회복을 위한 실력양성의 방향으로 전개되었다. 국권회복을 목적으로 한 애국계몽운동은 러일전쟁이 발발하고 일본군의 불법 상륙과 무력위협에 의해 체결된 1904년 2월의 '제1차한일의정서'의 강제 조인 직후에 생겨났다. 보안회, 협동회, 진명회, 공진회, 헌정연구회, 국민교육회 등이 여기에 해당한다. 그러나 이 시기 계몽운동 단체들은 서울에서 조직된 소규모 단체였으며, 따라서 활발한 활동을 전개하지는 못하였다(신용하, 2001: 119).

전국적 규모의 애국계몽단체는 헌정연구회를 계승하고 발전시킨 대한자강회부터다. 대한자강회, 대한협회, 신민회가 전국 규모의 3대 애국계몽단체다. 이 밖에 서우학회, 한북흥학회, 서북학회, 기호흥학회, 관동학회, 호남학회, 교남교육회 등의 지방 단체와 유학생 단체로서 대한학회, 태극학회, 대한흥학회 등이 있었다(신용하, 2001: 119-120). 지방별 애국계몽단체들은 주로 각 지방에서 사립학교 설립과 신교육 구국운동을 고취하고 애국계몽강연회를 개최하여 지방민들에게 애국정신을 고취하는 활동을 전개하였다. 이들 단체의 지도자들은 대부분 서울의 전국규모 단체들에 회원으로 가입되어 있어 협력하여 운동을 전개하였다(신용하, 2001: 120).

대한자강회는 1905년 이준, 양한묵 등이 창립한 헌정연구회의 후신으로 윤치호를 회장으로 하였다. '교육의 확장과 산업의 발달을 연구 · 실시하는 것으로 자국의 부강을 도모하고 타일(他日) 독립의 기초를 만드는 것'을 목적으로 하였다. 교육과 산업을 실력배양과 자강을 위한 두 기둥으로 인식한 것이다(강재언, 1982: 376).

이러한 목적을 달성하기 위해서 대한자강회는 다음과 같은 교육활동을 전개하였다. 첫째, 교육구국운동으로서 문명교육, 실업교육, 애국교육을 강조하였다. 둘째, 위와 같은 내용의 교육을 위해 '의무교육운동'을 전개하였다. 이를 위하여 1906년 10월 '의무교육조례대요'를 입안하여 전국의 모든 청소년들에게 학구별로 의무 교육을 실시할 것을 제안하였으며, 이 제안은 중추원을 거쳐 대한제국의 내각 회의에서 통과되었다. 셋째, 학교설립사업을 실행하였다. 고령지회에 의한 영신학교, 남양지회에 의한 조흥학교, 의주지회에 의한 자신학교, 인천지회의 인명의숙 등이 설립되었고, 서울 본회는 서울과 각 지방에 시찰 위원을 파견하여 학교설립과 학무를 지도하였다. 넷째, 애국정신과 자강정신을 고취하는 계몽운동을 정력적으로 전개하였다. 이를 위해 '대한자강회월보'를 간행하여 애국정신, 조국정신, 대한정신을 고취하는 계몽적 논설을 게재하고, 수많은 연설회, 강연회를 개최하였다(신용하, 2001: 122-123).

그런데 헤이그 밀사사건을 계기로 고종이 강제 퇴위되고 순종이 즉위하자 대한자강회 등이 주도한 집회와 시위가 일어나고 이완용의 집이 방화되고 일진회의 국민신문사가 파괴되었다. 이 일을 계기로 대한자강회는 이완용 내각에 의해서 강제 해산되었다(강재언, 1982: 377). 대한자강회는 짧은 기간 동안 활동하였지만 전국적인 애국계몽운동을 광범위하게 시작한 커다란 업적을 남겼다(신용하, 2001: 124).

1907년에 남궁억 등에 의해 대한자강회의 계승단체로서 대한협회가 창립되었다. 당시 매국과 친일을 대표하는 일진회에 대항하여 대한협회는 애국과 항일을 대표하는 결사로서 민중의 신망을 얻었다. 대한협회는 교육의 보급, 산업의 발전, 생명재산의 보호, 행정제도의 개선, 관민폐습의 교정, 근면저축의 실행, 권리 · 의무 · 복종의 사상 고취 등을 목적으로 하였다(강재언, 1982: 378). 그런데 대한협회는 대한자강회에 비해 정치적 독립을 위한 결사로서의 성격은 후퇴하고 단순한 근대화를 지향하는 한계를 가졌다.

이에 대해서 국권회복을 위한 실력배양운동의 주류는 신민회가 담당하였다고 볼 수 있다(강재언, 2001: 379). 신민회는 1907년 미국에서 귀국한 안창호와 윤치호 등에 의하여 창립되었다. 신민회는 강령에서 ① 국민에게 민족의식과 독립사상을 고취할 것, ② 동지를 발견 · 단합하고 국민운동의 역량을 축적할 것, ③ 교육기관을 각지에 설치하고 청소년교육을 진흥할 것, ④ 각종의 상공업 기관을 만들어 단체의 재정과 국민의 부력을 증진할 것 등의 설립목적을 밝히고 있다(강재언, 2001: 380).

이와 같은 목적달성을 위해서 신민회는 다음과 같은 교육 관련 활동들을 활발하게 전개하였다. 첫째, 학교설립 및 운영과 관련한 구국운동이다. 신민회의 교육구국운동은 ① 국민들에게 신교육의 절실한 필요성을 계몽하여 국민들 스스로 사립학교를 설립하고 신교육을 실시하도록 고취하는 것, ② 국민들이 각지에 설립한 학교의 교육방침을 국권회복에 적합하도록 지도하는 것, ③ 신민회 자체가 학교를 설립하여 국권회복을 위한 인재를 양성하는 것 등 세 가지 측면에서 전개되었다. 신민회 자체가 설립한 대표적 학교는 오산학교, 대성학교, 조창학교, 양실학교, 신안학교, 가명학교, 협성안흥학교, 신흥학교, 흥양학교, 명륜학교, 경성학교, 양산학교, 사범강습소, 서북협성학교 등이다. 신민회의 교육구국운동은 이 시기 국민들이 3,000여 개의 학교를 설립하는 데 결정적인 영향을 끼쳤으며, 그 후 국권회복운동, 독립운동에 종사한 수많은 민족간부들을 양성해 냈다. 둘째, 학회활동과 계몽강연운동을 정력적으로 전개하여 국민계몽에 힘썼다. 안악군면학회, 해서교육총회, 평양청년권장회, 연학회, 동제회 등의 학회를 직접 조직하였다. 또한 전국 각 학회에 회원들이 연사로 참가하여 적극적으로 계몽강연들을 실시하여 국민들의 애국정신을 고취하고 계몽하는 데 큰 성과를 거두었다. 셋째, 잡지와 서적 출판을 통한 계몽운동을 전개하였다. 대한매일신보를 신민회의 기관지로 활용해서 언론을 통한 구국운동을 전개하였다. 또한 출판사업을 위한 광문회를 조직하고 태극서관과 면학서포를 설립하여 구국운동을 위한 도서의 출판과 보급을 담당하였다. 넷째, 청년운동으로서 청년학우회를 창립하여 애국청년을 육성하고 민족간부로 훈련시키고 각 지방에도 지방연회를 조직하였다(신용하, 2001: 129-132).

이 시기 대중적 교육운동은 학회를 대표로 하는 각 지방단위의 교육단체에 의해 한층 촉진되었다. 선구적인 역할을 담당한 것이 1906년 설립된 서우학회(평안남북도, 황해도)와 한북흥학회(함경남북도)다. 이 두 학회는 1908년 통합하여 서북학회로 되었다. 1908년에는 서북학회에 이어서 기호흥학회, 관동학회, 교남학회, 호남학회 등이 설립되어 교육운동을 전개하였다. 이해 11월에는 각 학회의 대표자들이 모여 김육과 유길준의 주도 아래 교육구락부를 설립하였다.

이러한 교육운동의 결과 설립된 학교의 양적 성장은 괄목할 만하였다. 1909년 5월말 현재 학교 총수는 652개교이고, 이 중에서 사립학교는 545개교로 절대 다수다. 1910년 7월 현재 학교 총수는 2,306개이고 그중 사립학교는 2,250개교로 거의 대부분을 차지한다. 더욱이 이 숫자에는 사립학교의 거의 절반 정도를 차지하는 미인가 학교는 포함되어 있지 않다. 이러한 숫자들을 통해서 이 시기의 사립학교의 폭발적인 증가를 분명하게 확인할 수 있다. 그만큼 이 학교에서 공부하고 배출된 학생들의 의식의 변화와 민족정신의 배양의 영향 또한 막대하였을 것이라고 짐작할 수 있다. 그 결과는 3 · 1운동의 구심체가 각급 사립학교 학생들이었음을 통해서 분명히 알 수 있다. 1905년 이후 활발하게 전개된 애국계몽운동은 국권회복을 위한 교육운동이었고 그 영향으로 생겨난 사립학교는 정신적 사상적인 변혁의 거점적인 역할을 담당하였다(강재언, 1982: 399).

당시 반일의병투쟁이 지방 중심의 유교이념에 기초한 구체제적 운동이었다면, 애국계몽운동은 도시시민적이고 공화주의적인 성격을 갖는 것이었다(강재언, 1982: 377). 이 시기 애국계몽운동은 근대 민족 문화의 각 부문의 형성 과정에서 애국계몽운동이 모태역할을 수행함으로써 새로운 근대적 민족 문화를 창조하였다. 교육적으로는 근대적 민족교육의 성립과 발전에 지대한 공헌을 하였다. 그중에서도 특히 애국계몽단체의 신교육구국운동은 신지식과 함께 철저한 애국 사상을 고취시켰다. 그 결과 일시에 3,000여 개의 민립학교를 자발적으로 설립케 한 교육열이 창출되었다. 또한 3.1운동의 직접적인 원동력을 공급하였을 뿐만 아니라 국외에서의 독립군 무장 항쟁을 탄생시켰다. 결과적으로 당시의 문화와 사상과 지식과 정치의식을 모든 면에서 일신시킴으로써 국권을 빼앗기고 나라가 식민지로 강점당하는 최후의 5년을 도리어 '대 각성의 시대', '대 분발의 시대'로 전환시키고 대대적인 '민족 역량 증강의 시대'로 역전시켰다(신용하, 2001: 135-137).

그리고 그 운동은 실력양성론에 기반을 두고 있는 민족주의적 운동이었다. 국권상실 이전의 교육운동이 실력양성을 통한 군주와 국권의 수호를 목적으로 하였다면, 국권상실 이후의 교육운동은 실력양성을 통한 국권회복에 맞추어져 있다. 당연히 교육은 민족적 집단적 이익을 위한 수단으로서 집단적이고 도구적으로 이해되었다. 유일하고 효과적인 수단으로 이해되었기 때문에 단기간에 급속하게 발전되었으며, 교육현실을 급격하게 변화시켰다. 그 결과 우리의 근대교육은 식민교육과 민족교육의 대립의 구도 위에서 전개되었다. 민족교육은 식민지교육이 민족을 말살하고 한국인을 우민화하려 할 때 그 대안으로서의 역할을 충실하게 수행하였다고 평가할 수 있다. 그렇지만 국권상실과 식민치하의 현실에서 근대교육이 전개됨으로써 식민교육 혹은 민족교육의 이분법적 교육이해가 자리 잡았고 근대교육의 정신이 그 안에서 이중으로 한정되었다는 한계를 벗어날 수 없었다는 아쉬움이 있다.

4. 개화기 신교육의 특수성

위의 논의에 기초해서 개화기 신교육의 특징을 몇 가지로 정리해 보면 다음과 같다.

첫째, 세계관의 변화라는 근본적인 변화와 관련된 운동이다. 동양적 세계관의 부정과 서양의 세계관으로 옮겨가는 총체적인 변화라는 점에서 동일한 문화권 안에서 이루어진 부분적 변화로서의 서구의 신교육운동과 차별된다.

당시 한국사회는 군왕 중심의 유교적 신분질서 안에서 이해된 인간이 실학, 서학을 통해 점차 새로운 이해에 접하였다. 이에 더하여서 동학을 통한 실천적 신분개혁운동의 영향으로 평등사회, 평등인격을 지향하는 인간관이 본격적으로 영향력을 얻기 시작하였다. 실학, 천주교, 동학을 통해 구축된 새로운 세계관의 토대가 개항 이후 서양 선진열강이라는 실체와 연결됨으로써 현실적인 개혁의 필요성으로 연결되었다. 그 필요성에 부응해서 구체적이고 현실적인 대안으로 수용된 것이 신교육이다. 다시 말해서 실학의 유교 안에서의 새로운 모색, 천주교의 수용과 탄압에 의한 좌절, 동학의 종교적 이상향이 갖는 한계를 극복하고 현실을 타파할 수 있는 구체적인 대안으로 등장한 것이 서구의 문물이며, 그 통로가 신교육으로 각광받게 된 것이다. 앞서 등장한 개혁론 혹은 새 사조들이 갖는 한계성을 극복하고 구체적 현실적인 대안으로 인정된 것이 서구의 문물이며 신교육이었다. 신교육은 신문명 혹은 새로운 세상을 이룩할 수 있는 구체적이고 구국적인 대안으로 인식되고 받아들여졌다. 개인적으로는 신분적인 굴레를 탈피하는 해방구요 국가적으로는 독립을 유지하게 하는 부국강병의 첩경으로 이해된 것이다.

실학, 서학, 동학 모두가 구체적 실체를 만들어 내지 못한 불충분한 대안

▲서당 수업 장면

이었으며, 서구열강은 분명한 실제였고 대인이었다. 그리고 그것은 국가에 의해 공인되었으며, 정치적 사회적인 지도자들의 지지를 받고 있었다. 서학과 동학에서 주장되었지만 금기시되었던 내용들, 예컨대 평등사상이 서구 선진열강의 본질적인 모습으로 받아들여져서 인정되고 장려되었다. 위기 상황에서 그 위기를 극복하기 위한 대안으로 채택됨으로써 신교육은 공인되었고 새로운 것을 열망하는 민중의 의지와 결합해서 급격하게 확산되었다. 종래의 교육으로는 위기를 타개할 수 없다는 절박한 위기의식이 팽배해 있었다. 그리고 그 위기를 타개하기 위한 유일한 길로서 신교육이 이해되고 수용되었다. 위기의식은 반드시 지켜야만 할 것들을 보존하기 위한 수단으로서의 신교육의 가치를 부각시켰다. 결국 교육은 인간발달에 기여하는 본연의 가치보다는 국왕, 국가, 민족 등의 외적 가치를 지키기 위한 수단으로 인식됨으로써 도구적 교육관이 한국교육을 지배하게 되었다. 그 과정에서 전통적인 교육과 신교육이 서로 대화하면서 절충하는 작용의 시간을 갖지 못함으로써 전면적인 대체로 귀결되고 말았다. 더욱이 일제시대

▲ 이화학당 초기 수업 장면

와 미군정과 개발독재시대를 거치면서 그와 같은 전통과의 자연스러운 접합과정이 생략되고 거칠고 전면적인 물갈이가 이루어지고 말았다.

둘째, 신교육의 수용과 전개는 국가주의와 민족주의 이념에 기초한 것이었다. 따라서 당시 서구의 신교육운동들이 기초하고 있는 개인 중심적인 인간이해와 교육과는 다른 가치관이 신교육의 확산과 전개를 이끌어갔다. 따라서 개화기의 신교육 수용이 곧 근대 교육의 수용으로 인정받을 수 있는지에 대해서는 다시 생각해 볼 수 있다. 서구적인 근대 교육이 한국의 근대 교육으로 이어졌는지에 대해서는 생각해 볼 필요가 있다는 점이다. 표면적으로 많은 것들이 변화되었고, 또 내면적인 가치관도 급격하고 폭넓게 전환되었지만 그것이 진정한 의미의 근대정신을 포함하고 있었는지에 대해서 살펴볼 필요가 있다는 것이다.

당시 신교육의 수용과 전개를 주도한 세력은 크게 셋으로 분류할 수 있다. 첫째, 고종과 개화파를 중심으로 한 정부, 둘째, 선교사를 비롯한 기독교계, 셋째, 독립협회를 비롯한 계몽운동 단체들이다. 위의 고찰에서 밝혀

졌듯이 이들 세 주도세력에 의한 신교육 수용과 전개는 각각의 특징과 성패의 차이에도 불구하고 하나의 커다란 공통점을 가지고 있었다. 이들은 모두 신교육을 당시의 국가적 민족적 위기의 극복을 위한 최고의 수단으로 인정하였다는 점이다. 당시의 위기가 군사력의 우세를 앞세운 일본과 서구 열강들의 침략에서 비롯되었음에도 불구하고 이들은 공통적으로 위기의 타개책을 교육에서 찾았다. 무력이 아닌 교육을 선택한 위기해결책의 선택에서부터 이미 종래의 유교적인 세계관의 반영을 찾을 수 있다.

국가적 민족적 위기 극복의 수단으로 신교육이 이해되면서 교육의 주체가 되어야 할 국민들은 우민(愚民)으로 이해되었다. 교육받지 못한 어리석은 국민들이 약한 국력과 국가적 위기의 원인으로 지목되었다. 또한 이들 국민들이 신교육을 통해 교육받아 힘을 키우고 군주와 국가에 충성할 때 국가의 부강과 독립이 이루어질 수 있다는 관점이 작용하였다. 기독교의 수용조차도 그것이 국익에 도움이 된다는 점에서 비신자 개화파들과 고종에 의해 주창되고 옹호되었다. 심지어 독립협회가 주장한 민권론이나 입헌제 정치체제 등도 그것이 국가의 부강과 독립의 수호에 도움이 될 것이라는 전제에서 이루어졌다. 결국 국민과 신교육은 모두 군주와 국가를 위한 수단으로 이해되고 있다는 측면이 강하다. 신학문의 수용과 새로운 정치체제 및 교육체제의 도입 등이 유교적인 질서, 즉 국가와 군주 중심의 세계관의 근본적인 개혁을 의미하는 것은 아니었다(김도형, 1989: 37). 따라서 당시의 신교육 수용과 전개의 근원적인 힘은 국가주의와 전체주의라고 할 수 있으며, 많은 변화들을 만들어 내었음에도 불구하고 근본적인 관점과 이념의 전환이 완성되었다고는 볼 수 없다.

근대화 혹은 개화의 첩경으로서의 신교육의 수용과 전개는 유교국가인 조선 사회에서 억압되었던 국민 개개인의 발견에 입각한 진정한 의미의 근대화는 아니었다. 국가적 생존 혹은 민족적 생존을 위한 수단으로 인식되고 전개된 도구적 성격의 것이라고 할 수 있다. 서구의 근대에 분명하게 확립된 민권사상도, 또 서구의 20세기 초 교육에서 공통적인 기반으로 작용한 개인과 개인의 내면에 간직된 고유한 가능성에 대한 자각도 이 시기 교육의 주창자들의 의식 안에서 발견하기 힘들다.

당시 활발하게 전개된 '교육을 통한 문명개화'의 활동은 '집단적 생존(collective survival)의 가능성'을 높여야 한다는 생각에서 비롯된 것이라고 이해될 수 있다(이윤미, 1998: 294). 급격하게 확산된 당시의 신교육운동은 어디까지나 국가와 민족이라는 집단중심의 논리에 따른 것이라고 할 수 있다. 신교육의 수용과 전개는 국가주의의 기초 위에서 이루어졌다고 할 수 있으며, 점차 민족주의로 옮겨갔다. 따라서 전통적인 유교적 이념을 대체한 새로운 교육이념 위에서 이루어졌다기보다는 전통적인 유교적 이념 위에서 새로운 부국강병의 수단으로서 인식된 성격이 강하다. 여전히 국가와 군주를 위한 교육의 성격이 강하며 국가의 패망에 직면하여서는 민족을 위한 교육으로 전환되었다. 신교육 수용의 이러한 구도는 식민지를 거치면서 보다 강화되었으며, 계속되는 민족적 위기와 시련 속에서 반복해서 등장하였다. 오늘날 우리 교육에서도 그 사고의 틀은 유지되고 있다. 지금도 종종 국가적 위기와 관련해서 교육의 역할을 강조하는 주장들에 직면하며, 그 안에서 학생 개개인의 고유한 가능성과 인권에 기초한 본질적인 교육은 뒤로 밀려나곤 하기 때문이다.

셋째, 신교육운동은 개신교의 전래 및 확산과 밀접하게 연계되어 있다. 앞에서 살펴보았듯이 신교육운동은 국가적 위기의 타개를 위한 목적으로 수용되고 전파되었으며, 이러한 하나의 목적을 달성하기 위해서 여러 갈래의 활동들이 서로 긴밀하게 연계되어 전개되었다. 이미 개항 초기부터 개화파들에 의해서 교육과 학교설립의 필요성이 제기되었다. 선교사들의 적극적인 초청에도 새로운 교육을 담당할 교사로서의 필요성에 대한 인식이 작용하였다. 이러한 학교설립의 결과 국권회복운동기에는 많은 활동가들이 신교육을 경험한 개신교도들로 채워졌다.[2)] 그리고 이들 중 대다수가 기독교인이라는 사실은 개신교 학교의 설립과 운동이 민족적 성격을 지니면서 국권회복운동과 병행하고 있음을 보여준다. 이처럼 당시의 신교육운동은 긴밀하게 연결되어 진행된 한 운동의 서로 다른 갈래라고 할 수 있다.

당시 기독교에 대한 적극적인 수용은 기독교를 통해 새 한국사회를 세워보려는 시도였다. 그것은 정치의 혁신뿐만 아니라 정신의 혁신을 뜻하는 것이었다(이광린, 1975: 40). 기독교의 수용과 맥을 같이 한 신교육은 곧 종래의 유교적인 세계관에 대한 기독교적 세계관의 도전을 의미하는 것이었다. 그 도전과 변화는 지금도 진행 중인 변화이다. 기독교에 의한 신교육은 관에 의한 신교육과는 달리 종래의 교육을 근본적으로 변화시켰고, 그 결과 교육이 영향을 미칠 수 있는 사회 전반에 걸쳐 커다란 변화를 만들어내었다. 그 변화는 오늘날 우리 사회가 근간으로 하고 있는 언어와 가치질서와 사회구조의 토대가 되었다. 유교적 질서가 근본이 된 조선사회와 본질적으로 다른 사회를 만들어 내는 정신적인 기반이 된 것이다.

기독교는 개인의 구원뿐만 아니라 민족의 구원을 위한 종교로도 이해되었다. 신교육 역시 개인을 위한 교육이라는 당시의 서구사회의 신교육과 달리 국가와 민족을 위한 희망으로 이해되었다. 일제 식민지 정부는 그러한 종교와 교육의 민족적 색깔을 탈색시키려고 노력했으며, 어느 정도 효과를 거두었다. 그 결과 남은 것은 개인구원을 위한 종교의 구복성과 출세를 위한 과도한 교육열인 것이다. 과도하게 집단적인 특징을 가지고 있던 교육과 종교가 건전한 개인의 육성에 기여하지 못하고 과도한 개인중심주의로 흘러갔다는 비판이다.

결국, 당시 기독교에 의해 수행된 신교육이 서구적인 근대정신을 그대로 전파하였는가에 대해서는 의문의 여지가 있다. 당시에 기독교와 기독교 학교가 급격하게 전파될 수 있었던 것은 국가적이고 민족적인 필요성이 바탕에 깔려 있었기 때문이다. 그 결과 기독교는 민족적인 종교로서 이해되고 수용되었으며, 기독교 학교의 신교육의 수혜자들은 기독교 지도자들이기 이전에 민족과 국가의 인재로서의 정체성을 가지고 성장하게 되었던 것이다. 만약 우리가 기독교에 의한 신교육 수용이 한국의 근대화에 미친 성과를 평가하고자 한다면 그 안에 내포되어 있는 이와 같은 국가적 민족적으로 정향된 기독교 신교육의 특징도 함께 인식하여야 할 것이다.

결론적으로, 신교육의 수용과 전개는 유교적 세계관이라는 옛 세계관이 서구적 세계관이라는 새로운 세계관으로 대체될 수 있는 계기였다. 당시 서구의 여러 나라들이 근대화를 이룩하였다는 점에서 서구적 세계관을 담은 신교육의 수용은 근대화의 수용이며, 한국인의 가치관의 근대화를 매개하는 역할도 수행하였다고 평가할 수 있다. 그렇지만 서구교육의 수용만으로 교육의 근대화와 의식의 근대화가 이룩되었다고 평가하는 것은 지나친 단순화일 수 있다.

완고한 유교 국가이던 조선이 서구의 문물과 그 통로인 신교육을 수용할 수 있었던 것은 국가의 패망에 직면한 절대적인 위기의식이 있었기 때문이다. 위기의식으로 인해 구체제에 대한 변화를 수용할 수 있었던 것이다. 그렇지만 그러한 위기의식의 절박함만큼 위기의 타개책으로서의 서구문물과 신교육에 대한 기대도 한정되었다. 위기의 돌파에 필요한 측면만이 의도적으로 허용되고 강조되었다. 뿐만 아니라 서구와 신교육 전체가 위기의 타개책이라는 수단적 방편으로 그 성격이 한정되고 왜곡되었다.

따라서 신교육을 통한 세계관의 변화는 제한적이고 부분적이다. 그 안에 포함된 근대적 세계관과 정신도 전면적으로 수용되지 못하였다. 위기의 절박함은 세계관의 전환까지를 포함하는 변화를 허용하였지만 그 절박함은 다른 한편으로 위기의 해결에 도움이 되는 특정 측면에 대한 빠른 수용과 다른 측면에 대한 무시를 초래하였다. 그리하여 점진적이고 포괄적으로 깊이 있게 근대정신을 이해하고 그 위에서 근대화를 소화해갈 수 있는 기회를 상실하고 말았다. 그리고 일제식민치하에서 그 가능성은 완전히 단절되었다.

5. 맺는 말

제국주의 일본의 강압에 의한 개항 이후 외세의 개입이 본격화되면서 그만큼 조선의 위기도 심화되었다. 이러한 상황에서 위기의 타개책으로 등장한 것이 개화이며, 그 핵심적인 내용이 신교육이었다. 서구의 기술, 신식군대, 전신, 우편 등의 신문물이 도입되었지만 그보다 근본적이고 효과적인 개화의 길로 여겨졌던 것이 신교육의 도입이었다.

신문물의 수용과 더불어 신교육의 수용은 우리 사회를 근본적으로 변화시키는 데 기여하였다. 신교육은 종래 특정 신분과 남성들에 제한되었던 교육에서 여성들을 포함하고 신분을 초월하는 교육으로 변화시켰다. 교육의 내용도 유학 중심의 한학교육에서 한글과 외국어를 포함하는 새로운 내용들로 대체되었다. 교육의 전반적인 변화가 신교육을 통해 이루어졌고 변화는 사회로 퍼져 나갔다. 그러한 변화들은 오늘날 우리 사회의 일반적인 모습을 형성한 기본적인 토대가 되었다. 그러므로 신교육은 한국사회의 근대화의 동력이며 오늘날 한국사회의 모습을 결정한 가장 중요한 요인이라고 할 수 있다. 오늘날 우리 사회가 조선 사회와 다른 만큼 신교육의 성과도 크고 또 신교육에 의한 변화도 근본적이라고 할 수 있을 것이다. 따라서 다른 어떤 나라의 경우보다도 한국에서 신교육의 성과가 크다고 말할 수 있다. 신교육의 결과 한국사회는 전통사회에서 현대사회로 변화되었다. 그리고 그 변화는 표면적인 변화가 아니라 내면적인 가치관의 변화를 수반했다는 점에서 보다 근본적이다.

그러나 오늘날의 교육이 전통적인 교육과 다르다고 해서 그것을 고스란히 신교육의 연장선상에 있는 것으로 이해할 수는 없다. 또한 신교육이 전통적 교육과 다르다고 해서 그 자체로 서구의 근대교육을 계승했다고 볼 수도 없다. 신교육은 일제의 식민지배에 의해 단절되었다. 오늘날의 교육이 전통교육과 달라서 신교육이라고 한다면 그 안에는 개화기의 민족적 신교육과 일제시대의 식민지 신교육, 그리고 광복 이후의 일방적인 미국화를 지향하는 신교육이 함께 영향을 미치고 있다.

개화기 당시의 신교육은 국가와 민족의 위기에 처해서 명백하게 민족주의적 성격을 가지고 있었다. 국가우선과 민족 우선의 신교육의 방향은 따라서 당시 서구의 신교육운동들이 표방하였던 개인중심의 인간존중의 방향과는 달리 명백하게 전체적이고 집단적인 성격을 가지고 있었다. 신교육을 통해 서구적 교육내용이 우리 교육의 주류를 형성하였지만 서구의 민주주의적 정신이 자리잡지 못한 배경에는 그와 같은 수용 당시의 특징이 영향을 미쳤다고 볼 수 있다.

더욱이 당시의 민족주의적 경향은 식민지시대를 거치면서 결정적으로 약화되었고, 미군정시대와 급격한 산업화를 거치면서 민족주의적 경향은 거의 사라졌다. 그럼에도 불구하고 당시의 신교육이 가지고 있던 집단 지향적이고 도구적인 성격은 시대의 변화에도 불구하고 유지되었다. 식민지시대의 황국신민화를 위한 교육에 이어 산업화시대에는 발전교육론으로, 그리고 오늘날에 와서는 인력양성론으로 이어지면서 도구적 교육이해가 유지되어오고 있다.

오늘날 우리는 다시금 교육의 위기를 심각하게 이야기하고 있다. 개화기 당시의 위기의식만큼 절실하지 않을지는 몰라도 교육이 위기에 직면해 있는 것만큼은 분명하다. 당시에는 우리 교육의 실패를 인정하였고 서구의 교육을 적극적으로 수용하여 위기를 돌파하려는 열정적인 노력이 있었다. 그 방향과 과정에 대한 논란은 있을 수 있으나 당시의 열정과 교육에 대한 믿음은 이 시대에도 요청되는 내용이라고 생각된다. 식민지시대와 미군정시대와 그 뒤를 이은 시기의 단절을 거슬러가서 당시의 신교육운동이 간직하였던 정신과 열정을 회복할 필요가 있다.

또한 당시의 신교육이 그러했던 것처럼 민족과 국가라는 공동체를 생각하는 정신으로 다시 돌아가서 그것을 계승할 필요가 있다. 당시의 신교육에 대한 열정은 국가나 개인이 단순하게 교육을 수단으로 인식한 것으로만은 이해하기 어려운 점이 있다. 자발적인 교육에 대한 헌신과 열정이 그 당시의 교육운동을 이끌었고, 거기에는 민족과 국가라는 보다 큰 공동체적 가치에 대한 동의가 있었다. 그러한 정신은 오늘에도 의미 있다고 생각된다.

최근 들어 대안교육에 대한 논의와 실험이 확산되어가고 있다. 그 배경에는 우리 교육의 실패에 대한 인식이 있다. 또한 그 실패의 원인으로 교육의 도구화와 그에 따른 비인간화를 지적하곤 한다. 이러한 문제의식은 19세기 말과 20세기 초에 걸친 서구의 신교육운동이 공유하고 있던 인식이다. 그리고 그러한 내용들은 개화기 당시 우리의 신교육이 절박한 국가적 민족적 위기에 처해서 간과하였던 신교육의 정신이다. 일제식민지시대와 그 이후의 군정과 개발독재시대에도 그러한 가치들은 우선적으로 고려되지 못했다. 우리 사회가 지향하는 민주주의 사회를 위해서도 그리고 교육의 본연의 임무인 인간의 자아실현을 위해서도 당시 서구의 신교육이 지향하였고 지금도 인정되고 있는 가치들을 검토하고 그 위에서 우리 교육의 왜곡을 점검할 필요가 있다.

이 시점에서 신교육이 지향했던 바와 당시의 독특한 상황이 만들어낸 분명한 특징들과 그 장단점을 다시 생각하고 오늘의 새로운 교육을 위한 논의의 기반으로 삼기 위한 적극적인 논의들이 요청된다.

미 주

1) 육영공원의 교수는 1894년까지는 길모어(G. W. Gilmore), 벙커(D. A. Bunker), 헐버트(H. B. Hulbert)가, 벙커가 사임한 뒤에는 영국인 허치슨(W. F. Hutchison)과 할리팩스(T. E. Halifax)가 폐교될 때까지 교수직을 담당했다(손인수, 1998: 229).
2) 대표적인 단체였던 신민회와 관련된 105인 사건의 경우 기소자 128명 중 신교육 수혜자가 76명이고 그 대부분인 71명이 사립학교 출신이다(강재언, 1982: 405).

7장

학교교육문화의 역동성

1. 우리의 학교교육문화의 문제구조

앞에서 우리는 19세기 말과 20세기 초에 서구에서뿐만 아니라 한국에서도 전개되었던 '신교육운동'이 미국을 비롯한 서구와 한국의 학교교육문화에 어떤 영향을 미쳤는가를 국제적 비교연구의 관심 아래서 국가별로 살펴보았다. 19세기 말과 20세기 초에 '신교육운동'으로 묶이는 새로운 학교교육문화운동이 각각 상이한 사회문화적 정치경제적 상황 아래서 유럽과 미국에서뿐만 아니라 한국에서도 광범위하게 일어났었다는 사실의 확인은 대단히 의미 있다.

한국에서는, 우리가 잘 알고 있는 대로, 300년이 넘는 기나긴 쇄국정책에서 눈을 떴을 때엔 이미 일본, 중국, 러시아뿐만 아니라, 미국, 영국, 독일 등 세계의 모든 열강들이 아직 '서구화'라는 의미에서 근대화되지 아니한, 고유한 문화를 보수하여 온, 따라서 세계정세에 무지하고 군사력이 보잘것없으나 정치경제적 가치가 대단히 큰 조선을 지배하려고 적극적 정략을 펴고 있었다. 그리하여 국가 존망의 위기를 의식한 계몽된 지배계층이 전승되어 온 유교적 교육관과 학교교육문화에 안주하고 있어서는 국가의 부강을 꾀할 수 없고, 필연적으로 열강의 지배 아래 들어갈 수밖에 없음을 깨닫고, 이를 극복하기 위한 최선의 방책으로 근대화된 서구의 학교를 도입하여 새로운 교육으로 국민을 무장하여야 하겠다는 정책을 세웠다. 이렇게 하여 근대화된 새로운 학교교육문화는 위에서부터의 주도라는 독특한 형식으로 우리나라에 도입되었다. 따라서 새로운 학교교육문화는 우리나라에서 처음부터 절대적 긍정과 기대의 분위기에 편승되어서 도입되었다. 거기엔 전반적으로 관 · 학 · 민의 지지와 수용이 있었다. 그러나 거기엔 동시에 옛것과 새것 사이의 갈등과 충돌이 있었다. 근대교육의 도입은 전통의 바탕 위에서 근대의 집을 세우거나 옛 교육과 새 교육의 혼융 또는 변증법적 지양이 이루어지거나 하는 모양으로 전개되지 않고 전통과 근대의 단절이라는 모양으로 전개되었다. 다시 말하면 근대적 학교교육문화는 전통적 학교교육문화와 단절된 모양으로 도입되었다. 이와 같은 단절은 우리의 학교교육문화가 안고 있는 문제의 구조적 근원으로 오늘에까지 작용하고 있다.

19세기 말에 비록 정치경제적 사회문화적 상황은 상이하였으나, 미국, 영국, 프랑스, 독일에서 새로운 학교교육문화운동이 활발하게 전개되었다. 일제하의 식민통치시대와 군정기를 거쳐서 대한민국의 정부수립에 이르기까지 우리의 근대적 학교교육문화는 주로 듀이를 중심으로 한 미국의 진보주의 교육이론과 교육운동에 의하여 주도되어 왔으며 이를 신교육운동으로 연구하여 왔다. 그러다가 1980년대로 접어들면서 영국의 니일이 세운 섬머힐 학교의 비권위주의 교육을 비롯하여 독일의 박애주의 학교운동과 개혁교육학이 '신교육운동'으로 소개되기 시작하였다. 새로운 학교교육문화운동을 이론과 실천에서 깊이 있게 펼쳤을 뿐만 아니라, 그 영향이 공교육제도 전반에 내실 있게 작용하여 오늘날 어떤 의미에서 세계에서 가장 바람직한 공교육제도와 학교교육문화를 실현한 국가는 프랑스와 독일이다. 그러나 프랑스와 독일의 새로운 학교교육문화는 미국과 영국의 새로운 학교교육문화에 비하여 한국에 거의 소개되지 않았는데, 본 연구에서 비로소 권위 있게 소개되었다고 하겠다. 이러한 상이한 역사성 아래서 비슷한 시기에 전개된 새로운 학교교육문화운동이 국제적 간문화적으로 갖는 의미를 우리는 앞에서 탐구하여 보았다. 새로운 학교교육문화운동은 상이한 문화권의 고유한 역사성 아래서 전개되었기 때문에, 운동의 내용도 서로 다르다.

비록 상이한 역사성 아래서 상이한 이론들과 형식들로 확인되는 '새로운' 학교교육문화운동이 전개되었으나, 한국까지 포함하여 우리는 신교육문화운동에서 교육의 기본개념과 이론과 형식에 대한 공통적 원리들이 있음을 확인하였다. 거기엔 교육의 잘못된 전제들에 대한 확인과 인정이 있다. 다시 말하면 새로운 학교교육문화운동은 학생과 학교에 대한 잘못된 사상, 개념, 방법의 인식으로부터 교육문화의 쇄신을 시작하고 있다. 잘못된 학교교육문화의 패러다임이 학교교육문화를 지배하여 왔다는 사실이 비판되었으며 이를 극복하고 바로잡기 위한 대안이 제시되었다.

학교교육에 관한 잘못된 주제들의 목록을 보자(오인탁, 1995, 134ff). 성적, 대학입학, 취업 등은 모두가 학교교육의 잘못된 주제들이다. 이로 인하여 '과외'로 집약되는 엄청난 사교육시장과 이로 인한 교실의 붕괴 현상이 벌어져 왔다. 정부는 이를 바로잡으려고 온갖 노력을 기울여 왔으나, 그 결과는 '국가과외'(한준상, 2005)로 드러나고 있다. 교육의 주제가 잘못되니 교육자체도 잘못되고 있다. 잘못된 교육의 목록을 보자. 학교는 학생들에게 지혜가 아니라 지식을 가르치고 있다. 학교는 전인교육의 기관이 아니라 지능훈련의 기구로 변질되었다. 학교에서 학생들은 '함께' 살기가 아니라 '홀로' 뛰기를 배우고 있다. 학교는 현 단계의 교육에 충실하지 않고 다음 단계의 교육을 받기 위한 준비에 충실하고 있다. 그리고 가장 크고 근본적인 잘못은 인간의 교육이 아니라 국가의 보존과 발전을 위한 인간자원의 개발이 우선되고 그 테두리 안에서 인간의 교육이 이루어지고 있다는 점이다.

2. 새로움을 통한 전통의 해체

교육은 무엇인가 직접적으로 작용하는 것이다. 우리는 교육의 작용현상을 과학적으로 분석하여 원인-결과-원리를 정립할 수 있다. 그리곤 이러한 비교적 단순한 원인-결과-원리에 근거하여, 교육은 어른이 어린이에게, 교사가 학생에게, 성숙하고 슬기로운 자가 아직 성숙하지 않았으며 미련한 자에게 가하는 일방적 활동으로 처리되어 왔다. 그리고 이러한 원리의 일환으로 교육은 측정 가능하다는 전제 아래서 교육을 과학적으로 측정 · 평가하고 조직 · 분석하는 이론과 방법을 철저하게 개발하였다. 학습은 철저하게 관찰 가능하고 분석 가능하며 계획 가능하다. 이러한 생각이 보여서 전승되어 학교교육의 소박한, 그러나 오늘날 패리된 교육의 근본 원인이 되고 있는 원인-결과-원리가 제시되었으며 학교교육문화가 이에 따라 만들어졌다. 우리는 앞에서 이러한 전제들에 의하여 지배되어 온 학교교육문화와 이에 대한 도전과 대응으로 일어난 새로운 학교교육문화운동을 연구하였다. 전승되어온 학교교육문화는 새로운 학교교육문화운동에 의하여 전체적으로 비판되고 문제시되었다. 새로운 학교교육문화운동은 새로운 교육개념과 형식으로 옛 교육문화를 해체하였다.

앞에서 다룬 연구내용들에서 우리는 새로운 학교교육문화운동을 통하여 전통적 학교교육문화의 해체가 어떻게 전개되었는가를 확인할 수 있다. 이미 우리에게 잘 알려져 있는 미국의 진보주의 교육운동으로부터 시작하여 프랑스, 영국, 독일, 그리고 한국에서 새로운 학교교육문화운동을 통한 전통적 학교교육문화의 해체를 살펴보자.

미국의 진보주의 교육(progressive education)은 당시의 학교교육문화가 단순암기식 지식전달 교육에 젖어 있어서 이로 인하여 야기된 학교의 황폐화에 대한 새로운 학교교육문화운동으로 일어났다. 당시의 학교교육은 교과중심, 자질이 저하된 교사, 경직되고 권위적인 교장, 비효율적인 장학체제 등으로 확인되고 있다. 그리하여 학교교육은 생명력을 상실하였다. 이에 대하여 새로운 교육운동은 아동중심과 생활중심을 강조하였으며, 추상화되고 형식화되어 버린 전통적 교과중심의 교육과정을 현대화하고 합리화하여 아동의 지적 · 정서적 성장과 요구를 중심으로 한 보다 자유롭고 확장된 교육과정으로 만들었다. 그리하여 전통적인 소수 엘리트 중심의 교육을 모든 계층을 위한 공교육으로 변모시켰다. 교사주도적이고 권위적인 학교교육은 수월성의 가치를 강조하는 교육으로 변화되었고, 교육의 표준화되고 획일화된 기준은 학생들의 삶을 중심으로 하며 다양성을 열어 놓은, 학생들의 필요에 부응하는, 융통성 있고 통합적인 교과와 자발성과 자유와 평등을 추구하는 교육으로 혁신되었다. 스푸트니크 충격과 본질주의의 도전에도 불구하고 새로운 학교교육문화운동은 오늘날의 미국문화를 이루어 낸 시민을 성공적으로 양성한 미국의 '위대한 교육'으로 자리 잡았다.

프랑스에서 새로운 학교교육문화운동은 '새로운 학교(Ecoles nouvelles)'라는 이름으로 일어났다. 19세기 말과 20세기 초에 프랑스는 왕정에서 공화정으로 지배체제와 정권이 교체되는 혼란기였다. 교회와 국가는 서로 대립관계에 있었다. 가톨릭 교육관과 공화정 교육관이 대립하고 있었다. 그리하여 학교교육은 획일화, 경직화되어 있었다. 이러한 와중에서 영국의 새로운 학교교육문화운동을 모델로 한 학교가 프랑스에서 '에콜 데 로슈'라는 이름으로 설립되었다. '에콜 데 로슈'를 설립한 프레네는 당시의 교육문화가 소수 사회계층에 한정되어 있는 학교교육, 민중을 대상으로 한 초등학교와 귀족을 대상으로 한 중등교육기관의 이중적 학제, 그리고 이러한 이중적 체제에 체포되어 있는 학제에서 사회의 구조적 모순을 보았다. 그래서 새로운 공교육운동을 통하여 '먼저 학교를 개혁하여 사회를 개혁하자'는 운동을 벌였다. '에콜 데 로슈'는 주입식, 피상적, 일시적인, 시험준비 공부 중심의 수업(Chauffage)을 주도성과 자발성을 강조하는 인간중심의 교육으로, 책임의식에 의하여 동반되는 민주시민양성교육으로 변화시켰다. 그리하여 전통적이고 권위적 공무원을 양성하는 교육을 자발적 전인적 인간 도야의 교육으로 개혁하였다. 이러한 새로운 학교교육문화운동은 독일의 전원기숙사학교에서 교사 경험을 쌓은 페리에르, 꾸지네의 '소집단 자유학습법'(1920), 프레네의 '학교인쇄 작업'(1924), 프로피의 '학교협동조합'(1928) 같은 여러 새로운 학교교육문화들이 함께 조화를 이루어 전개되었다. 이러한 새로운 학교교육문화운동을 통하여 프랑스의 초 · 중등교육은 지식의 습득 교육에서 생활중심의 사회화 교육으로 변모하였으며, 노작교육, 학급의회, 개별학습과 소집단자유학습 같은 능동적 교육방법(méthode active)이 뿌리내리게 되었다.

영국에서 새로운 학교교육문화운동은 '신교육협회(New Education Fellowship)'를 중심으로 일어났다. 신교육협회는 실험실, 기숙학교, 전원학교, 가족중심, 남녀공학, 수공예 작업, 도보와 자전거 여행, 추론, 흥미, 관찰과 질문, 독창성, 자발성과 자율성, 협동, 소수의 교과, 절대평가, 그리고 종교와 정치로부터 교육의 중립 등을 강조하는 '새로운 학교(new school)' 운동을 벌였다.

19세기 말과 20세기 초에 독일에서는 새로운 학교교육문화운동으로 '개혁교육학운동'이 광범위하게 일어났다. 개혁교육학운동은 무엇보다도 전원기숙사학교운동으로 유명하다. 기존의 잘못된 학교교육을 새로운 산업문화가 몰고 온 문제로 보는 문화비판을 전개하였으며, '반쪽짜리 교양'을 교육하는 데서 안주하는 교육을 온전한 인격의 도야를 가능하게 하는 교육으로, 책 중심의 주지주의 학교교육이요 삶과 괴리된 백과사전주의교육에 머물러 있던 학교교육에서 감성, 삶 직접성, 자연을 강조하고, 이러한 것들을 바탕으로 하여 이루어지는 학교교육으로 개혁하였다. 이러한 개혁교육학운동을 통하여 가정교육이 축소되고, 도시 안에서 자연으로부터 멀어진 교육을 하는 환경에 무반성적으로 젖어 있고 수업중심의 육체와 감성을 경시하는 교육이 자발성, 놀이, 자연환경, 흥미 등이 강조되고 교육의 예술을 개발하는 교육으로 변화되었다. 독일의 새로운 학교교육문화운동은 이상주의, 윤리적 인격으로의 교육, 신뢰와 사랑, 진리추구, 용기와 잠재능력의 긍정, 관용, 개방성, 편견에 사로잡히지 않을 수 있는 능력, 순수성, 진지성 등의 개념을 중심으로 삼고, 전원, 공동생활, 놀이, 작업, 식생활을 비롯한 엄격한 기숙사생활, 철저성, 신체단련, 육체노동, 예술활동, 종교교육 등을 새로운 교육의 형식과 조건으로 삼는 학교교육문화를 전개하였다.

한국에서 새로운 학교교육운동은 전통과의 단절이라는 형태로, 교육을 통하여 국민을 개화하여 국가를 부강하게 만들어야 한다는 구국의 신념에 의하여 동반되어서 전개되었다. 서구의 새로운 학교교육문화운동이 학교교육의 위기에 눈뜬 교육학자와 교육자들에 의하여 주도된 반면에 한국의 새로운 학교교육문화운동은 일본과 중국을 비롯하여 프랑스, 미국, 영국, 독일, 러시아 등, 침탈과 정복을 꾀하는 열강들 앞에서 국가존망의 위기를 의식한, 고종 황제를 비롯하여 개화파 고급관료들로 이루어진 지배계층의 지식인들에 의하여 점화되었으며, 선교사들과 개화된 선비와 지방 유지들에 의하여 추진되었다. 따라서 조선조 말기에 전개된 새로운 학교교육문화운동은 비록 전통과 단절된 형태로 전개되었으나, 거국적 성격을 띠고 있었다. 그리하여 서구에서 새로운 학교, 새로운 교실, 새로운 교육과정과 교수학습방법, 새로운 교사양성제도 등과 같은 '새로운' 교육의 이론과 방법을 통한 실험적이고 모델적인 성격을 띤 학교의 설립은 이러한 새로운 학교를 통하여 자극을 받은 기성 학교들이 시도한 새로운 이론과 방법의 수용과 전승되어 내려온 교육문화의 개혁이라는 모양과는 사뭇 다른 것이었다. 한국에서 새로운 교육은 혁명적 성격을 띤 것이었다. 전통과 관습을 타파하고 계몽과 개화를 꾀하는 과격한 활동이었다. 이렇게 한국에서 새로운 학교교육문화운동은 처음부터 전통으로 묶여져 있는 규범의 해체와 인력개발의 새로운 차원의 확대라는 과격성이 동반되어 나타났다. 한국에서는 서구와 전혀 다르게 전통과 근대의 단절이, 비록 그것이 역사성의 필연이었다고 할지라도, 새로운 교육의 지평이 우리나라에 도입되어 섞이지 않은 상태로 비교적 빠르게 착근하고 성장할 수 있게 하며 시민의식의 고양과 민족정신의 창달에 크게 이바지할 수 있는 조건이 되었음을 알 수 있다.

3. 학교교육문화의 역동성

앞에서 살펴보았듯이, 미국, 프랑스, 영국, 독일 그리고 한국에서 19세기 말과 20세기 초에 전개되었던 새로운 학교교육문화운동은 전통과 규범의 해체와 이를 통한 새로운 규범의 제시와 전통적 규범 재구성의 과정이었다. 여기서 모든 새로운 교육의 제시와 시도는 어린이 중심의 인간이해의 지평을 확대하고 심화하는 정신에 의하여 동반되었다. 이러한 새로운 교육인간학에 의하여 뒷받침된 새로운 교육운동은 서구에서는 주로 어린이의 본성에 대한 재발견과 어린이 중심의 교육을 위하여 모든 전통적 교육을 해체하는 모험으로, 한국에서는 세계 속의 한국의 발견과 서구의 '새로운' 교육을 통하여 국가의 부강을 꾀하는 모험으로 드러났다. 서구에서 새로운 교육운동은 '개혁'의 차원에서 전개되었으나, 한국에서 새로운 교육운동은 종래의 규범과 척도를 뒤집어 엎고 새로운 판 위에 교육을 새롭게 세우는 '혁명'의 차원에서 전개되었다. 이러한 시도는 통치차원에서 시작되었으며 지배계층의 폭넓은 의식의 공유에 의하여 뒷받침되었기 때문에, 전승되어 내려온 가치와 새롭게 강조되고 도입된 가치 간의 격렬한 대립과 충돌이 있었음에도 가능하였다. 바로 이러한 성격 때문에 새로운 학교교육문화운동은 일제의 식민통치하에서 격심한 탄압과 통제를 받았다. 그럼에도 새로운 학교교육운동을 계속할 수 있었던 것은 애국적 지식인들이 새로운 교육문화의 도입과 이에 따른 학교의 설립 자체가 구국운동이라는 인식을 갖고 있었기 때문이다.

새로운 교육에서 우리는 인간의 본성에 대한 인식의 한계성, 잠재능력의 예측 불가능성, 자아실현의 계획 불가능성에 대한 이해와 인간의 교육 가능성에 대한 관심의 다양성과 이로부터 나오는 교육의 복잡성에 대한 인정으로부터 어떠한 교육이든지 모든 교육은 문화적 역동성(Dynamik)으로 드러나는 옷을 입고 있을 때에 가장 의미 있다는 교육관이 시대와 문화의 역사적 조건 아래서 강조되었음을 확인하게 된다. 역동성의 인식은 필연적으로 교육의 규범과 원리의 보편타당성 주장에 대한 부정과 그러한 교육관에 의한 교실 지배의 거부로 강조된다. 그러나 새로운 학교교육문화의 시도는 항상 실험적 성격을 갖고 있어서 이를 공교육 전반으로 확대하는 것은 대단히 어려운 일이다. 따라서 교육은 새로운 학교교육문화운동에 의하여 간단없이 자극받으면서 전통을 해체하고 재구성하는 과정을 걸어 왔다. 이러한 전통의 해체는 변증법적 가치의 대립과 지양을 보여 주는 것이어서 대단히 더디지만 점진적인 교육개혁의 걸음을 걸을 수밖에 없다는 한계를 보여 주었다. 그 대표적 예가 우리의 학교교육문화에서 이데올로기적 위치를 차지하고 있는 계량적 측정과 평가의 규범이다. 측정 불가능한 것을 측정 가능하게 만든다는 것 자체가 필연적으로 교육과 교육학을 바른 실천으로부터 그리고 교육이라는 연구의 대상에 대한 유보 없는 접근 가능성으로부터 멀어지도록 만들고 있다. 왜냐하면 교육이라는 실제에 근거하지 않고 연구의 논리가 제시하는 규범적 전제에 고집스럽게 사로잡혀 있어야만 교육과 교육학에 교육과학이라는 보편타당한 이론과 실천의 옷을 입힐 수 있기 때문이다. 이렇게 하여 교육적 과학은 점점 더 비교육적이 되어 갔다. 그리고 새로운 교육문화운동은 세기를 넘어서면서도 여전히 교육의 실험이요 대안이며 섬으로 머물러 있으면서, 광대한 공교육의 대지를 간헐적으로 청량하게 만들어 주는 비를 뿌리는 역할을 하는 것으로 만족하고 스스로 위로하여야 했다.

교육의 역사는, 우리가 여기서 제시하고 있는 연구에서도 드러나듯이, 교육학적 지식과 이론의 정립, 새로운 지식과 이론의 대두, 옛 지식과 이론의 수정 또는 대안적 지식과 이론의 병존, 이를 통한 지식과 이론의 상호접근적 지양과 소멸의 과정을 간단없이 반복하여 온 역사로 확인된다. 이러한 부침 속에서 새로운 이론은 실천으로 이어지고, 시간의 경과와 더불어 실천의 역동성이 줄어들면서 실천은 옛 이론으로 전락하여 전통적 이론의 옷으로 무장하고 안주하면서 변질되어 버리곤 하였다. 20세기 초까지의 모든 교육이론은 어른에 의하여 만들어졌으며, 어떤 의미에서는 어린이를 위해서가 아니라 어른이 공유하고 있는 가치를 위하여 어린이를 그렇게 교육하는 이론과 실천이었다. 우리는 이렇게 말할 수 있다. 어린이는 20세기로 접어들 때까지 어른의 교육학에서 끊임없이 실험되었다. 이론은 과학의 이름으로 실천의 단단한 집을 지었으며, 어린이와 학생을 과학적 연구의 대상으로 삼았다. 학제와 교육과정과 교수학습의 이론적 철저성은 곧 실천적 효율성을 의미하는 것이었기에, 과학적으로 엄밀한 교육학의 정도를 측정하고 평가하는 방법으로 자리 잡았다. 그리하여 교육과정, 교수학습, 측정평가, 교육행정, HRD 같은 교육현상의 부분들에 관한 이론이 교육학을 대체하게 되었다.

새로운 학교교육운동은 새로운 이론의 제시를 통하여 옛 이론을 해체하고 재구성하는 과정이었기 때문에, 운동의 한 복판에서는 옛 패러다임과 새 패러다임 사이의 갈등과 투쟁이 일어났으며, 새로운 패러다임으로 교육의 패러다임이 전환됨으로써 일단락되었다. 여기서 패러다임의 전환은 다음과 같은 의미가 있다. 단지 옛것과 작별하고 낡은 기본원리들과 전제들을 버리고 새로운 기본원리들과 전제들을 취하며, 보다 더 역동적인 차원에서 새로운 패러다임의 의미를 확인하는 것이 아니라, 교육과 도야의 과정 자체를 단계적으로 한 걸음 한 걸음 탈이론화하고 탈방법화하며, 탈측정평가화하여 가는 것이다. 이러한 과정의 탈교수학습이론화를, 독일어로는 탈교수학화(Entdidaktisierung)를 통하여 교육과 도야 자체를 우리는 모든 과학적 학교교육의 시도에서 항상 중심점에 놓을 수 있게 된다. 새로운 학교교육문화운동을 주도하였던 교육학자와 교육자들에게서 우리는 이를 확인하게 된다. 교육과 도야 자체가 중심에 놓이는 곳에서, 그것이 이론의 차원이든 실천의 차원이든 관계없이, 그러한 교육을 경험하였던 학생들은,

면 훗날에 그들이 학습하였던 것을 모두 잊어버렸다 해도, 여전히 그때 받았던 교육과 도야의 경험이 도덕적 정서가 되어 자신에게 남아 있는 것을 깨닫는 것이다. 교육에서 중요한 것은 이론과 방법이 아니라, 학생과 교사가 함께 주고받는 경험과 체험이다. 새로운 학교교육문화운동을 연구하면서 우리는 교육이 가장 과학적일 필요가 적은 과학, 또는 다른 말로 표현하면, 최소한의 과학이어야 하는 과학, 지혜의 과학임을 확인하였다.

사립학교를 포함하여 국공립학교 같은 정규학교들이 패리와 일탈의 현상을 드러내며 교육의 한계를 보이는 곳에서 대안을 제시하는 새로운 학교교육문화운동은 일어난다. 정규학교들의 억압적 구조 속에서 성장세대가 속박당하는 것을 원치 않는 부모들, 교사들, 학자들이 독일, 영국, 프랑스, 미국에서 19세기 말과 20세기 초에 새로운 학교교육문화운동을 전개하였다. 한국에서는 같은 시기에 전혀 다른 정치적 상황으로 인해 인간의 교육이 아닌 구국의 차원에서 근대학교의 도입이라는 형식으로 새로운 학교교육문화운동이 일어났다. 이러한 새로운 학교교육문화운동은 미국에서는 냉전체제의 평화경쟁에서 스푸트니크 충격으로 인한 본질주의의 도전을 통해, 서구에서는 두 번에 걸친 세계대전을 통하여, 그리고 한국에서는 일제의 식민지배로 인해 방해받았으나, 줄기차게 공교육의 생명력을 키워주는 원천이 되어 왔다. 새로운 교육문화운동의 물결을 태어나고 자라게 하는 새로움을 항상 긍정적으로 수용하는 사회와 국가가 오늘날 세계를 선도하는 대안교육으로서의 주요 교육세력들이 되어 최고의 학교교육문화를 만들어가고 있다.

4. 소유의 교육학에서 존재의 교육학으로

이 땅에서 교육학을 연구하고 가르친다는 것은 대단히 바쁜 일이다. 교육이라는 연구와 실천의 대상이 너무나 크기 때문이다. 인간의 탄생에서 죽음에 이르기까지, 가족, 사회, 정치, 경제, 종교, 예술 등, 인간을 둘러싼 모든 것이 교육현상이다. 그래서 학자, 행정가, 교육자 등 교육을 직업으로 삼고 있는 사람들은 온갖 곳에서 들어오는 온갖 요청에 시달리고 있다. 뿐만 아니라, 교육학 연구의 논리가 너무나 다양하고, 논리마다 교육현상을 연구의 대상으로 포착하고 접근하는 색깔이 너무나 특수해서, 교육학자는 저마다 자기 자신의 교육학을 만들어 내고 있다. 다양한 교육학들이 공존하고 있다. 보편타당한 하나의 교육학은 없고 상이한 여러 교육학들의 교육학이 있을 뿐이다. 하지만 교육학은 이러한 여러 교육학들의 공존 가운데서 논쟁하고 수렴하며 발전하기 때문에, 여러 교육학들의 교육학이라는 현상은 바람직하다. 뿐만 아니라 이러한 상이한 논리와 이론과 실천의 공존이 활짝 열려 있는 공간에서 교육학은 생동하고 있다.

학자마다 연구의 대상으로 삼고 있는 '교육'이라는 현상도 너무나 다양하고 상이하다. 취학전 어린이를 연구하는 사람, 초등 · 중등 · 고등교육 같은 학교교육의 일정한 현상을 연구하는 사람, 사회교육, 산업교육, HRD, 평생교육, 성인교육을 연구하는 사람, 교육과정과 평가, 교육행정과 재정, 교육공학을 연구하는 사람, 교육의 역사와 철학, 교육심리와 상담을 연구하는 사람, 상이한 민족과 문화의 교육현상을 비교 연구하는 사람 등, 저마다 자기 자신의 교육학을 연구하고 있다. 그리고 연구대상이 같다고 해도 연구관심에 따라서 전혀 다른 접근을 하고 있다. 인간중심으로 교육을 연구하는 사람, 신 중심으로 교육을 연구하는 사람, 민족과 국가중심으로 교육을 연구하는 사람, 이데올로기에 사로잡혀 있는 사람, 계층, 노동, 인권, 해방 등에 관심있는 사람 등, 어떤 관점과 대상과 이념에 체포되어 있는가에 따라서 사람들은 참으로 다양하고 특수하게 교육학을 천착하고 있다. 인간중심으로 교육을 연구하는 사람과 국가와 민족중심으로 교육을 연구하는 사람의 교육학의 세계는 전혀 다르다. 이 양자 사이엔 정치적 이데올로기에 버금가는 이념적 차이와 갈등이 있다.

여기에 교육에 여러 가지 모양으로 참여하는 시민들의 형태와 색깔이 함께 어우러져서 평준화, 고교등급제, 본고사를 비롯한 대학입시제, 기여입학제, 사립학교법, 교사양성제도 등등 엄청난 교육문제들이 끊임없이 만들어지고 있다. 그리하여 사교육의 팽창과 공교육의 위기, 전교조를 비롯한 우리 사회의 온갖 교육세력들 간의 갈등과 투쟁, 가족이기주의적 교육관심이 사회의 모든 영역에서 교육을 모든 시민들의 문제로 만들어서 저마다 '그들만의 방법'으로 단일하게 해결하려고 전력투구하고 있다. 우리의 삶에 직접적으로 영향을 주는 정치경제만 살펴봐도 교육은 우리나라의 '근본악'처럼 기능하고 있다. 지금 노무현 정권이 온갖 지혜와 정력을 짜내어 씨름하고 있는 부동산 정책도 교육의 구조적 비평화가 극복되지 않는 한 결코 해결할 수 없다.

우리 사회는 수십 년 동안 교육문제를 해결하기 위하여 정치적으로 끊임없이 노력하여 왔다. 그러나 교육개혁의 새로운 시도는 또 다른 새로운 문제를 야기해서 끊임없는 개혁의 악순환을 거듭해 왔을 뿐이다. 그 원인은 교육 자체에 있다. 그런데 사람들은 교육의 본질을 새롭게 이해하고 교육 자체를 교육의 본질에 대한 깊은 이해로부터 정립한 방법으로 바꾸려는 노력은 하지 않고, 다만 현재의 교육이 빚어내는 문제만, 그것도 정치사회적으로 민감한 반응을 일으키게 하는 문제만 극복하려고 노력해 왔다. 그리하여 문제해결의 방향이 언제나 정치적 관심으로부터 제시되고 결정되어 왔다. 그러므로 우리 사회의 교육과 교육학의 비참을 환희로 바꾸어 놓지 않는 한, 우리는 우리 사회의 교육문제를 해결할 수 없다.

그러면 비참한 교육과 교육학을 어떻게 환희의 교육과 교육학으로 바꿀 수 있을 것인가? 이는 교육과 교육학의 성격을 '소유'에서 '존재'로 전환시킴으로써만 가능하다. 다시 말하면, 소유의 교육과 교육학으로부터 존재의 교육과 교육학으로 교육학의 패러다임에 코페르니쿠스적 전환이 일어나야 한다. '존재의 교육학'이라는 표현이 새로울지 모르겠다. 그러나 교육은 처음부터 존재의 활동이었다. 인간이 어떻게 존재하여야 하며 국가는 어떻게 존재하여야 마땅한가를 교육적 관점 아래서 깊이 생각하고 실천하는 영역이었다. 그래서 고전고대의 교육학은 지혜의 학문이었다. 그런데 교육학이 과학으로 발전하면서 지혜와 존재의 영역이 점차로 변두리적 존재로 밀려났다. 뿐만 아니라 이 시대는 소유 중심의 시대이기 때문에 교육을 둘러싼 관심세력들이 모두 소유의 교육학에 철저히 체포되었다. 그래서 교육은 목적으로서가 아니라 수단으로서 의미 있는 활동이 되어 버렸다. 우리가 이 책에서 연구한 동서의 모든 새로운 학교교육문화운동은 교육을 소유와 수단의 대상에서 존재와 목적의 대상으로 전환시키려는 노력이었다.

'교육이란 무엇인가' 다시 생각해 보자. 사람들은 교육 아래서 무엇을 시도하여 왔는가? 인류의 역사는 교육의 역사이다. 그래서 고전고대로부터 현재까지, 고구려로부터 현재의 참여정부까지 인간의 생존을 위한 투쟁이 교육이 아닌 것이 없다. 이렇게 교육은 우주처럼 넓고 깊다. 그러나 교육의 역사를 통해서 보편타당하게 확인하게 되는 것은 어떤 시대나 문화를 막론하고 사람들은 그들이 살았으며 꾸려간 시대와 문화가 담고 있는 최고 가치를 교육의 이념과 목적으로 삼았다는 사실이다. 다시 말하면 교육은 그 시대의 최고가치를 실현하려고 하는 활동이다. 고대 그리스의 호머 시대의 교육이념은 신체의 아름다움과 영혼의 선함이 조화를 이룬 상태를 의미하는 미선성이다. 이는 그 시대의 최고가치인 영웅과 무사라는 이상적 인간상에서 확인되는 가치였다. 자아와 종족의 보존을 확실하게 가능하게 하는 능력보다 더 가치 있는 능력이 없었던 시대에 미선성의 교육이념은 그 시대에 태어난 모든 인간이 추구하여야 하는 최고가치였던 것이다.

로마제국 시대에 최고가치로 자리 잡았던 레토릭, 수사학적 웅변과 능변, 중세시대를 주름잡았던 금욕(Askesis)과 경건이라는 기독교적 가치, 근세로 접어들면서 개인으로서의 인간의 발견과 더불어 강조된 고전고대의 연구, 여기서 교육의 절대적 명령으로 강조된 라틴어 교육, 그리하여 14~15세기부터 18세기에 이르기까지 어학과 수학은 인간 도야의 두 인문학적 기초와 교과가 되어 학교교육문화를 지배하여 왔다. 조금은 거칠게 언급한 이러한 최고가치의 변천에 따른 교육의 이념, 목적, 목표, 내용, 교재, 교수방법의 변천은 한마디로 모든 교육은 그 시대가 담고 있는 최고가치를 실현하기 위한 노력임을 확인시켜 주고 있다. 그리고 이러한 노력은 적어도 18세기까지만 해도 존재의 교육학의 색깔을 가지고 있었다.

"누구든지 나를 믿는 이 소자 중 하나를 실족케 하면 차라리 연자 맷돌을 그 목에 달리우고 깊은 바다에 빠뜨리우는 것이 나으리라. 실족케 하는 일들이 있음을 인하여 세상에 화가 있도다. 실족케 하는 일이 없을 수는 없으나 실족케 하는 그 사람에게는 화가 있도다."(마태복음 18:6-7) 예수의 이 유명한 말씀에서 나는 존재의 교육의 본질을 본다. 실족하게 한다는 말은 무엇을 의미하는가? 인간 개개인의 최적의 자아실현을 도와주는 교육을 하는 것이 아니라, 부모와 교사, 학교와 사회, 기성세대와 세력집단이 그들의 관심에 따라서 성장세대에게 이러저러한 학습을 강요하고 성장세대가 원치 않는 삶의 길을 걸어가도록 강요하는 교육이 있는 곳에서 교육은 이미 소유의 교육이다. 거기엔 존재의 보존과 돌봄은 없고 소유관계의 공고화만이 진행되고 있다. '살인하지 말라'는 계명은 따지고 보면 '소유하려 하지 말고 존재하게 하라'는 계명이다. 자녀를, 학생을, 성장세대를 부모가, 선생이, 기성세대가 그들의 관심과 욕심에 따라 일정한 지식과 기술과 행동으로 강요하고 훈련하고 교화하는 곳에는 이미 소유의 교육학만이 우뚝 서있다. 존재의 교육학은 설 자리가 없다. 실족시키는 자는 연자 맷돌을 목에 달고 바다에 빠져 죽는 것이 더 낫다는 말씀은, 엄격히 수용하면 참으로 무서운 메시지다. 선생이 학생을 그의 내적 잠재 가능성에 따라서 최적의 자아실현의 길을 걸어가도록 도와주지 않고, 선생 자신의 관심에 따라서 가르치고 평가하는 교육을 하는 곳에서 그는 이미 학생을 실족시키고 있는 것이다. 다시 말하면 그는 학생의 존재를 소유화하고 패리시키며 말살하고 있는 것이다. 이 땅의 부모, 교사, 기성세대 중에 과연 몇 명이나 존재의 교육을 하고 있나? 그러므로 존재의 교육학을 정립하는 일은 '실족케 하는 일이 없을 수 없는' 정도가 아니라 절대적인 이 세상을 소유의 지배관계에서 존재의 공유관계로 바꾸어 놓는 엄청난 작업이다.

루소는 『에밀』의 제1권에서 "시간은 얼마든지 있다. 시간을 낭비하라." (오증자 역, 상, 140)라고 했다. 그리고 루소는 이를 모든 교육 중에서 가장 위대하고 가장 중요한 원칙이라고 했다. 이미 18세기 후반에 루소가 경험한 파리는 소유의 교육이 절정에 다다른 세계였다. 그래서 그는 "가난한 자에게는 교육이 필요 없다."(같은 책 51)라고 했다. 가난한 자의 생활환경 자체가 교육을 강요하기 때문에 교육이 필요 없다는 말이다. 그러나 부자가 그의 생활환경으로부터 받는 교육은 그 자신을 위해서나 사회를 위해서나 부적당할 뿐만 아니라 해로운 것이기 때문에 부자일수록 교육을 필요로 한다. 다시 말하면 유복한 가정에서 태어나서 좋은 학교를 다닌 자들은 그만큼 더 교육을 필요로 하는 자들이다. 이러한 루소의 소극적 교육의 개념에서 우리는 존재의 교육학과 만난다. 새로운 학교교육문화운동이 일어나는 곳에서 우리는 기존의 학교교육문화가 소유의 교육문화임을 확인하게 된다. 그래서 루소는 또한 모든 새로운 학교교육문화운동의 대부요 이론적 원천으로 기림 받고 있다.

우리 사회의 오래된 가치들 가운데 하나인 '오복(五福)'은 수(壽), 부(富), 강녕(康寧), 유호덕(攸好德), 고종명(考終命)이다. 이는 존재의 덕이다. 그런데 소유의 세계를 살면서 타락한 사람들이 수, 부, 귀, 다남, 고종명으로 오복을 소유의 덕으로 바꾸어 놓았다. 따지고 보면 소유의 가치로 전환됨으로써 오복은 이미 복이 아니고 덕 또한 아니다. 거기엔 탐욕과 소유와 지배가 추미의 옷을 입고 춤추고 있다.

존재는 가꾸어야 한다. 가꾼다는 것은 지배하는 것이 아니라, 존재 자체의 힘으로 스스로 일어서고 세워가도록 자유와 자율의 공간을 부여하는 모험을 말한다. 그렇지 않고 아직 미숙하기 때문에, 여전히 부정과 불합리가 횡행하고 있어서, 투명하지 못하기 때문에 통제와 규제를 강화해야 한다는 생각은 처음부터 교육을 소유의 가치로 접근하고 있는 것이다. 우리는 우리 사회에서 이루어지고 있는 교육의 곳곳에서 소유가 되어 버린 교육과 교육학을 본다. 우리 사회의 민감한 교육현안들인 평준화, 본고사, 기여입학은 절대로 안 된다는 소위 '삼불법'에서, 사립학교들의 부정부패가 만연하기 때문에 사학의 투명한 경영을 가능하게 하기 위하여 필요하다면서 강행한 개정 사학법에서, 객관적 평가를 위하여 불가피하다는 이유로 무조건 절대화하는 상대평가제에서, 하나의 척도를 보편타당한 척도로 만들어 버리는 과학계의 폭력 등에서 소유가 되어버린 교육과 교육학을 본다. 우리 사회의 구조적 부패와 비교하면 사학의 부패는 절대로 만연하지 않고 지극히 적은 예외에 속하는 것이며 설사 만연하다고 하더라도 그렇기 때문에 자율의 신장을 위하여 신뢰의 모험을 던지는 존재의 교육정치를 펴야 할 것이다. 그래야 존재의 교육이 이 사회에 뿌리를 내릴 수 있다.

왜 초등학교에서 대학교까지 주로 칭찬과 서술로 이루어진 평가, 교사의 주관에 맡겨진 절대적 평가, 최소한의 행정, 교사의 교육적 자율을 최대한으로 허용하는 학교교육이 불가능한가? 왜 교장이 없는 학교, 고정화된 시간표가 없는 학교, 교과서도 없어도 되고 학년도 연령별로가 아니라 학업성취도별이나 학생 개개인의 관심별로 조직하거나 아니면 학년 자체를 아예 철폐해 버리는 학교는 불가능한가? 만약에 그러한 교육이 가능할 수 있다면, 그러한 교육은 존재중심이어서, 학생 개개인의 존재를 가능한 한 최대로 가꾸어 주는 교육이 될 수밖에 없다. 그러한 교육이 있는 곳에서 해마다 반복되는 입시지옥과 사교육과 조기유학 같은 것들은 발붙일 수 없다. 가르침이 즐겁고 배움이 즐거울 뿐이다. 우리는 선취적 신뢰에 의하여 동반된 칭찬하는 시로 구성되어 있는 성적표만 있는, 시간표도 없고 교과서도 없는, 교장이 없어서 교장실도 없는 학교로 유명한 Wahldorf 학교가 독일에서 비록 12학년으로 구성되어 있지만 13학년으로 구성되어 있는 모든 Gymnasium보다 더 많은 학생들을 Abitur 합격생으로 길러내고 있는 것을 잘 알고 있다. 인간은 본질적으로 자유로운 존재이기 때문에 자유의 공기를 마시면서 성장하지 않으면 안 된다. "몸을 기르는 것은 아무리 작은 것이라도 탐닉하면 사용이 된다. 그러나 마음을 기르는 것은 설령 탐닉하여 돌아나올 줄 모르더라도 군자는 탐욕스럽다고 하지 않는다." 다산의 말이다(정약용, 2001, 55쪽). 새로운 학교교육문화운동은 교육에서 존재가 아니라 소유가 강조되고 있는 곳에서, 지혜의 기초 위에서가 아니라 기초부터 지붕까지 과학으로만 교육의 집이 세워지고 있는 곳에서, 정치와 시장의 논리가 교육을 지배하는 곳에서 교육의 집을 바로세우는 활동으로 끊임없이 이어질 것이다.

▪ ▪ ▪ 참고문헌 ▪ ▪ ▪

강영심 외(2003). 한국민족운동사연구. 서울: 나남출판.

강재언(1982). 韓國近代史硏究(新編). 서울: 한울.

강재언(1990a). 조선의 서학사. 서울: 민음사.

강재언(1990b). 한국근대사. 서울: 한울.

강혜숙(1994). 실력양성론자로서의 도산 안창호에 대한 교육적 고찰-사회진화론을 중심으로-. 연세대학교 석사학위논문.

구자억 외(2003). 동서양 주요 국가들의 교육. 서울: 문음사.

금장태(2003). 조선 후기 유교와 서학: 교류와 갈등. 서울: 서울대학교 출판부.

김경미(1999). 甲午改革 前後 敎育政策 展開過程 硏究. 연세대학교 박사학위논문.

김기석, 류방란(1999). 한국 근대교육의 태동. 서울: 교육과학사.

김도형(1989). 大韓帝國末期의 國權恢復運動과 그 思想. 연세대학교 박사학위논문.

김성학(1996). 西歐 敎育學 導入過政 硏究(1895-1945). 연세대학교 박사학위논문.

김숙자(1980). 獨立協會의 敎育思想 -독립신문의 敎育論說 分析-. 韓國史硏究(1980. 9). 77-106.

김영우(1997). 韓國 開化期의 敎育. 서울: 교육과학사.

김유원(1999). 100년 뒤에 다시 읽는 독립신문. 서울: 경인문화사.

김인회(1984). 敎育 目的觀의 變遷過程. 韓國 新敎育의 發展硏究. (pp. 67-123). 성남: 한국정신문화연구원.

김인회(2002). 한국교육의 정신과 실천. 서울: 문음사.

김정의(1999). 동학민중혁명운동의 성격. **실학사상연구**, 12, 429-446.

김태길(1990). **존 듀이의 사회철학**. 서울: 명문당.

노인화(1989). 大韓帝國 時期 官立學校 敎育의 性格 硏究. 이화여자대학교 박사학위논문.

류방란(1995). 韓國近代敎育의 登場과 發達. 서울대학교 박사학위논문.

민경배(1981). **敎會와 民族**. 서울: 대한기독교출판사.

박봉목(2000). 듀이. 연세대학교 교육철학연구회 편. **위대한 교육사상가들 IV**. (pp. 355-393). 서울: 교육과학사.

박순경, 김수동, 노국향, 정영근, 황성원(2001). **교육과정 · 교육평가 국제비교 연구(III) –국가수준 교육과정 질관리 방안을 중심으로**. 서울: 한국교육과정평가원.

박영만(1990). 죤 듀이의 실험학교에 있어서의 교사능력모형에 관한 연구. 인천교육대학교. **논문집**, 24(1), 257-273.

박영만(1991). 진보주의 교육운동에 대한 역사적 고찰. 인천교육대학교. **논문집**, 25(1), 285-305.

박영신(2002). **우리 사회의 성찰적 인식 –전통, 구조, 과정–**. 서울: 현상과 인식.

박용석(1998). 니일에 있어서 자유와 자율의 개념에 관한 연구. 연세대학교 박사학위청구 논문.

박용석(2002). **가장 자유로운 학교 이야기**. 서울: 문음사.

박찬승(1990). 日帝下 '實力養成運動論' 硏究. 서울대학교 박사학위논문.

성열관(2004). 마그넷스쿨을 통한 교육과정 혁신 방안 고찰: 뉴욕 센트럴파크이스트 중등학교(CPESS) 사례를 중심으로. **교육발전연구**, 20(1), 89-105.

손인수(1998). **한국교육사 연구**. 서울: 문음사.

송순재(1999). 공교육의 개혁을 위한 셀레스텡 프레네(C. Freinet)의 교육실천. **한국교육연구소**, 44권, 477-497.

송순재(2000). **유럽의 아름다운 학교와 교육개혁운동**. 인천: 내일을 여는 책.

송순재, 권순주(2002). **프레네 교육학에 기초한 학교 만들기**. 인천: 내일을 여는 책.

신국주(1995). 甲午東學革命의 發生史的 背景. **한국정치외교사논총**, 12, 103-138.

신영우(2000). 1894년 東學農民軍의 身分制 否定論理와 實踐運動. **실학사상연구**, 17, 18합권. 567-596.

신용하(1974). 우리나라 최초의 근대 학교. **문학과 지성**, 5(1), 51-60.

신용하(2001). 한국 근대의 민족운동과 사회운동. 서울: 문학과 지성사.

양은주(2003). 듀이의 흥미개념과 학생중심 교육과정. 교육과정연구, 21(1), 179-202. 한국교육과정학회.

양은주(2005a). 미국진보주의 시대의 교육개혁운동. 교육의 이론과 실천, 10(2), 97-124.

양은주(2005b). Dewey 실험학교와 예술가로서의 교사. 교육과정평가연구, 8(2), 25-50.

역사문제연구소 편(1988). 한국근현대연구입문. 서울: 역사비평사.

연세대학교 언어정보개발연구원 편(1998). 연세 한국어 사전. 서울: 두산동아.

오은순, 황성원(2003). 프랑스의 교수 · 학습지원체제와 수업 지원의 실제. 교육과정평가연구, 6(1), 49-73. 한국교육과정평가원.

오인탁(1978). 인간학적 비교, 이해지평의 정신과학적 확대. 교회와 신학, 10(3), 146-171.

오인탁(1982). 民族教育과 宗教教育의 葛藤-日帝下 民族教育 및 宗教教育과 植民教育의 葛藤에 관한 研究-. 성남: 한국정신문화연구원 연구보고논문.

오인탁(1995). 도덕적 인간성의 배양과 교육의 과제. 서강대학교. 사회과학연구, 4(1995), 129-167.

오인탁(1996). 사회갈등 · 비평화 · 비인간화의 교육적 해결의 과제. 사회과학연구, 5, 385-418, 419-445.

오인탁(1997). 건강한 정서형성교육과 홍익인간의 복권. 사회과학연구, 6, 173-211.

오인탁(2001). 파이데이아-고대 그리스의 교육사상-. 서울: 학지사.

오인탁(2003). 테크노미디어 시대의 학교와 교회교육. 기독교노인교육의 과제와 전망(기독교교육논총 9). 한국기독교교육학회, 143-173.

오인탁, 김창환, 윤재흥(2001). 한국현대교육철학과 교육사학의 전개 -1945년부터 2000년까지-. 서울: 학지사.

오인탁, 김창환, 윤재흥(2001). 한국의 현대 교육철학과 교육사학의 전개 1945-1999. 서울: 학지사.

오태진(1994). 開化期 新教育思潮에 관한 考察. 민족문화연구, 27, 155-180.

이광린(1975). 開化派의 改新教觀. 역사학보, 66, 1-43.

이광린(1994). 開化期研究. 서울: 일조각.

이광린(1999). 韓國 開化史研究. 서울: 일조각.

이만열(편) (1985). 아펜젤러 -한국에 온 첫 선교사-. 서울: 연세대학교 출판부.

이영호(1992). 한국 기독교교육의 역사. 오인탁 외. **기독교교육사** (pp. 477-547). 서울: 교육목회.

이윤미(1998). 韓國 開化期 教育에 나타난 東洋觀과 民族 概念 -開化論者들의 論議를 中心으로-. **韓國教育史學**, 20, 259-296.

이택휘(1995). 1890년대의 사상사적 흐름. **한국정치외교사논총**, 12, 43-63.

이혜영(1996). 근대교육 도입 과정에서 표출된 교육관의 유형과 갈등. **교육학연구**, 34(3), 247-269.

정건영(1991). 듀이 실험학교의 이론과 실제에 관한 연구. **춘천교대논문집**, 19, 49-69.

정순우(1992a). 近代教育 導入期에 있어서의 教育政策 -東道西器論과 다윈이즘의 適用을 中心으로-. **韓國教育史學**, 14, 9-31.

정순우(1992b). 민족교육의 어제와 오늘 그리고 내일. **새교육**, 8, 34-41.

정약용(2001). 박무영 옮김, **뜬 세상의 아름다움**. 서울: 태학사.

정영희(2000). 東學의 理念과 教育思想 研究. **동학학보**, 1, 59-82.

조경원(1997). 진보주의 교육사상과 새교육. 정세화 외. **한국교육의 사상적 이해** (pp. 331-357). 서울: 학지사.

주진오(1986). 獨立協會의 對外認識의 構造와 展開. **학림**, 8, 69-105.

차기진(2002). **조선후기 서학과 척사론 연구**. 서울: 한국교회사연구소.

총성의(2000). **근대 한국 지식인의 대외인식**. 서울: 성신여자대학교 출판부.

최기영(1997). **韓國近代啓蒙運動研究**. 서울: 일조각.

최재정(2002a). 개혁교육학. 연세대학교 교육철학연구회 (편). **위대한교육사상가들 V**, (pp. 2-86). 서울: 교육과학사.

최재정(2002b). 20세기 초 독일에서의 '개혁교육학운동'과 '문화비판'. **교육철학**, 28(2), 229-247.

한국기독교교육학회(편) (1999). **한국 교단의 기독교교육사**. 서울: 한국기독교교육학회.

한국정신문화연구원(편) (1992). **한국 근·현대 교육정책의 역사적 평가**. 성남: 한국정신문화연구원 사회과학연구부 교육윤리연구실.

한준상(2005). **국가과외 -누가 한국교육을 죽이는가-**. 서울: 학지사.

허경철, 이미경, 손민호, 황성원(2002). **교육과정·교육평가 국제비교연구(IV)-교육과정 개발 방식**. 서울: 한국교육과정평가원.

홍후조(2002). **교육과정의 이해와 개발**. 서울: 문음사.

황성원(1997a). 프랑스의 열린교육: R. 꾸지네와 C. 프레네의 교육을 중심으로. **열린교육연구**, 5(2), 27-45.

황성원(1997b). 프레네(C. Freinet) 교육에 대한 사회학적 고찰. **교육사회학연구**, 7(3), 159-176.

황성원(2003a). 19세기 말/20세기 초 프랑스의 신교육운동-에콜 데 로슈에서 프레네 교육까지. **연세교육연구**, 16, 49-78.

황성원(2003b). 교실개혁운동을 위한 프레네 교육학의 실천 가능성 탐색. **열린교육연구**, 11(2), 1-18.

황성원(2003c). 프랑스 공교육과 프레네 교육. **충남교육연구**, 7, 108-138.

황성원(2005). 프레네 교육학에서 본 아동의 '학교협동체'. **건양대학교 인문논총**.

『고종실록』.

「독립신문」.

Abbotsholme. (1989). *A History Of Abbotsholme School: 1889-1989*. Derbishire: Moorland Pub. Co.

Acker, V. (2000). *Celestin Freinet(1896-1966): A Most Unappreciated Educator in the Anglophone World*. Paper presented at the Annual Conference of the Comparative and International Education Society, San Antonio, TX, March 8-12, 2000, 26.

Albertini, P. (1992). *L'Ecole en France IXIe-XXe siècle, de la maternelle à l'université*. Paris: Hachette.

Altbürger und Freunde der Hermann-Lietz-Schulen e.V. (Hrsg.) (2002). *Lietz lebt. Leben und Arbeit. Das Magazin der Hermann-Lietz-Schulen und deren Altbürger und Freunde*.

Badley, J. (1923). *Bedales, a pioneer school*. London: Methuen.

Badley, J. (1937). *Schoolmaster's Testament: Forty Years of Educational Experience*. Oxford: Basil Blackwell.

Barré. M. (1995). *Célestin Freinet, un éducateur pour notre temps*. Paris: éd. PEMF.

Barré. M. (1996). *Célestin Freinet et l'Ecole moderne*. Paris: éd. PEMF.

Barré. M. (1997). *Compagnon de Freinet*. Vauchrétien. Ivan Davy Editeur.

Bast, R. (1996). *Kulturkritik und Erziehung. Anspruch und Grenzen der Reformpädagogik*. Dortmund.

Baumert, J. u.a. (Hrsg.) (2001). *PISA 2000. Basiskompetenzen von Schülerinnen und Schülern im internationalen Vergleich*. Opladen.

Bazeley, E. (1928). *Homer Lane And The Little Commonwells*. George Allen & Unwin Ltd.

Beattie, N.-M. (1998). Freinet et the Anglo-saxons. *Compare*, 28(1), 33-45.

Bernstein, E. (1968). What does Summerhill Old School Tie look like? *Psychology Today, 2*(5), 65-70.

Berube, M. R. (1994). *American school reform: Progressive, equity, and excellence movements 1883-1993*. Westport, CT: Praeger Publishers.

Best, O. (Hrsg.) (1994). *Theorie des Expressionismus*. Stuttgart.

Blewitt, T. (1934). *The Modern Schools Handbook*. London: Victor Gollancz.

Bloch, M. A. (1948). *Philosophie de l'éducation nouvelle*. Paris: PUF.

Bode, B. H. (1971, originally 1938). *Progressive education at the crossroads*. New York: Arno Press.

Bollnow, O. F. 윤재흥 (역) (2001). **실존철학과 교육학**. 포천: 기독언어문화사.

Bouchet, H. (1948). *L'invidualisation de l'enseignememt*, Paris: PUF

Boumard, P. (1996). *Célestin Freinet*. Paris: Puf.

Boyd, W. (1929). *Towards A New Education*. New York: Alfred A. Knpof.

Boyd, W. (1996). **서양교육사**. 서울: 교육과학사.

Boyd, W., & Rawson, W. (1965). *The Story of the New Education*. London: Heinemann.

Boyd, William. 이홍우, 박재문, 유한구 (역) (1994). **서양교육사**. 서울: 교육과학사.

Brubacher, J. S. 이원호 (역) (1999). **교육문제사**. 서울: 문음사.

Bruliard, L., & Schlemminger, G. (1996). *Le mouvement Freinet: des origines aux années quatre-vingt*. Paris: L'Harmattan.

Butts, R. F., & Cremin, L. A. (1953). *A history of education in American culture*.

New York: Holt, Rinehart and Winston.

Campe, Joachim Heinrich (Hrsg.). (1785-1795). *Allgemeine Revision des gesamten Schul- und Erziehungswesens von einer Gesellschaft praktischer Erzieher*. 16 Bände. Hamburg.

Campe, Joachim Heinrich (1778). *Sammlung einiger Erziehungsschriften*. Leipzig. 2 Theile.

Chamberline, R. (1989). *Free Children and Democratic Schools: A Philosophical study of liberty and education*. London: The Falmer Press.

Clanché, P., Debarbieux, E., & Testaniére, J. (1994). *La pédagogie Freinet, Mises à jour et perspectives*. Bordeaux: PUB.

Clanché, P., & Testanière, J. (1989). *Actualité de la pédagogie Freinet*. Bordeaux: Presses Universitaires de Bordeaux.

Clandinin, J., & Connelly M. (2000). *Narrative inquiry: Experience and story in qualitative research*. San Francisco: Jossey-Bass Publishers.

Collectif. (2000). *Freinet, 70 ans après*. Presses universitaires de Caen.

Conze, W., & Kocka, J. (Hrsg.) (1985). *Bildungsbürgertum im 19. Jahrhundert Teil 1*. Stuttgart.

Corcoran, P. B., & Pennock, M. T. (eds.) (1993). *Living voices: proceedings of common ground: A conference on progressive education*. Evanston, Illinois: The School in Rose Valley, Moylan, Pennsylvania, and The Network of Progressive Educators.

Counts, G. S. (1932). Dare progresive education be progressive? *Progressive Education, 9*, 257-263.

Cousinet, R. (1949). *Une méthode de travail libre par groupes*. Paris: Les éditions du Cerf.

Cousinet, R. (1968). *L'Education nouvelle*. Neuchâtel: Delachaux & Niestl.

Cremin, L. (1955). The revolution in American secondary education. *Teachers College Record, 56*, 295-308.

Cremin, L. (1961). *The transformation of the school: Progressivism in American education 1876-1957*. New York: Alfred A. Knopf.

Darling, J. (1987). Progressive, Traditional & Radical re-alignment. *Journal of Philosophy of Education, 12*(2), 120-132.

Deutsches PISA-Konsortium(Hrsg.) (2000). *Schüerleistungen im internationalen Vergleich: Eine neue Rahmenkonzeption für die Erfassung von Wissen und Fühigkeiten*. Berlin 2000.

Dewey, J. (1895). The plan of organization of the University Primary School. *The Early Works, 5*, 223-243. Carbondale & Edwardswille: Southern Illinois Univ. Press.

Dewey, J. (1896). The need for a laboratory school. *The Early Works, 5*, 433-435.

Dewey, J. (1897). My pedagogic creed. *The Early Works, 5*, 84-95.

Dewey, J. (1898). The University Elementary School, General outline of scheme of work. *University Record*. December, 30.

Dewey, J. (1899). The school and society. *The Middle Works, 1*, 1-110.

Dewey, J. (1902). The child and the curriculum. *The Middle Works, 2*, 271-292.

Dewey, J. (1904). Education direct and indirect. *The Middle Works, 3*, 240-248.

Dewey, J. (1906). The relation of theory to practice in education. *The Middle Works, 3*, 249-272.

Dewey, J. (1910). How we think. *The Middle Works, 6*.

Dewey, J. (1913). Interest and efforts in education. *The Middle Works, 7*, 151-197.

Dewey, J. (1915). Schools of To-Morrow. *The Middle Works, 8*, 205-404.

Dewey, J. (1916). Democracy and education. *The Middle Works, 9*.

Dewey, J. (1923). The classroom teacher. *The Middle Works, 15*, 180-189.

Dewey, J. (1928). The progressive education and the science of education. *The Later Works, 3*, 257-268.

Dewey, J. (1929). The sources of a science of education. *The Later Works, 5*, 3-40.

Dewey, J. (1933). Why have Progressive Schools. *The Later Works, 9*, 147-157.

Dewey, J. (1934). The need for a philosophy of education. *The Later Works, 9*, 194-204.

Dewey, J. (1937a). What is learning. *The Later Works, 11*, 238-242.

Dewey, J. (1937b). Growth in activity. *The Later Works, 11*, 243-246.

Dewey, J. (1938). Experience and education. *The Later Works, 13*, 1-62.

Dewey, J. (1941). For a new education. *The Later Works, 14*, 278-279.

Dewey, J. (1952). Introduction to The Use of Resources in Education by Elsie Ripley Clapp. In *Dewey on education*, Martin S. Dworkin (Ed.). pp. 127-134. New York: Teachers College Press.

De Witt, B. P. (1968, originally 1916). *The progressive movement: A non-partisan comprehensive discussion of current tendencies in American politics*. Scattle: University of Washington Press.

Dottrens, R. (1946). Conférence de Genève en 1943. *Education et démocratie*. Neuchâtel: Delachaux & Niestlé.

Dottrens, R. (1963). *L'enseignement invidualis?* Neuchâtel: Delachaux & Niestlé.

Durst, A. (2005). "The union of intellectual freedom and cooperation? Learning from the University of Chicago's Laboratory School Community 1896-1904. *Teachers College Record*, 107(5), 958-984.

Duval, N. (1999). L'Ecole des Roches: une école normande au rayonnement international. *Etudes Normandes*, 4, 35-62.

Ecole des Roches. (2001). *L'Ecole des Roches 1899-1999. Cent ans d'histoire. Images et paroles d'hier, d'aujourd'hui et de demain*. Roches-normandie.

Ecole des Roches. (2003). *Les Roches*. Verneuil-sur-Avre: Ecole des Roches.

Ehm, A. (1937). *L'Education nouvelle*. Sélestat: Alsatia.

Ferrière, Ad. (1922). *L'école actvie*. Neuchâtel/Genève: Ed. Forum.

Ferrière, Ad. (1947). *Transformons l'école*. Paris: Ed. J. Oliven.

Ferrière, Ad. (1951). *Brève initiation à l'éducation nouvelle*. Paris: Ed. Bourrelier.

Fishman, S. M., & McCarthy, L. (1998). *John Dewey and the challenge of classroom practice*. New York: Teachers College Press.

Flitner, A. (1996). *Reform der Erziehung. Impulse des 20. Jahrhundert*. München.

Flitner, A. (1987). *Für das Leben - Oder für die Schule?* Beltz.

Flitner, A. (1977). *Mißratener Fortschritt*. München.

Flitner, A. (1992). *Reform der Erziehung. Impulse des 20. Jahrhundert*. Piper.

Fox, I. (1985). *Private Schools And Public Issues*. The Macmillan Press Ltd.

Freinet, C. (1969). *Pour l'éole du peuple*. Paris: Fr. Maspero.

Freinet, C. (1978). *L'éducation du travail*. Neuchâtel: Delachaux & Niestlé. "célestin Freinet (1896-1966), 20 ans plus tard" (1987). *L'Educateur*. 190-191.

Freinet, C. (1994). *Oeuvres pédagogiques I. II*. Paris: Seuil.

Freinet, E. (1976). *Naissance d'une pédagogie populaire*. Paris: Fr. Maspero.

Freinet, E. (1977). *L'itinéraire de Célestin Freinet, La libre expression dans la pédagogie Freinet*. Paris: Puf.

Geissler, E. E. (1963). *Der Gedanke der Jugend bei Gustav Wyneken*. Frankfurt a.M./Berlin/Bonn.

Gerber, R. (1989). Naissance d'une vocation. *Autour d'Adolphe Ferrière et de l'Education Nouvelle*. Université de Genève, Cahier 25, 39-58.

Ginet, D. (1982). *De l'école et des groupes, contribution à l'analyse de l'insuccès des "pédagogie de groupe"*. Thèse de 3e cycle, Université de Lyon II.

Helfter, C. (1996). 1986-1966 Que reste-t-il des grands ancêtres... *Le Monde de l'Education*, 242.

Hemmings, R. (1972). *Children's Freedom: A. S. Neill and the Evolution of the Summerhill Idea*. New York: Schocken Books.

Henderson, J. (1978). *Irregularly Bold: A Study of Bedales School*. London: Andre Deutch Ltd.

Hentig, H. v. (1993). *Die Schule neu denken*. Hanser.

Herrmann, U. (Hrsg.) (1987). *Neue Erziehung. Neue Menschen. Ansätze zur Erziehungs- und Bildungsreform in Deutschland zwischen Kaiserreich und Diktatur*. Weinehim/Basel.

Heydorn, H.-J. & Konneffke, G. (1973). *Zur Bildungsgeschichte des deutschen Imperialismus*. Glashütte im Taunus.

Hichens, M. (1992). *West Downs: A Portrait of an English Prep School,* Pentland Press.

Holmes, B. (1995). The Origin and Development of Progressive Education in England. In Rörs, H. (eds.), *Progressive Education Across the Continents*. NY:

Peter Lang, 51-69.

Hopfenberg, W. S., Levin, H. M., Chase, C., Christensen, S. G., Moore, M., Soler, P., Brunner, I., Keller, B., & Rodriguez, G. (1993). *The Accelerated Schools resource guide*. San Francisco: Jossey-Bass.

Hörner, W. (1978). L'évolution de la notion de la culture dans la discussion pédagogique française. *Paedagogica Historia*, XVIII(2), 342-355.

Houssaye, J. (1987). *Ecole et vie active*. Neuchâtel/Paris: Delachaux & Niestlé.

Houssaye, J. (1994). *Quinze pédagogues, leur influence aujourd'hui*. Paris: A. Colin.

Houssaye, J. (1999). "L'Education Nouvelle: utopies d'hiers, innovations d'aujourd'hui?", *Apprendre autrement aujourd'hui?*. 10e Entretien de la Villette, Citédes Sciences et de l'industrie.

Hughes, F. P. (1995). *Children, Play, and Development*. London: Allyn and Bacon.

Hwang, S. W. (1997). *Socialisation scolaire et Education Nouvelle. Travail de groupe(R. Cousint) et Pédagogie Freinet: Etude comparative*. Thèse de Doctorat. Université de Rouen.

Hwang, S. W. (1999). La socialisation dans le courant "pédagogie Freinet": ses valeurs et ses pratiques. *Questions de recherches en éducation*. Paris: INRP/éducation, 1, 225-235.

Kaufmann, Hans Bernhard, Will Lütgert, Theoder Schulze, & Friedrich Schweitzer (Hrsg.) (1991). *Kontinuität und Traditionsbrücher in der Pädagogik. Ein Gespräch zwischen den Generationen*. Weinheim.

Key, E. (1978). *Das Jahhundert des Kindes*. Berlin.

Kidel, M. (1990). *Beyond The Classroom: Dartington's Experiments in Education*, Green Books.

Kindt, W. (Hrsg.) (1963). *Grundschriften der deutschen Jugendbewegung*. Düsseldorf/Köln.

Kolb, E. (Hrsg.) (1972). *Vom Kaiserreich zur Weimarer Republik*. Köln.

Kühn, Axel D. (1995). *Alexander S. Niell*. Reinbek bei Hamburg.

Kupffer, H. (1970). *Gustav Wyneken*. Stuttgart.

Laborde, E. D. (1939). *Problems In Modern Education*. Cambridge at the University Press.

Lambert, R. (1966). *The State And Boarding Education*. Methuen & Co Ltd.

Lamihi, A. (1997). *Freinet et l'école moderne*. Vauchrétien: Ivan Davy Editeur.

Langbehn, J. (1925). *Rembrandt als Erzieher. Von einem Deutschen*. Leipzig.

Lawson, M. D., & Petersen (1972). *Progressive Education An Introduction*. London: Angus And Robertson.

Lee, W. (1993). Freinet Pedagogy: An Alternative Approach to Traditional Schools. *Canadian Social Studies, 27*(4), 146-151.

Lee, W. (1994). John Dewey and Célestin Freinet: A Closer Look, in J. Sivell (Ed), *Freinet Pedagogy Theory and Practice*. Lewiston, NY: Edwin Mellen Press.

Legrand, L. (1968). Les conditions du développement en pédagogie, *Revue Française de Pédagogie*, 3.

Legrand, L. (1970). L'Education Nouvelle et ses ambiguïtés. *Revue Française de Pédagogie*. 11.

Legrand, L. (1993). *Célestin Freinet*. Paris: Unesco.

Lehner, Franz/ Ulrich Widmaier (1992). *Eine Schule für eine moderne Industriegesellschaft. Strukturwandel und Entwicklung der Schullandschaft in Nordrhein-Westfalen*. Essen.

Lepenies, W. (1972). *Melancholie und Gesellschaft*. Frankfurt am Main.

Levin, H. M. (2001). Pedagogical challenges for educational futures in industrializing countries. *Comparative Education Review, 45*, 537-560.

Lichtwark, A. (1917). Übungen in der Betrachtung von Kunstwerken. In : Alfred Lichtwark. *Eine Auswahr seiner Schriften*. Besorgt von Mannhardt, W. Bd. I. Berlin.

Lietz, H. (1970). Schulreform durch Neugründung. *Ausgewählte Pädagogische Schriften*, besorgt von Rudolf Lassahn, Paderborn.

Mann, G. (1964). *Deutsche Geschichte des 20. Jahrhunderts*. Frankfurt am Main/Wien/Zürich.

Matthew, H. (1999). 자유주의 시대. In Morgan, K. O. (편저) (1999). 옥스퍼드 영국

사. 서울: 한울, 529-594.

Maury, L. (1988). *Freinet et la pédagogie*. Paris: PUF.

Mayhew, K., & Edwards, A. (1936). *The Dewey school: The laboratory school of the Univ. of Chicago 1896-1903*. NY: Appleton-Century.

McCallister, W. J. (1931). *The Growth of Freedom in Education*. London: Jenkins.

Mcmillan, M. (1911). *The Child and The State*. The National Labour press. Ltd.

Meier, D. (1995). *The power of their ideas: Lessons for America froma small school in Harlem*. Boston: Beacon Press.

Meier, D. (2000). Progressive education in the 21st century: A work in progress. In R. S. Brandt (Ed.), *Education in a new era*. Alexandria, VA: Association for Supervision and Curriculum Development.

Meirieu, Ph. (2001). *Célestin Freinet, Comment suscitera le désir d'apprendre?* Paris: PEMF.

Meissner, E. (1965). *Asketische Erziehung. Hermann Lietz und seine Pädagogik*. Weinheim.

Mirel, J. (2002). Introduction. In W. J. Reese. *Power and the promise of school reform: Grassroots moverments during the Progressive Era* (pp. ix-xvi). N.Y.: Teachers College Press.

Mohler, A. (1950). *Die konservative Revolution in Deutschland 1918-1933*. Stuttgart.

Neill, A. S. (1987). 시험도 숙제도 없는 자율학교 섬머힐. 서울: 양서원.

Neill, A. S. (1992a). *New Summerhill*. Lamb. A. (ed.). New York: Hart.

Neill, A. S. (1992b). 김영숙, 조정아 공역. 문제의 부모. 서울: 양서원.

Neill, A. S. (1945). *Hearts Not Heads in the school*. London: Jenkins.

Nietzsche, F. (1981). *Die Geburt der Tragödie aus dem Geiste der Musik*, hrsg. von I. Frenzel. München.

Nohl, H. (1949). *Die pädagogische Bewegung in Deutschland und ihre Theorie*. Frankfurt am Main.

Oelkers, J. (1989). *Reformpädagogik. Eine kritische Dogmengeschichte*. Weinheim/München.

Patterson, C. H. 장상호 (역) (1983). 인간주의 교육. 서울: 박영사.

Peyronie, H. (1999). *Célestin Freinet, Pédagogie et émancipation*. Paris: Hachette.

Raillon, L. (1994). Education Nouvelle. *Dictionnaire encyclopédique de l'éducation et de la formation*. Paris: Nathan. 341-345.

Rawson, W. (1936). *Learning To Live Together*. New Education Fellowship.

Rawson, W. (1937). *The Freedom We Seek*. New Education Fellowship.

Raymond, A. (2002). *L'éducation morale dans le mouvement de l'Education nouvelle*. Paris: L'Harmattan.

Reble, Albert. 정영근, 임상록, 김미환, 최종인 (역) (2002). 서양교육사. 서울: 문음사.

Reddi, C. (1900). *Abbotsholme*. London.

Reddi, C. (1901). *John Bull. His Origin and Character*. London.

Robo, Patrick (1996). *Qu'est-ce que la pédagogie Freinet?*. Lyon: Voies Livres.

Rodgers, J. (1938). *The Old Public Schools of England*. B. T. Batsford Ltd.

Röhrs, H. (1980). *Die Reformpädagogik. Ursprung und Verlauf in Europa*. Hannover.

Röhrs, H. (1998). *Reformpädagogik und innere Bildungsreform*. Weinheim.

Rörs, H. (1995a). Internationalism in Progressive Education and Initial Steps towards a World Education Movement. In H. Rörs & V. Lenhart (eds.), *Progressive Education Across the Continents*. NY: Peter Lang, pp. 11-27.

Rörs, H. (1995b). The New Education Fellowship: An International Forum for Progressive Education. In H. Rörs (eds), *Progressive Education Across the Continents*. Peter Lang, 179-191.

Rosenberg, A. (1974). *Entstehung der Weimarer Republik*. Frankfurt am Main.

Rousseau, J. -J. 오증자 역 (1980). 에밀. 서울: 박영사.

Scheibe, W. (1999). *Die reformpädagogische Bewegung 1900-1932. Eine einführende Darstellung*, mit einem nachwort von Heinz-Elmar Tenorth. Weinheim/Basel.

Scheuerl, H. (Hrsg.) (1979). *Klassiker der Pädagogik II. Von Karl Marx bis Jean Piaget*. München.

Schoeps, H. J. (Hrsg.) (1968). *Zeitgeist der Weimarer Republik*. Stuttgart.

Schöllgen, G. (1991). *Das Zeitalter des Imperialismus*. München.

Schonig, B. (1973). *Irrationalismus als pädagogische Tradition. Die Darstellung der Reformpädagogik in der pädagogischen Geschichtsschreibung*. Weinheim/Basel.

Schutz, A. (2001). Dewey? Conundrum: Can democratic schools empower? *Teachers College Record, 103*(2), 267-302.

Selleck, R. W. (1968). *The New Education*. Sir Isaac Pitman & Sons Ltd.

Selleck, R. W. (1972). *English Primary Education and the Progressives: 1914-1939*. London: Rkp.

Semel, S. F., & Alan R. Sadovnik (Eds.) (1999). *"Schools of tomorrow", schools of today: What happened to progressive education*. New York: Peter Lang.

Shubert, W. H. et al. (2002). *Curriculum books: The first hundred years* (2nd ed.). New York: Peter Lang.

Sieferle, R. P. (1995). *Die Konservative Revolution. Fünf biographische Skizzen*. Frankfurt am Main.

Skidelsky, R. (1969). *English Progressive School*. Middlesex: Penguin Books.

Skidelsky, R. (1972). *Le mouvement des écoles nouvelles anglaises, Abbotsholme, summerhill, dartington hall, gordonstoun*. Paris: Maspero.

Smith, R. (1985). *Freedom and Discipline*. London: George Allen & Unwin.

Snell, R. (1975). *St. Christopher School*. Aldine Press.

Stewart, W. A. (1968). *The Educational Innovators*. St. Martin's Press.

Stewart, W. A. (1972). *Progressives And radicals In English Education*. The Macmillan Press Ltd.

Stiftung Deutsche Landerziehungsheime Hermann-Lietz-Schule (Hrsg.) (2001). *Hermann-Lietz-Schule. Schloss Hohenwehrda. Haubinda. Schloss Bieberstein, Hofbieber*.

Stone, L. (1976). *Schooling and society: Studies in the history of education*. Baltimore: Johns Hopkins Univ. Press.

Stone, M. (1999). The Francis W. Parker school: Chicago's progressive education legacy. In Semel & Sadovnik (Eds.). *"Schools of tomorrow", schools of today:*

What happened to progressive education (pp. 23-66). New York: Peter Lang.

Sturm, K. F. (1930). *Die pädagogische Reformbewegung der jüngsten deutschen Vergangenheit. Ihr Ursprung und Verlauf. Sinn und Ertrag.* Osterwieck-Harz.

Swindler, A. (1979). *Organization Without Authority: Dilemmas of Social Control in Free Schools.* Harvard University Press.

Tanner, L. (1997). *Dewey's Laboratory School: Lessons for today.* New York: Teachers College Press.

Troen, S. K. (1976). The Discovery of the adolescent by American educational reformers 1900-1920: An economic perspective. In Stone (Ed.). *Schooling and society: Studies in the history of education* (pp. 239-251). Baltimore: Johns Hopkins Univ. Press.

Turner, D. (1995). The Influence of the New Education on Educational Reform in England. In H. Rörs (eds.). *Progressive Education Across the Continents.* New York: Peter Lang, 333-349.

University of Chicago Laboratory Schools (2002). *Lower School Program of Studies.*

Vandenberg, B. (1986). Play Theory. In G. Fein (ed.). *The Young Child at Play.* Washington: D.C. NAEYC. 17-28.

Verein der Freunde und Förderer der Hermann-Lietz-Schule (Hrsg.) (2001). *Hermann-Lietz-Schule. Haubinda 1901-2001. Festschrift zum 100-jährigen Bestehen.* Wasungen.

Vereinigung Deutscher Landerziehungsheime e.V. (Hrsg.). *21 Internatsschulen in freier Trägerschaf.* Stuttgart.

Vondung, K. (Hrsg.) (1976). *Das Wilhelminische Bildungbürgertum. Zur Sozialgeschichte seiner Ideen.* Göttingen.

Vuillet, J. (1968). *La coopération à l'école.* Paris: PUF.

Wake, R., & Denton, P. (1993). *Bedales School: The First Hundred Years.* London: Haggerston Press.

Ward, M. (1934). *Reddie of Abbotsholme*. London: George Allen & Unwin Ltd.

Wardle, D. (1976). *English Popular Education*. Cambridge University Press.

Wehler, H.-U. (1983). *Das Deutsche Kaiserreich 1871-1918*. Göttingen.

Westbrook, R. B. (1991). *John Dewey and American democracy*. Ithaca: Cornell University Press.

Wirth, A. (1966). *John Dewey as educator: His design for work in education (1894-1904)*. New York: John Wiley and Sons.

Wolter, H. (Hrsg.) (1986). *Otto von Bismarck. Dokumente seines Lebens*. Frankfurt am Main.

Wyneken, G. (1920). *Der Kampf fur die Jugend*. Jena.

참고 웹사이트

미국 시카고 대학 실험학교 The University of Chicago Laboratory Schools: http://www.ucls.uchicago.edu

시카고 대학 실험학교의 역사(사진 출처): http://www.ucls.uchicago.edu/photo_album/

The National Center for Accelerated Schools: http://www.acceleratedschools.net/

University of Vermont College of Education and Social Services The John Dewey Project on Progressive Education: http://www.uvm.edu/~dewey

찾아보기

인 명

내 용

저자 소개

• 오인탁 숭실대학교, 장로회 신학대학교, 연세대학교, 독일 튀빙겐대학교에서 기독교교육학과 교육철학을 전공하였고, 1976년 박사학위를 취득하였다. 1981년부터 2006년 2월까지 연세대학교 교육학과 교수로 재직하였다. 한국 기독교교육학회 회장, 한국교육학회, 교육철학연구회, 한독교육학회, 한국기독자교수협의회 회장을 역임한 바 있다. 대표저서 및 역서로는 『현대 교육철학의 전망』(공저), 『현대교육철학』, 『위대한 교육사상가들』(편집 및 공저), 『파이데이아』, 『교육의 인간학』(옮김) 등이 있으며, 다수의 논문이 있다.
intakoh@yonsei.ac.kr

• 양은주 이화여자대학교 졸업, 미국 뉴욕주립대학교(버펄로)에서 석사와 박사학위를 취득하였다. 현재 광주교육대학교 교육학과 교수로 재직 중이며, 연구 관심분야는 듀이 철학과 교육론, 교사교육, 미적 경험과 교육, 질적 연구 등이다. 대표저서와 논문으로는 『학교 교육과정론』(공저), 『초등교육의 재조명』(공저), 「교육철학의 '교사' 연구 동향과 과제」 등이 있다.
ejyang@gnue.ac.kr

• 황성원 이화여자대학교 사범대학 졸업, 프랑스 국립 루앙대학교에서 교육학 박사학위를 취득하였다. 현재 건양대학교 아동보육학과 교수로 재직 중이다. 대표논문으로는 「프랑스의 영유아 보육체제가 한국의 보육정책에 주는 시사점」(2004), 「교실개혁운동을 위한 프레네 교육학의 실천가능성 탐색」(2003), 「프랑스의 교수학습 지원체제와 수업지원의 실제」(2003), 「프랑스 공교육과 프레네 교육」(2003), 「프랑스 유치원 교육과정의 비교교육학적 논의」(2003), 「공교육 개념으로 접근하는 프랑스 유아교육의 질 관리 체제 연구」(2001) 등이 있다.
sungwon1963@hanmail.net

• **최재정** 연세대학교에서 학사와 석사학위를 취득하였다. 독일 뮌스터대학교에서 교육학, 사회학, 철학을 (부)전공하였고 2000년 박사학위 취득 후 현재 포천중문의과대학교 의학부 교육학과 교수로 재직 중이다. 주요 연구 관심은 독일 관념론의 교육학적 의미, 현대 서구의 다양한 교육사상의 흐름들, 서구의 신교육운동, 대안교육(학교)운동 등이다. 대표저서와 논문으로는 『Reformpädagogik als Utopie』, 『위대한 교육사상가들 VI』(공저), 「니클라스 루만의 체계이론과 그 교육학적 수용의 문제」 등이 있다.
alexjchoi@cha.ac.kr

• **박용석** 연세대학교 경제학과를 졸업하고 동대학교 대학원 과정에서 교육학을 공부하였다. 연세대, 상명대, 홍익대, 배재대, 목원대학교 강사를 역임했으며, 현재 안양대학교에 재직 중이다. 대표저서와 논문으로는 『니일의 인간주의 교육사상』(2002), 『가장 자유로운 학교이야기』(2002), 『교육학개론』(공저, 2002), 『위대한 교육사상가V』(공저, 2002), 『20세기 초 신교육운동의 국제주위적 성격』(2003), 「니일에 있어서 자유와 자율의 개념에 관한 연구」(1998, 박사학위논문) 등이 있다.
yongsukp@chollian.net

• **윤재흥** 연세대학교 교육학과 졸업, 동대학교 대학원에서 교육학 박사학위를 취득하였다. 현재 나사렛대학교 교수로 재직 중이다. 저서로는 『우리 옛집, 사람됨의 공간』(2004), 『한국현대교육철학과 교육사학의 전개』(공저, 2001), 『교육학의 성격논쟁에 관한 학사적 연구』(1992), 『실존철학과 교육학』(역, 2001) 등이 있다.
jhyun@kornu.ac.kr

저자와의
협약으로
인지생략

대안교육의 뿌리를 찾아서
새로운 학교교육문화운동

2006년 9월 5일 1판 1쇄 인쇄
2006년 9월 11일 1판 1쇄 발행

지은이 • 오인탁 · 양은주 · 황성원 · 최재정 · 박용석 · 윤재흥
펴낸이 • 김진환
펴낸곳 • 학지사
121-837 서울시 마포구 서교동 352-29 마인드월드빌딩 5층
대표전화 • 02-326-1500 팩스 • 02-324-2345
등록 • 1992년 2월 19일 제2-1329호
홈페이지 www.hakjisa.co.kr

ISBN 89-5891-198-0 93370
가격 14,000원